U0943871

信毅教材大系

倚动® 实验室

移动电子商务

● 钟元生 主编

Mobile Commerce

复旦大學出版社

内容提要

本书系统介绍了移动电子商务的基本概念、基本技术与基本应用，包括移动商务技术基础、移动商务价值链与商务模式、移动商务安全、移动支付、云计算、移动信息服务、移动娱乐、移动学习、企业移动商务应用，还提供了Android、Windows Mobile、J2ME等三个典型环境下的移动商务程序案例。

全书内容充实、材料新颖、案例丰富，可作为大学移动电子商务入门教材，也可供对移动电子商务感兴趣的技术与管理人员参考。

总 序

世界高等教育的起源可以追溯到1088年意大利建立的博洛尼亚大学，它运用社会化组织成批量培养社会所需要的人才，改变了知识、技能主要在师徒间、个体间传授的教育方式，满足了大家获取知识的需要，史称“博洛尼亚传统”。

19世纪初期，德国的教育家洪堡提出“教学与研究相统一”和“学术自由”的原则，并指出大学的主要职能是追求真理，学术研究在大学应当具有第一位的重要性，即“洪堡理念”，强调大学对学术研究人才的培养。

在洪堡理念广为传播和接受之际，德国都柏林天主教大学校长纽曼发表了“大学的理想”的著名演说，旗帜鲜明地指出“从本质上讲，大学是教育的场所”，“我们不能借口履行大学的使命职责，而把它引向不属于它本身的目标”。强调培养人才是大学的唯一职能。纽曼关于“大学的理想”的演说让人们重新审视和思考大学为何而设、为谁而设的问题。

19世纪后期到20世纪初，美国威斯康星大学查尔斯·范海斯校长提出“大学必须为社会发展服务”的办学理念，更加关注大学与社会需求的结合，从而使大学走出了象牙塔。

2011年4月24日，胡锦涛总书记在清华大学百年校庆庆典上，指出高等教育是优秀文化传承的重要载体和思想文化创新的重要源泉，强调要充分发挥大学文化育人和文化传承创新的职能。

总而言之，随着社会的进步与变革，高等教育不断发展，大学的功能不断扩展，但始终都在围绕着人才培养这一大学的根本使命，致力于不断提高人才培养的质量和水平。

对大学而言，优秀人才的培养，离不开一些必要的物质条件保障，但更重要的是高效的执行体系。高效的执行体系应该体现在三个方面：一是科学合理的学科专业结构，二是能洞悉学科前沿的优秀的师资队伍，三是作为知识载体和传播媒介的优秀教材。教材是体现教学内容与教学方法的知识载体，是进行教学的基本工具，也是深化教育教学改革，提高人才培养质量的重要保证。

一本好的教材，要能反映该学科领域的学术水平和科研成就，能引导学生沿着正确的学术方向步入所向往的科学殿堂。因此，加强高校教材建设，对于提高教育质量、稳定教学秩序、实现高等教育人才培养目标起着重要的作用。正是基于这样的考虑，江西财经大学与复旦大学出版社达成共识，准备通过编写出版一套高质量的教材系列，以期进一步锻炼学校教师队伍，提高教师素质和教学水平，最终将学校的学科、师资等优势转化为人才培养优势，提升人才培养质量。为凸显江财特色，我们取校训“信敏廉毅”中一前一尾两个字，将这个系列的教材命名为“信毅教材大系”。

“信毅教材大系”将分期分批出版问世，江西财经大学教师将积极参与这一具有重大意义的学术事业，精益求精地不断提高写作质量，力争将“信毅教材大系”打造成业内有影响力的高端品牌。“信毅教材大系”的出版，得到了复旦大学出版社的大力支持，没有他们的卓越视野和精心组织，就不可能有这套系列教材的问世。作为“信毅教材大系”的合作方和复旦大学出版社的一位多年的合作者，对他们的敬业精神和远见卓识，我感到由衷的钦佩。

王　乔

2012 年 9 月 19 日

序

30年前，我在江西财经大学学了BASIC编程。25年前，我创办用友软件公司。10年前，母校与我公司合作，成立用友软件学院。

钟元生教授积极参与用友软件学院的创办与建设，成绩斐然。6年前，他急流勇退，专攻学术。他参与了学校电子商务专业建设，多有建树。近年来，钟老师及其团队积极开展移动商务教学与研究，编写教材，推广移动商务应用。

自创建用友软件学院起，我与钟老师合作愉快。去年，钟老师邀我为《移动电子商务》作序，我欣然应诺。

至2012年11月底，我国3G手机用户超过2亿，移动商务步入快车道，移动商机无限。

《移动电子商务》面向3G后时代的移动商务，包括移动电子商务概述、移动商务技术基础、移动商务价值链与商务模式、移动商务安全、移动支付、云计算、移动信息服务、移动娱乐、移动学习、企业移动商务应用、Android移动商务应用案例、Windows Mobile移动商务应用案例、J2ME移动商务应用案例等。该书图文并茂、寓教于练、寓教于用，有助于读者全面了解移动商务，把握移动商务发展趋势，寻找新机会。

《移动电子商务》不是一本难读的技术书，除内容新颖外，分析视角与编写体例多有独到之处，谨向关心、研究和学习移动商务的朋友们推荐。

祝朋友们移动时代事业顺利！

祝钟老师的事业更上一层楼！

用友软件股份有限公司董事长

王文京

2012 年 11 月于北京

前 言

自从2009年我国大面积建设3G网络开始，3年来，用户数增长越来越快，至今已经超过2亿，用户体验也越来越好。可以说，目前的用户数已经具备较大规模移动电子商务应用的条件，移动电子商务也越来越受到人们的重视。

通过对本书的学习，读者能全面了解移动电子商务领域的技术与应用，更好把握移动电子商务未来发展趋势，寻找移动宽带网时代的新机会，适应新技术条件下的新生活。

本书共分13章，包括移动电子商务概述、移动商务技术基础、移动商务价值链与商务模式、移动商务安全、移动支付、云计算、移动信息服务、移动娱乐、移动学习、企业移动商务应用、Android移动商务应用案例、Windows Mobile移动商务应用案例、J2ME移动商务应用案例等。

在本书编写过程中，我们力求做到以下几点：

(1) 既包括移动商务基本理论、基本知识和基本应用的介绍，又包括可以直接运行的应用教学案例的设计，使教师易于开展教学，学生能寓教于练、寓教于用。

(2) 既介绍目前移动商务技术与应用，又介绍正在研究中的一些移动商务技术与应用。特别考虑移动宽带网条件下的移动技术与应用，帮助学习者把握移动商务未来发展趋势，启发学习者创造新型的移动商务应用，前瞻性地考虑在自己的工作中更好地应用这些技术。

(3) 内容全面，面向广义上的移动电子商务。除常规的通信技术基础、商务模式、移动支付、移动安全、移动信息服务外，还增加了移动学习、移动娱乐等应用领域以及云计算技术在移动商务的应用等相关章节。

(4) 在案例介绍中，以较为均衡的篇幅介绍了几种主流的移动开发平台，以利于学生的发展。包括 Android、Windows Mobile 和 J2ME 三个开发平台的完整案例，开发 3G 条件下的移动商务应用，使得选修移动电子商务课程的学生能了解移动应用软件开发平台的应用，引导部分对移动商务感兴趣的同学关注应用开发技术，以期培养一批高水平移动电子商务软件开发工程师。

近年来，我们团队一直从事移动电子商务、移动学习等的教学与科研，一直想整理所思所想，编写一本移动电子商务方面的教材。2010 年年底，应谷歌信息技术(中国)有限公司邀请参加谷歌(中国)教育高峰会，会议期间同谷歌公司中国大学合作部人员交流沟通了这一计划。我们随后即提交写作计划，经过多次探讨，确立了谷歌资助出书这一合作项目，资助金额也很快到位。在此特别感谢谷歌公司。可以说，没有这一资助，没有谷歌中国大学合作部的大力帮助，这本书的出书计划就不会如此顺利地进行。

无奈因本人水平所限，又担心书写得不好，迟迟动不了笔，直至今年 4 月才基本完成初稿，随后申报了复旦大学与我校合作出版的信毅教材大系，并有幸被选中。随后，因为发起并组织了江西省大学生手机软件设计赛，江西省教育厅高校科技开发办公室陈东林主任、法规处杜侦副处长和我校有关领导老师以及我的一帮研究生陪着我忙了快一年，才将竞赛组织好。但这本书的出版又再次推后，一直于心不安。尽管离自己原来的想法还差许多，但现在总算完稿，可稍松一口气了。

本书由钟元生担任主编，负责全书的组织设计、质量控制和统编定稿。各章分工如下：钟元生负责第 1、第 2、第 3、第 7、第 11 章；徐军负责第 4 章；熊建英负责第 5 章；朱文强负责第 6、第 10 章；李冰负责第 8、第 9 章；万本庭负责第 12、第 13 章。邵婷婷参加了第 2 章的编写，陈海俊参加了第 7 章的编写。高成珍、陈海俊、曹权参加了第 11 章的编写。

用友软件股份有限公司董事长王文京先生在百忙之中为本书作序，用友软件股份有限公司高级副总裁郑雨林先生也多次过问本书的写作进展，在此特向他们表示感谢。

本书写作过程中得到复旦大学出版社有关领导的关照，责任编辑岑品杰老师经常与本人商讨;江西财经大学副校长、博士生导师卢福财教授,软件与通信工程学院院长、博士生导师夏家莉教授,学院党总支书记李新海先生,学院副院长黄茂军副教授等给予了热情的关心和帮助;江西财经大学图书教材采购供应中心陈曦主任和欧阳薇老师也为本书的出版付出了大量的心血。对于他们的帮助,表示真诚的谢意。

移动电子商务是一门发展很快的新兴学科,理论尚未成熟,应用日新月异,加之我们研究不深,错误之处在所难免。请广大读者在使用之中不吝指出,提供宝贵意见,待将来再版时修订完善。

钟元生

于南昌市江西财经大学麦庐园

2012 年 11 月

第二次印刷修订说明

至2014年7月止，我国Android智能手机人数超过4亿，各种移动应用层出不穷，大大地方便了我们的工作与生活，移动电子商务也日新月异，越来越多的人渴望了解移动电子商务、学习移动电子商务知识，使本书出版仅一年多就全部销完，作为一本新书来说，实为难得。

感恩于读者厚爱，在此次重印之前，作者重新审视了全书内容，发现原第11章所举案例在教学与实际应用中已难以满足师生要求，有必要修订。因此，趁本次重印之机，作者组织力量重新编写了这一章。

新的第11章主要包括两个案例的介绍，分别由两家企业提供：案例一为“就医120”，重点在于商用；案例二为“豹考通”，既可商用，又完全提供系统源代码，可供读者自行部署与使用。两个案例不仅可用于课堂教学，而且可直接应用在生活中，实用价值很高。案例真实感强，功能不复杂，便于理解。通过学习并实际操作这两个软件，读者可体验移动互联网条件下的创业项目。受篇幅限制，该案例中的大量操作性内容（如操作画面与操作过程）在书中未详细给出，而是以电子文档的形式上传于“移动电子商务”课程群（群号:224347771）供读者下载。

该章由钟元生设计编写提纲，高成珍、陈海俊、曹权分别提供素材，再由钟元生改写、编撰与统稿。

希望此次修订后，能对读者的生活与工作起点作用。

钟元生

2014年7月26日

于南昌市江西财经大学麦庐园校区

目录

上篇　基　础　篇

中篇 应 用 篇

下篇 实 践 篇

上篇　基础篇

第 1 章　移动电子商务概述

学习要点

通过本章学习，读者能够理解移动电子商务的产生背景及其含义、移动电子商务的应用类型、移动电子商务的主要特点，了解移动电子商务与电子商务的区别，通过若干移动电子商务应用情景，了解移动电子商务可能的发展趋势，以便能更好地把握移动商机。本章重点在于：理解移动电子商务的特点；把握移动电子商务的发展趋势。

知识结构

- 移动电子商务的应用背景
  - 手机的普及与手机上网用户数的高速增长
  - 我国无线上网服务日趋便捷
- 移动电子商务的含义
  - 电子商务的概念
  - 移动电子商务的概念
  - 移动电子商务与电子商务的区别
- 移动电子商务应用类型
  - 移动信息服务、移动支付、移动市场、移动娱乐、移动学习、移动企业应用等
- 移动电子商务的特点
  - 无所不在性
  - 便捷性
  - 位置相关性
  - 私人化
- 移动电子商务的发展趋势
  - 移动互联网的发展趋势
  - 电子商务若干可能的应用情景

1.1　移动电子商务的应用背景

1.1.1　手机的普及与手机上网用户数高速增长

近年来，随着移动通信技术的发展与移动终端的普及，手机进入千家万户。据我国三大移动运营商披露的最新数字，到 2012 年第一季度，中国手机用户数已达到 10 亿。

中国互联网络信息中心(CNNIC)发布的中国互联网络发展状况统计报告显示：截至2012年6月底，中国网民数量达5.38亿，互联网普及率为39.9%。其中，手机上网的网民数达3.88亿，而台式电脑网民数则为3.80亿，手机成为我国网民的第一大上网终端。移动用户数量正呈现高速增长的态势。

爱立信的一份流量和市场数据报告指出，2012年第一季度，全球移动互联网实际用户数约为42亿，年同比增长12%，而且许多用户拥有多个移动终端设备。此外，净增用户数约为1.7亿，其中中国约为4 000万。

1.1.2 我国无线上网服务日趋便捷

除运营商3G网络外，一些地方政府也开始推动免费无线上网服务，从而使得无线上网越来越方便。

浙江省杭州市政府于2012年10月30日宣布，向市民、游客等免费开放室外Wi-Fi网络，范围为城市道路、景区、公交站台及行政服务、交通枢纽等区域，共2 000个站点，约覆盖220平方公里，可供3万人同时上网。杭州是全国首个向公众免费开放Wi-Fi的城市。用手机连接“i-hangzhou”Wi-Fi网络(见图1-1)，刷微博、查地图、看小说全都免费。主城区城市道路均有分布，大部分站点位于十字路口红绿灯杆、路灯杆、路牌上，市区商业中心尤为密集。

图1-1 杭州提供全城Wi-Fi免费无线上网

2012年12月8日，四川移动开通4G(TD-LTE)网络。TD-LTE是我国主导、拥有核心基础专利并已经列入国际标准的第四代移动通信技术(4G)，传输速率高、频率使用经济。4G上网最快将达到每秒100 M，是3G的10倍，数据资费也将更加便宜。人们可以通过智能手机、平板电脑等各类便捷式移动终端，看高清视频、玩互动游戏。4G网络可实现高清即摄即传直播技术。高清实况TD-LTE即摄即传服务应用展现出未来信息传播、应急指挥、交通调度等行业应用新方式。四川移动计划到2013年年底建设TD-LTE基站1.5万个，覆盖21个市州的主要城区。

上述城市的举措，其他地区或城市将来必然会纷纷效仿。不久的将来，在城区或乡镇的人口密集区，提供免费无线上网或基于 4G 的无线网络服务将越来越普及。这些基础建设必将推动移动电子商务的蓬勃发展。

1.2　移动电子商务的含义

1.2.1　电子商务的概念

我们先来关注几个有关电子商务的典型英文名称，以便为讨论移动电子商务的含义提供参照：

(1) Electronic Commerce。这是使用最多的电子商务术语，主要强调电子贸易。可以看成是狭义的电子商务，强调资金流、物流和信息流的有机统一。

(2) Electronic Business。这是 IBM 主推的概念，强调的是电子业务。根据这个概念，电子商务除了指电子贸易外，还包括企业业务，包括生产、设计、存储、后勤服务、财务等的电子化。

在互联网尚不普及时，人们就提出了电子商务概念，包括各项电子数据处理，在局域网或企业专用网络上实现。后来，随着互联网的普及，人们已经逐渐达成共识：电子商务就是建立在互联网基础之上的一种新型的商务活动。

1.2.2　移动电子商务的概念

关于上述电子商务的概念，移动电子商务也有类似的说法。

(1) 狭义的移动电子商务。这一概念只涉及货币类交易的商务模式，可看作对应于 Electronic Commerce 的 Mobile Commerce。

(2) 广义的移动电子商务。指通过移动设备随时随地获得的一切服务，涉及通信、娱乐、商业广告、旅游、紧急救助、农业、金融、学习等。可看作对应于 Electronic Business 的 Mobile Business。

上述两种说法中，都有两个重要的特征即“移动”与“商务”。也正因如此，国外常用“Mobile Commerce”来表示移动电子商务。在国内，许多人根据“Mobile Commerce”的名称将其称为“移动商务”。本书中，如无特别指出，也将“移动电子商务”与“移动商务”两个概念视为等同。

移动通信技术发展经历了 1G、2G、2.5G、3G 等多个阶段。尤其是 2.5G 时代，以诺基亚为代表的移动通信设备商生产了大量外形小巧、功能齐全、价格不高的手机，使得手机进入寻常百姓家。人们除用手机进行语音通信外，短信和彩信产品也得到长足的发展。人们越来越多地借助手机，实现移动信息查询、广告、音频图像的下载等服务。这些服务构成了早期的移动电子商务应用，并逐渐引起了人们的重视。显然，此时的移动电子商务不是只涉及货币交易的狭义移动电子贸易，而是涉及了广义的移动电子业务。仔细分析这类服务，可以发现它们又不是完全的移动电子贸易，而更像一种混合形式。

直到现在，虽然上述服务已经非常普及，但学术界的很多移动电子商务研究还主要关注以移动信息服务为主的业务范畴。

在我国，直到2009年后，作为应对世界金融危机的举措之一，才开始大面积建设和推广3G网络。从此，我国的移动电子商务得到较快发展。其中，2011年11月我国3G手机用户数达到1亿；到2012年8月3G用户数接近2亿。不到一年的时间内增加了1亿。

可以预计，两三年后，我国3G用户数将肯定超过5亿。除上述服务外，各种新型的移动商务应用形式可能会不断出现，移动商务应用范围将更加广泛。到那时，移动电子商务的含义才会更加明确。

1.2.3 移动电子商务与电子商务的区别

随着互联网的普及，人们创造了许许多多电子商务的应用形式，特别是信息的发布、搜索和商务活动的便捷，降低了信息不对称程度，使商品的生产者与消费者有更多的机会直接接触，从而对传统商务活动带来了很大的冲击。而无线数据通信网络的发展，为电子商务往移动电子商务方向发展提供了更大的空间。由于移动通信网络和移动终端的新特性，移动电子商务又不仅仅有“无线”与“有线”的区别，而是在技术特点、商业管理、商业模式、市场规模等方面都有较大的区别。许多研究从不同的角度对此进行了分析。在不同的移动通信时代，技术不同，应用的范围也不同，早期的分析有些会显得过时。鉴于本书关注的重点是3G后移动电子商务，因此，下面我们将仅考虑3G后移动互联网条件下移动电子商务与电子商务若干方面的区别。

(1) 网络基础设施。移动商务的通信速度受无线电频谱的限制，带宽有限。但无线通信具有地理定位功能，因此移动商务可以充分利用基于位置的服务。电子商务强调的则是无差别的服务。

(2) 终端设备。电子商务使用个人计算机(简称PC机)，显示器屏幕大、内存大、处理器快、采用标准键盘，不用考虑电池问题。移动通信设备则相反，屏幕小、内存小、处理器慢、输入不便，电池一次不能用太久，因此移动商务的信息要简捷，不宜处理复杂应用。

(3) 用户群。移动商务的潜在用户群远大于电子商务，但这个群体的分布不均、文化差异大。移动商务开发中必须更多地处理这种差异。

(4) 移动性。与电子商务相比，移动电子商务因移动而产生更多商业机会，更能实现个性化服务。但在需要大数据量处理的场合，移动性又给商务活动的进行带来许多不便。

(5) 时空约束。移动商务往往与空间、时间有关，更能实现个性化服务，更能满足用户与位置有关的需求，如在陌生城市找餐馆等。许多移动商务有时间限制，如医疗救护等。而电子商务通常强调不受时间的影响与空间的影响，都能提供一样的服务。

(6) 商业模式。电子商务更强调低成本和无限的网络空间，消除信息不对称，提供无限的免费信息服务。而移动商务更多地针对差异性提供差异化的个性经服务来赢利。如位置变成产生价值的来源。另外，移动商务的商业活动必然要考虑带宽，会有成本，这方面的障碍将随着4G通信技术的成熟逐步被消除。

当然，移动电子商务比有线电子商务相比有许多优点，主要包括以下几个方面：

(1) 使商务活动的信息互动更高效、更及时。

(2) 使商务活动规模更大、机会更多，不限于坐在电脑前才能开展商务活动，随时随地都可凭借智能手机来进行。更大的规模和更多的机会，让企业与用户双方均可得利。

(3) 通信终端的私有性帮助交易双方确认对方身份，使得移动商务供应商能精准地与最有希望达成交易的用户交互，提高了交易的成功率。

1.3 移动电子商务应用类型

移动电子商务形式多样，除从传统PC电子商务中扩展而来的一些服务外，还有许多新的形式将会逐渐被开发出来。目前，主要的移动电子商务应用可分为下面几种类型。

(1) 移动信息服务。包括短信和彩信两种形式，如短信通知、短信广告以及手机报等彩信形式，也包括移动信息搜索。

(2) 移动支付。目前主要是利用手机实现小额支付，或者移动条件下的支付。实现形式包括手机银行、手机储值卡或预付话费代交费等。目前已有的应用有：用手机购公交车票、支付停车费，支付音乐下载费用、视频观看费用等。

(3) 移动市场。在移动网络中开商店，出售商品与服务。如移动商街等。

(4) 移动娱乐。如玩手机游戏、观看视频等。

(5) 移动学习。采用微博、短信等形式开展碎片化学习，特别是借助移动终端在大自然中观看动植物，以及指导成年人即学即用地解决手头困难问题。如车祸现场急救等。

(6) 移动企业应用。包括面向企事业单位的移动办公、移动物流、移动后勤管理等。特别是移动客户关系管理、移动ERP企业资源计划、移动供应链管理等。

本书后面的一些章节将详细举例说明各种移动商务应用。

1.4 移动电子商务的特点

基于无线通信网络的能力以及移动终端的一些特征，人们不仅可以在移动状态下处理有关事务，还可以根据用户所处位置提供与位置有关的服务，也能够借助手机实名制而在手机机主与手机号码之间建立一一对应关系，实现更准确的服务、更能感觉到交易对方的身份，从而增加信任感，提高交易的意愿。有人归纳了移动电子商务的十大特点，包括全天候、个性化、精准性、安全性、定位性、快速性、便利性、可识别性、应急性和广泛性。

相对于基于PC互联网的电子商务来说，移动电子商务有以下显著特点：

(1) 无所不在性。用户可以在任何时间、任何地点查询所需信息，启动、协调和完成移动交易。这使得经常出差的人、经常离开办公桌的人员都不会错过交易机会。如股票交易、网络拍卖等。也能帮助在野外作业的人员，包括旅游业工作人员随时随地处理商务信息，并能帮助旅游企业等促销。

(2) 便捷性。不受地域限制，采用便捷的通信方式查看邮箱、收发即时通信、交换文件等，都因移动互联网的普及而变得非常容易。

(3) 位置相关性。采用GPS全球定位技术，可以帮助服务提供商更准确地识别用户所在位置，从而向用户提供与其位置相关的信息，如附近的旅游点、酒店、旅馆等。在许多性命攸关的需要位置信息的急救场合，GPS定位系统结合地理信息系统GIS，还可以帮助人们更快更准确地找到需要帮助的人。

(4) 私人化。由于每部移动终端都有唯一的SIM智能卡，因此服务提供商可以很方便地通过它收集用户信息。商家通过收集用户的以往数据，包括移动数据、交易偏好等，采用数据分析与数据挖掘工具，帮助用户发现自己的爱好，更精确地提供用户所需的服务。同时，消费者在经过自己许可的情况下，让商家帮助收集自己的数据信息，从而为自己提供更好的服务，还可让商家根据自己的要求提供一定的隐私保护措施。

1.5 移动电子商务的发展趋势

1.5.1 移动互联网的发展趋势

无线通信技术是移动电子商务发展的基础，当前已经处于3G通信时代，并正在进入4G通信时代。因此，移动商务的未来在很大程度上取决于未来的移动互联网的发展。

摩根士丹利集团在2009年12月发布的《移动互联网发展研究》报告中，提出计算技术发展周期的概念，每个技术发展周期一般持续十年，如图1-2所示。而在2007年即已进入“移动互联网”周期。全世界移动互联网终端达到100亿。

(1) 许多电信公司在过去15年内都有出色的表现，但随着全球桌面互联网以及语音/短信移动市场的发展，技术公司创造了比电信和媒体公司更多的财富。

(2) 随着移动互联网市场的发展，以及大部分增量利润涌向推动创新和实现规模发展的公司，技术部门可以攫取庞大的相对收益(与电信相比)。

(3) 在苹果、Facebook、亚马逊和谷歌等公司的带领下，在全球移动市场发展中沉寂多年的美国公司正在成为移动互联网创新的排头兵。

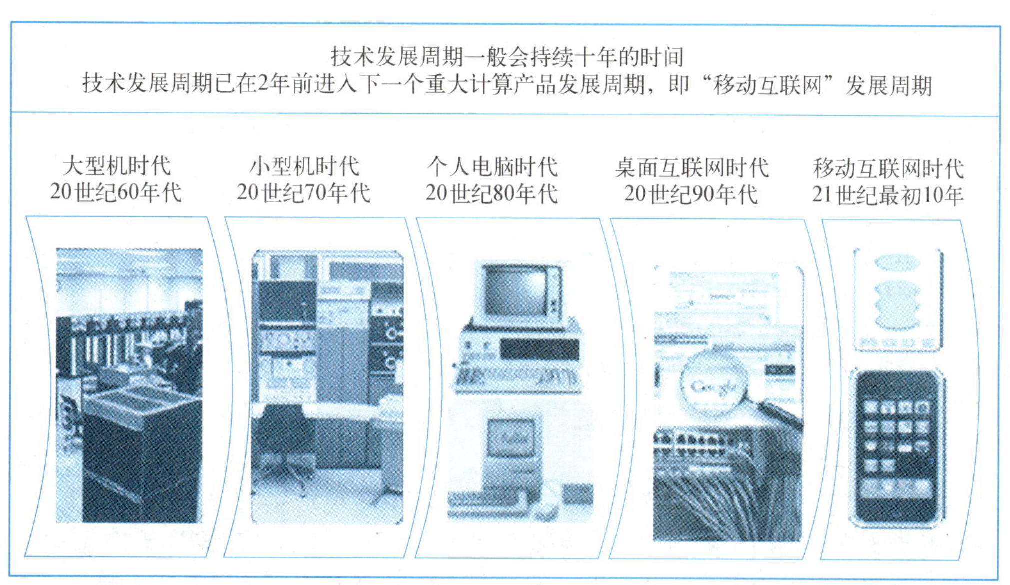

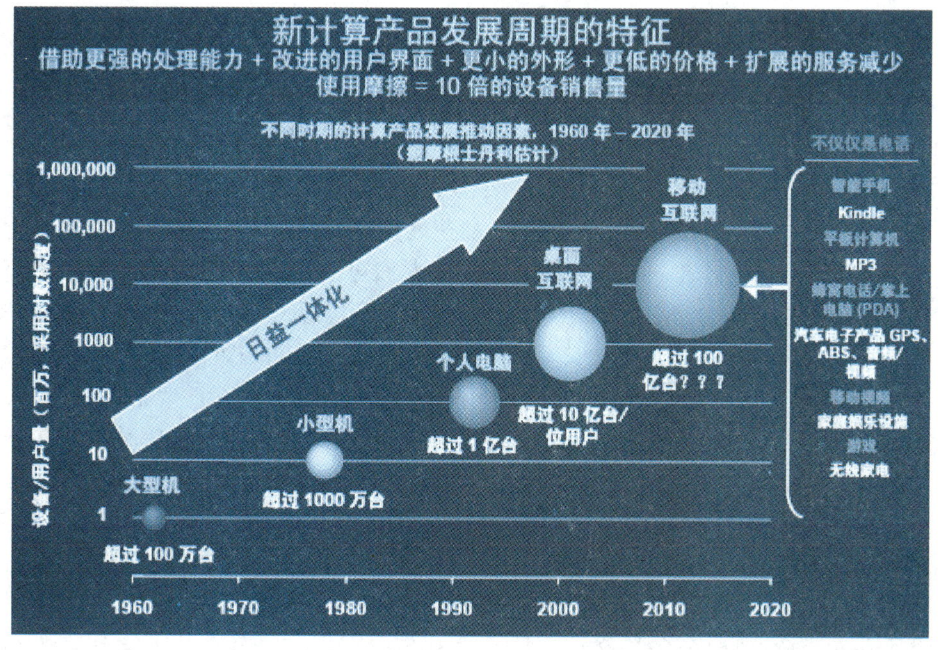

图 1－2　计算技术发展周期

(4) 移动互联网的发展速度快于桌面互联网，并且其规模大得超乎多数人的想象——它代表着五大趋势的融合(3G＋社交＋视频＋网络电话＋日新月异的移动装置)。

(5) 在发展速度方面，未来五年内，移动互联网用户很有可能超过桌面互联网用户。

随着上述趋势的进一步明朗，2015 年后移动宽带网(以 4G 为主的无线通信网)将得到广泛使用。

根据中国市场的特点，尽管目前我国无线局域网尚未普及，但在将来还是具备广泛

应用移动宽带网的优势。主要原因包括以下几点：

(1) 政府支持。政府的支持对于新事物的发展通常会起到非常大的推动作用。移动宽带网的发展不仅能够提高生产力、转变经济增长方式、促进创新，而且相应的移动应用还将拉动消费、增加就业机会、鼓励和带动青年自主创业。这都与国家的政策相吻合，政府将会支持移动宽带网的发展。

(2) 山寨机的刺激作用。3G 手机面市尚不足两年，昂贵的价格让许多渴望体验 3G 的用户望而却步。而山寨机则适时进入，以其全面的功能、低廉的价格受到不少用户的青睐。现在 1 000 元左右的话 G 手机已经具备了相当实用的功能，扩大了 3G 的使用范围，为将来移动宽带网的普及奠定了用户基础。

(3) 人口因素。中国地大物博，人口众多。从而需求也是非常广泛的。即使是很小的市场，也非常有可能做大。

基于有线宽带网的发展经验以及杭州等城市 Wi-Fi 免费使用、四川省 4G 部署的经验，不久的将来我国很有可能实现用户资费包月而与上机时间、流量无关，资费约 100 多元是非常有可能的。果真如此的话，我国移动电子商务一定会比近十年电子商务的发展速度更快。

1.5.2 移动电子商务的发展趋势

1. 未来移动电子商务形态的分析框架。凭借移动互联网，加上人们随身携带的含 GPS、高速处理器、具备人性化输入功能的高性能移动终端，人们可以随时方便地参与到一项商业交易中，也能让商家及时地为自己服务。正如华中科技大学鲁耀斌课题组指出的那样，移动商务可能成为一种 U-商务形态，其参考框架见图 1－3。

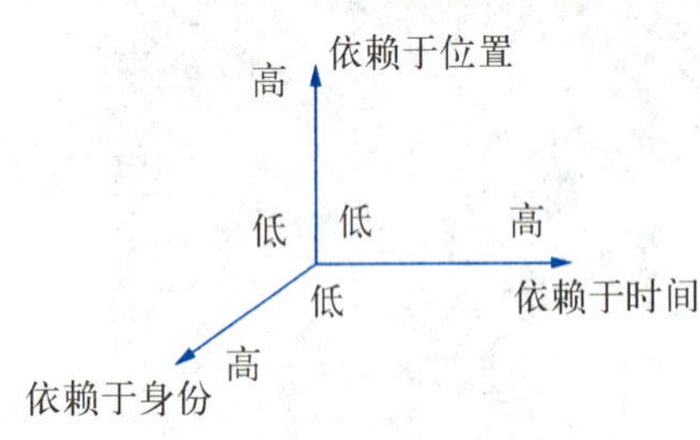

图 1－3　U-Task 框架

由于移动互联网与智能手机等移动终端技术的进步，移动电子商务已经具备了处理 U-Task 框架所涉及三个维度的能力。因此，我们不难看出，未来的移动电子商务创新形式可以在 U-Task 的指导下，从时间、位置与身份三个维度考虑需要处理的问题，再提出新型的运作模式来解决这一问题。

2. 例一：移动机会商务。这是哈佛大学一名研究生与微软公司两名研究人员在 2008 年发表的一项应用模型。他们提出并实现了移动环境下发现和执行机会活动的一个计算机原型系统——移动商品(Mobile Commodities, MC)，构建并使用用户概率模型来推断执行机会计划的时间成本。

其基本思想是：在一个计划的路途中，移动用户指定一系列目标和前提条件，在区域中搜索满足目标的可行的路径点，力求确定和警告用户有关达到一个或多个目标任务的最低成本的选项。MC 搜索购物、兴趣点和服务的位置，仔细考虑为访问该路径点而附加行程的时间和距离成本。MC 试图最小化获取一个产品、服务和体验的成本，考虑访问满足目标的路径点带来的时间成本。MC 包括三个程序：在 Windows Mobile

便携式电脑上运行的客户端应用，通过蓝牙手持游标器访问 GPS 信息；评估性能、设置和检查策略的桌面伴侣；实现手机通过 GPRS 进行双向通信的服务器系统。

该项目特别关注在移动状态下，如何及时执行非计划活动的时机问题、如何处理非计划活动与既定计划的执行重叠问题，提出了为满足额外目标而分配的时间成本上下文敏感的概率用户模型的构建和评价，并描述了模型在 MC 中如何引导搜索机会规划。

3. 例二：移动便利连锁模式。这是本书作者指导的一名 EMBA 研究生提出的一种移动电子商务应用设想——LTS(L＝location，T＝淘宝，S＝shopping/service)乐淘店，这是一个以移动互联网为基础、基于位置的多选择的商品及服务实体社区商场。以 LTS 网站为业务平台，以有具体地理信息的固定商家的产品和服务为商品，以社区及临时社区成员为客户，构成商业及服务贸易链。

一则小故事：某老人 A 早上醒来，还未起床，拿起最新的老人智能专用“手机”，放在臂弯，五分钟后，心跳、血压等基本信息已传递给 LTS 个人信息中心。也许今天刚好有些不舒服，直接“确定”(一键搞定)到医院做个体检，LTS 已帮其完成基本身体信息到医院的传递，并完成个人预约挂号。吃完早饭，“手机”已准确地帮他规划好路线。由于路程不远，只需根据提示步行前往即可。到达医院，医院的位置处理器根据 LTS 提供的信息已确认 A 的到来，热情的护士已经在门口迎候并协助其就诊。医生检查完，问题不大，只是昨夜没休息好，相关医嘱已通过医院传递到 LTS 个人信息服务中心。拿出“手机”在医生的移动 POS 机前晃一晃，就完成了缴费，可以回家了。身体无恙，心情不错，看看到哪里走走，在 LTS 里看到附近有个花卉展，美丽的图片可供预览，于是便去那里闻闻花香。一人孤单，网上一吼，老友 B 应声前来做伴。赏花会友，心情舒畅，午餐时间老友小聚，找个小店，LTS 显示最近的三家饭馆，每一家的菜肴已在上面展示。遂选一素餐馆，选中几个小菜，信息发出，漫步而去。人到饭店，菜已备好，清茶淡饭，适合口味。晃一晃手机，支付完毕。叙谈过后，返家休息。

读完上面这个故事，未来便利的服务也许可以想见，一切尽在便利之中。

4. 其他可能的移动电子商务应用趋势。主要包括以下几个方面：

(1) 手机的输入会越来越方便，现在有研究人员在研究借助人的表情、眼神来输入信息到手机中。

(2) 社交化服务将是移动电子商务中帮助人们建立信任的一种手段，这方面的研究与应用成果会因移动互联网而越来越引起人们的注意。

(3) 位置服务，包括三维的位置信息服务会在移动电子商务中起到更加重要的作用。谷歌前几年就有一个研究小组专门研究这方面的算法。

(4) 正如互联网时代涌现出阿里巴巴、亚马逊、腾讯、谷歌之类善于创新的公司一样，在移动互联网时代也一定会涌现更优秀的公司。

(5) 除实物商品交易外，服务商品在移动电子商务条件下会得到较大的发展。如家教、家政、教育等。

本 章 小 结

第一，从手机普及、手机上网用户数的高速增长以及部分城市免费无线上网的例子入手，提出移动电子商务已经具有很好的应用基础。

第二，从狭义与广义两个角度分析电子商务的概念，并引导到移动电子商务的概念上去，提出并分析了电子商务与移动电子商务的区别，认为移动电子商务应是广义上的移动电子服务或移动电子业务，而不局限于移动电子贸易。

第三，从移动信息服务、移动支付、移动市场、移动娱乐、移动学习、移动企业应用等方面，介绍了移动电子商务的不同应用。

第四，分析了移动电子商务的特点，特别是重点介绍了无所不在性、便捷性、位置相关性和私人化等移动电子商务独有的几个重要特点。

第五，从移动互联网的发展趋势和若干可能的移动电子商务应用情景两个方面，探讨了移动电子商务的发展趋势。

练习与思考题

1. 为什么说移动电子商务即将进入大发展时期?
2. 移动电子商务的基础是什么?
3. 移动电子商务与电子商务相比，有哪些显著不同?
4. 移动电子商务有哪些主要类型?
5. 根据你所掌握的信息，举出几项你认为很有价值、还未实现但有办法实现的移动电子商务应用。说明你的理由。

第2章　移动商务技术基础

学习要点

电子商务需要网络平台和通信及相关技术的支持，因此开展电子商务，就需要对支持电子商务的有关移动通信技术有所了解和掌握。现代通信技术的范围比较广阔，我们将主要讨论与移动商务关系密切的通信技术。本章介绍了移动通信技术的基本概念和发展历程；然后对无线网络进行了介绍，主要讲解了无线局域网，简单地介绍了移动通信终端设备；接下来着重讲解了移动通信的几种操作系统；最后介绍了有关二维码和 RFID。

知识结构

- 移动商务通信技术
  - 移动通信的基本概念：概念和分类
  - 移动通信的特点和发展
  - 几代移动通信技术简介：1G、2G、3G、4G
- 移动无线互联网
  - 无线通信系统：发射机与接收机的组成
  - 无线网络：WLAN、WPAN、WMAN、WWAN
- 移动通信终端
  - 移动通信终端设备：手机、掌上电脑、笔记本电脑、GPS 定位设备
  - 移动通信终端设备的技术特征和发展趋势
- 移动通信操作平台
  - 移动应用平台：SMS 平台、WAP 平台、IVR 平台
  - 移动通信操作系统：Symbian、Android、iOS 操作系统等
- 二维码与 RFID
  - 传统条形码
  - 二维码：几种二维码介绍
  - RFID：RFID 的组成与应用

2.1　移动商务通信技术

随着科学的进步、社会的发展，移动通信成为目前通信技术中发展最快的一个领域，社会也进入了信息时代。我们可以使用移动电话和别人联系，可以看新闻，可以上网，可以开会等等，而且我国移动电话用户每年都以惊人的速度增长，移动通信取得了巨大的成就。而移动商务是在移动通信的基础上所进行的各类商务活动，我们也很有必要掌握移动商务通信技术。

2.1.1 移动通信的基本概念

在现在的信息时代，随着手机、掌上电脑等这些移动通信终端的发展，人们对通信的要求日益迫切，人们越来越希望在任何时候、任何地点与任何人都能够及时可靠地交换任何信息。显然，想要实现这种愿望，在大力发展固定通信的同时，更需要积极地发展移动通信。

移动通信是指通信双方至少有一方在移动中(或者临时停留在某一非预定的位置上)进行信息交换的通信方式。例如移动体(车辆、船舶、飞机)与固定点之间的通信，活动的人与固定点、人与人或人与移动体之间的通信等。

移动通信有多种方式，可以双向工作，如集群移动通信、无绳电话和蜂窝移动电话通信，但部分移动通信系统的工作是单向的，如无线寻呼系统。移动通信的类型很多，可按不同方法进行分类：

——按使用环境可分为陆地通信、海上通信和空中通信；

——按使用对象可分为民用设备和军用设备；

——按多址方式可分为频分多址(FDMA)、时分多址(TDMA)和码分多址(CDMA)；

——按接入方式可分为频分双工(FDD)和时分双工(TDD)；

——按工作方式可分为同频单工、异频单工、异频双工和半双工；

——按业务类型可分为电话网、数据网和综合业务网；

——按覆盖范围可分为广域网和局域网；

——按服务范围可分为专用网和公用网；

——按信号形式可分为模拟网和数字网。

2.1.2 移动通信的特点

1. 移动通信必须利用无线电波进行信息传输。移动通信中基站至用户之间必须靠无线电波来传送消息。在固定通信中，传输信道可以是导线，也可以是无线电波，但是在移动通信中，由于至少有一方是运动着的，必须使用无线电波传输。

2. 移动通信工作在复杂的干扰环境下。在移动通信系统中，使用无线电波传输信息，在传播过程中必不可少地会受到一些噪声和干扰的影响。除了一些外部干扰(如工业噪声和人为噪声等)外，自身还会产生各种干扰。主要的干扰有互调干扰、邻频干扰、同频干扰及多址干扰等。因此，在系统设计中，可以使用抗干扰、抗衰落技术来减少这些干扰问题的影响。

3. 移动通信可利用的频谱资源有限。移动通信可以利用的频谱资源非常有限，国际电信联盟(ITU)和各国都规定了用于移动通信的频段。为满足移动通信业务量增加的需要，只能开辟和启用新的频段，或者在有限的已有频段中采取有效利用频率措施，如压缩频带、频道重复利用等方法来解决。

4. 移动通信的移动性强。由于移动用户需要在任何时间、任何地点准确地接收到可靠的信息，移动台在通信区域内需要随时运动。移动通信必须具备很强的管理功能，进行频率和功率控制。

5. 对移动终端(主要是移动台)的要求高。移动台长期处于不固定位置,所以要求移动台具有很强的适应能力。此外,还要求移动台体积小、重量轻、携带方便和操作方便。而且,移动终端必须适应新业务、新技术的发展,以满足不同人群的使用。

2.1.3　移动通信的发展

移动通信从 20 世纪初一直发展至今,从短距离的固定点与移动点的无线通信发展到如今的第四代移动通信(表 2-1)。

表 2-1　移动通信的发展历程

时　　间	历　　　程	标　　志
1897 年	M·G·马可尼在固定站与一艘拖船之间完成了一项无线通信试验	揭开了世界移动通信历史的序幕
20 世纪 20 年代至 20 世纪 40 年代中期	在短波几个频段上开发出专用移动通信系统	现代移动通信的起步阶段
20 世纪 40 年代中期至 20 世纪 60 年代初期	开发出公用移动通信系统	实现从专用移动网向公用移动网过渡
20 世纪 60 年代中期至 20 世纪 70 年代中期	美国推出了改进型移动电话系统	移动通信系统改进与完善的阶段
20 世纪 70 年代中期至 20 世纪 80 年代中期	美国贝尔实验室提出了蜂窝小区和频率复用的概念并开发先进的数字移动电话系统	第一代蜂窝移动通信系统发展起来
20 世纪 80 年代中期至 20 世纪 90 年代后期	随着业务需求的日益增长,推出了数字移动通信系统,广泛采用了 TDMA 技术的 GSM 系统和采用 CDMA 的 IS-95 系统	移动通信跨入了第二代数字移动通信系统
20 世纪 90 年代后期	在芬兰赫尔辛基召开的 ITU TG8/1 第 18 次会议上最终确定了 3 类共 5 种技术标准作为第三代移动通信的基础,其中 WCDMA、CDMA2000 和 TD-SCDMA 是 3G 的主流标准	进入了第三代移动通信系统的阶段
2009 年至今	电信设备商诺基亚—西门子表示自己通过下一代移动通信技术打了世界上第一个 LTE 电话	完善第三代移动通信系统,向第四代移动通信系统发展

2.1.4　几代移动通信技术简介

1. 第一代移动通信技术(1G)。1982 年,美国推出了 Advanced Mobile Phone System(AMPS),又称国际标准 IS-88。这个标准的推出受到了用户们的普遍欢迎,用户量大增。现在所指的 1G 就是 AMPS。第一代移动通信系统最重要的特点体现在移动性上，这是其他任何通信方式和系统不可替代的，从而结束了过去无线通信发展过程中时常被其他通信手段替代而处于辅助地位的历史。

第一代移动通信技术(1G)是指最初的模拟、仅限语音的蜂窝电话标准，制定于20世纪80年代，主要采用的是模拟技术和频分多址(FDMA)技术。模拟蜂窝系统的容量有限、保密性差，不能提供漫游，在许多地方正被逐步淘汰。

2. 第二代移动通信技术(2G)。为了满足人们对传输质量、系统容量和覆盖面的需求，第二代移动通信也随之产生。第二代移动通信系统主要有欧洲的GSM、数字高级移动电话系统DAMPS或TDMA、码分多址CDMA技术等，目前我国广泛应用的是GSM系统。1G主要使用了模拟技术，而2G使用了数字技术，其主要特性是为移动用户提供数字化的语音业务以及高质低价服务。第二代移动通信具有保密性强、频谱利用率高、能提供丰富的业务、标准化程度高等特点，使移动通信得到了空前的发展。

(1) GSM移动通信系统。GSM数字移动通信系统是由欧洲主要电信运营者和制造厂家组成的标准化委员会设计出来的，在蜂窝系统的基础上发展而成。GSM系统主要由移动台(MS)、基站分系统(BSS)、网络子系统(MSS)和操作与维护分系统(OSS)组成。GMS结构图如图2-1所示。

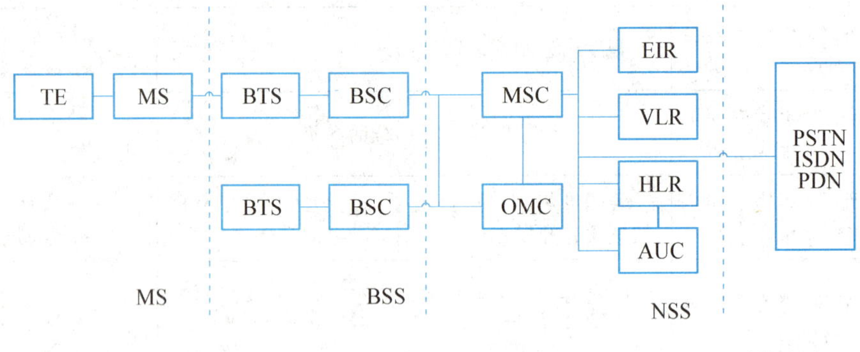

MS：　移动台　　BTS：　基站收发信机　　BSC：　基站控制中心
MSC：移动交换中心　　HLR：归属位置寄存器　　VLR：拜访位置寄存器
AUC：认证(鉴权)中心　　EIR：　设备标志寄存器　　OMC：操作维护中心
PSTN：公共交换电话网　　ISDN：综合业务数字网　　PDN：　公共数据网

图2-1　GSM系统结构图

① 移动台(MS)。移动台是公用移动通信网中用户使用的设备，也是整个移动通信系统中用户能够直接接触的唯一设备。它是GSM系统的移动客户设备部分，由移动终端和用户识别卡(Subscriber Identity Module，SIM)组成。SIM卡中存有用户身份认证所需的信息，并能执行一些与安全保密有关的信息。移动设备只有插入SIM卡后才能进网使用。

② 基站分系统(BSS)。BSS包含GSM数字移动通信系统中无线通信部分的所有地面基础设施，它一端通过无线接口直接与移动台实现通信连接，另一端又连接到网络端的交换机，为移动台和交换子系统提供传输通路。BSS由基站控制器(BSC——Base Station Controller)和基站收发信台(BTS——Base Transceiver Station)两部分组成。

③ 网络子系统(NSS)。包括以下几个部分：移动交换中心(MSC)，归属位置寄存器(HLR)，拜访位置寄存器(VLR)，认证(鉴权)中心(AUC)，设备标志寄存器(EIR)。移动交换中心是 GSM 网络系统的核心，是 GSM 移动通信系统与其他通信网之间互联的接口。HLR 既是一个静态数据库，用来存储本地用户的数据信息，又是一个定位数据库，用来存储用户访问位置寄存器的数据信息。VLR 是存储本地区动态用户数据的数据库，通常为一个 MSC 控制区服务。AUC 为每个用户设置了一个密钥，认证移动用户身份及产生相应认证参数的功能实体。EIR 实现对移动设备的识别、监视、闭锁等功能，确保移动设备的唯一性和安全性。

④ 操作与维护分系统(OSS)。操作与维护分系统是操作人员与设备之间的中介，其中的主要网元是操作维护中心(OMC)，它实现了对移动通信系统的 BSS 和 NSS 的集中操作与维护，它一侧与网络设备相连，另一侧则是作为人机接口的工作站。

(2) IS－95 CDMA 数字蜂窝通信系统。1993 年 7 月，美国电信工业协会(TIA)将 CDMA 定为美国数字蜂窝的临时标准 IS－95。由于 CDMA 系统具有抗干扰性强、保密性好、容量高等优点，许多国家都觉得 CDMA 有很大的应用前景，纷纷引进了这个技术。现在 CDMA 已经在很多国家广泛使用。

CDMA 由移动交换中心(MSC)、基站系统(BBS)、移动台(MS)、管理维护中心(OMC)以及公共市话网(PSTN)和综合业务数字网(ISDN)等组成。CDMA 结构如图 2－2 所示。这些部分的功能与 GSM 系统的一样。

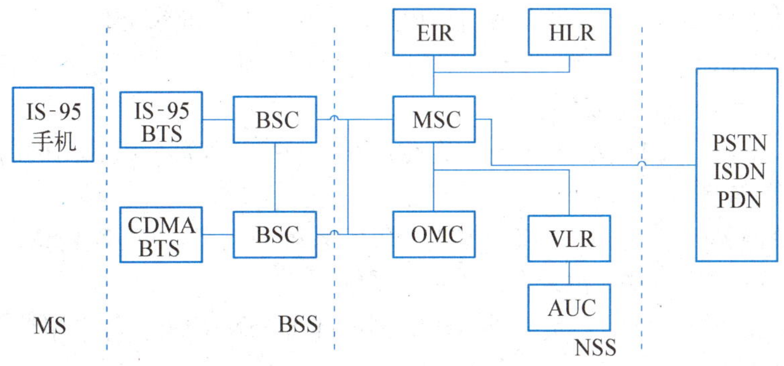

图 2－2　CDMA 结构图

3. 第 2.5 代移动通信技术——GPRS 技术。GPRS 是通用分组无线业务(General Packet Radio Service)的英文简称，是在现有的 GSM 网络基础上增加 GPRS 业务支持节点以及 GPRS 网点支持节点形成的一个新的网络实体，提供端到端的、广域的无线 IP 连接，目的是为 GSM 用户提供分组形式的数据业务。

GPRS 是一种新的移动数据通信业务，在移动用户和数据网络之间提供一种连接，为移动用户提供高速无线 IP 服务。GPRS 网络分为两个部分：无线接入和核心网。GPRS 提供了一种高效、低成本的无线分组数据业务，特别适用于间断的、突发性的和频繁的、少量的数据传输，可以应用于数据传输、远程监控等方面，也适用于偶尔的大数据量传输。GPRS 网络结构如图 2－3 所示。

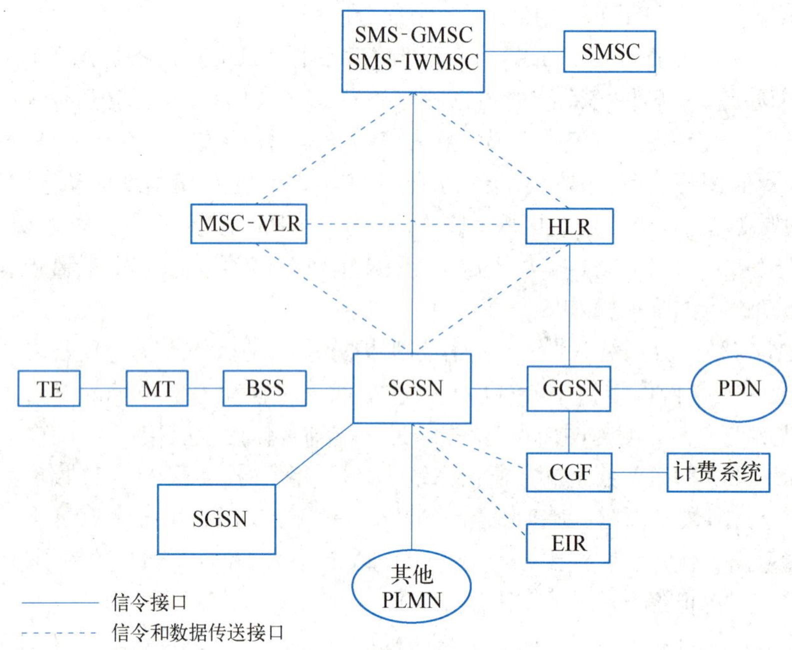

图 2-3 GPRS 系统结构图

GPRS 系统的基本网络结构：

① 移动台(MS)是用户使用的设备，由移动终端(MT)和终端单元(TE)构成。

② 服务 GPRS 支持节点(SGSN)主要负责记录移动台的当前位置的信息，有执行移动性管理和路由选择等功能。

③ 网关 GPRS 支持节点(GGSN)负责 GPRS 网络与外部分组数据网的连接，并提供必要的传输通路。

④ 计费网关(CG)通过 Ga 接口实现 GPRS 系统的计费，收集各 GSM 系统发送的计费数据记录，然后将这些记录发送给计费系统。

⑤ 域名服务器(DNS)负责提供 GPRS 网内部 SGSN、GGSN 等网络节点的域名解析以及 APN 的解析。

4. 第三代移动通信技术(3G)。第三代移动通信，即国际电信联盟(ITU)定义的 IMT-2000(International Mobile Telecommunication-2000)，简称 3G。相对于第一代模拟通信系统(1G)和第二代 GSM、CDMA 等通信系统(2G)，3G 一般地讲是指将无线通信与国际因特网等多媒体通信结合的新一代移动通信系统。2000 年 5 月，国际电信联盟确定了 WCDMA，CDMA 2000 与 TD-SCDMA 作为第三代移动通信的三大主流无线接口标准。

(1) WCDMA。WCDMA 是通用移动通信系统(UMTS)的空中接口技术，接入方式为 IMT-DS，核心网络基于 GSM/GPRS，所以许多 WCDMA 的高层协议和 GSM/GPRS 基本相同或相似。图 2-4 所示就是从 GSM 到 WCDMA 的发展。

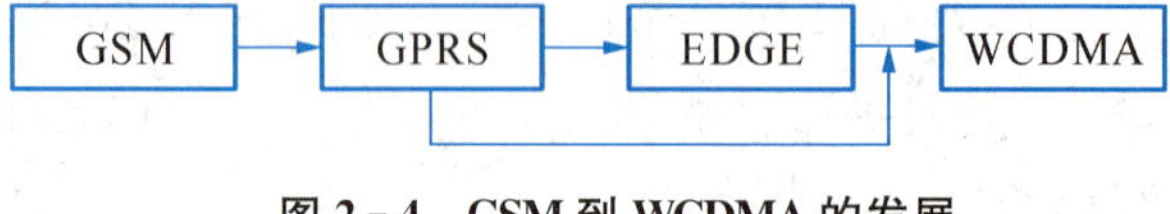

图 2-4 GSM 到 WCDMA 的发展

(2) CDMA 2000。CDMA 2000 是在 IS－95 基础上的进一步发展，它对 IS－95 系统有向后兼容性，为了支持分组数据业务，核心网络在 ANSI－41 网络的基础上，增加了支持分组交换的部分，并逐步向全 IP 的核心网过渡。截至 2011 年 6 月，全球 CDMA 2000 用户数量超过 6.14 亿，亚洲是对用户总量增长作出主要贡献的地区，其次是北美、欧洲和中东。目前，全球共有 336 家商用 CDMA 2000 运营商，它们分布在 123 个国家和地区。

(3) TD－SCDMA。时分同步的码分多址技术(Time Division-Synchronous Code Division Multiple Access，TD－SCDMA)作为中国提出的 3G 标准，自 1998 年正式向 ITU(国际电联)提交以来，完成了标准的专家评估、ITU 认可并发布。TD－SCDMA 标准是我国第一个具有完全自主知识产权的国际通信标准，而且在国际上被广泛接受和认可，是我国通信史上重要的里程碑，也是我国通信史上的重大突破，标志着中国在移动通信领域进入了世界领先之列。

5. 第四代移动通信技术(4G)。虽然 3G 传输率快，但还是存在着很多不尽如人意的地方。第四代移动通信技术(4G)希望能提供更大的频宽，满足 3G 尚不能达到的在覆盖、质量、造价上支持的高速数据和高分辨率多媒体服务的需要。该技术能进一步提高数据传输速度，集 3G 与 WLAN 于一体并能够满足几乎所有用户对于无线服务的要求。

4G 是 3G 技术的进一步演化，是在传统通信网络和技术的基础上不断地提高无线通信的网络效率和功能。通俗一点理解，最能概括 4G 技术的就是两句话：一是 4G 能够提供高速移动网络宽带服务；二是 4G 基于全球移动通信 LTE(Long Term Evolution)标准之上。4G 系统的网络结构如图 2－5 所示。

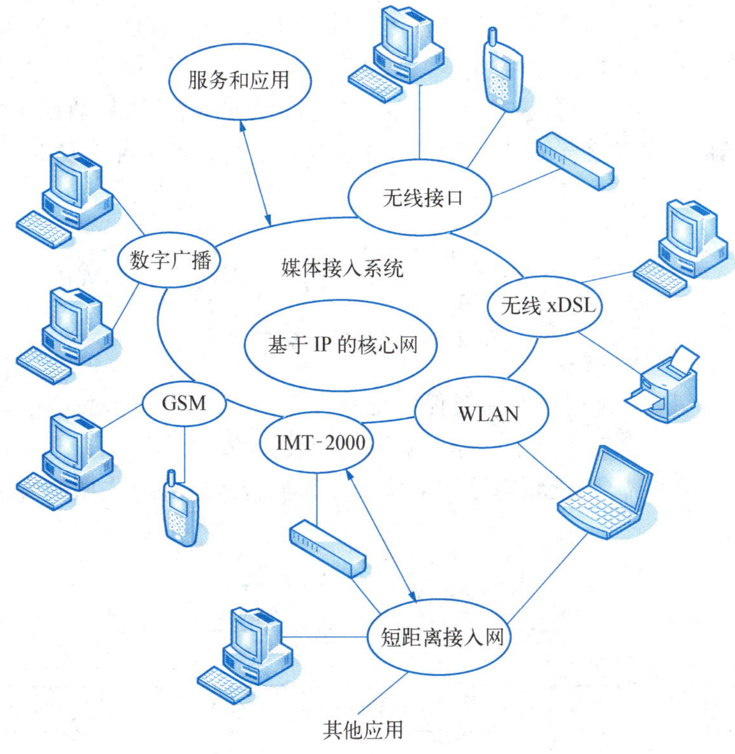

图 2－5 4G 系统的网络结构

全IP网络比较恰当地描述了4G网络的特点。在这个网络中，无线网络（包括WLAN，2G，3G移动通信网络和其他网络）将成为Internet子网的自然延伸，移动终端是可激活的IP客户端。而且，全网络的信息传输速率更快、带宽更宽、容量更大、智能性更高、兼容性更强、多媒体质量更高。

4G通信技术将会推动关键技术的过渡，逐渐发展出一种以OFDM技术为主导，又吸收了CDMA技术的双核技术。为了满足4G系统的要求，我们必须对3G的软件进行升级，使3G运行的精确度、速率、平稳性更高。我们需要不断完善技术，既要保证3G资源的完整，又可以促使3G成为4G的一部分，实现从三代到四代的过渡。

2.2 移动无线互联网

1865年，英国物理学家麦克斯韦尔在《电磁场的动力理论》中证明了电磁波的存在；1899年，意大利电气工程师和发明家马可尼利用电磁波进行远距离无线电通信取得了成功；1901年，马可尼又成功实现了横跨大西洋彼岸的通信；1906年，费森登在美国实现了历史上首次无线电广播。此后的时间，这个世界进入了无线电通信时代。

2.2.1 无线通信系统

我们非常熟悉用收音机收听广播电台节目，在电台节目接收过程中，电台播音员（节目源）产生信号，发射机通过发射天线发射信号，收音机接收信号，电台播音员、发射机、天线和收音机组成了一个基本的无线通信系统。也就是说，无线通信系统是指利用电磁波在空间传播完成信息传输的系统。最基本的无线通信系统由发射机、接收机和无线信道组成，如图2-6所示。

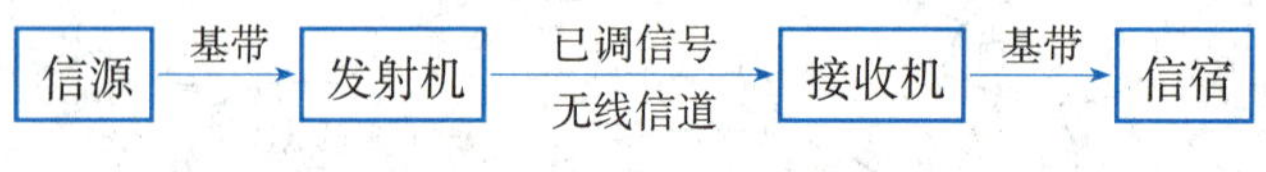

图2-6 无线通信系统

（1）发射机组成。发射机的主要任务是完成有用的低频信号对高频载波的调制，将其变为在某一中心频率上具有一定带宽、适合通过天线发射的电磁波。通常，发射机包括三个部分：高频部分、低频部分和电源部分。典型的超外差式调幅发射机系统原理框图如图2-7所示。

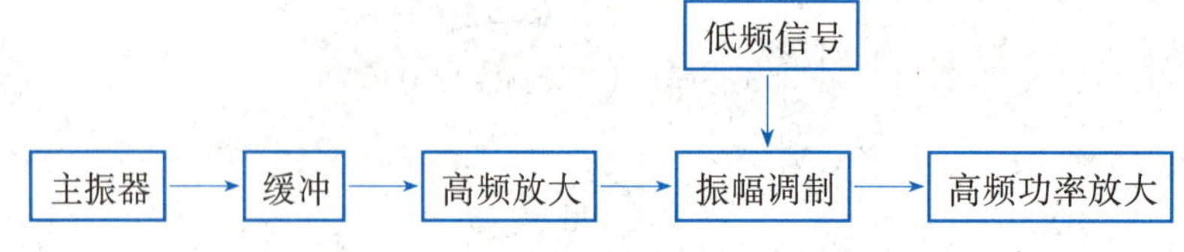

图2-7 超外差式调幅发射机系统原理图

(2) 接收机组成。接收机的主要任务是从已调制AM波中解调出原始有用信号，主要由输入电路、混频电路、中放电路、检波电路、低频放大器和低频功率放大电路组成。原理框图如图2-8所示。

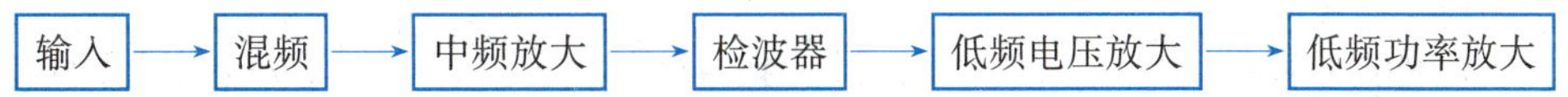

图2-8 超外差式调幅接收机系统原理图

当无线用户之间可以直接进行通信时，就称为点对点通信。根据用户之间信息传送的方向，可以分为单工通信与双工通信。单工通信就是只有从发射机到接收机这一个方向，消息只能单向传输。通常所说的通信都是双工通信，即消息可以在两个方向上进行传输，例如手机通信。

2.2.2 无线网络

所谓无线网络，既包括允许用户建立远距离无线连接的全球语音和数据网络，也包括为近距离无线连接进行优化的红外线技术及射频技术。当无线用户之间由于距离或其他原因，不能直接进行信息传输而必须通过中继方式进行时，称为无线网络通信方式。网络可以有多种形式，最经典的是星状网络。位于网络中央的中继器可以是移动网络中的基站，它由发射机和接收机组成，可以将来自一个无线设备的信号中继到另一个无线设备，保证网络内的用户通信。图2-9表示的是无线网络的架构。

整个无线网络可以划分为四个范畴：无线广域网（WWAN）、无线城域网

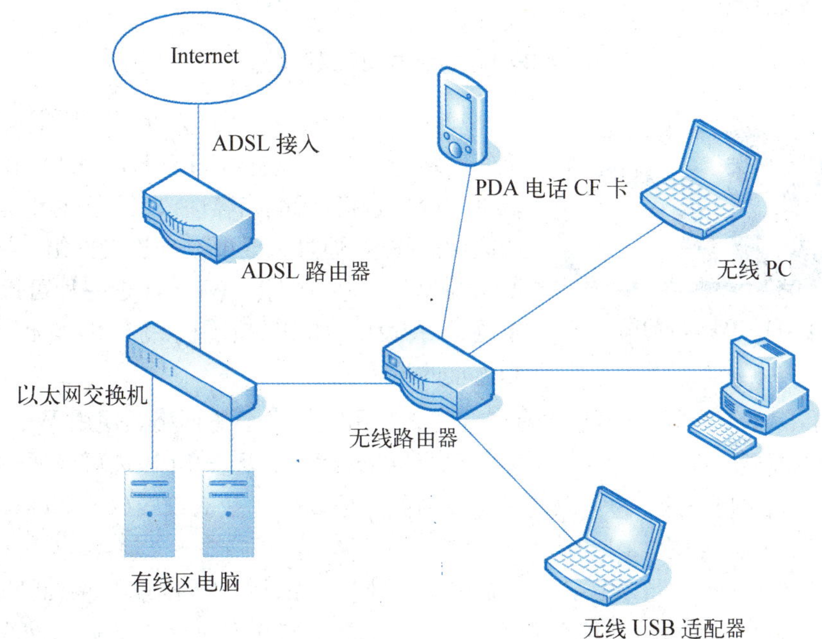

图2-9 无线网络的架构

(WMAN)、无线局域网(WLAN)和无线个域网(WPAN)。从范畴上来看,无线网络目前只是在 WLAN 领域和 WPAN 领域发展比较成熟,后者是在小范围内相互连接数个装置所形成的无线网络,例如蓝牙连接耳机及掌上电脑。而 WMAN(WiMax)提出不久,还有很多问题尚未解决。

(1) 无线局域网(WLAN)。无线局域网(Wireless LAN,WLAN)是指以无线电波作为传输媒介的局域网。无线局域网包括三个组件:无线工作站、无线 AP 和端口(如图 2-10 所示)。WLAN 技术可以使用户在公司、校园、大楼或机场等公共场所创建无线连接,用于不便于铺设线缆的场所。目前,无线局域网主要使用 Wi-Fi 技术。随着以太网的广泛应用,WLAN 能在一定程度上满足人们对移动设备接入网络的需求。

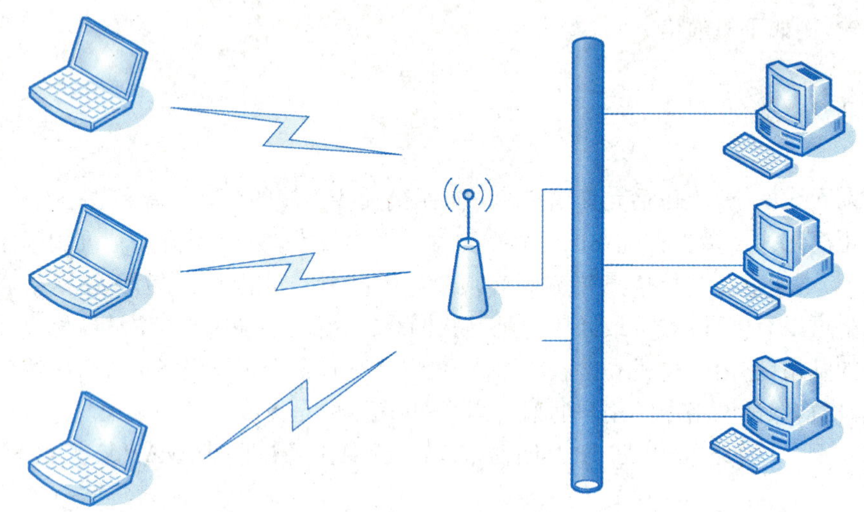

图 2-10 无线局域网结构图

图 2-11 Wi-Fi 的图标

Wi-Fi(wireless fidelity)是 IEEE 定义的一个无线网络通信的工业标准(IEEE802.11),在无线局域网的范畴是指“无线相容性认证”,同时也是一种无线联网的技术,通过无线电波来连接网络。图 2-11 所示为 Wi-Fi 的图标。Wi-Fi 是一种可以将个人电脑、手持设备(如 PDA、手机)等终端以无线方式互相连接的技术。

目前,除了家庭网络外,还没有完全建立在无线技术上的网络。使用 Wi-Fi 技术配置的网络常常与现有的有线网络相互协调共同运行。Wi-Fi 一边可以通过无线电波与无线网络相连,另一边可以通过无线网关连接到无遮蔽双绞线(Unshield Twisted Pair,UTP)电缆,如图 2-12 所示。

(2) 无线个域网(WPAN)。无线个域网(Wireless Personal Area Network,WPAN)是通过无线电波连接个人邻近区域内的计算机和其他设备的通信网络。目前主要的 WPAN 技术就是蓝牙和红外通信。

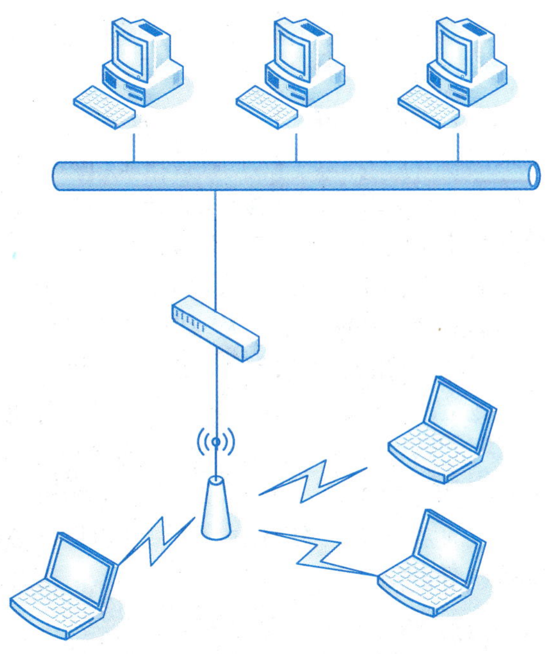

图 2－12　Wi－Fi 与现有网络的集成

图 2－13　蓝牙的标志

① 蓝牙。蓝牙(图 2－13)是由爱立信、国际商用机器、英特尔、诺基亚和东芝等五家公司于 1998 年 5 月共同提出开发的一种全球通用的无线技术标准。蓝牙是一种替代线缆的短距离无线传输技术,使特定的移动电话、笔记本电脑以及各种便携式通信设备能够相互在 10 米左右的距离内共享资源。图 2－14 所示是蓝牙通过手机和其他移动设备的连接。

蓝牙有很多优点：蓝牙的成本比较低,保证了蓝牙的广泛实施;任一蓝牙设备在传输信息时都要有密码,保证了通信的安全性;蓝牙的通信距离为 10 米,可以在办公室内

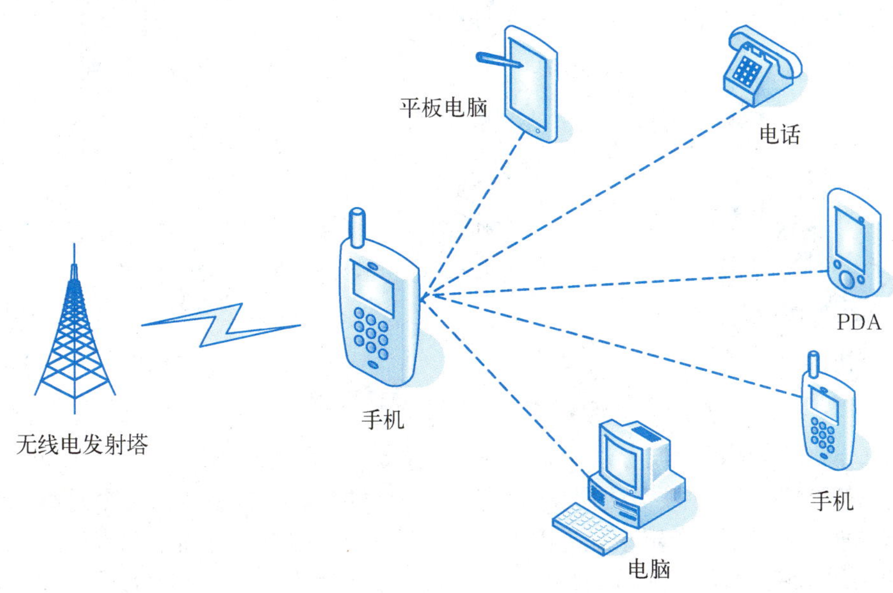

图 2－14　蓝牙传输图

任意传输；蓝牙具备自动发现能力，使用户能够通过很简便的操作界面访问设备；跳频技术使蓝牙系统具有足够高的抗干扰能力。

② 红外通信。红外线是指波长超过红色可见光的电磁波，红外通信(IrDA)顾名思义就是通过红外线进行数据传输的无线技术，利用红外线技术在电脑或其他相关设备间可以进行无线数据交换。目前使用的红外线已发展到了16 Mb/s的速率。

目前，无线电波和微波已被广泛地应用在长距离的无线通信中，但由于红外线的波长较短，对障碍物的衍射能力差，所以更适合应用在需要短距离无线通信的场合，进行点对点的直线数据传输。随着移动计算和移动通信设备的日益普及，红外数据通信已经进入了一个发展的黄金时期。目前，红外通信在小型的移动设备中获得了广泛的应用，包括笔记本电脑、掌上电脑、游戏机、移动电话、仪器仪表、MP3、数码相机以及打印机之类的计算机外围设备等。

(3) 无线城域网(WMAN)。无线城域网(Wireless Metropolitan Area Network，WMAN)采用无线电波使用户在主要城市区域的多个场所之间创建无线连接，而不必花费高昂的费用铺设光缆、电缆和租赁线路，如图2-15所示。IEEE为无线城域网推出了802.16标准，同时业界也成立了类似Wi-Fi联盟的WiMax论坛。

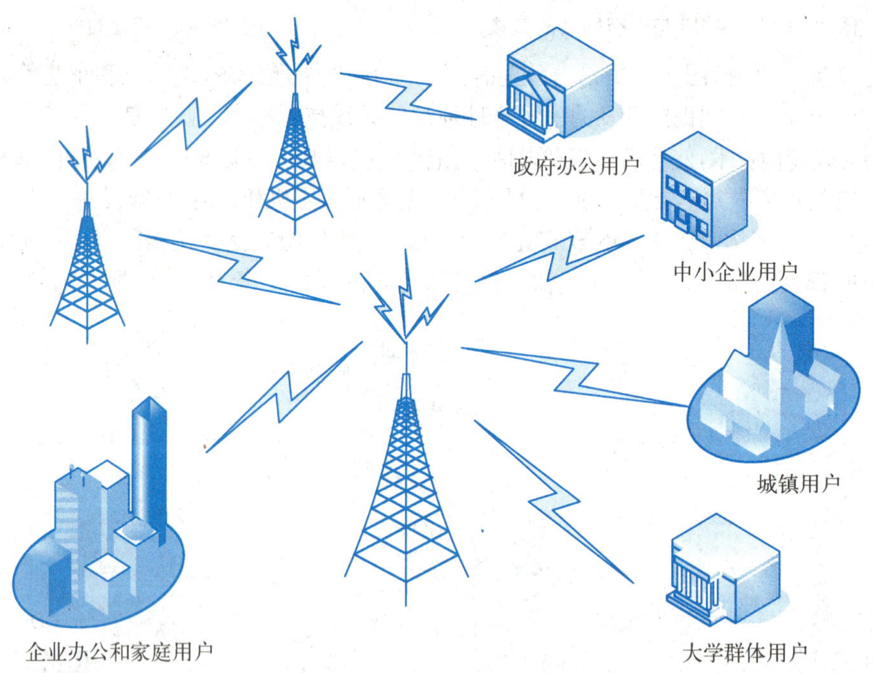

图2-15 无线城域网结构图

WiMax的全名是微波存取全球互通(Worldwide Interoperability for Microwave Access)，WiMax应用主要分成两个部分：一个是固定式无线接入，另一个是移动式无线接入。现阶段的主要应用系统为以IEEE 802.16d标准为主的固定宽带无线接入系统和以IEEE 802.16e标准为主的移动宽带无线接入系统。主要参数如表2-2所示。WiMax也有自身的许多优势：实现更远的传输距离；提供更高速的宽带接入；提供优良的“最后一公里”网络接入服务；提供多媒体通信服务；应用范围广。

表 2-2　WiMax 系统主要参数

技术参数	802.16e	802.16d
带宽(MHz)	1.25～20	1.75～20
频段(GHz)	2～6	2～11
移动性	中低车速(<120km/h)	固定或漫游
传输技术	多载波、OFDMA	多载波、OFDM
峰值速率(Mbit/s)	15(5MHz)、30(10MHz)	75(20MHZ)
小区间切换	支　持	不支持
调制方式	上行：BPSK、QPSK、16QAM；下行：BPSK、QPSK、16QAM、64QAM	
多址方式	OFDMA	
双工方式	TDD、FDD	
增强型技术	智能天线、MIMO、HARQ、AMC	

(4) 无线广域网(WWAN)。无线广域网(Wireless Wide Area Network，WWAN)是指覆盖全国或全球范围的无线网络，提供更大范围内的无线接入。图 2-16 是基于

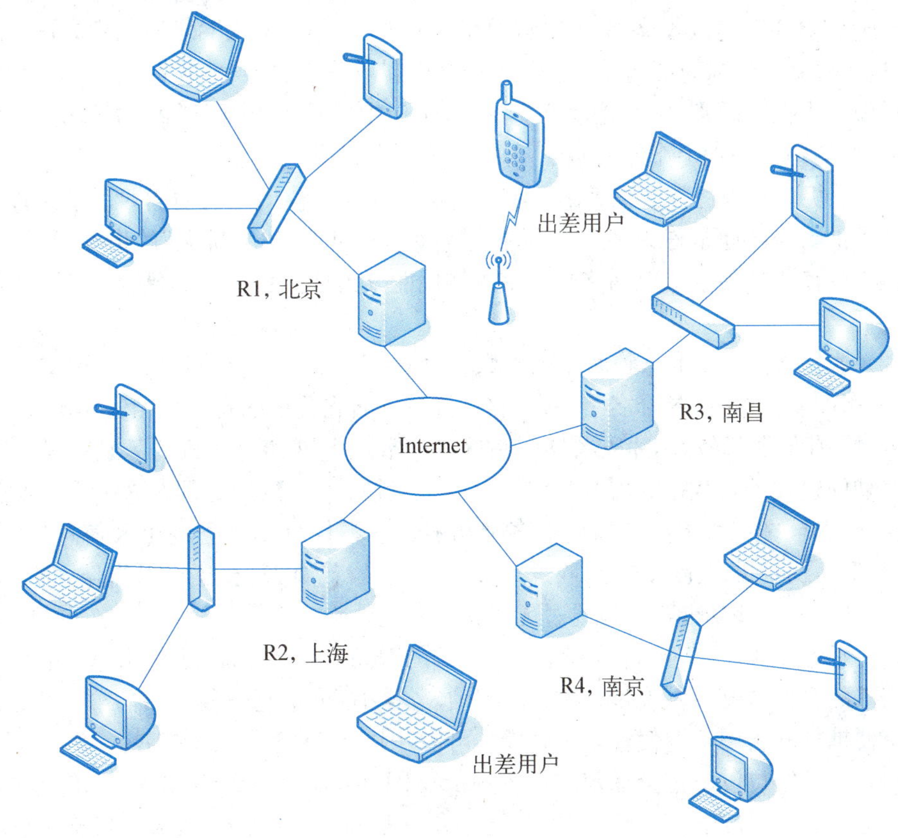

图 2-16　基于 Internet 的无线广域网

Internet的无线广域网结构图。IEEE 802.20是WWAN的重要标准,是由IEEE 802.16工作组于2002年3月提出的,并为此成立了专门的工作小组,这个小组2002年9月独立为IEEE 802.20工作组。IEEE 802.20是为了实现高速移动环境下的高速率数据传输率,以弥补IEEE 802.1x协议族在移动性上的劣势。IEEE 802.20技术可以有效解决移动性与传输速率相互矛盾的问题,是一种适用于高速移动环境下的宽带无线接入系统空中接口规范。

2.3 移动通信终端

移动通信终端就是能接受移动通信服务的机器,是移动通信系统的重要组成部分,移动用户可以通过移动通信终端接触移动通信系统,使用所有移动通信服务业务,由此可见终端的重要性。

2.3.1 移动通信终端设备

移动通信终端产品现在非常多,个人移动通信终端设备主要包括手机、掌上电脑、笔记本电脑、GPS定位设备等。按照网络的不同,有GSM、CDMA、WCDMA、TD-SCDMA等;按照结构的不同,有直板机、折叠机和滑盖机的区分;各种终端产品对使用者来说没有太大的区别,主要是运营商不同,包括中国移动、中国联通、中国电信;功能上大同小异,但是外观上千差万别。

(1) 手机。手机通常被视为集合了个人信息管理和移动电话功能的手持设备。日本及我国港台地区通常称为手提电话、携带电话,早期又有“大哥大”的俗称,是可以在较广范围内使用的便携式电话终端。手机按性能分为智能手机和非智能手机。目前手机已发展至4G时代。

(2) 掌上电脑。掌上电脑属于个人数字助理(Personal Digital Assistant,PDA)的一种。正如“掌上电脑”这个名字一样,它在许多方面和我们的台式机相像。比如,它同样有CPU、存储器、显示芯片以及操作系统等。掌上电脑和台式机的区别就是一个可以在移动中进行个人数据处理,一个是在固定点进行个人数据处理。这种手持设备集中了存储、办公、电话、传真和网络等多种功能。它不仅可用来管理个人信息(如通讯录、计划等),而且可以上网浏览、收发E-mail,可以发传真,甚至还可以当作手机来用。尤为重要的是,这些功能都可以通过无线方式实现。

(3) 笔记本电脑。笔记本电脑是台式PC的微缩与延伸产品,也是用户对电脑产品更高需求的必然产物。其发展趋势是体积越来越小,重量越来越轻,而功能却越发强大。其便携性和备用电源使移动办公成为可能,因此市场容量迅速扩展。

(4) GPS定位设备。全球定位系统(Global Position System,GPS)是在全球范围内实时进行定位、导航的系统。GPS功能必须具备GPS终端、传输网络和监控平台三个要素,缺一不可。GPS定位设备功能包括全球卫星定位、电子导航、语音提示、偏航纠正等，GPS 导航系统现在已经被广泛使用。

2.3.2　移动终端设备的技术特征

移动终端设备不同于传统的固定办公设备，它有许多特殊的技术特征。典型的移动终端设备一般包括：输入工具、一个以上的显示屏幕、一定的计算和存储能力以及独立的电源。移动设备的主要特性如下：

(1) 移动设备的显示屏幕小，而大多数设备使用多义键盘，通过按键来确定具体语义，操作起来比较麻烦，可操作性差。

(2) 移动设备都是依靠电池来维持的，而电池的使用期限很短。电池技术尽管一直在不停地发展，但是容量还是个限制因素。

(3) 移动设备内存、磁盘的容量比传统的固定设备要小很多。

(4) 移动设备的安全性较差。

移动通信终端正逐渐向智能化方向发展，终端不仅是通信的工具，更是技术发展、市场策略和用户需求的体现，因此，受到移动互联网和物联网等大的战略发展方向的影响，移动通信终端向通信终端融合化和各类物品通信化发展(如表 2－3 所示)。

表 2－3　移动终端的发展趋势

通信终端融合化	以通信终端为基础，通过融合各类业务和功能，实现手机的多功能化
各类物品通信化	在物联网时代，通过嵌入式智能芯片和各类中间件技术，可以使物品和物品间进行通信，并实现人对物品的管理

2.4　移动通信操作平台

2.4.1　移动应用平台

目前主要有三种移动应用平台，分别是移动消息平台、移动网络接入平台以及交互式语音应答(IVR)平台。

(1) 移动消息平台。移动消息平台主要包括短信息服务和多媒体信息服务，都可用于建立点对点的短信业务平台，在此基础上也可以开发各种增值服务。

短信息服务(Short Messaging Service，SMS)是指在无线电话或传呼机等无线设备之间传递小段文字或数字数据的一种服务，而且也是现在普及率最高的一种短消息业务。SMS 短信以简单方便的使用功能受到大众的欢迎。虽然 SMS 早就出来了，但是现在普及率还是很高。不过，在内容和应用方面存在技术标准的限制。随着短信息的逐步流行，增强型信息服务(EMS)使用了 SMS 技术并新增了对声音、图像和动画的支持。

多媒体信息服务(Multimedia Messaging Service,MMS)通常又称为彩信。它和SMS相比最大的特色就是支持多媒体功能。MMS能够传递功能全面的内容和信息,包括图像、音频信息、视频信息、数据以及文本等多媒体信息。MMS还可以和手机摄像头结合,可以将手机上拍的照片通过MMS传给亲朋好友。但是,无论是发送还是接收信息,MMS都需要GPRS的支持。

(2) 移动网络接入平台。WAP平台是开展移动商务的核心平台之一。通过WAP平台,手机可以方便快捷地接入互联网,真正实现不受时间和地域约束的移动商务。WAP是一种通信协议,它是基于在移动中接入因特网的需要提出和发展的。WAP提供了一套开放、统一的技术平台和一种应用开发、应用环境,用户使用移动设备可以很容易地访问和获取因特网或企业内部网信息和各种服务。

WAP应用模型由WAP客户端、WAP网关和WAP内容服务器三部分组成,这三者缺一不可。客户端主要指支持WAP协议的移动用户设备终端,如WAP手机。WAP网关是WAP应用实现的核心,由协议网关和内容编解码器两部分组成。WAP内容服务器存储着大量的信息,WAP手机用户可以用来访问、查询、浏览等。

要想在移动终端上获得丰富的信息内容,除了需要无线通信协议外,还需要一种标记语言,以描述信息的展现格式。无线标记语言(Wireless Markup Language,WML)类似于HTML语言,HTML编写的内容可以在电脑上用浏览器进行阅读,而WML编写的内容可以在移动终端的WAP浏览器上提供文本浏览、数据输入、图像和表格呈现以及按钮和超级链接等功能。

(3) 交互式语音应答(IVR)平台。交互式语音应答(Interactive Voice Response,IVR)系统是呼叫中心的重要组成部分,在呼叫过程中起着不可替代的作用。IVR是自动与用户进行交互式操作的业务。当客户联系呼叫中心时,首先接入IVR平台,在确认用户信息后,根据IVR给出的提示信息,用户根据提示进行互动操作,从而达到所需要的服务菜单。若用户的问题在IVR内得不到解决,则转向人工热线服务。移动IVR还可以利用手机终端独有的收发短信功能,实现语音和短信的互动。

随着呼叫中心信息服务的发展,IVR系统提供的功能急剧增长,用户就要对IVR系统有很深的了解,很多用户都会觉得IVR操作繁琐而选择人工服务,这就会降低IVR的利用率。但相信随着技术的发展,IVR将成为继移动消息平台和WAP平台之后,又一个能提供综合业务服务的移动应用平台。

2.4.2 移动通信操作系统

操作系统是对计算机系统内各种硬件和软件资源进行控制和管理、有效地组织多道程序运行的系统软件,是用户与计算机之间的接口。以前广泛认为操作系统就是计算机所拥有的,现在手机也应用了操作系统。

计算机操作系统主要分为两种:一种是Windows类,包括Windows 2000、Windows XP、Vista、Win7,它们的关系都是后者为前者的升级版本;另一种是UNIX

类，包括 UNIX、Linux 等，相互之间兼容性较好。而手机上采用的操作系统有：Symbian、Windows Mobile、Android、iOS。下面就分别介绍这些操作系统。

（1）Symbian 操作系统。Symbian 操作系统是 Symbian 拥有的、专用于手机应用软件开发的平台。Symbian 是一个实时性、多任务的纯 32 位操作系统，具有功耗低、内存占用少等特点，非常适合手机等移动设备使用。Symbian 软件架构模型如图 2－17 所示。

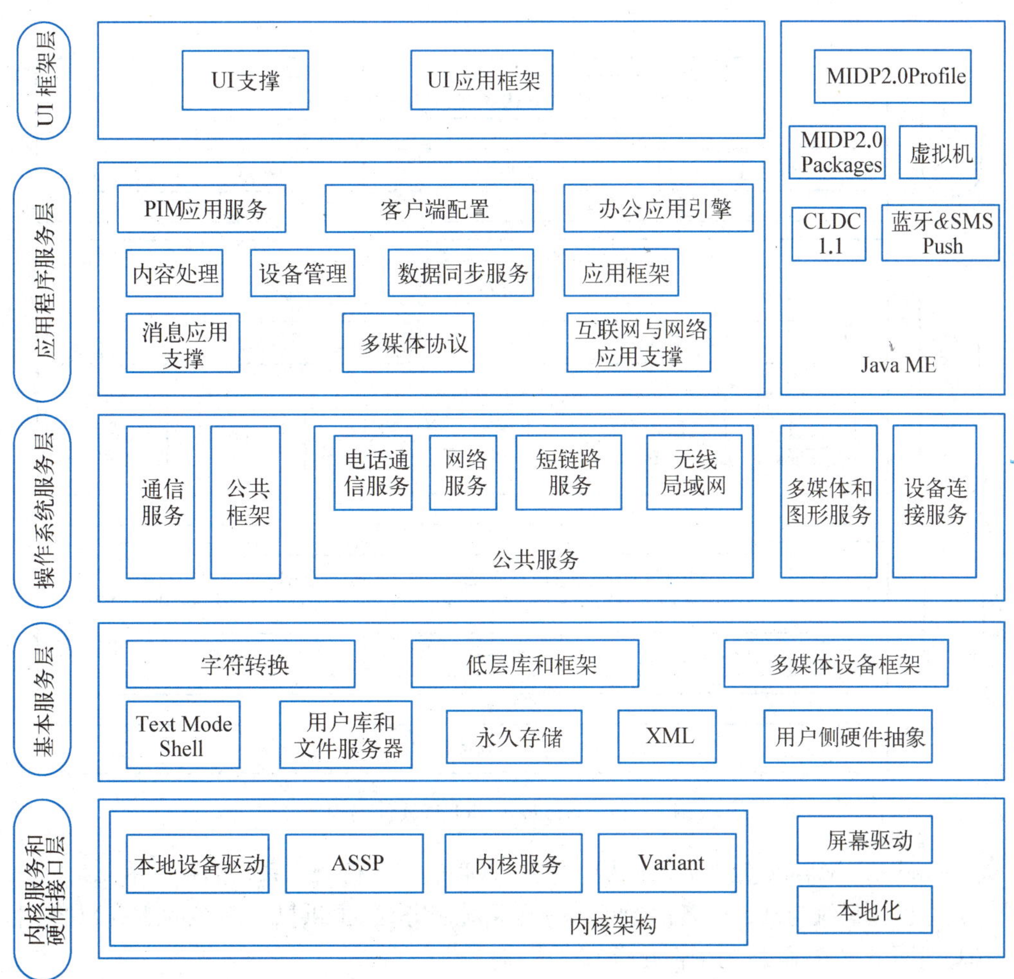

图 2－17　Symbian 软件架构模型

Symbian 操作系统由 UI 框架层（为构建用户提供了框架和库）、应用程序服务层（为 Symbian 操作系统的应用程序提供独立于用户界面的支持）、操作系统服务层（提供服务器、框架和库）、基本服务层（提供用户端的最底层的服务）、内核服务和硬件接口层（包含操作系统内核本身，抽象了底层的硬件接口组件）组成。

由于诺基亚一直将 Symbian 作为其智能手机产品的唯一操作系统，Symbian 多年来一直在手机操作系统市场领先，但近年来，Symbian 的市场份额严重下滑，并且这一

趋势仍在延续。主要原因在于随着 iPhone、Android 这两种操作系统的兴起，Symbian 在用户体验方面已经落后。不过，在中低端领域，由于价格相对低廉，并且易用性较高，Symbian 仍然具有一定的优势。

（2）Windows Mobile 操作系统。Windows Mobile 是微软为手持 PC 开发的通用操作系统，是开放的、可裁剪的、32 位的实时嵌入式窗口操作系统。Windows Mobile 系列操作系统主要包括 Pocket PC、SmartPhone。Windows Mobile 软件架构如图 2－18 所示。

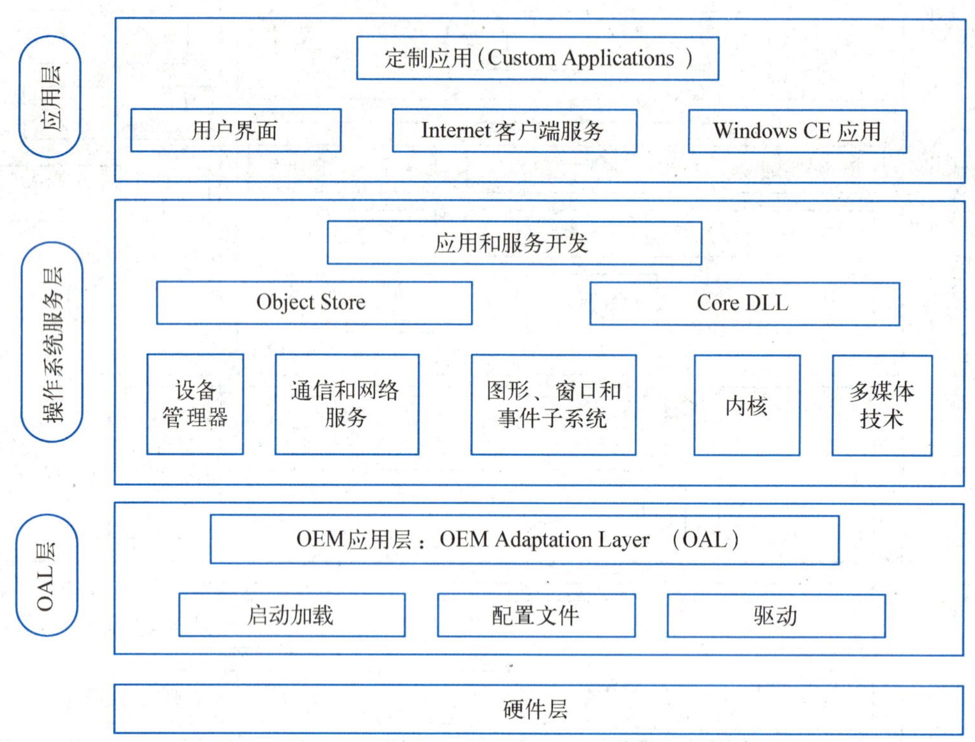

图 2－18　Windows Mobile 软件架构

Windows Mobile 软件分为四层：硬件层（存储和运行操作系统的存储单元）、OAL 层（建立操作系统与外部设备的通信）、操作系统服务层（提供操作系统的服务）和应用层（实现网络客户端、应用个性化等）。

相比其他智能手机操作系统，Windows Mobile 的缺点在于其操控显得更复杂，系统运行速度比较慢。比起 iPhone、Android 等产品，同样采用触摸屏操作的 Windows Mobile 手机在操控体验方面差距明显。

（3）Android 操作系统。Android 是 Google 于 2007 年 11 月 5 日宣布的基于 Linux 平台的开源手机操作系统，该平台由操作系统、中间件、用户界面和应用软件组成，图2－19显示的是 Android 操作系统的主要组件。

Android 系统架构由五部分组成，分别是：Linux Kernel、Android Runtime、Libraries、Application Framework、Applications。

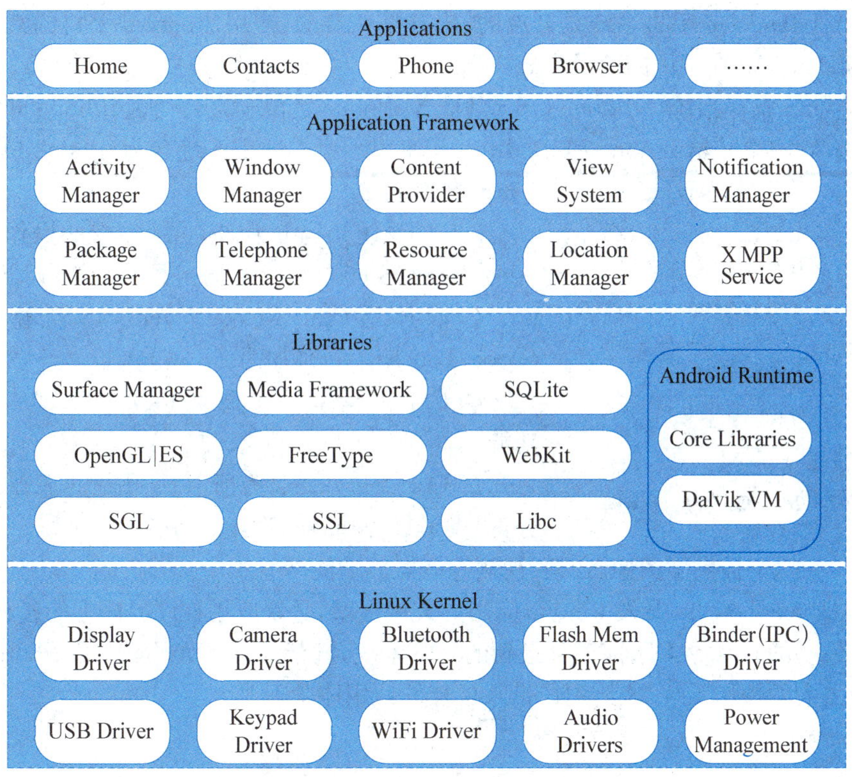

图 2－19　Android 系统架构

① Linux Kernel(Linux 内核)。Android 的核心系统服务依赖于 Linux 2.6 内核，如安全性、内存管理、进程管理和驱动模型。Linux 内核也同时作为硬件和软件栈之间的抽象层。除了标准的 Linux 内核外，Android 还增加了内核的驱动程序：Binder (IPC)驱动、显示驱动、输入设备驱动、音频系统驱动、摄像头驱动、WiFi 驱动、蓝牙驱动、电源管理。

② Android Runtime(Android 运行库)。Android 的核心类库提供 Java 编程语言核心库的大部分功能。每个 Android 应用都运行在自己的进程上，享有 Dalvik 虚拟机为它分配的专有实例。Dalvik 虚拟机依赖于 Linux 内核的一些功能。

③ Libraries(程序库)。Android 包含一套 C/C++库，Android 系统的各式组件都在使用这些库。这些功能通过 Android 应用框架为开发人员提供服务。

④ Application Framework(应用框架)。在 Android 系统中，开发人员也可以完全访问核心应用程序所使用的 API 框架。其中包括：视图(Views)、内容提供器(Content Provider)、资源管理器(Resource Manager)、通知管理器(Notification Manager)和活动管理器(Activity Manager)等。

⑤ Applications(应用程序)。Android 会和一系列核心应用程序包一起发布，该应用程序包包括 E-mail 客户端、SMS 短消息程序、日历、地图、浏览器、联系人管理程序等。所有的应用程序都是使用 JAVA 语言编写的。

中国移动、中国联通、中兴通信、华为通信、联想等大企业纷纷使用了 Android 操作系统，而且 Android 手机系统是开放的，服务是免费的，使用 Android 手机的人也就越来越多，Android 在中国的前景十分广阔。

(4) iOS 操作系统。iPhone OS 或 OS X iPhone 是由苹果公司为 iPhone 开发的操作系统。它主要是给 iPhone 和 iPod touch 使用。原本这个系统名为 iPhone OS，直到 2010 年 6 月 7 日 WWDC 大会上宣布改名为 iOS。

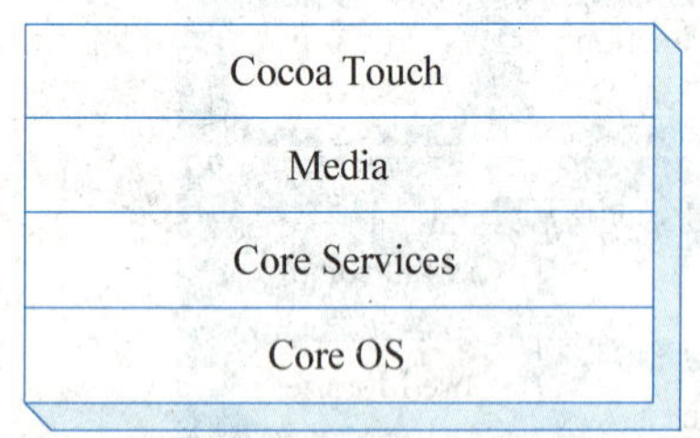

图 2－20　iOS 的系统架构

iOS 的系统架构分为四个层次：核心操作系统层(the Core OS layer)，核心服务层(the Core Services layer)，媒体层(the Media layer)，可轻触层(the Cocoa Touch layer)(如图 2－20 所示)。

① Core OS：提供了整个 iPhone OS 的一些基础功能。

② Core Services：为所有应用提供基础系统服务，提供了日历和时间管理等功能。

③ Media：提供了图像、音频、视频等多媒体功能。

④ Cocoa Touch：开发 iPhone 应用的关键框架，呈现应用程序界面上的各种组件。

从最初的 iPhone OS，演变至最新的 iOS 系统，横跨 iPod Touch、iPad、iPhone，成为苹果最强大的操作系统，能给用户带来极佳的使用体验。

2.5　二维码与 RFID

我们生活中随处都可以看到条形码：在超市里，营业员通过扫描物品的条形码，就能在结算的机器里看到该物品的价格；在图书馆里，工作人员通过扫描图书的条形码就可以辨别出该书借还的状态等。为了提高计算机识别的效率，增强其准确性，先后出现了传统条形码、二维条形码、无线射频识别(RFID)技术。

2.5.1　传统条形码

传统条形码由一组按一定编码规则排列的条、空符号组成，表示一定的字符、数字及符号信息。条形码系统是由条形码符号设计、条形码制作以及扫描阅读组成的自动识别系统，是迄今为止使用最为广泛的一种自动识别技术。

超市里商品的条码和包装袋上的条码，基本上都是一维条码(见图 2－21)，是利用条码的粗细及黑白线条来代表信息，当拿扫描器来扫描一维条码时，即使将条码上下遮住一部分，所扫描出来的信息都是一样的。

到目前为止，常见的条形码的码制大概有 20 多种，其中广泛使用的码制包括 Code 39 码、交叉 25 码、EAN 码、UPC 码、Code 128 码以及 Codabar 码等。不同的码制具有不同的特点，适用于一种或若干种应用领域。

图 2－21　一维条码

2.5.2　二维码

20 世纪 70 年代，在计算机自动识别领域出现了二维条形码（如图 2－22 所示）技术，它将条形码的信息空间从一维扩展到二维，具有信息容量大、可靠性高、准确性高、防伪性高、保密性强等诸多优点。

图 2－22　二维条码

二维条码通常分为两种类型：行排式二维条码和矩阵式二维条码。在目前几十种二维条码中，常用的码制有：PDF 417，Code49，Data Matrix，Code16K，MaxiCode，QR Code，Code one 等。表 2－4 列出了几种常用的二维条码的基本情况及条码样图。

表 2－4　常用二维码基本情况表

种　　类	简　　图	概　　述
PDF 417		是一种多层、可变长度、具有高容量和纠错能力的二维条码，可以表示 1 100 个字节或 1 800 个 ASCII 字符或 2 700 个数字的信息
Code 49		是一种多层、连续型、可变长度的条码符号，可以表示全部的 128 个 ASCII 字符

续 表

种　　类	简　　图	概　　述
Code 16K		是一种多层、连续型可变长度的条码符号，可以表示全 ASCII 字符集的 128 个字符及扩展 ASCII 字符
QR Code		是由日本 Denso 公司于 1994 年 9 月研制的一种矩阵式二维条码，可表示汉字及图象多种信息
Data Matrix		每个 Data Matrix 符号由规则排列的方形模块构成的数据区组成
MaxiCode		是一种固定长度(尺寸)的矩阵式二维条码，可表示全部 ASCII 字符和扩展 ASCII 字符
Code one		是一种用成像设备识别的矩阵式二维条码，包含可由快速线性探测器识别的识别图案

2.5.3 RFID

1. RFID系统组成。RFID是Radio Frequency Identification的缩写，即射频识别，俗称电子标签。RFID是一种非接触式的自动识别技术，它通过射频信号自动识别目标对象并获取相关数据，实现对静止的或移动中的物品的识别。作为条形码的无线版本，RFID技术具有防水、体积小、使用寿命长及存储数据容量大等优点。最基本的RFID系统由三部分组成：标签(Tag)、阅读器(Reader)、天线(Antenna)。如图2-23所示。

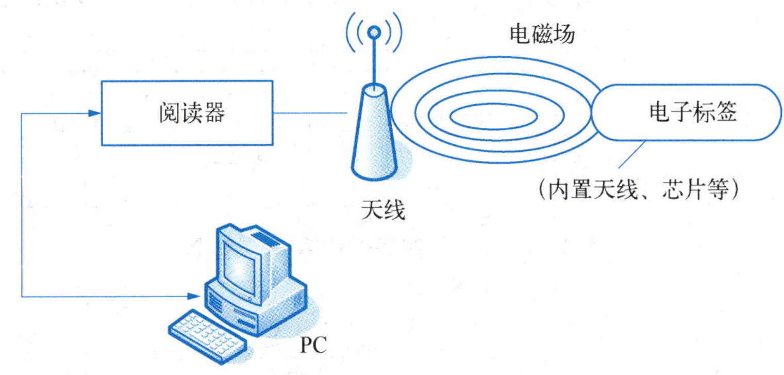

图2-23　RFID系统

电子标签是射频识别系统的数据载体，由标签天线和标签专用芯片组成。每个标签具有唯一的电子编码，实现被识别物体信息的存储。RFID阅读器(读写器)通过天线读取、写入RFID电子标签上的信息。天线负责在标签与阅读器之间传输数据和信号。

2. RFID的技术标准。为了能够被广泛接受，任何技术都需要某种标准和规范，以提供设计、制造和使用这项技术的指南。目前RFID技术存在两个标准体系：ISO标准体系、EPCglobal标准体系。

(1) ISO标准体系。国际标准化组织(ISO)制定的RFID标准是用于读写器和标签通信的频率与协议标准。RFID领域的ISO标准可以分为四大类：技术标准(如符号、射频识别技术、IC卡标准等)、数据内容标准(如编码格式、语法标准等)、一致性标准(如测试规范、印刷质量等标准)和应用标准(如船运标签、产品包装标准等)，如图2-24所示。

(2) EPCglobal标准体系。EPCglobal是由美国统一代码协会(UCC)和国际物品编码协会(EAN)共同成立的标准组织，是目前全球实力最强的RFID标准组织。图2-25所示为EPCglobal体系框架，它是RFID典型应用系统的一种抽象模型，包含三种主要活动：EPC数据交换(提供了用户访问EPCglobal业务的方法)、EPC基础设施(用来收集和记录EPC数据)和EPC物理对象交换(用户能与EPC编码的物理对象进行交互，并能方便地获得相应的物品信息)。

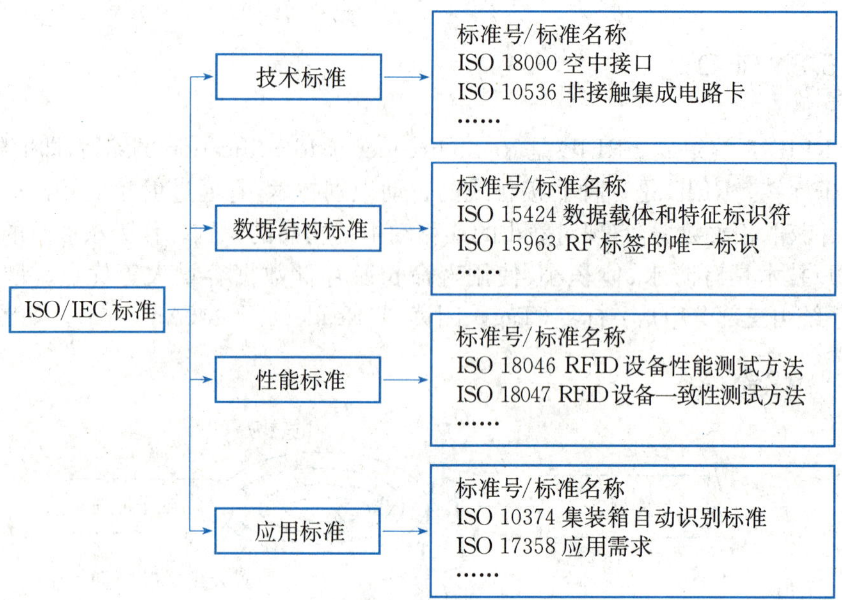

图 2-24　ISO 已制定的 RFID 相关标准

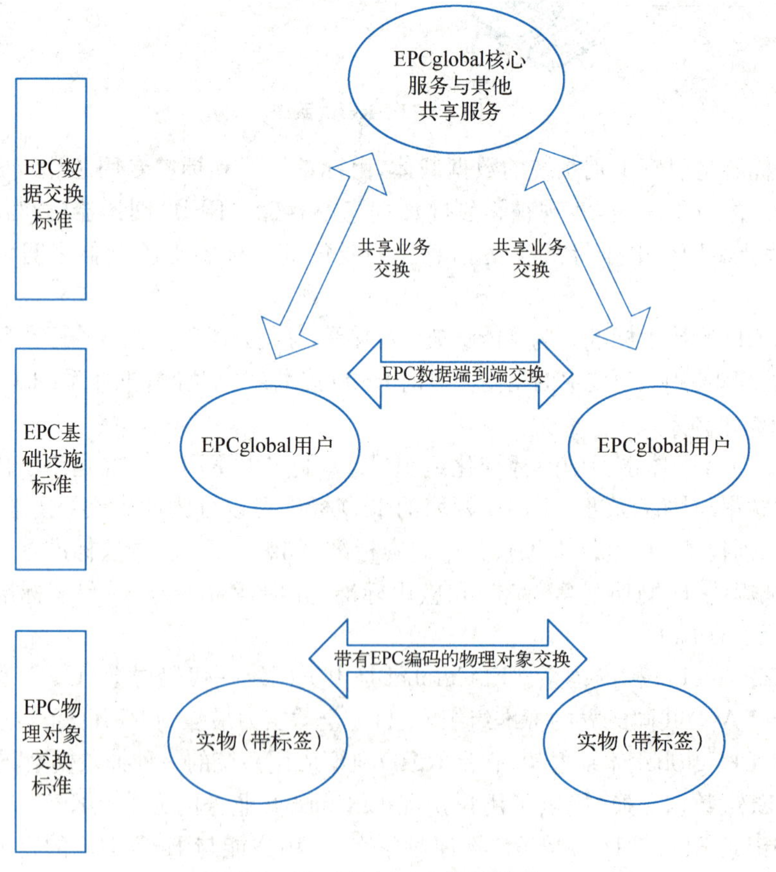

图 2-25　EPCglobal 体系框架

3. 其他自动识别技术。常用的自动识别技术除了有条形码和射频识别技术外，还包括语音识别、生物识别、磁卡和接触 IC 卡。表 2-5 就是对这几种常用的自动识别技术进行比较。

表 2-5　几种常用自动识别技术的比较

	信息容量	读写性能	保密性	环境适应性	成本	通信速度	识别速度	多标签识别
条　码	小	R	无	不好	最低	低	低	不能
语音识别	大	R	无	一般	较高	较低	很低	不能
生物识别	大	R	好	一般	较高	较低	很低	不能
磁　卡	较小	R/W	一般	一般	低	快	低	不能
接触 IC 卡	大	R/W	好	一般	较高	快	低	不能
射频识别	大	R/W	好	好	较高	很快	很快	能

4. RFID 技术的应用。自 20 世纪 90 年代以来，射频识别技术在全世界范围内得到了很快的发展。经过十几年的发展，射频识别技术在各行各业得到了广泛的应用。如表 2-6 所示。

表 2-6　RFID 的应用

应用领域	具　体　应　用
物流行业	包括运输业、仓储业、包装业、装卸业、物流信息业和加工配送业等。根据物流供应链管理需要，在仓储、运输、装卸、包装、配送等应用场景，应用 RFID 技术进行运输管理、货物跟踪以及物流数据交换等，实现物流企业的 RFID 信息服务系统
公共管理	包括医药业、人员管理和门禁管理以及交通领域等。药品上的电子标签能防范假药和降低处方误差等，RFID 与车牌识别技术的有效结合能够对所有车辆实现高度自动化的检查
生产领域	包括制造业、汽车业、农业等。生产领域使用电子标签，可以全面提高生产、制造和加工产业的管理效率
政府应用	包括电子政务和国防与安全等。RFID 可以使电子政府服务更灵活、有效和安全，而且在政府增强国防和安全体系方面发挥了重要的作用
消费者应用	包括图书馆和影视出租商店、个人福利与安全、体育与休闲、购物与餐饮和智能家居等。RFID 技术可以使图书馆管理员更方便地管理借书和控制借出的书籍，使顾客在购物与餐饮时更快地结账付款，还可以方便人们的日常生活

随着技术的不断进步，RFID 产品的种类会越来越多，应用也会更加全球化。相信在未来的几年里，RFID 技术会越来越完善。

本章小结

移动商务主要就是基于无线通信发展起来的各类商务活动，需要通过移动通信操作平台在移动通信终端上进行。本章主要讲解了移动电子商务的基础，着重讲了移动通信技术的有关知识、无线网络的概念和射频识别技术。在介绍移动通信的概念和特点的同时，也详细介绍了移动通信从1G到4G的发展历程，其次介绍了无线通信系统的组成和四种无线网络，然后简单介绍了一些移动通信终端，重点介绍了移动通信的操作系统，最后介绍了二维码和射频技术，分析了射频识别技术和其他识别技术的区别，突出了射频识别技术的优点和广泛的应用。

思考题

1. 简述第三代移动通信的概念及主要技术。
2. 简述几代移动通信技术的特点和区别。
3. 4G相比于3G有哪些演化，具有哪些特点?
4. 简述无线通信系统的组成。
5. 对比几种无线网络，简要说明各自的优缺点以及适用的场合。
6. 移动终端设备有哪些?
7. 简述移动终端设备的技术特征和发展趋势。
8. 对比几种移动通信操作系统，简述各种操作系统的优点和缺点。
9. 简述Android操作系统的结构框架。
10. 简述几种识别技术的区别。
11. 简述二维码和RFID的应用前景与比较。

第3章　移动商务价值链与商业模式

学习要点

本章以移动商务价值链与商业模式为主体，分析了移动商务价值链的含义，阐述了移动商务价值链在移动增值服务和价值传递中的作用、三代移动商务价值链的主要内容及其发展趋势。随后介绍了几种主要移动商务商业模式，即短信定制服务、移动广告、手机报和移动互联网，并就各自的特征、优势、类型、盈利模式和未来趋势进行了深入探讨。

知识结构

- 移动商务价值链简介
  - 价值链、移动商务价值链的含义
  - 移动商务价值链对增值服务、实现价值传递的作用
  - 介绍第一代、第二代和第三代移动商务价值链的主要内容
  - 移动商务价值链的创新趋势
- 移动商务的主要商业模式
  - 短信模式：普通短信和彩信
  - 移动广告模式：移动广告的特点、商务模式、类型和发展趋势
  - 手机报模式：手机报的优势、类型、盈利模式和发展的趋势
  - 移动互联网商业模式：移动互联网的应用、收费模式及其发展趋势

3.1　移动商务价值链简介

3.1.1　移动商务价值链的含义

价值链(value chain)这一概念是1985年由哈佛大学商学院的Porter教授在《竞争优势》一书中提出的(如图3-1所示)。如今，价值链理论被广泛应用于服务行业，如银行、电信、新闻、娱乐等，并且应用范围越来越广泛。对价值链理论的研究也为其应用提供了良好的基础。但是，价值链至今没有统一的定义，研究的内容也有所不同。本书在此引用袁雨飞编著的《移动商务》一书中对价值链和移动商务价值链的定义。价值链是指在产品或服务的创造、生产、传输、维护和价值实现过程中所需的各种投资和运作活动，以及这些活动之间相互关系所构成的链式结构。价值链理论的研究核心是企业的

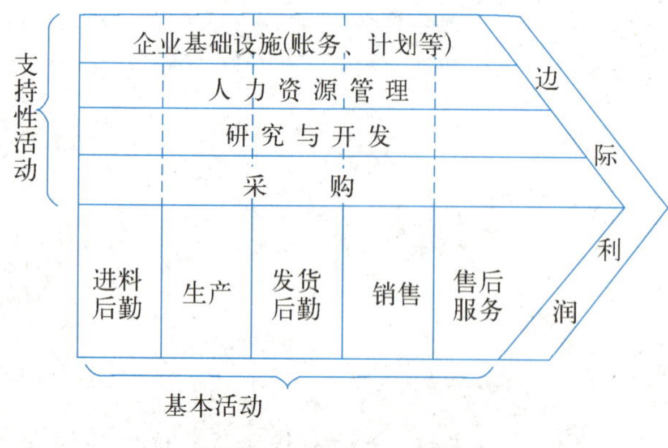

图 3-1 Porter 价值链

竞争优势,任何企业的价值链都由一系列相互联系的创造价值的活动构成,这些活动分布于从供应商的原材料获取到最终产品消费时的服务之间的每一个环节。

移动商务价值链是指直接或间接地通过移动平台进行产品或服务的创造、提供、传递和维持,以及从中获得利润的过程中形成的价值传递的链式结构。移动商务价值链已经在很多方面逐渐改变和重构,并逐渐演化为价值网。在对移动商务价值链中的参与者进行识别和分析的时候有很多种不同的分类方式。综合起来,可以将参与者分为用户、内容和服务相关、技术相关以及其他等。用户又包括个人用户、商业用户等;内容和服务相关的参与者通常指网络运营商、内容提供商、内容综合商、应用提供商、应用开发商和无线门户等;技术相关的参与者指设备提供商、网络提供商、基础设施提供商和中间件/平台提供商等,还包括其他的参与者如法律机构和政府机构等。

3.1.2 移动商务价值链的作用

价值链种类繁多并且无处不在,如关联的企业之间存在行业价值链,企业内部各部门各单元组成企业的价值链。Porter 的价值链理论告诉我们,企业与企业的竞争,不只是某个环节的竞争,而是整个价值链的竞争,整个价值链的综合竞争力决定企业的竞争力。

那么,价值链对于企业来说意味着什么?首先,企业通过整合上下游资源可以达到整合企业价值链的目的,因为企业价值链不是单一企业就能实现的。对此,娃哈哈集团有限公司负责人曾经说过:“很多人怀疑我们的产品研发能力,确实,娃哈哈自己开发新产品的能力有限。但是,我的原料供应商都是世界级的供应商,为了让我多用它们的原材料,它们现在也在帮助我开发产品。世界上最新的产品动态,它们会及时反馈到我这里。”其次,企业只有掌握和培养自己的核心竞争优势,才能在价值链中获得有利的位置。再次,企业既要让消费者满意,也要让价值链上的合作伙伴满意。最后,企业应根据变化随时灵活调整价值链,要善于根据周围环境的变化和企业不同发展时期的特征和状态,不断转移价值重心,将企业价值最大化。

增值服务是移动商务价值链的重要作用和应用之一,是将价值附加到客户所购买的产品和服务中的一种方式,与其他服务一样,也包括产品的质量、唯一性、便利性和可能的服务反应性等方面。1995 年,Rayport 和 Sviokla 提出了“虚拟价值链”(virtual value chain)的观点。他们认为企业同时生存在两个世界之中:一个是可见的实物世界,称为“市场场所”(market place);另一个是不可见的虚拟世界,称为“市场空间”(market space)。企业通过不同的价值链开展价值创造活动。在实物世界中通过采购、生产和销售来创造价值；而在虚拟世界中，企业通过收集信息、筛选信息、加工信息等来创造价值。两条价值链的增值方式和过程均不相同。

移动商务价值链的另一个重要作用是实现价值的传递。价值在以移动网络运营商为核心，由网络设备提供商、网络运营商、内容服务提供商、系统集成商、终端设备制造商、中间服务提供商、软件开发商、最终用户等上中下游的多个部分组成的一根链条上传递，这根链条上的各个元素紧密联系、相互作用，创造出比单一企业更大的协同效应和市场价值。

3.1.3　移动商务价值链的研究内容

移动商务价值链是随着移动技术的发展而不断发展变化的。自20世纪80年代中期出现到现在，移动技术经历了模拟技术、数字技术、无线网络高速传输技术三个发展阶段，即通常所说的1G、2G和3G。相应地，移动商务价值链也就经历了三个主要阶段，即第一代、第二代和第三代移动商务价值链。

(1) 第一代移动商务价值链。20世纪80年代中期，移动技术开始出现。此时的主要应用是模拟移动电话，该应用能够提供的移动服务比较单一，主要以语音服务为主。价值链也比较简单，主要由四部分组成：无线服务提供商(Wireless Service Provider, WPS)、终端设备制造商(Terminal Manufacture, TMF)、中间服务提供商(Intermediate Service Provider, ISP)、最终用户(Final Users, FU)(如图3-2所示)。

图3-2　第一代移动商务价值链

图3-2中，无线服务提供商的主要业务是运用无线设备(基站、交换机等)建立和运营传输信号的无线网络平台，为电子信号实现无线传输提供最基本的网络条件。在第一代移动商务价值链中，无线服务提供商为客户提供了一个无线传输模拟信号的网络平台。终端设备制造商的主要业务是制造供用户使用的移动终端设备，主要是采用模拟技术的手机，用户使用这些设备可以进行语音通信。中间服务提供商的主要业务是为终端设备制造商提供安装在终端设备上的应用程序，包括系统集成(System Integration, SI)、增值转接(Value Added Reseller, VAR)和专业分销(Specialty Retailer, SR)等。这些程序把价值链上的所有参与者连接在一起，使得参与者之间能够实现消息互通和信息传递，最终使用户享受到无线服务提供商提供的各种服务。最终用户是利用无线终端设备(主要是手机)，享受无线服务提供商提供的无线服务的个体。在第一代移动商务价值链中，他们享受到的服务主要是无线语音通信服务。

第一代移动商务价值链的主要技术基础是模拟技术(Analog Technology)，辐射大、稳定性低、价格昂贵是它的特点。

(2) 第二代移动商务价值链。20世纪90年代，第二代网络技术、数字技术开始普

及，数字技术的出现为移动商务的发展提供了新的机遇，使得数字语音数据服务得以实现，这促进了原来的移动商务价值链中参与者的组合分化，以及新的参与者的介入，并且改变了参与者之间的价值分配关系。第二代移动商务价值链如图 3－3 所示。

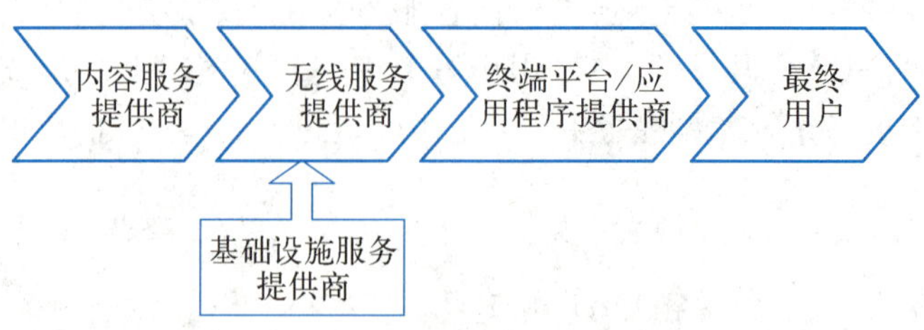

图 3－3　第二代移动商务价值链

与第一代相比，第二代移动商务价值链除了将传统的模拟语音服务转变成数字语音服务外，还具备了向用户提供简单的数据服务的能力，使得移动商务服务的内容变得更加丰富。当时最具代表性的服务就是短信服务（Short Message Service，SMS）。数据服务的出现催生了提供数据服务的内容和服务提供商。内容服务提供商的主要业务是通过对数据服务的内容进行优化、整合，使其成为能够通过无线网络传输、最终服务于用户的产品。基础设施服务提供商从属于无线服务提供商，但并不直接参与价值链中的价值分配，而是通过为无线服务提供商提供基础设施服务获利的。另外，第一代价值链中的中间服务提供商与终端设备制造商整合在一起，形成了第二代价值链中的终端平台和应用程序提供商。

（3）第三代移动商务价值链。20 世纪末 21 世纪初，新一代无线高速数据传输移动通信技术（The Third Generation，3G）迅速发展。基于这项技术，可以提供各种多媒体数据服务。现在，第三代移动通信系统已得到广泛应用，在很多地区，基于 3G 的无线传输网络已实现大范围覆盖。新一代无线高速数据传输移动通信技术的发展引起了移动商务价值链的又一次革命，形成了第三代移动商务价值链。第三代移动商务价值链如图 3－4 所示。

图 3－4　第三代移动商务价值链

第三代移动商务价值链相比第二代所能提供的服务有了新的突破，出现了基于多媒体数据的服务，如彩信、游戏、高速网络接入等。价值链上的参与者也发生了变化，有了门户和接入服务商、支持性服务提供商的介入。随着内容变得复杂、处理技术难度提高等，内容服务提供商和无线网络运营商之间就需要既熟悉无线网络技术，又熟悉内容处理技术的实体，使得内容服务提供商能够方便、快捷地接入无线网络，而不需要过多地了解无线网络技术。门户和接入服务提供商正是这样的实体，为内容服务提供商提供接入无线网络的接口，在内容服务提供商和无线网络运营商之间架起一座可以互通的“桥梁”。

这里的支持性服务提供商与第一代的中间服务提供商不同。第一代中的中间服务提供商的主要业务是提供应用于终端设备上的应用程序，在第三代中，它们提供的是使移动电子商务得以顺利进行的支持性服务，如付费平台的建立、付费支持、安全保证等。此时的支持性服务提供商的业务是从无线网络运营商的职能范围中分化出来的。这样，无线网络运营商只专注于无线网络构建和无线网络运营，将相关业务外包给其他的价值主体，突出了核心竞争力，降低了运营风险。同时，整个价值链更加明细化，关系也变得更加复杂。

第三代移动商务价值链的主要成员及相互关系如图 3－5 所示。

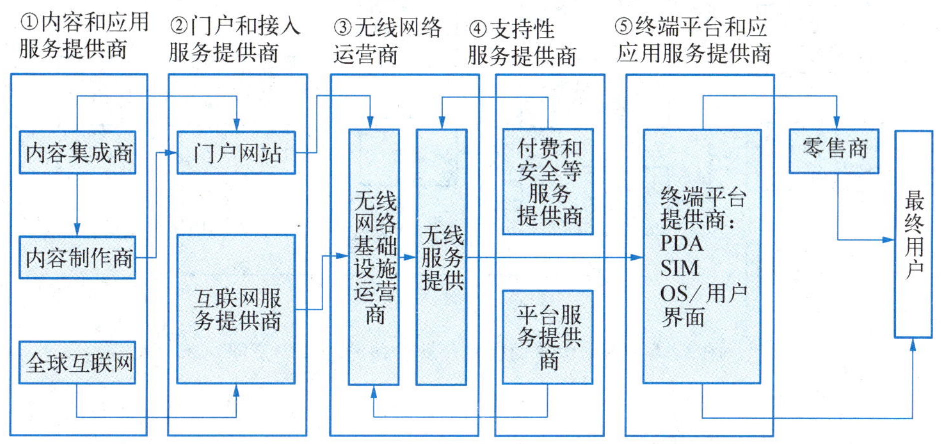

图 3－5　第三代移动商务价值链的主要成员及相互关系

第三代移动服务的内容相比较前两代已丰富很多，形式也更加多样化，服务内容主体从单一的语音转向数据多媒体内容。按内容形式可将移动服务分为以下四种类型：文本、音频、图片和视频。

- 文本内容：新闻、股票价格、文字广告等；
- 音频内容：广播、音乐、语音信箱等；
- 图片内容：静态图片、动态图片等；
- 视频内容：动画、视频文件等。

移动商务价值链整合可以把移动电子商务看成是移动通信承载服务和多媒体应用软件服务这两个不同行业的有机组合，但这两个行业要真正融合起来实际难度比较大。对于今后的移动电子商务价值链，可以划分为七个主要组成部分：内容提供者、应用开发及其软件提供者、移动网络提供者、内容和应用的聚集者和分发者、网络设备制造商、终端设备制造商、咨询服务者。这七个组成部分即未来移动商务价值链上的主体，每一个主体都负责不同的业务并且实现各自不同的功能，它们分工明确、各司其职，共同协作完成移动商务价值链的价值创造和价值传递的活动。

在以上价值链的各角色中，谁能够处于在价值链中独立地、方便地运用价格杠杆和收取费用的位置，谁就能够成为整个价值链的中心。由于移动运营商可以提供基本识别服务，并且用户必须缴纳基本识别服务费用后才能获得后续的其他业务，因此，目前只有移动运营商才能承担内容和应用的聚集者和分发者的角色。因此，移动运营商应当注意把用户牢牢地粘住，积极开拓增值服务业务和接入服务业务并且迅速推广，以此确保业务规模的增长。移动运营商整合产业价值链的两个方向如图3-6所示。

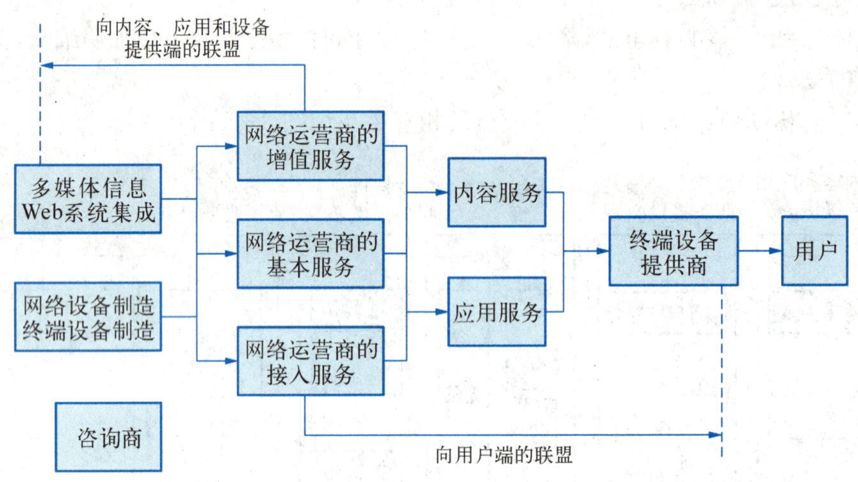

图3-6　移动运营商整合产业价值链的两个方向

3.1.4　移动商务价值链的创新

移动商务随着科学技术尤其是计算机技术的快速发展而迅猛发展，蓝牙、无线传输、平板电脑等技术和设备的普及应用，通过手持移动设备随时随地无线上网也已成为趋势。总结起来，移动商务价值链有以下几方面的创新趋势：

(1) 移动互联网商业宣传热点。移动运营商和通信设备制造商将围绕着移动互联网进行大力宣传，通过巨额资金的投入来唤醒消费者的热情和关注，创造更大商业价值。

(2) 移动电子商务企业应用中心。无线关系客户管理(CRM)、销售管理和其他企业应用将使得企业用户不论在收入和办公效率方面都受益匪浅。因此，移动电子商务企业应用将成为运营商宣传的重头戏，而消费者应用将转入幕后。

(3) 无线互联网。消费者通过手持设备接入互联网来获取信息，如电子邮件、股票信息、天气、旅行线路和航班信息等。手机和电脑的界限已越来越模糊，并且手机取代电脑的趋势已经显现，将来电脑能完成的操作和功能手机基本都能实现。

(4) 手机扫描。向手机等手持设备嵌入条形码，通过刷手机条形码完成刷卡、支付等操作，方便快捷。

(5) 移动安全。随着人们已习惯使用移动设备接入互联网，手机支付、手机信息共享等操作成为当今和未来发展趋势，移动安全也日益受到关注。和电脑类似，移动终端设备同样面临巨大的安全风险和潜在漏洞。因此，移动安全必将成为移动商务领域中的一个重要发展趋势。

(6) 无线广告。随着移动商务的发展和移动设备的普及，广告移动化也成为发展必然趋势，当今已经存在短信模式和彩信模式的广告，将来形式会更加丰富，诸如动态网页广告、移动推送等。无线广告势必会成为一种时尚，它也为广告客户提供了一个新的宣传媒介和展示平台。

3.2　移动商务的主要商业模式

移动商务的商业模式是指在移动技术条件下，相应的经济实体为创造、实现价值，并获得利润的商业机制。它的内容包括客户类别、服务内容、服务流程、如何在各种服务中获取价值，以及成本的均摊、利润的分配、市场竞争策略等。根据移动运营商在移动商务价值链中的参与程度，它的角色可分为移动网络提供者、移动门户、中介、可信赖的第三方等。主要有移动信息服务、移动广告、移动手机报、移动互联网等主要商业模式。

3.2.1　短信定制的移动信息服务模式

短信定制服务是移动商务的主要服务内容之一，移动通信网络提供短信定制服务的方式有两种：普通短信定制服务(Short Messaging Service，SMS)和多媒体短信定制服务(Multimedia Messaging Service，MMS)。

普通短信定制服务是移动商务的最初形式，对手机性能的要求很低，普通的具有文字输入功能的手机都可以享有此服务。用户只需要到电信部门开通即可享有 SMS。SMS 的内容提供商一般在与电信部门合作、话费共享的基础上为用户提供个性化信息和内容服务，除具有使用方便、价格低廉、技术实现容易、覆盖范围广等特点外，采用的是推式服务方式，它的内容通过无线通信系统自动发送到用户的移动终端上，可以达到即时通信的效果。

多媒体短信服务是目前短信技术开发最高标准中的一种。它最大的特色就是可以支持多媒体功能，借助高速传输技术和 GPRS，以 WAP 为载体传送视频片段、图片、声音和文字等。多媒体信息不仅可以在手机之间传输，而且可以在手机和计算机之间传输。

移动运营商最基本的角色就是只提供无线网络供用户和内容提供商交流，开展最基本的短信业务和语音业务。在这种模式下，移动运营商在整个价值链中的参与程度非常低，除了向用户收取网络使用费以外，与下游用户几乎没有其他的联系。而在与上游的内容提供商的关系方面，也不提供任何网络以外的服务，它的收入仅来源于提供无线连接，移动运营商只负责被称作电信业的基础业务的无线互联网的维护。如图 3－7 所示。

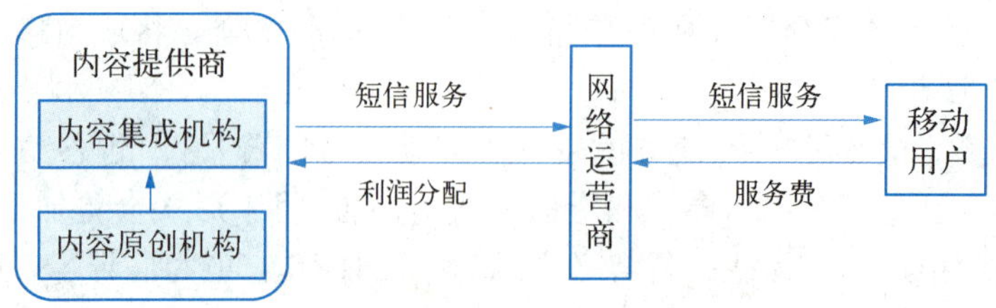

图 3－7　短信定制移动信息服务模式

在这种商业模式中，主要的参与者是内容和应用服务提供商、无线网络运营商和移动用户，提供的服务主要是短信服务，用户交纳的短信定制费是主要的利润来源。内容服务提供商通过无线网络运营商向移动用户提供各种信息服务，用户通过交纳一定的定制费获得这些服务，无线网络运营商通过传输信息而获得通信费。另外，根据与内容提供商签订协议的情况，无线网络运营商还会以佣金的形式获得内容提供商提供的利润分成。

3.2.2　移动广告收费模式

从移动互联网角度看，移动广告是指由广告主通过移动终端向目标受众群体投放的产品服务相关的品牌、销售、商业或其他信息。

1. 移动广告的优势。移动广告相对于传统的广告有如下特点：

(1) 具有移动的特性，灵活性很强。过去的互联网广告说是对的时间投给对的人，现在是在对的时间、对的地点投给对的人。所以，它对于技术上的要求，对于各种情境下的分析，会更深入、更深刻。

(2) 手机用户群庞大。截至 2012 年第一季度，我国移动用户已经达到 10 亿户，有 1.44 亿手机互联网用户，其中 88%的用户为 18～39 岁的年轻群体，这无疑是一个巨大的潜在广告市场，一部移动终端就代表了一个潜在广告对象，手机已经成为真正的“第五传媒”。同时，手机用户比较多地同外界联系，接收信息的能力强，其消费需求相对多样化，适合不同类型的广告宣传。

(3) 用户个人信息全面，便于分析。现有技术已经可以记录跟踪手机用户的具体操作行为。通过对消费者信息的有效把握，可以了解消费者行为方式，这是移动广告相对于其他形式广告最具优势的地方。

(4) 手机媒体广告可直接到达目标群体。其他形式的广告难以区分受众，对于广告达到的效果只能通过销售业绩的变化情况来进行推测，移动广告由于明确了广告的具体受众类型，可以将广告直接送达目标人群，可通过跟踪记录客户消费信息，甚至直接同消费者通信，准确获知广告效果。

(5) 手机媒体广告具有自发传播性。手机终端不仅可以接收广告内容，还可以将广告内容向周围人群转发。

2. 移动广告的商务模式。在移动广告的商业运作模式中，涉及广告客户、内容提供商、无线网络运营商和广告受众。当然，在广告模式中，还涉及一些中间商，如：无线广告代理商、内容集成商、移动门户网站和无线网站接入商等。移动广告价值链如图 3－8所示。

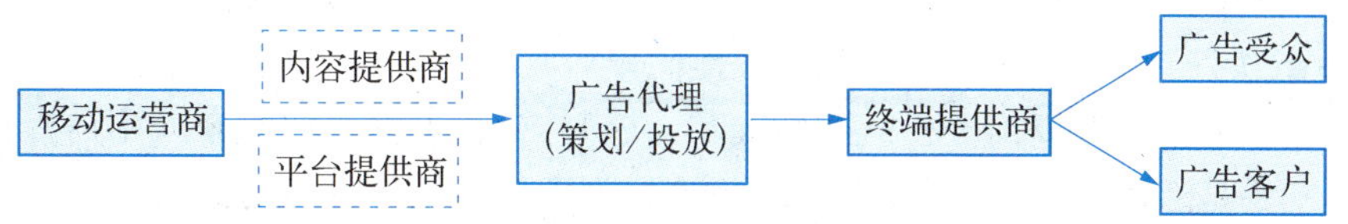

图 3－8　移动广告价值链图示

在价值链中，广告客户（广告主）是这一切的源头，是最为重要的一环，因为它是广告需求的发起者，其他的价值主体的获利很大程度上取决于广告客户所付的广告费用。而运营商主要是控制传播的渠道。内容提供商所起的作用则是维持经过授权的移动数字型号。技术提供者解决在传播过程中的技术问题。受众则是广告的最终接受者，他们对手机移动广告的态度很大程度上决定了这个新媒介的未来。

在其商业模式中，广告内容是指移动广告所提供给目标受众的信息。手机移动广告在内容提供上与传统广告有所不同：传统广告大部分是广告主要求的信息的发布，而移动广告则强调为消费者提供所需要的信息。如果不能提供受众需要的信息，会影响到他们对信息的处理。所以，手机移动广告要求把握好消费者预期需求和心态。运营商的环节主要是运营商的渠道管理过程。比如，在手机移动广告中主要是靠电信的运营商提供渠道，电信的运营商可以通过对渠道的把关和控制来获利。移动广告商业模式如图 3－9 所示。

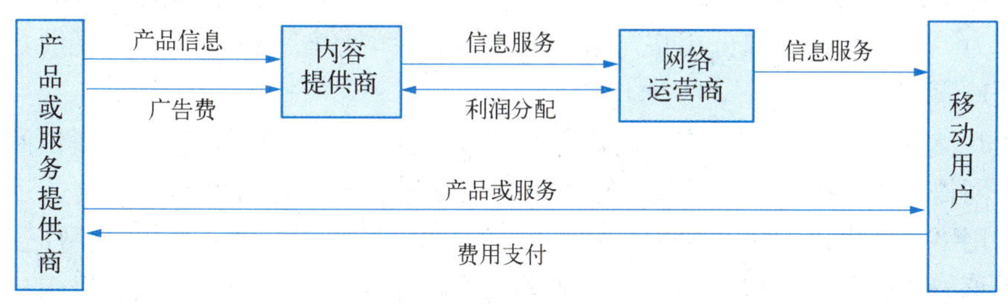

图 3－9　移动广告模式图示

在这种模式下，表面上看，广告客户支付内容提供商一定的费用，内容提供商再与无线网络运营商之间进行利润分配。实际上，移动用户才是利润的来源，移动用户通过购买产品和服务，将利润过渡给广告客户，广告客户只是将其利润的一部分以广告费的形式付给内容和服务提供商。内容提供商通过将推销信息添加到发给移动用户的内容和服务中，获得广告费。而无线网络运营商通过为内容提供商提供无线传输服务获得通信费或者利润分成。

所以，要打造成功的移动广告，首先要建立一种良好的用户应用模式，将其包装成一个有吸引力的媒体形式，让尽量多的用户（即广告受众）接受这种形式；然后在有足够多的用户的基础上，建立一种广告投放的模式，让广告客户能通过这种模式展示自身的广告信息；最后，建立一个广告应用平台，从而方便地让客户或者代理商能投放广告以

及获得监控报告。

3. 移动广告的类型。根据广告的投放方式，广告商务模式可分为Push类广告商务模式和Pull类广告商务模式。

Push类广告的特点是由上到下，快捷简单。其精准化趋势在于对用户数据和用户行为的准确分析。所以商务模式非常简单，在媒体应用方面主要是获取用户授权，在客户方面主要是通过代理商发展客户。一方面，运营商利用应用捆绑或者优惠活动，发展大量授权许可用户；另一方面，吸纳代理商发展广告主。由于广告形式简单，多数广告策划、设计工作可以直接由广告商（代理商）完成。Push类广告商务模式如图3-10所示。

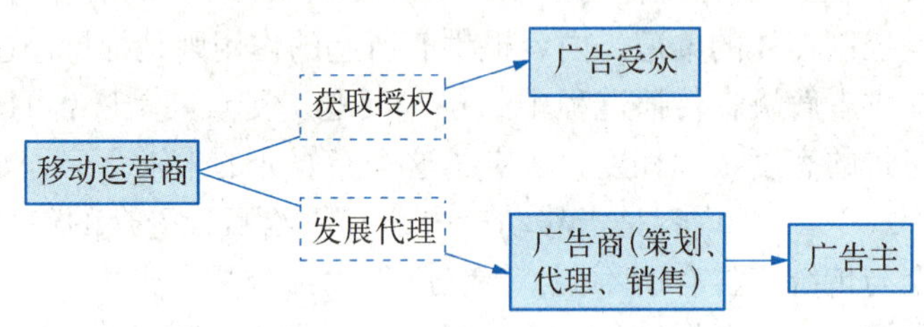

图3-10　Push类广告商务模式

Push类广告最有代表性的案例是中国移动在2003年推出的“企信通”业务。企信通是以客户数据精细化分析为基础，通过中国移动自身储备的海量客户电信消费历史信息（如计费系统、客服系统、客户关系管理系统、数据业务平台系统等），辅之以外在获得的附加信息（如各大服务提供商门户网站搜集的带有用户手机号码注册的客户爱好、购买行为等信息），建立细分用户与条件筛选数据库，为集团和行业客户提供营销广告精准投放服务。

Pull类广告则具有客户许可的优势，以移动互联网为主要形式，服务提供商通过移动互联网提供内容吸引用户浏览，在大量用户浏览基础上向商家销售广告。运营商仅仅是应用平台提供商，其广告平台、站点内容往往由专业广告平台商提供。广告平台商同时也承担广告代理销售的工作。Pull类广告来源于用户直接需求或者对用户行为分析出的“潜在需求”，因此广告效果比较好。Pull类广告商务模式如图3-11所示。

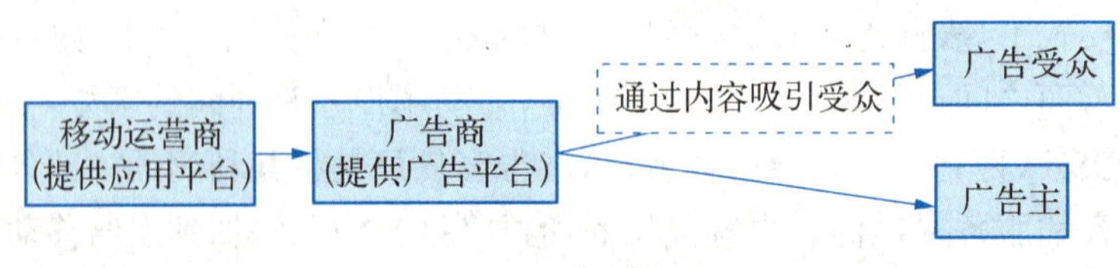

图3-11　Pull类广告商务模式

4. 移动广告的发展趋势。主要有以下四个方面。

（1）坚持用户主导性，走绿色广告之路。有效的移动广告，关键是让广告内容和用户联系起来，做到许可营销，即不向用户发送未经许可的广告信息，走绿色广告之路。尽量减少未经许可的群发和主动Push型广告，取而代之的是引导用户定制和提前知晓的广告。通过提前告知和定制反馈，运营商也可以进一步了解到愿意接收广告的用户的兴趣爱好信息、接收广告的时间和频次，一方面将用户对移动广告的排斥控制在最低程度，另一方面也为准确的广告内容提供了依据。

(2) 建立精准的客户群，严格保护用户隐私。成功的移动广告营销案例应是从建立客户群开始的，在此基础上进一步跟踪、挖掘用户点击习惯、了解访问内容爱好、访问时段等信息。掌握了这些内容后方可支持广告商有目的地推送广告，例如在什么时候、什么页面给什么客户推送什么形式的广告等等。

(3) 实施精确营销和分众化营销。精确营销有两种：一种是广告受众的精确细分，主要解决如何将移动广告推送到合适的人手中；另外一种是情景式推送，主要解决如何在合适的时间和地点将移动广告推送到需要这些广告信息的手机上。在 3G 时代，运营商已经可以定位用户的地理位置，比如刚下长途火车站就可以收到问候信息，以及酒店的预订信息和车票的服务信息。这种与销售终端的互动往往更容易促使消费者产生购买意向，取得不错的广告效果。

(4) 加强业务创新、内容整合，实现多方共赢。移动广告商业模式的核心是要实现广告主、运营商、技术提供商、媒体、消费者等产业链参与方共赢。从目前整个移动广告产业链来看，移动网络用户是广告的目标受众，是移动广告的终点，其参与的积极性取决于其他方提供的增值服务内容、质量与其需求的一致性。

3.2.3　手机报模式

手机报是一种把传统媒体的内容与手机通信方式结合起来，以手机短信为载体，及时广泛地传递新闻、资讯的非纸质报纸。它是以手机为终端载体，用户通过短信、彩信和 WAP 浏览新闻、资讯的一种信息传播业务，已成为传统报业继创办网络版、兴办网站之后，跻身电子媒体的又一举措，是报业开发新媒体的一种特殊方式。

1. 手机报的优势。手机报的优势主要体现为以下三个方面。

(1) 时效性，可以实现信息的即时接收和传播。手机已经成为人们日常生活中不可或缺的沟通工具，手机的随身携带性使手机报可以不受时间与空间的限制，可以在任何时间、任何地点传输信息。该特点提高了新闻的时效性，特别是当遇到突发事件时，手机报可以像网站一样实现新闻的动态传播，用户不仅可以第一时间知道新闻的结果，而且可以时刻关注它的发展过程，使用户身临其境般地感触到新闻事件。

(2) 多媒体优势。手机报所发送的新闻，不是短信意义上的文字新闻，而是一个多媒体数据包，包含了图片、文字、声音、动画等，用户不仅可以去看、去听，而且还可以借助图片和动画等形式更深刻地去理解新闻，从而充分调动受众的视听器官，实现新闻的多维阅读。

(3) 互动性，真正实现了传播流程的反馈。手机报相对于传统报纸的优势体现在与受众的互动性上，用户在接受信息的同时可以即时通过编辑短信、浏览网站的方式表达自己的观点与想法，积极参与手机报的互动。

2. 手机报的类型。手机报从信息获取方式上大体可以分为三种类型：彩信型、网站型、客户终端应用软件型。

彩信型手机报是电信运营商将新闻以彩信的形式传输到定制业务的手机终端，手机用户可以离线随时随地观看。彩信手机报每月的定制费用从3元到30元不等，内容包含文字、图片、动画、声音等多种符号。

网站型以WAP(Wireless Application Protocol，一种无线应用协议)、3G(3rd Generation，第三代移动通信技术)等为代表。这种WAP无线应用协议和3G技术，是移动终端连接因特网的标准协议，它使得用户随身携带“小型网络电脑”成为可能。读者不需专门定制，只要用手机登录相关网站，就能在线获取信息服务。它更像是一个专业、完整的新闻报刊，与传统媒体有着相似的发行方式，内容翔实、图文并茂。从这个角度看，手机报不仅是传统纸质报刊的数字化延伸，也是网络报刊向移动化方向的发展。

客户终端应用软件型即用户通过预装或者是下载的软件客户终端在线或者是离线读取手机报的内容，主要针对拥有智能手机的商务客户。

手机报产业链的主体分为三个部分：内容供应商、技术服务商、网络运营商。一般情况下，三个主体部分是独立运营的，通过对所得收益的分配达到合作目的。传统媒体如报社、电视台利用自身的信息采访、编辑优势，提供最快速、最具原创性的新闻信息，以及将原本运用得十分娴熟的广告吸附运作功能，搬运到手机报上来，从而成为这场媒介角逐中不可或缺的内容供应商；电信公司作为技术掌控方，掌握手机技术平台及远程服务项目，掌握着上亿的手机客户，是一个巨大的信息承载外壳；网络公司则可利用自己巨大的网络信息平台，最近距离地“嫁接”手机。

3. 手机报的盈利模式。手机报主要通过三种手段实现盈利。一是对彩信定制用户收取包月订阅费实现盈利，比如目前各种手机报用户，每月的包月费用为3元到30元不等；二是对WAP网站浏览用户采取按时间计费的手段；三是借鉴传统报刊的做法，通过广告吸附来实现盈利，但需要注意的是，必须协调好新闻和广告的空间比例和时间比例，不然会使手机报用户产生排斥。

在3G技术影响下，广告的传播将不再受到时空地域的限制，全国各地的订阅用户都能收到广告信息。3G技术解决了传输速度、数据流量等难题，精致优良的平面广告与声画结合的多媒体广告都能畅行无阻。广告客户可以有针对性地将广告投放到目标消费者订阅的手机报上。广告形式也多种多样，有企业冠名的栏目，如体育、娱乐产品；以电子优惠券的形式吸引用户点击阅读；企业的点播，如商场打折促销活动、医院专家门诊情况、展览馆展会信息；各类服务信息，如家政、教育、就业等与广大百姓日常生活密切相关的资讯。手机具有私密性和小众化的特点，广告的到达率和传播效果明显要优越于传统报纸。在发布广告的同时，应密切关注消费者的心理感受，良性植入广告，避免引发用户的逆反厌烦心理，力求实现“广告信息化、信息服务化、服务个性化”。除了广告外，手机报还可借助3G技术力量，推出系列增值服务，如音乐、游戏、小说下载之类，为手机报的盈利添上一笔。

4. 手机报的发展趋势。手机报发展的新技术方向是3G网站型。所谓3G，是指将无线通信与国际互联网等多媒体通信结合的新一代移动通信系统。从技术上看，3G支持高速的网络带宽，无线网速提升很大，这将突破对手机报容量和下载速度的限制，手机报的内容容量和时效性将得到极大的提升。3G 技术广泛应用后，3G 网站类型将成为手机报新的发展方向。真正的手机报应该是建立在 3G 技术基础之上，用户可以高速上网获取多媒体新闻信息，真正做到看新闻、听新闻。从表现方式上看，手机报业务方式将发生巨大的变化。短信、彩信将不再是 3G 时代手机报的主流，多媒体阅读终端、无线网站等多媒体应用将会成为 3G 手机报业务的主要表现方式。从内容形式上看，将突破报纸传统的图片、文字表现形式，出现视频、音频、动漫等多媒体表现形式。

然而，3G 时代手机报要强化竞争力、提升盈利能力、获得长足的发展，必须加强营销手段的推动，重视市场推广，打造手机报品牌，以品牌吸引客户。这就需要营造创意十足的手机文化，在信息内容、业务模式、资费收取上加大创新力度，不断以有益的内容占领手机网络市场，提供有用、健康的信息，为手机文化建设构造一个自由开放、内容健康的网络空间，让手机报真正成为百姓易看、爱看、想看的报纸。

3.2.4　移动互联网

移动互联网是一个全国性的、以宽带 IP 为技术核心的，可同时提供语音、传真、数据、图像、多媒体等高品质电信服务的新一代开放的电信基础网络，是国家信息化建设的重要组成部分。

1. 移动互联网的应用。目前，移动互联网主要有三大方面的应用，即公众服务、个人信息服务和商业应用。公众服务可为用户实时提供最新的天气、新闻、体育、娱乐、交通及股票等信息。个人信息服务包括浏览网页查找信息、查址查号、收发电子邮件和传真、统一传信、电话增值业务等，其中电子邮件可能是最具吸引力的应用之一。商业应用除了办公应用外，最主要、最有潜力的应用就是商务应用。网上购物、银行业务、股票交易、机票及酒店预订、旅游及行程和路线安排、产品订购等都是移动商务中较早开展的应用。

移动互联网的商业价值链主要含有广告商、内容提供商、服务提供商、移动运营商、用户、终端制造商、软件开发商、芯片提供商、设备提供商、系统集成商，其中移动运营商、终端制造商、内容提供商/服务提供商等扮演了重要的角色，起到了不可忽视的作用：移动运营商提供信息通道，并且牢牢掌控对用户的收费环节；终端制造商目前有直接向用户销售和运营商定制终端两种销售方式；内容提供商是移动数据业务内容提供商，或者叫移动增值业务内容提供商；服务提供商是移动互联网服务内容应用服务的直接提供者，负责根据用户的要求开发和提供适合手机用户使用的服务。与传统的“推”式价值链不同，新的产业价值链是一个“拉”式的价值链，一个围绕最终用户形成的价值链，真正体现了以用户为中心的思想，从而形成良性的市场发展。这也意味着产业链上各环节的关系不再是传统的上下游关系，更多的是一种合作关系，各方的发展都关系和影响到整个移动互联网价值链，由此引起移动互联网商业模式的发展变化，产业联盟是移动互联网商业模式的核心。在这种模式下，移动运营商是名副其实的移动价值链的主导者。

2. 移动互联网的收费模式。移动互联网最主要的收费模式是后向收费，即协助合作伙伴、广告商等向终端用户推广产品，并向合作伙伴收取费用，而非向最终用户收取费用的模式。在互联网企业中，由于网页信息对所有的用户来说都是免费的，因此互联网企业通过对用户提供免费的信息，借此吸引大量用户来使用自己的平台，这些互联网企业一般通过为后向企业提供收费的广告、会员费等等来盈利。目前的后向收费模式包括有广告发布费、竞价排名费、冠名赞助费、会员费等费用，在互联网企业中，这一模式具有代表性的网站第一类是搜索引擎类网站，如百度、谷歌等；第二类是大多数视频类网站，如优酷、土豆、酷6等；第三类则是电子商务网站，如京东商城、淘宝、当当、亚马逊等；还有成千上万的小网站，基本归为第四类，都以网民的点击量为依据，向后向客户收取广告费。

3. 移动互联网的主要商业模式。移动互联网主要有以下三种主要商业模式：内容类商业模式、服务类商业模式、广告类商业模式。

(1) 内容类商业模式。是指内容提供商通过对用户收取信息、音频、视频、游戏等内容费用而盈利。内容提供商可分为官方内容提供商和独立内容提供商两种。官方内容提供商通过运营商建立的网站为用户提供信息内容，并由运营商代为收费，运营商提取一定比例的利益分成。计费方式分为包月收费和按次收费两种。独立内容提供商则通过自己独立的WAP网站为用户提供信息内容，通过第三方进行结算，并支付一定的佣金。如图3-12所示。

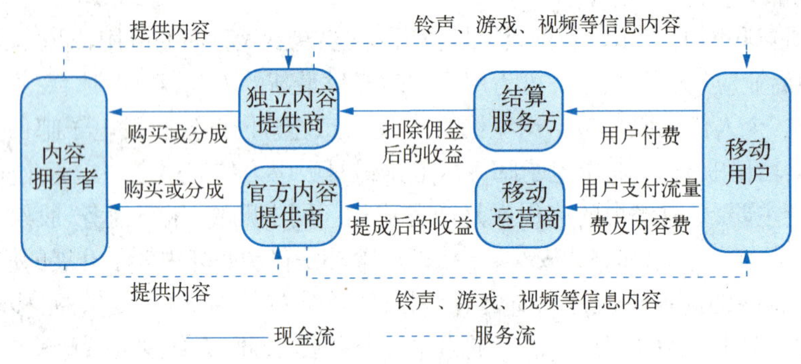

图3-12 内容类商业模式

这种模式中的内容形式多种多样，在所有内容目录下的服务都可以收费。用户愿意支付费用的项目包括音乐下载、视频下载、电子杂志订阅、游戏下载等，每个收费的网站都会提供一部分免费的内容或免费的时段，这有助于用户试用后再决定是否为此服务付费。此种模式为目前移动互联网最主要的盈利模式，其中官方网站又占据着绝大部分份额。

(2) 服务类商业模式。是指基本信息和内容免费，用户为相关增值服务付费的盈利方式。手机网游就是很好的例证。手机网游通过手机终端实现随时随地地游戏与娱乐，大部分的服务提供商采取免费注册的方式吸引游戏玩家。其收入主要来自增值服务，包括销售道具、合作分成、比赛赞助、周边产品销售等。以手机腾讯为例，手机QQ服务免费，但对虚拟物品销售，包括QQ秀、宠物等进行收费，并已成为主要收入来源，它是互联网QQ业务盈利模式的顺延和扩展。服务类商业模式如图3-13所示。

(3) 广告类商业模式。是指免费向用户提供各种信息和服务，盈利则是通过收取广告费来实现，广告主为付费对象，用户免费使用内容或服务，只需向网络提供商付出一定的流量费用，典型的例子如门户网站和移动搜索。由于移动互联网的特性，在广告的投放方式上不断推陈出新，既有与传统互联网广告类似的页面广告，也出现了根据手机用户的不同属性、特点进行针对性投放的点告（即点对点广告），以及根据用户的定制信息，定向投放的直告。

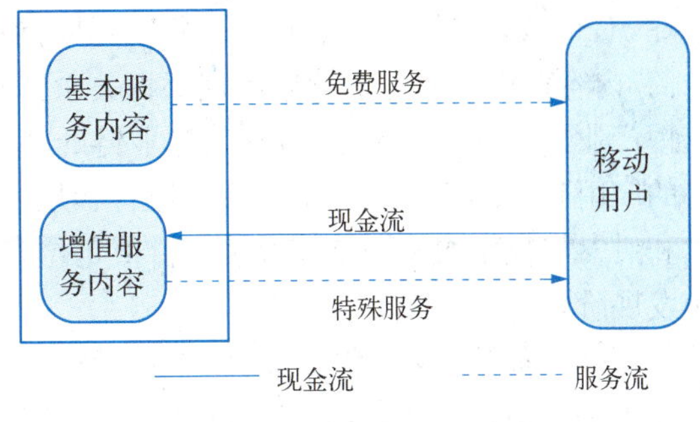

图 3－13　服务类商业模式

和传统互联网一样，WAP 门户网站和广告主之间通过页面浏览和点击率来构建双方的合作模式。相比于传统互联网，移动互联网在广告方面有很多的限制因素，最大的限制来自手机的屏幕尺寸，过小的尺寸和较慢的传输速度无法向用户展示有吸引力的图片，同时用户支付流量费来阅读广告也并不符合商业常理。这就要求手机广告的内容一定要对用户有吸引力，同时通过手机用户深度参与讨论，直接促进广告产品的营销。互联网的搜索业务主要靠竞价排名和广告链接收费，网络架构的差异以及手机屏幕和带宽的限制决定了移动搜索无法完全复制互联网搜索盈利模式，目前移动搜索市场的盈利模式尚未成熟。移动搜索服务商可以利用手机的便携性、移动性向用户提供简洁而有针对性的实用信息内容，从而不断创新盈利模式。广告类商业模式如图 3－14 所示。

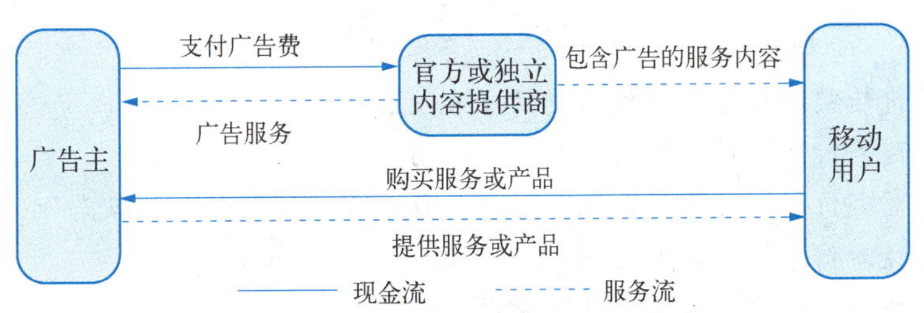

图 3－14　广告类商业模式

4. 移动互联网商业模式的发展趋势。主要包括以下三个方面。

（1）“软件服务化”商业模式。未来移动互联网的增值服务将更多是以软件厂商与运营商的合作方式来实现。随着移动互联网领域企业在多方面展开较量，软件平台与应用服务的结合将成为竞争的新焦点。未来移动互联网业务的产业链中将诞生“软件＋服务”的联合模式。目前网络服务中以微软和谷歌为代表，从微软提出“S＋S”（Software ＋ Services）的战略来看，该战略发展的四大支柱是：体验、交付、联盟、聚合。谷歌的 Desktop 和亚马逊的 AWS 都是“软件＋服务”的代表产品。由此可见，移动互联网领域的产品及服务模式在发展过程中，软件服务化也将是一个趋势，以手机软件平台为核心的应用服务在产业中将会起到越来越重要的推动作用。

（2）传统移动增值商业模式。在产业价值链中，与运营商关系最为密切的利益相关者是客户、服务提供商/内容提供商、终端制造商和设备/软件提供商，其中服务提供商/内容提供商与运营商之间的博弈关系仍将是移动互联网产业链中最重要的环节。

在3G时代，应用与内容领域是移动互联网产业发展的焦点，移动运营商与服务提供商/内容提供商的竞合策略成败都将关系到移动互联网的繁荣与否。移动运营商应发挥产业链上的主导地位，加大对产业链的整合力度，通过与第三方合作来开发更加丰富的应用服务。让运营商从原来的监管和规划转变成引导和支持，真正做到泛行业合作和对参与合作的不同伙伴准确的价值定位，才能使移动互联网产业进入一个新的历史发展阶段。

（3）价值链网络化。随着终端企业进入移动互联网业务领域以及互联网服务提供商进入终端软件领域，促进多功能终端和应用导向终端的发展，将使得以移动终端为载体、不通过门户或搜索的移动互联网业务种类不断增多，这些业务简单易用、更新快捷，将获得各层次用户的青睐。业务种类的增多反映出社会专业化分工的细化，业务组成移动互联网产业价值链中的各个"结点"，每个结点都是一个功能模块。整个价值链体系将变得更加脉络清晰、有序，呈现出网络化结构。

本章小结

本章首先介绍了移动商务价值链的含义及作用，讲述了第一代、第二代和第三代移动商务价值链的主要内容，着重讨论了移动商务的主要商业模式，包括短信定制服务、移动广告、手机报和移动互联网四种商业模式，并对每种商业模式的特点、应用、类型、盈利模式和发展趋势作了深入探讨。

练习题

1. 简述价值链和移动商务价值链的含义及区别。
2. 移动商务价值链对企业有什么重要作用？
3. 移动商务价值链经历了哪几个阶段？每个阶段的背景和特点是什么？
4. 简述随着信息技术的发展，移动商务价值链的发展趋势。
5. 目前移动商务主要有哪些商业模式？请分别叙述。

第 4 章　移动商务安全

学习要点

本章以安全移动电子商务为主轴，分析了移动商务安全的特点，对移动商务中存在的安全威胁和安全需求等方面进行了阐述，从技术方面分析实现移动商务安全的加密、认证和交易信任等技术机制，接着对移动终端操作系统安全技术、认证下载软件、存储信息防盗和恢复进行了分析和介绍。最后阐述手机病毒的特征、危害和防治措施。

知识结构

- 移动商务安全概述
  - 移动商务面临的安全威胁
  - 移动商务的安全需求
  - 移动商务安全技术现状
  - 移动商务安全的发展现状
- 移动安全通信技术
  - 信息加密原理：对称加密、非对称加密
  - 移动通信加密：GSM 加密、GPRS 加密
  - 终端身份认证：身份认证现状及需求，终端认证、口令认证
  - 移动交易信任机制：从政府、企业和交易伙伴角度
- 移动终端安全
  - 移动终端操作系统安全技术：操作系统介绍、威胁和对策
  - 移动终端下载软件的认证、认证平台流程、各子系统功能
  - 移动终端存储信息的备份和恢复
- 手机病毒
  - 手机病毒的定义、分类
  - 手机病毒的特征
  - 手机病毒的危害、手机终端危害和移动网络的危害
  - 手机病毒的防治：用户、运营商、制造商、软件服务商

4.1　移动商务安全概述

4.1.1　移动商务面临的安全威胁

无线通信网络是开展移动电子商务的必要技术，由于无线线路的开放性，移动商务

同样面临多种安全威胁。主要包括以下几个方面：

(1) 无线窃听。在无线通信过程中，所有通信内容，如通话信息、身份信息、数据信息等，都是通过无线信道开放传送的。任何拥有一定频率接收设备的人均可以获取无线信道上传输的内容。无线窃听可以导致通信信息和数据的泄漏，而移动用户身份和位置信息的泄漏可以导致移动用户被无线追踪。这对于无线用户的信息安全、个人安全和个人隐私都构成了潜在的威胁。

(2) 漫游安全。在无线网络中，当用户漫游到攻击者所在的一定区域内，在终端用户不知情的情况下，信息可能被攻击者窃取和篡改，服务也可能被拒绝。中途交易后，由于缺少重新认证的机制，通过刷新使连接重新建立会给系统带来风险。没有再认证机制的交易和连接的重新建立是危险的，连接一旦建立，使用安全套接层(SSL)协议和无线传输层安全(WTLS)协议的多数站点，不再进行重新认证和重新检查证书，因此，攻击者可以利用该漏洞。

(3) 假冒攻击。假冒攻击是指，由于无线通信信道的开放性，当攻击者掌握了网络信息数据规律或解密了商务信息以后，假冒合法用户或发送假冒信息欺骗其他用户的行为。无线通信中，移动通信站需要通信用户的身份信息，以认证其是否为合法用户。攻击者容易截获通信用户包括身份信息在内的所有通信数据，从而假冒该合法用户发送错误信息。另外，攻击者通过冒称网络信息控制中心，如在移动通信网络中假冒网络基站以欺骗用户，骗取用户身份信息。

(4) 完整性侵害。完整性侵害指网络攻击者截取信息，并私自修改、删除、插入或重传合法用户的信息或信念数据的过程。完整性侵害可以通过信息的修改阻止用户双方建立链接，也可以欺骗接收者相信收到的已被修改的信息是由原发送者传出的未经过修改的信息，还可以通过阻止合法用户的身份信息、控制信息或业务数据，从而使合法用户无法享受正常的网络服务。

(5) 业务抵赖。业务抵赖是指业务发生后否认业务发生，以逃避付费或逃避责任，这在移动商务中很常见。在移动商务中，这种威胁包括两个方面：一方面，交易双方中的买方收货后否认交易，企图逃避付费；另一方面，卖方收款后否认交易，企图逃避付货。

此外，移动电子商务中的移动终端面临的安全威胁包括移动终端设备的物理安全、SIM卡被复制、电子标签(RFID)被解密和病毒、拒绝服务等多个方面。

4.1.2 移动商务的安全需求

通过分析移动商务系统所面临的安全威胁，可以看出安全性对于移动商务的重要性。一个完整并且安全的移动商务系统应该有以下特点：

(1) 保密性和身份认证需求。移动终端的SIM卡通常需要具有加密和身份认证的能力，SIM卡号就像无线通信中的物理地址，具有全球唯一性。随着移动用户实名制的实施，一个用户对应一张SIM卡，SIM卡可以识别用户身份，利用可编程的SIM卡，还可以存储用户的银行账号、CA证书等用于标识用户身份的有效凭证。另外，可编程的 SIM 卡还可以用来实现数字签名、加密算法、身份认证等电子商务领域必备的安全手段。

（2）数据信息完整性。保证数据信息在传输、交换、存储和处理过程中保持非修改、非破坏和非丢失的特性。可以使用消息摘要技术和加密技术（Hash 函数）来实现，而支付信息的完整性可由支付协议来保证实现。

（3）不可否认性。保证接收方对于自己已接受的信息内容不能进行否认、发送方对于已经发出的信息不能进行抵赖否认；保证交易数据的正当保留，维护双方当事人的合法利益。可以通过数字签名技术来实现。

（4）匿名性。移动商务的匿名性主要包括以下三个方面：

① 用户身份隐藏：用户的永久身份不能在无线接入链路上被窃听到。

② 用户位置的隐藏：用户到达某个位置或某个区域不能通过对无线接入网窃听得到。

③ 用户的不可跟踪性：攻击者不能通过在无线接入网上窃听推断出是不是对某个用户提供了不同的服务。

（5）容错能力。信息在网络中传输，设备和线路经常会发生故障，要保证在故障产生时系统不会长时间处于停滞状态，要有备用方案去处理，还要保证更新系统时对于原有软硬件的兼容能力。

另外，移动商务对于系统的经济性也得适当考虑，希望在增强系统安全性的同时，能够尽量降低所花费用；合理的加密技术是增强安全的最有力措施，目前已有不少加密算法可以实现，要从算法的可实践性上来适当选择。

4.1.3　移动商务安全技术现状

针对移动商务面临的安全威胁和安全需求，可以通过使用各种安全技术来满足不同的安全需求。

（1）完整性保护技术。完整性保护技术是用于提供消息认证的安全机制。通常情况下，完整性保护技术是通过计算消息认证码来实现的，就是利用一个带密钥的 Hash 函数对消息进行计算，产生消息认证码，并将它和消息捆绑在一起传给接收方。接收方在收到消息后首先计算消息认证码，并将重新计算的消息认证码与接收到的消息认证码进行比较。如果它们相等，接收方就认为消息没有被篡改；如果它们不相等，接收方就知道消息在传输过程中被篡改了。

（2）真实性保护技术。真实性保护技术用来确认某一实体所声称的身份，以防假冒攻击。在移动商务中，交易信息通过无线网络转发，在传输过程中可能产生一定的延迟，需要通过鉴别数据源来确认交易信息的真正来源。最简单的方法是让声称者与验证者共享一个对称密钥，声称者使用该密钥加密某一消息（通常包括一个非重复值，例如序列号、时间戳或随机数等，以对抗重放攻击），如果验证者能成功地解密消息，那么验证者相信消息来自声称者。

（3）机密性保护技术。机密性保护技术是为了防止敏感数据泄漏给那些未经授权

的实体。通常，最简单的方案是收发双方共享一个对称密钥，发送方用密钥加密明文消息，而接收方使用密钥解密接收到的密文消息。

(4) 抗抵赖技术。抗抵赖技术是为了防止恶意主体事后否认所发生的事实或行为。要解决上述问题，必须在每一事件发生时，留下关于该事件的不可否认证据。当出现纠纷时，可由可信第三方验证这些留下的证据，这些证据必须具有不可伪造或防篡改的特点。通常，不可否认证据是由发送者使用数字签名技术产生的。

(5) 其他安全技术。安全协议是以密码学为基础的消息交换协议，目的是在网络环境中提供各种安全服务，其安全目标是多种多样的。例如，认证协议的目标是认证参加协议的主体的身份，许多认证协议还有一个附加的目标，即在主体之间安全地分配密钥或其他各种秘密。在网络通信中最常用的、最基本的安全协议按照其目的可以分成以下四类：

① 密钥交换协议。这类协议用于完成会话密钥的建立，一般情况下是在参与协议的两个或者多个实体之间建立共享的秘密，如用于一次通信的会话密钥。例如：Blom协议、Girault 协议、Diffie-Hellman 协议、MIT 协议和 Andrew RPC 协议等。

② 认证协议。认证协议包括身份认证协议、消息认证协议、数据源认证协议等，用来防止假冒、篡改、否认等攻击。例如：Schnorr 协议、Okamoto 协议、Kerboros 认证协议、Guillou-Quisquater 协议等。

③ 认证密钥交换协议。这类协议将认证协议和密钥交换协议结合在一起，先对通信实体的身份进行认证，在认证成功的基础上，为下一步安全通信分配所使用的会话密钥，它是网络通信中应用最普遍的一种安全协议。如 Needham-Schroeder 公钥认证协议、分布式认证安全服务(DASS)协议、互联网密钥交换(IKE)协议、X. 509 协议等。

④ 电子商务协议。与上述协议的明显不同是，电子商务协议中主体是交易的双方，其利益目标是矛盾的，电子商务协议最为关注的就是公平性，即协议应保证一个交易方达到自己的目标，当且仅当另一交易方达到自己的目标。当前应用比较广泛的电子商务安全协议主要有 Digicash 协议、Netbill 协议、SET 协议和 SSL 协议等。

一般来说，前三类安全协议是第四类电子商务协议的基础。通常情况下，在移动商务交易中并不只采取上述某一种安全协议来保证交易的安全性，而是采取其中两个或者多个协议的组合。

4.1.4 移动商务安全的发展趋势

1. 互联网电子商务的安全交易机制广泛用于移动商务。目前的大多数手机配备处理器比较低、内存容量较小，无法处理大量的复杂运算和交易信息，导致互联网电子商务的安全交易机制难以在移动网络环境下实现。因此，减少移动终端的处理和存储负担，降低双方交易信息的传输量和保障交易安全是移动商务研究亟待解决的问题。

2. 生物特征识别技术的广泛使用。用户/密码机制是最古老也是目前应用最广的一种计算机网络安全措施，PKI 技术可以实现更高级别的安全。然而，这些安全措施都可能会受到设备级的安全攻击，如手机、智能卡丢失或被盗等都将会带来致命的安全问题。为了防止这种安全问题，生物特征识别技术发挥越来越大的作用。

以往由于生物特征识别技术运算量大、准确度低，限制了其广泛使用，而现在随着指纹识别、视网膜识别和面部特征匹配等一系列生物特征识别技术的成熟，其必将在给电子商务带来更高级别的安全过程中发挥重要的作用。

3. 重视移动商务隐私问题。由于智能移动终端功能的提高和参与移动商务的用户日益增多，用户大量的隐私信息保存在移动终端上，同时，移动商务作为电子商务的延伸也需要提供个人的隐私信息这样的条件才能得以发展，而且由于移动商务的一些独特性，隐私问题比传统电子商务更加突出。随着技术的发展，越来越多更可靠和更安全的保护措施应用于移动设备上。

隐私侵犯涉及社会道德甚至法律问题，单从技术层面来保证是不够的，在这样的大环境下，有关安全性的标准制定和相应法律出台也将成为趋势。

4.2　移动安全通信技术

4.2.1　信息加密原理

由于数据在传输过程中有可能遭到侵犯者的窃听而失去保密信息，加密技术是网络中数据传输采取的主要保密安全措施。加密技术也就是利用技术手段把重要的数据变为乱码(加密)传送，到达目的地后再用相同或不同的手段还原(解密)。

加密算法按其对称性可分为对称密钥加密算法和非对称密钥加密算法。

(1) 对称密钥加密算法。对称密钥加密的特点是文件加密和解密使用相同的密钥，即加密密钥也可以用作解密密钥。在该算法中，安全性在于双方密钥的秘密保存。这种方法的加密和解密过程见图 4－1。

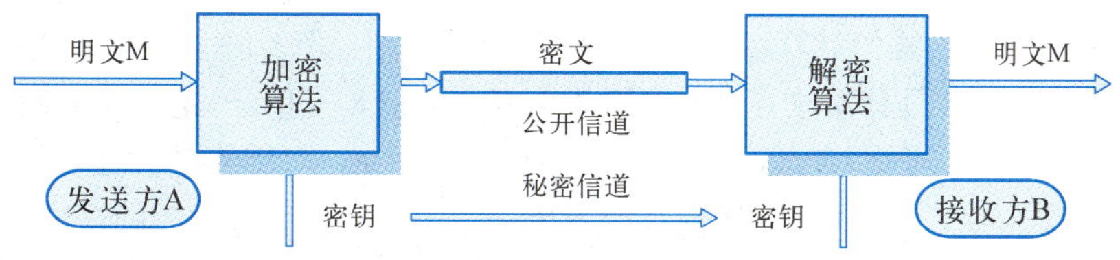

图 4－1　对称密钥加/解密示意

对称密钥加密算法使用起来简单快捷，密钥较短，且破译困难。但这种算法需要信使或秘密通道来传送密钥，密钥的传送和管理就比较困难，因此算法的安全性依赖于密钥的秘密保存。

对称密钥加密算法中有排列码算法、RC4、混沌算法、DES(数据加密标准，Data Encryption Standard)、IDEA(国际数据加密算法)、RC2 等，以 DES 算法为典型代表。

（2）非对称密钥加密算法。1976 年，美国学者 Diffie 和 Hellmna 为解决数字签名和密钥分配问题，提出一种新的密钥交换协议，允许在不安全的媒体上通信双方交换信息，安全地达成一致的密钥，这就是公开密钥系统，这引起了密码学上的一场革命，公开密钥系统从根本上克服了传统密码体制的困难，解决了密钥分配和消息认证等问题。相对于“对称密钥加密算法”，这种方法也叫作“非对称密钥加密算法”。

与对称加密算法不同，非对称加密算法需要两个密钥：公开密钥(Public Key)和私有密钥(Private Key)。公开密钥系统使用密钥对时，如果用公开密钥对数据进行加密，只有用对应的私有密钥才能进行解密；如果用私有密钥对数据进行加密，那么只有用对应的公开密钥才能解密。因为加密和解密使用的是两个不同的密钥，所以这种算法叫非对称加密算法(见图 4－2)。

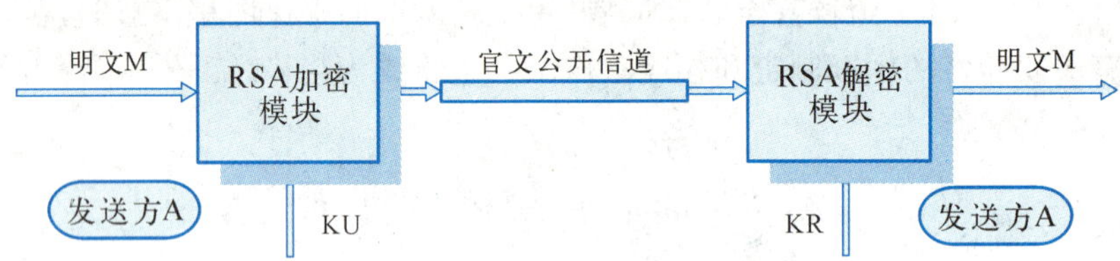

图 4－2 非对称密钥加/解密示意

图中：KU 为接收方的公开密钥，KR 为接收方的私有密钥。在提出了公开密钥密码体制的设想后，先后出现了背包公钥算法、RSA 公钥加密算法，此外还有椭圆曲线加密算法 ECC、EIGamal、DSS 等著名的非对称加密算法。

公开密钥体制的算法是公开的，所以非对称加密算法的保密性不依赖于加密体制和算法，而是依赖于密钥。它可实现保密通信、数字签名。

4.2.2 移动通信加密

移动通信网络中，由于移动端比网络端的计算能力低且计算资源差，这就要求移动通信网络中的密码技术应该满足两个条件：（1）尽可能采用计算简单的密码算法；（2）使移动端和网络端的计算量具有不对称性。

在单钥系统中，只有知道共享密钥的通信双方才能相互信任，这不仅限制了保密通信的范围，也带来了密钥管理问题。不过单钥加密算法简单，运算量小，执行速度快，因而得到广泛的应用。目前，移动通信系统主要采用的是基于对称密钥的密码体制。

1. GSM 加密。移动通信系统中的信息基本上使用无线信道传输，易被截获和窃听。在 GSM 通信系统中，一般对基站收发台(BTS)和移动台(MS)之间传递的信息加密，确保用户通信的保密性。BTS 和 MS 之间的信息加密和解密过程如图 4－3 所示。

从图中可以看出，鉴权中心(AUC)利用 A8 算法产生 Kc，由密钥 Kc 和当前信息序列的帧号 Fn 控制信息加密，将 Kc 和 Fn 作为参数输入到算法 A5 中，产生加密流，再将加密流与明文逐位进行异或，就得到密文，用同样的方法产生加密流和密文进行一次异或运算，就可以得到明文。由于 Fn 是不断变化的，导致 A5 算法输出的加密流也不断

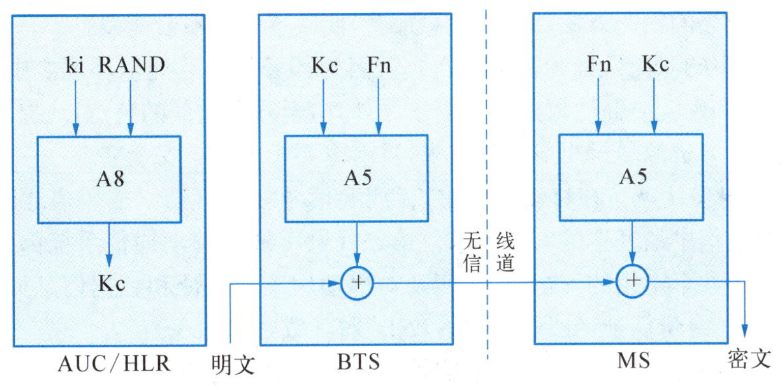

图 4-3　加/解密过程

变化。即传送的每一信息序列所采用的加密流也各不相同，增强了加密信息的安全性。

2. GPRS 加密。同 GSM 相比，GPRS 系统的加密范围更大，如图 4-4 所示，在 GPRS 系统中，对 SGSN 和移动台之间的无线链路上的信令和用户数据进行加密保护；而 GSM 系统只在 MS 和基站收发台/移动交换中心(BTS/BSC)之间的无线链路上加密。

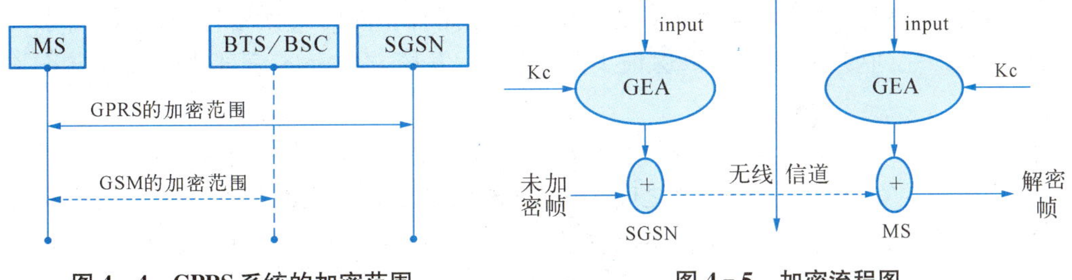

图 4-4　GPRS 系统的加密范围　　**图 4-5　加密流程图**

在 GPRS 系统中采用的加密算法是 GEA，从 SGSN 到 MS 的加密流程如图 4-5 所示。GEA 加密算法一般有 GEA1 和 GEA2 两种，GPRS 中采用这两种算法来保证 MS 和 SGSN 之间链路上数据的完整性和机密性。在 SGSN 发送的"请求加密消息"中指明采用哪种算法。但是，GPRS 系统的加密仍然不能提供端到端的加密；GPRS 系统的 GEA 算法和 GSM 中的 A5 算法的密钥长度一样太短，都只是 64bit，无法抵抗穷举攻击；GPRS 系统的加密算法对外保密，不能对其性能进行评估和修正。

4.2.3　终端身份认证

1. 移动商务身份认证现状及需求。在移动通信系统中，移动用户与网络之间不像固定电话那样存在固定的物理连接，商家如何确认用户的合法身份，如何防止用户否认已经发生的商务行为，都是亟须解决的安全问题。

在移动商务系统中，通信会话开始之前的安全协议就是身份认证和密钥协商协议，其目的就是验证通信对方的身份信息的合法性，以便提供服务，同时协商好一个会话密

钥，用于结合适当的密码算法对会话信息加密，使敏感信息不会泄漏。

移动通信中的双向认证和密钥协商协议因为部署于移动通信环境之中，除了具有有线双向认证和密钥协商协议的安全需求之外，由于移动通信的特点，还提出为用户提供匿名服务、计算资源尽量少等特殊需求，目前主要考虑以下安全需求：

(1) 双向身份认证。在移动通信中，无线通信网络与移动终端用户之间相互认证身份，是安全通信中最基本的安全需求。第二代数字蜂窝移动通信系统都是基于私钥密码体制，采用共享密钥的安全协议，实现对移动用户的认证和数据信息加密，缺少用户对移动网络的身份认证，导致“中间人攻击”对其威胁的存在。

(2) 协议尽量简单。目前移动通信系统的带宽和移动通信终端的计算资源有限，因此密钥协商和身份认证协议要求尽量计算简单、传输信息量小。即使在第三代移动通信系统中，带宽得到大幅度改善，目前硬件的瓶颈得到一定的突破，但手持移动通信终端的体积和市场价格决定了其计算资源和存储资源的有限性。

(3) 密钥协商和双向密钥控制。移动用户与移动网络之间通过安全参数协商确定会话密钥，密钥协商协议对通信双方是否能够建立安全的会话至关重要。同时，保证一次一密。一方面是为了保证密钥的质量可以防止特定会话密钥带来的安全隐患；另一方面也是为了防止由于旧会话密钥的泄漏而导致重传攻击。

(4) 双向密钥确认。为保证接收方和发送方拥有相同的会话密钥，移动网络系统和移动用户之间要进行确认，以保证下次会话中，发送方加密的信息能被接收方正常解密。

2. 移动终端认证。在无线应用协议(WAP)中要实现移动终端身份认证，一般是指无线传输层安全(WTLS)终端之间的 WTLS 客户端证书认证，图 4－6 表明了移动终端身份认证的全过程，该方法要求移动终端拥有一个用户证书 URL 和一个私钥。由于无线身份识别模块(WIM)是防篡改硬件，私钥常保存在终端的 WIM 中。

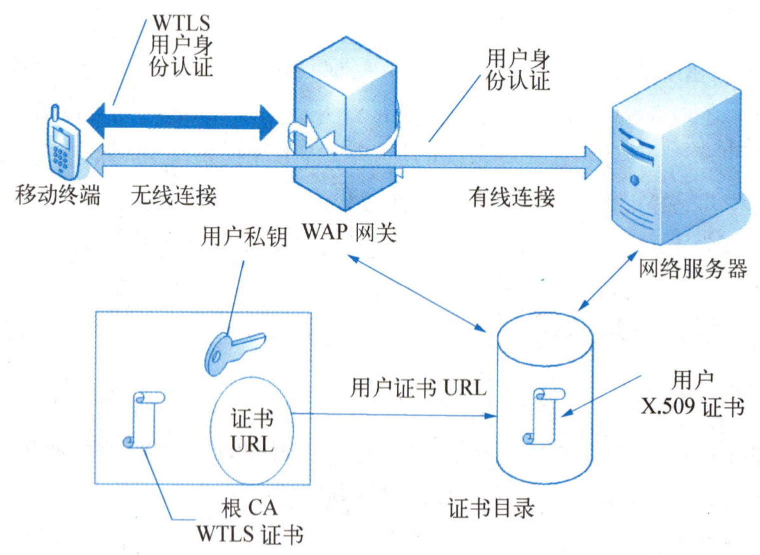

图 4－6　移动终端身份认证

WAP 网关和网络服务器通过有线连接对移动终端证书验证，移动终端证书可以是 X. 509 证书，但 X. 509 证书数据量太大，不能存储在 WIM。因此，WAP 中存储的是终端证书的 URL，而不是终端证书，而终端证书则集中保存在证书目录里。网络服务器和 WAP 网关根据证书 URL 到对应的位置取证书来验证移动终端身份。

3. 口令认证技术。身份认证技术是指用于确认用户身份和访问者权限的技术，使访问控制策略可靠执行。目前，身份认证技术主要包括：口令认证技术、基于数字证书的身份认证技术、基于物理设备的身份认证技术和基于生物特征的身份认证技术。

口令认证基于“what you know”的验证手段，是最简单、最易实现、应用最广泛的认证技术。口令认证技术分为静态口令认证技术和一次性口令(One-Time Password，简称 OTP)认证技术。两种口令认证技术的特点如表 4-1 所示。

表 4-1　静态口令认证与 OTP 认证对比分析

比较项目	静态口令认证技术	OTP 认证技术
动态性	静态口令是固定不变的，难以抵御重放攻击	OTP 口令可以随设定的时间或事件等变量自动变化，无需人工干预
一次性	静态口令在传输过程中易被截获，难以抵御窃听攻击	OTP 口令一次有效，旧口令不能重复使用，即使口令被窃听，也不会造成很大危险，因此具备良好的抗窃听性
随机性	静态口令通常比较简单，难以抵御口令猜测攻击	OTP 口令随机生成、无规律，增加了破解的难度
认证机制	静态口令认证技术是单向认证机制，即服务器对登录用户的身份认证，而用户无法认证服务器，因此，攻击者可能伪装成认证服务器欺骗用户	OTP 认证技术建立在密码学基础之上，通过在认证过程中加入不确定因子，使用户每次进行身份认证的认证口令都不相同，而且每个认证口令只使用一次，这种一次一密的认证方法可以有效保证用户身份的安全性
安全性	静态口令认证技术是一种单因子的认证技术，安全性仅依赖于口令，口令一旦泄露，安全性随即丧失	OTP 认证技术具有多重安全性，与静态口令的单一认证方式不同，OTP 认证技术将一次性口令与用户名、静态口令等多重因素结合实现认证

静态口令认证技术指用户口令在一定的时间内固定不变、可以重复使用，其认证过程为：登录时，用户输入二元组信息(UserID，UserPW)，认证服务器比对接受的信息和存储的信息是否一致，以此判断用户身份的合法性。静态口令认证技术最大的优点是实现简单、易于使用，但其存在诸多安全问题。

OTP 认证技术是一种摘要认证，在摘录过程中给用户秘密信息加入不确定因素，使每次登录过程中摘录所得的密码(即一次性口令 OTP)都不相同，用户真正的秘密信息没有在网上传输，以提高登录的安全性。从上述身份认证技术的特点可以看出，OTP 认证技术实现简单、成本低、无需第三方认证，同时一次一密保证了较高的安全性，比较适合移动商务的身份认证。

4.2.4 移动交易信任机制

移动商务交易中的信任是指网上消费者对在线交易的总体信任，它分为广义和狭义两种。狭义的信任机制局限于网络平台的技术手段的研究，一般分为基于身份的信任模型、基于角色的信任模型、自动信任协商模型、基于名誉的信任模型。广义的信任机制是指电子商务交易系统中构成、影响相互信任关系的各部分及它们之间的作用方式，以及为促进和维持信任关系所发生的相关作用方式和所有手段、方法等。在这一机制中主要涉及交易主体（网上企业和消费者）及在交易过程中起保护和支持作用的第三方机构（如银行、政府等）。

建立移动电子商务交易信任机制，需要综合考虑政府、企业、交易伙伴三方面因素的影响，需要交易涉及的各方主体共同努力。

（1）从政府的角度。一是加强法律的威慑力度。加强法律建设是政府介入移动电子商务信任机制形成的重要途径。当前，国际社会为了确保电子商务交易的顺利进行和发展，都纷纷着手制定相关法规。目前，较为规范和完整的电子商务交易法规当首推联合国国际贸易法委员会（UNCITRAL）提出的《电子商务示范法蓝本》。除此之外，1997年欧盟发布的《欧盟电子商务行动法案》、美国的《全球电子商务发展纲要》和世界贸易组织达成的《信息技术协议》，都为电子商务交易提供了有力的安全保障。我国已经颁布的《电子签名法》标志着我国电子商务法律建设的开始。但有关移动电子商务方面的法规几乎没有，而传统的电子商务法规不能完全适应移动电子商务，国际上许多国家已经采取了法律手段规范短信息服务，以控制有害短信蔓延的势头。在我国，这些法律法规还有待完善。二是提升移动电子商务经营者的自律水平。经营者自律、监管是建立移动电子商务信任机制的重要手段。电子商务行业自律可由政府牵头，制定行业自律规章制度，规范移动电子商务经营者的经营行为。提高移动电子商务经营者的诚信法律知识和素质；企业要经常进行自查自评，对客户跟踪调查，了解消费者反馈，从而提高移动电子商务经营的诚信服务质量。

（2）从企业的角度。企业应以不断创新为手段，全心全意致力于提供安全诚信服务，来满足广大顾客需要。如南航在国内首家推出电子客票，率先提供电子客票网上值机和手机值机等特色服务；尤其是在网站电子商务信息化诚信服务方面，加强网站安全建设，不断创新超越，强化网站服务功能，扩展服务领域范围，优化电子商务服务流程。不管从电子商务网站和移动电子商务网站的运营者还是会员，都应有责任和义务去保证上传信息的真实性和有效性，特别是作为电子商务网站和移动电子商务网站的运营者，更应承担自己网站上传或者所发布信息的审核工作，这个环节是重中之重。

（3）从交易伙伴的角度。一是完善第三方认证形式。在移动电子商务中，通过担保的方式建立消费者信任，建立商务交易主体的信任途径。第三方认证可以降低不确定性和机会主义行为所带来的利益诱惑，有力保证认证结果的公正性、客观性和真实性，相对而言具有更高的可信度和公正性。银行、第三方支付机构在移动商务中做担保，可以极大地推进交易双方信任机制的建立。如支付宝公司为淘宝网交易者提供的“第三方担保”，就对淘宝网信任机制的建立起到了巨大作用。但由于第三方认证在国内仍处于发展阶段，还不能满足交易伙伴间建立信任的要求，需要大力发展和建设。2011 年出台的《第三方电子商务交易平台》服务规范在电子商务服务业发展中具有举足轻重的作用。第三方电子商务交易平台不仅沟通了买卖双方的网上交易渠道，大幅度降低了交易成本，也开辟了电子商务服务业一个新的领域。加强第三方电子商务交易平台的服务规范，对于维护电子商务交易秩序，促进电子商务健康快速发展，具有非常重要的作用。

建立和完善移动商务交易信任机制，需要政府、企业、交易各方共同努力，需要法律、技术、诚信多方面的协调共建。只要政府发挥自身职能，提高对移动商务交易过程的监管力度；企业有意识地采取一些措施提高自己在网络上的信任度；交易者遵守法律、恪守道德、诚实守信，我国移动商务信任机制就会得以快速建立，电子商务行业会更加健康快速地发展。

4.3 移动终端安全

4.3.1 移动终端操作系统安全技术

1. 移动终端操作系统介绍。移动终端操作系统作为连接软硬件、承载应用的关键平台，在智能终端中扮演着举足轻重的角色。目前主流的移动终端操作系统有：Symbian、Windows Mobile、Windows Phone、Palm OS 等。

Symbian 公司最初是由诺基亚、索尼爱立信、摩托罗拉等几家大型移动通信设备商共同组建的合资公司，专门研发手机操作系统，现已被诺基亚全额收购。其开发的终端操作系统即为 Symbian OS，其前身是 Psion Software 公司的 EPOC，特点是功耗低、内存占用量少及可扩展性，适合硬件受限的移动终端使用。Symbian 操作系统在智能移动终端上拥有强大的应用程序以及通信能力，包括可以和他人互相分享信息、浏览网页、传输、接收电子信件、传真以及个人生活行程管理等。

Windows Mobile(简称 WM)是微软针对移动设备而开发的操作系统。该操作系统的设计初衷是尽量接近于桌面版本的 Windows，微软按照电脑操作系统的模式来设计 WM，以便能使得 WM 与电脑操作系统一模一样。WM 的应用软件以 Microsoft Win32 API 为基础。其特点是内置各种文档编辑软件、浏览器等；此外，其多媒体功能强大，支持几乎所有主流音视频格式的文件。但存在系统相对复杂、易用性较差、对硬件要求较高、体积略大、许多操作需借助触摸笔等缺点。新继任者 Windows Phone 操作系统出现后，Windows Mobile 系列正式退出手机系统市场。2010 年 10 月，微软宣布终止对 WM 的所有技术支持。

Windows Phone 是微软于 2010 年发布的一款手机操作系统，它将微软旗下的 Xbox Live 游戏、Zune 音乐与独特的视频体验整合至手机中。其特点是增强的

Windows Live 体验、更好的电子邮件体验、Office Mobile 办公套装和在线备份服务等。

Palm OS 是 Palm 公司开发的专用于 PDA 上的一种操作系统，虽然它并不专门针对于手机设计，但是 Palm OS 对移动设备的支持使其同样能够成为一个优秀的手机操作系统。其最新的版本为 Palm OS 5.2。其主要特色以简单著称，Palm OS 以简单的图形界面来完成对信息的处理操作，而且系统运行占用资源少，处理速度快。由于 Palm OS 系统内部结构简单，在软件存储和运行方面都只需要非常少的空间。虽然 Palm OS 是最早的移动设备操作系统之一，但是由于受到各方面的限制，目前市场的份额已经很少。

除上述几种操作系统之外，在非智能终端上广泛使用的嵌入式操作系统还有 Nucleus PLUS、PSO System 等。嵌入式操作系统的广泛使用，使针对移动终端的第三方开发成本大大降低，加快了移动终端的发展速度。

2. 移动终端操作系统的安全威胁与对策。嵌入式操作系统的广泛应用，使移动终端的功能日益强大，可以支持蓝牙、电子邮件、无线上网等服务，同时移动终端上存储的数据、运行的软件也越来越多，而针对移动终端的病毒、木马等也逐渐出现，威胁着移动终端的操作系统安全。目前针对移动终端操作系统的安全威胁主要有：

(1) 病毒。病毒可寄生于主机文件中，并通过它完成复制的恶意代码。主要通过移动终端系统的漏洞、程序的下载、蓝牙、MMS 等进行传播，可能导致终端运行失常、信息破坏，甚至硬件损毁。

(2) 蠕虫。蠕虫可以通过红外线、蓝牙或彩信等自动传播，并消耗移动终端的带宽、存储等资源。

(3) 木马。木马可以潜伏在目标移动终端上窃取用户的有效信息。

(4) 拒绝服务攻击(DOS)。随着移动技术的发展，移动终端与服务器等一样，也存在拒绝服务攻击。一旦被攻击，终端资源将被大量占用，无法正常工作。

针对上述攻击的一般对策主要包括：

(1) 定时更新操作系统，安装升级补丁，备份系统。

(2) 安装杀毒软件和防火墙，不接收未知的信息，不随便开启蓝牙等通信功能。

(3) 设置程序行为监控机制，记录分析程序的操作是否安全合法等。

(4) 根据移动终端操作系统的组成部分：文件系统、指令系统、系统管理及安全服务等，可以将移动终端操作系统的安全技术进行划分。目前，针对移动终端操作系统的各个主要部分，已经存在相应的基本安全要求及相关测试方法，应当在实际使用时保证各项安全措施的实施。

此外对于具体的操作系统，还存在一些特殊的安全技术，如第三版 Symbian 系统上，所有的应用软件必须有合法的签名才能进行安装，且签名的不同类型对应不同的权限，因此尽量不安装没有公众签名的应用软件。

4.3.2 移动终端下载软件的认证

随着终端技术和移动网络技术的发展，终端越来越智能化，终端上的业务将越来越丰富,终端的安全性也越来越重要。伴随着终端数量的增长、软件平台“缺乏控制手段”的开放使得一些恶意开发者“有利可图”,初期没有过多考虑安全性,可以促进开发者的投入;随着影响力和市场的扩大,恶意开发者可以利用软件平台的漏洞,轻易地开发出恶意软件,给用户带来经济损失。因此,必须从源头开始解决软件安全的管理漏洞,软件的认证是一套有效的管理手段。认证流程如图4-7所示。

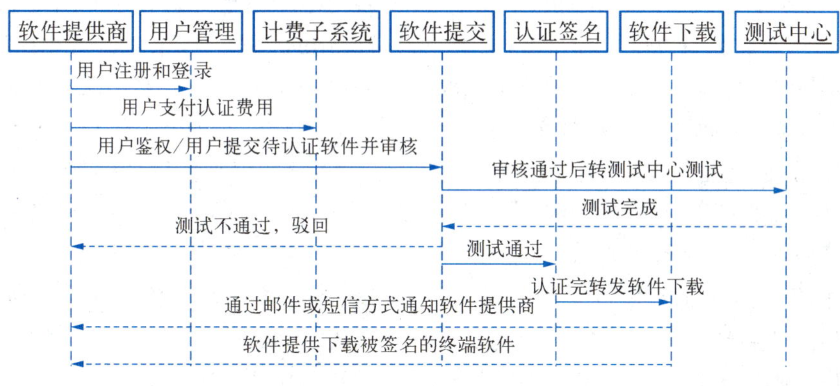

图4-7　认证平台流程

图中,各子系统功能介绍如下:

(1) 用户管理子系统:提供全面的认证用户管理功能。

(2) 认证计费子系统:提供认证计费功能,用于商业运营使用。可分为按次认证、包年认证等模式。

(3) 软件提交子系统:提供终端软件上传功能,支持病毒扫描、邮件通知、短信通知、认证审核、软件入库等功能。

(4) 软件签名子系统:提供终端软件签名功能,可支持多种平台。提供软件入库、查询等功能。

(5) 软件下载子系统:提供终端软件下载功能,负责通过邮件、短信等工具通知软件提供商。

4.3.3　移动终端存储信息的备份与恢复

1. 信息备份。信息备份是指当移动终端存储的信息由于某种原因遭到破坏时,将保存的数据副本恢复,重新加以利用的过程。由于信息的内容、备份时间及备份方式不同,采用的备份策略也不同,通常采用的备份策略有以下三种。

(1) 完全备份(Full Backup)。完全备份是指不管原信息是否修改,都将整个信息进行备份。如果信息没有作任何修改,所备份数据都是一样的。这种备份策略的好处是:当发生数据丢失的灾难时,只要用灾难发生前的最近一次备份就可以恢复丢失的数据。然而它亦有不足之处。首先,每次都对整个系统进行完全备份,造成备份的数据大量重复。这些冗余数据占用大量的存储空间,对用户来说就意味着增加成本。其次,由于需要备份的数据量较大,所以备份所需的时间也就较长。对于那些业务繁忙、备份时间有限的系统来说，选择这种备份策略是不明智的。

(2) 增量备份(Incremental Backup)。增量备份是指在备份前首先检测当前的数据是否与前一次备份的数据不同，备份引擎只备份变化的数据。该备份策略极大地提高了备份的速度，减少了备份所需的存储空间。它的缺点在于当发生灾难时，恢复数据比较麻烦。另外，这种备份的可靠性也很差。

(3) 差分备份(Differential Backup)。差分备份是指备份前首先检测当前备份数据与前一次完全备份的数据差异，备份引擎只备份变化的数据。同增量备份相比，该备份策略在寻找数据差异时所依据的数据基准是近一次的完全备份。差分备份策略在避免了以上两种策略的缺陷的同时，又具有了它们的所有优点。差分备份无需每天都作系统完全备份，因此备份所需时间短，并节省磁带空间，它的灾难恢复也很方便，系统管理员只需两个存储设备，即系统全备份的存储与发生灾难前一天的备份存储，就可以将系统完全恢复。

2. 信息恢复。信息恢复是指对由于操作失误或移动终端系统故障造成数据丢失的那些信息进行恢复。实现信息恢复主要靠软件技术、硬件技术及二者的结合。

软件技术可分为三类。第一类，信息存储类软件内置信息恢复功能。其通过备份和存储数据来实现信息恢复功能，因为很难及时备份，往往数据恢复得不完整。第二类，反病毒软件内置信息恢复功能，其信息恢复能力有限，对非病毒造成的数据丢失往往作用不大。第三类是专业的信息恢复软件。其不仅具有数据备份和数据存储功能，还具有较强的数据修补、数据分析处理、数据直接读取技术，与前两类相比，其信息灾难恢复能力更强。

用软件方法恢复的优点是速度较快、费用较低。但它不能解决一些由硬件损坏造成的数据丢失。

信息恢复的硬件技术能在不破坏原有系统的情况下，对各种存储介质、硬件平台、软件平台下的任何原因造成的信息丢失进行信息恢复，但信息恢复的费用较高，且需要高精尖设备的支持，因而很少使用。

4.4 手机病毒

4.4.1 手机病毒

1. 手机病毒的定义。手机病毒也是一种计算机程序，和其他计算机病毒(程序)一样具有传染性、破坏性。手机病毒可利用发送短信、彩信，电子邮件，浏览网站，下载铃声等方式进行传播。手机病毒可能会导致用户手机死机、关机、资料被删除，向外发送垃圾邮件、拨打电话等，甚至还会损毁 SIM 卡、芯片等硬件。普遍接受的手机病毒的定义是：以手机为感染对象，以计算机网络和移动通信网络为传播平台，通过病毒短信、邮件等形式攻击手机，从而造成手机或移动通信网络异常的一种新型病毒。

2. 手机病毒的分类。根据手机病毒的来源和传播机理的不同，当前的手机病毒可以划分为以下几大类：

(1) 蠕虫型病毒。蠕虫型病毒是一种通过网络自我传播的恶性病毒，它最大的特性就是利用操作系统和应用程序所提供的功能或漏洞主动进行攻击，如“卡比尔”和 Lasco. A 病毒等都是蠕虫病毒，它们会感染手机系统中的文件，并通过无线通信信道对附近手机扫描，发现漏洞手机后，病毒就会自我复制并发送到该手机上。因此，蠕虫病毒可以在短时间内通过蓝牙或短信的方式蔓延至整个网络，造成用户财产损失和手机系统资源的消耗。

(2) 木马型病毒。木马型病毒也叫后门病毒，其特点是运行隐蔽、自动运行和自动恢复，能自动打开特别的端口传输数据。随着当前黑客组织越来越商业化，其开发目的从最初的炫耀技术演变成现在的贩卖从手机中盗取的个人或商业信息，因此手机用户面临的隐私泄露的风险也越来越大。目前较常见的手机木马程序有 Pbstealer 病毒(通讯录盗窃犯)、Commwarrior 病毒(彩信病毒)等。

(3) 感染型病毒。感染型病毒的特征是将其病毒程序本身植入其他程序或数据文件中，使文档膨胀，以达到散播传染的目的。传播手段一般使用网络下载，资源拷贝。这种破坏用户数据的病毒难以清除。

(4) 恶意程序型病毒。恶意程序型病毒专指对手机系统软件进行软件硬件破坏的程序，常见的破坏方式就是删除或修改重要的系统文件或数据文件，造成用户数据丢失或系统不能正常运行启动。典型的例子有导致手机自动关闭的移动黑客(Hack. mobile. smsdos)，导致手机工作不正常的 Mobile. SMSDOS 病毒。

4.4.2　手机病毒的特征

手机病毒属于计算机病毒的一种，几乎具备了计算机病毒的所有特性。手机病毒主要有以下几个特点。

(1) 传染性。病毒通过自身复制感染正常文件，即病毒程序必须被执行之后才具有传染性，继而感染其他文件，达到破坏目标正常运行的目的。

(2) 隐蔽性。隐蔽性是手机病毒最基本的特点。经过伪装的病毒程序还可能被用户当作正常的程序而运行，这也是病毒触发的一种手段。

(3) 潜伏性。一般病毒在感染文件后并非立即发作，多隐藏于系统中，只有在满足特定条件时才启动其表现(破坏)模块。

(4) 可触发性。病毒如未被激活，则会潜伏于系统之中，不构成威胁。一旦遇到特定的触发事件，则能够立即被激活且同时具有传染性和破坏性。

(5) 针对性。一种手机病毒并不能感染所有的系统软件或是应用程序，其攻击方式往往具有较强的针对性。

(6) 破坏性。任何病毒侵入目标后，都会不同程度地影响系统正常运行，如降低系统性能、过多地占用系统资源、损坏硬件甚至造成系统崩溃等。

(7) 表现性。无论何种病毒被激活以后，都将会对系统的运行、软件的使用、用户的信息等进行不同程度的针对性破坏。病毒程序的表现性或破坏性体现了病毒设计者的真正意图。

(8) 寄生性。病毒嵌入载体中依载体而生，当载体被执行时病毒程序也同时被激活，然后进行复制和传播。

(9) 不可预见性。和计算机病毒相类似，手机病毒的制作技术也在不断地提高，从病毒检测方面来看，病毒对反病毒软件来说永远是超前的。

4.4.3 手机病毒的危害

1. 对手机终端的危害。随着移动宽带网的发展，手机涉及的功能和范围也越来越广，包括各种付费业务及手机银行等安全性要求比较高的业务，因此，手机病毒一旦爆发，会对人们造成很大的影响和损失。目前的手机病毒对终端的影响主要包括以下几个方面：

(1) 消耗手机内存或修改手机系统设置，导致手机无法正常工作。"卡比尔"病毒就能通过手机的蓝牙设备传播，病毒发作时，屏幕上会显示"Caribe-VZ/29a"字样，中毒手机的电池将很快耗尽，蓝牙功能丧失。

(2) 窃取手机上保存的机密数据，或修改、删除和插入移动终端中的数据，破坏数据的真实性和完整性。近年来，随着智能手机逐步进入普通消费者的视野，越来越多的人将把手机作为存储个人信息的重要载体，使其不可避免地成为黑客的攻击对象。

(3) 控制手机进行强行消费，导致机主通信费用及信息费用剧增。有的病毒能控制手机用户在本人不知情的情况下恶意群发一些违法短信，甚至个别短信诱导客户进行欺诈性订阅和消费，造成用户手机费用的损失或流失。

2. 对移动网络的危害。手机病毒也会像计算机病毒一样，向整个网络发起攻击，攻击类型主要分为以下几种：

(1) 攻击和控制通信"网关"，向手机发送垃圾信息，或者是以其他方式，致使手机通信网络运行瘫痪。手机通信网中的"网关"是有线网络与无线网络间的联系纽带，作用就像互联网中的网关、路由器等设备一样。手机病毒可以利用网关漏洞对手机网络进行攻击，使手机不能正常工作，甚至向其他手机用户批量发送垃圾短信。

(2) 攻击 WAP 服务器。随着第三代移动通信的发展，用户可以通过手机办理缴费、银行、购物等业务，手机病毒将会利用手机的各种方式发起对移动网络的攻击。其次就是利用协议中的漏洞攻击网络，通过发送大量的垃圾数据，消耗无线资源，使得正常业务将会被拒绝。

4.4.4 手机病毒的防治

为了防范手机病毒带来的危害，需要手机用户、移动通信运营商、手机制造商和安全软件生产商多方的共同努力。结合这四个方面，提出以下具体的可操作性防御策略建议。

1. 手机用户。作为手机用户要提高安全防范意识，可以从以下几个方面来预防手机病毒：

(1) 留意一些乱码电话、未知短信和彩信等手机异常情况。尽量从安全和信誉好的网站下载软件、信息等，下载完毕后最好进行病毒查杀后再打开或安装。

(2) 目前手机交换数据的主要方式包括数据线、存储卡、红外线、蓝牙、WiFi 等。其中数据线和存储卡属于接触性传输，需要确保接触源的安全性，防止交叉感染。

(3) 红外线和蓝牙是短距离传输，如果不常用这些连接，尽量将它们关闭。需要注意数据来源的可信性，因此不要接受未知的连接请求，更不要打开其发来的文件、图片和软件等。另外，蓝牙和 WiFi 拥有保护措施，可以有效防范未授权的数据进入手机，如蓝牙可以设置连接认证的 PIN 码；WiFi 可以设置更复杂的访问密码。

(4) 尽量使用支持 WPA 标准的 WiFi，这是一种通过软件实现的安全机制，它能提供更强大的加密和认证机制。

(5) 安装手机杀毒软件和防火墙，及时更新病毒库，并对所有与外部的数据通信做好系统日志以供安全审计。

2. 移动通信运营商。由于手机病毒的传播方式是依靠网络，手机的杀毒重点应放在网络层面，最直接有效的办法是让网络运营商进行网络杀毒。国内少数反病毒专家认为，手机防病毒应该由网络运营商牵头，如果缺少网络运营商的防御环节，仅有防病毒厂商和手机终端厂商，仍然存在安全隐患。

3. 手机制造商。主要包括：

(1) 作为手机制造商，可以为用户提供手机固件或者操作系统升级服务，通过对漏洞的修补来提高防范病毒的能力。

(2) 手机终端厂商希望通过系统对第三方软件进行认证的方式来提高安全性，如 Symbian 和 Windows Mobile 操作系统中都采用了数字证书，当未获得数字证书的软件安装时，系统会向用户报警。

(3) 手机在出厂之前，在内部捆绑反病毒软件，为用户提供最基本的安全服务，用户可以通过 WAP、蓝牙、彩信、红外、数据传输等形式随时将软件进行升级，从而保证自己手机的安全性。

4. 安全软件生产商。主要包括：

(1) 结合手机的特点，推出更有效的手机反病毒软件，能针对手机进行全面快速的病毒扫描和准确的实时监控，保护用户的智能手机以及所存储数据的安全。

(2) 将存储卡或手机直接与 PC 相连，利用 PC 上的杀毒软件进行查杀操作。优点是 PC 上的杀毒软件功能全面，查杀能力强，可以彻底完全地清除系统内的病毒；缺点是不能实时查杀。

(3) 提供无线网络在线杀毒，能够较好地做到杀毒能力和实时查杀的兼顾。

本章小结

随着移动互联网技术的发展和人们对于电子商务需求的不断增长，安全性作为影响移动商务推广的重要因素受到越来越多的关注。本章首先讲解了移动商务在安全性

方面所存在的问题和技术现状；其次介绍了移动安全通信相关技术，着重讲解了移动通信两种常见加密技术(GSM 加密和 GPRS 加密)以及认证技术(包括终端认证和口令认证)，并从政府、企业和交易伙伴的角度分析移动交易信任机制；然后介绍了移动终端的一些安全性措施，如操作系统安全技术、终端下载软件的认证和存储信息的备份与恢复；最后简述了手机病毒的基础知识，分析了常见手机病毒的特征及危害，并介绍用户、运营商、制造商和软件生产商四方面的防治措施。

练习题

1. 在无线网中，移动商务所面临的主要威胁有哪些?
2. 什么是身份认证? 试说明移动终端的身份认证的基本原理。
3. 为什么说一次性口令认证是一次一密机制? 这有什么好处?
4. 请简述移动电子商务平台下的交易信任机制。
5. 试说明移动终端软件下载认证的必要性及其基本流程。
6. 请说明信息备份与信息恢复的关系。
7. 了解手机病毒的发展现状及常见的手机病毒。
8. 除了手机病毒之外，让用户最反感的移动安全及隐私问题有哪些?

第5章　移动支付

学习要点

本章首先介绍移动支付的含义、基本流程、发展历史；然后讲解了四种移动支付方式，并重点阐述了移动支付系统框架结构和六种目前使用的移动支付系统；最后介绍了常用的移动网络安全技术、安全认证方法以及风险防范等问题。通过本章学习，需要理解移动支付含义，了解移动支付基本流程和发展史；结合实践掌握移动支付方式，理解移动支付系统的框架结构与移动支付系统，了解移动支付安全与风险防范。

知识结构

- 移动支付概述
  - 移动支付含义：借助移动终端设备进行账务支付
  - 移动支付流程：涉及消费者、商家、金融机构
  - 移动支付发展：移动支付的演变与中国移动支付演进
- 移动支付方式
  - 电话账单缴费：通过电话账单进行移动支付
  - 手机银行：移动通信网络将客户的手机连接至银行
  - 手机钱包：将用户在银行的账户和用户的手机号码绑定
  - 手机信用平台：将手机中SIM卡等身份认证技术与信用卡身份认证技术结合
- 移动支付系统
  - 移动支付框架：框架结构、支撑技术
  - 移动支付系统：SMS、WAP、USSD、J2ME、NFC、RFID
- 移动支付安全
  - 安全技术：加密、安全认证、消息认证、数字签名、双重数字签名、数字证书、数字信封、数字时间戳
  - 安全认证：支付授权、支付资金清算、密钥、数字签名、数字证书的安全管理机制
- 风险防范
  - 风险：政策、技术、法律、信誉
  - 安全防范：WAP应用、手机终端软件、手机、商家、服务提供商平台、银行相互之间的通信安全

5.1 移动支付概述

5.1.1 移动支付的含义

移动商务的主要优点之一就是能够实现随时随地的商务处理，表现出方便、快捷的特点，这就要求移动商务的支付方式也应该同样表现出方便快捷的特点。可以想象，当我们利用手机、掌上电脑等在公交车上上网订购火车票，或在线欣赏一部MPEG电影或聆听一首MP3歌曲时，却因现场无法支付而带来诸多不便，将是怎样的心情呢？支付处理的不便或效率不高带来的必然结果，是客户对所谓的移动商务兴趣大减。可见，移动支付处理得不好将直接影响移动商务的拓展。移动电子支付是移动商务的重要环节，也是移动商务得以顺利发展的基础条件。没有适宜的电子支付手段的配合，移动商务就成了真正意义上的"虚拟商务"，只能是电子商情、电子合同，而不能成交。

移动支付可以定义为借助移动终端设备（如移动电话、PDA、移动POS机等），对所消费的商品或服务进行账务支付的一种服务方式。移动支付是移动金融服务的一种，必须安全可靠，也应该属于电子支付与网络支付的更新方式，主要支持移动商务的开展。移动设备可用于多种付款情况，如图5-1所示，可以购买数字产品（铃声、新闻、音乐、游戏等）和实物产品、公共交通（公共汽车、地铁、出租车等）、生活缴费（水、电、煤气、有线电视等）、现场消费（便利店、超市等）。移动支付可以在移动设备、自动售货机、票

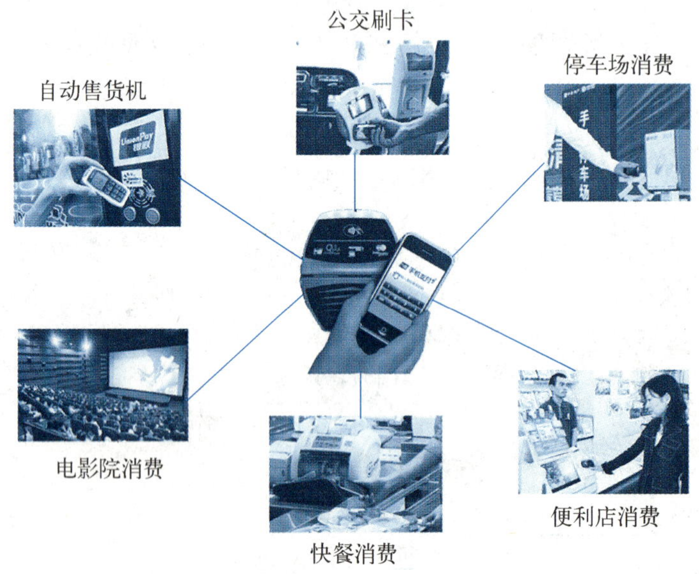

图5-1 移动支付的应用

务机、POS 机等多种移动与固定终端上实现。比如中国招商银行的手机银行服务(Mobile Banking Service)就包括移动支付的业务，可查询和缴纳手机话费以及水、电、煤气等各类日常费用，也可直接用手机完成商户消费的支付结算，是当今继信用卡之后最新的支付手段之一。

5.1.2　移动支付流程

其实，移动支付与一般的网络支付行为相似，都要涉及消费者、商家、金融机构等；移动支付与普通支付的不同之处，在于交易资格审查处理过程有所不同。因为这些都涉及移动网络运营商及所使用的浏览协议，例如 WAP 和 HTML、信息系统 SMS 或 USSD 等。下面将介绍消费者和商家都在金融组织拥有账户情况下，一种预付款形式的移动商务的一般支付流程，如图 5－2 所示。

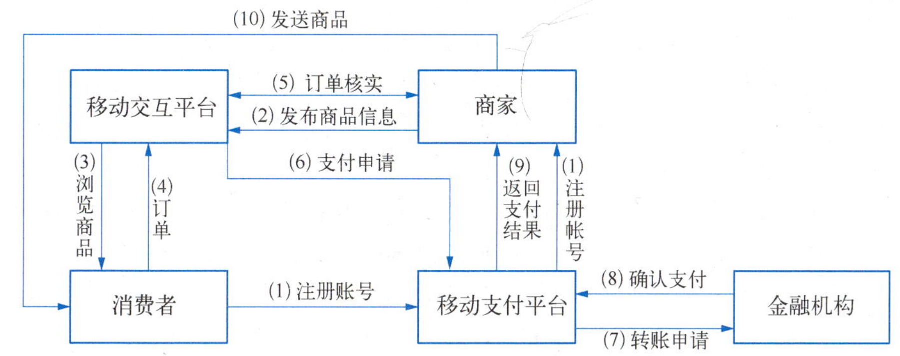

图 5－2　移动商务支付流程

(1) 注册账号：在进行移动商务交易之前，消费者和商家都要求在移动支付平台注册账号，用于关联自己在交易中的付款与收款账户。

(2) 发布商品信息：商家利用移动交互平台发布自己的商品信息，这里的商品可以是实物形式，也可以是数字文件格式等。

(3) 浏览商品：消费者通过终端设备进入移动交互平台，浏览商品信息。

(4) 订单：消费者可以通过短消息服务或其他服务方式向移动交互平台提出自己的购买意向。

(5) 订单核实：商家对消费者提交的订单进行核实，订单被确认后，移动交互平台将发送消费者支付申请的消息。

(6) 支付申请：移动交互平台首先根据服务号对消费者的支付申请进行分类，然后把这些申请压缩成 CMPP(China Mobile Peer to Peer，中国移动点对点协议)格式，最后把它们转交给移动支付系统。

(7) 转账申请：系统会处理消费者的申请，并把相关的、经过加密的客户支付信息等转发给金融机构。

(8) 确认支付：金融机构会对转账申请的合法性进行验证并给出系统反馈。

(9) 返回支付结果：在收到金融机构的反馈之后，移动支付系统就会向商家发出转账成功的消息并要求发送商品。

(10) 发送商品：商家将商品通过一定形式发送给消费者。

以上所讨论的流程是一种成功支付的方式，即消费者、商家、金融机构能在支付网关的支持下进行移动支付。如果在其中某一步发生错误，整个流程就会停滞，并且系统会立刻向用户发出消息。

5.1.3 移动支付的发展现状

1. 国外的移动支付发展。移动支付最早出现于20世纪90年代初的美国，近年来，移动支付产业发展迅速，特别是在欧美日韩等地区，移动支付业务得到用户的广泛认可。日韩主要通过手机支付一些小额商品，例如在购买饮料等方面做得比较出色，而欧洲在停车缴费、POS(Point of Sales，销售点)机捆绑方面做得较好，为了推动移动支付业务的发展，2003年2月，欧洲的Orange、Telefonica Moviles、T-Mobile和Vodafone等多家运营商和软件开发商以及银行联合成立了移动电子支付联盟，希望在选择和推荐标准的移动支付业务平台标注，让移动支付业务提供者、商家以及银行能够在一个开放的、相互兼容的公共品牌下提供移动支付业务。商家可以从中得到的好处是能够同时接触到全球的用户。软件和解决方案提供商将通过购买技术接口来开发移动支付产品和业务来得到好处。运营商则将有标准的、有效的管理商家关系的手段和工具。该联盟在随后的两个月内吸引了80多家企业，主要包括Nokia、Mastercard、Visa、Oracle、NTTDoCoMo、JCB等公司。

2. 移动支付的业务演变轨迹。从移动支付的业务种类来看，电子化产品由于不需要物流支撑，很适合采取移动支付方式；公用事业产品由于处于垄断地位，往往只有一个产品提供者，利用移动支付来缴费的谈判成本较低。这两类业务构成了移动支付发展初期的主导业务。从业务特点来看，小额电子化产品的支付成为移动支付业务发展的起点，逐渐向大额、实物的方向发展。所以移动支付业务的发展将遵循的演变轨迹如图5-3所示：首先，在小金额、电子化的产品领域取得突破；继而在交易安全方面取得突破；由于技术的进步和产业的逐渐成熟，商场、超市大量装备移动支付终端；最后，移动支付几乎可以购买任何商品。

移动支付作为电子支付的先进方式，正在世界范围内不断发展，是个具有巨大潜力的产业。移动支付对于用户具有便捷、快速特点，伴随移动终端普及率的不断提升，移动支付有着广泛的用户基础。移动支付发展前景巨大，各开发商也大力宣传，在2011年9月的金融展上，拉卡拉、快钱、掌中付等纷纷亮相，其中掌中付提出了一套完整的支付解决方案，获得优秀解决方案奖。

3. 中国的移动支付发展历程。中国的移动支付最早出现在1999年，由中国移动与中国工商银行、招商银行等金融企业合作，在广东等一些省市开始进行移动支付业务试点。通过该业务，客户可以在手机上实现银行账户的理财和支付功能。虽然这一业务由于种种原因而未能取得成功，但它打开了移动通信和金融业务结合的大门，为移动

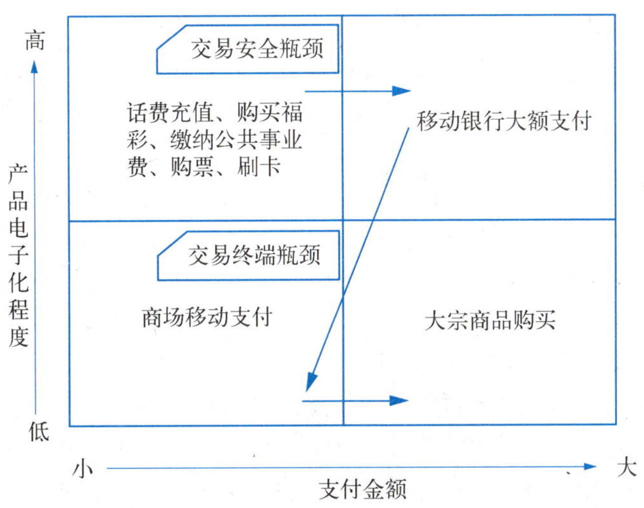

图 5-3 移动支付业务演进路线

支付业务发展铺垫了道路，进入 21 世纪以来，中国移动支付产业发展的历程如图 5-4 所示。

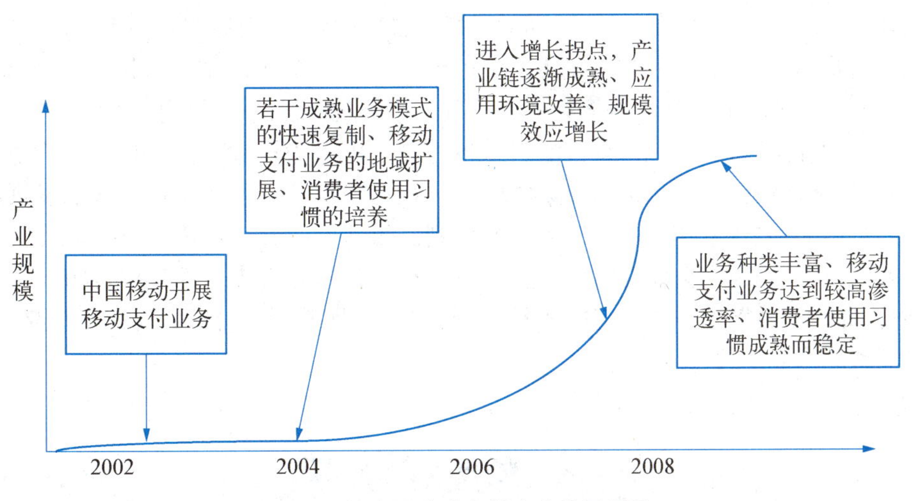

图 5-4 中国移动支付产业发展历程

2002—2004 年：国外移动支付的快速发展给中国市场展示了该服务的美好前景。移动运营商尝试性地推出一些移动支付服务，如彩票的投注、自动售货机零售商品的购买、E-mail 服务费代收等。但是由于刚刚开始涉及移动支付服务，因此，这个时期的移动支付市场还是一个业务导入阶段。

2004—2007 年：2004 年下半年以来，若干主要的第三方移动支付运营商的业务有放量增长的趋势，使得移动支付业务的地域覆盖范围越来越广，产业链其他环节也越来越积极地寻求合作机会。2005 年，移动支付用户数达到 1 560 万人，同比增长 134%，占移动通信用户总数的 4%，产业规模达到 3.4 亿元；2007 年，由于产业链的成熟、用户消费习惯的形成和基础设施的完备，移动支付业务迎来产业规模快速增长的拐点。这个时期的移动支付市场是地域扩展阶段。

2007—2009年：这是移动支付服务的商业模式探索阶段，在此期间，产业主导者不清晰，金融机构和移动运营商的议价能力相当有限，产业实际投入力度比较低，用户体验较差。因为国内信用体系和安全保障问题并未得到实质性解决，用户通过移动支付购买的物品和服务并不丰富，并没有带来真正的便捷。尽管如此，但由于电子商务的普及以及人们对消费支付新的需求，这个时期移动支付市场的规模增长还是十分惊人的，2009年上半年，我国手机支付用户总量突破1 920万户，实现交易6 268.5万笔，支付金额共170.4亿元，并且预计到2013年，移动支付的市场规模将达到8 600亿美元。这个时期是移动支付产业的规模成长期。

2009年以后：这是移动支付服务的稳定发展阶段。在日益激烈的竞争压力下，移动运营商和金融机构为了增强业务吸引力，纷纷拓展更广泛的服务内容和支付通道。3G网络覆盖区域的扩大和网络优化的持续，移动支付服务内容的不断丰富，加之不断改善的硬件环境，用户体验不断提升，越来越多的用户开始使用该服务；同时，早期进入该市场的第三方支付平台和SP的成功吸引了越来越多的参与者。监管政策的完善、商业模式的创新有效地平衡了价值链上各环节的利益，促进了价值链的良性发展。

从发展阶段来看，中国移动支付市场处于即将起飞的阶段。与此相应，移动支付的发展环境也表现出一个产业发展初期的稚嫩、无序的特征。政策规制的不完善、产业初期发展模式的多样化、若干业务在政策灰色地带的飞速发展、面临管制的政策风险、缺乏强有力的产业主导者推动等等特征都出现在中国现阶段的移动支付业务中。在充满不确定性的复杂因素影响下，只有能洞悉各种商业模式、看清产业发展趋势、积累关键资源要素、把握最佳进入时机的商家才能获得最后的成功。移动支付方式的发展必须满足安全可靠、方便灵活以及成本低廉的原则。目前的实际应用方式还不能充分满足这个原则，特别是在安全性上，有待进一步完善。另外，移动支付的发展也需要人们传统观念的改变，特别是涉及一定的数额时，而不仅仅是微额支付。如何让用户接受，这是拓展移动商务的关键。

5.2 移动支付类型

移动支付就是允许用户使用其移动终端（通常为手机），对所消费的商品或服务进行账务支付的一种服务方式。移动支付按业务模式可以分为电话账单交费、手机银行、手机钱包、手机信用平台四类，这也是一种常见的分类形式，以下将详细介绍。

5.2.1 电话账单交费

这种方式通过电话账单进行移动支付（如图5－5所示），这种移动支付方式操作简单，大大地压缩了成本，在一定程度上不需要银行或信用卡公司的介入，因此被广泛使用，但是这种方式必须有一个重要的前提，那就是移动运营商以及其账单必须具备良好的信誉。适用于交费的额度较小且支付时间、额度固定；用户所交纳的费用在移动通信费用的账单中统一结算。如个人用户的 E-mail 邮箱服务费代收。当前，这种服务在手机支付服务中居首要地位。

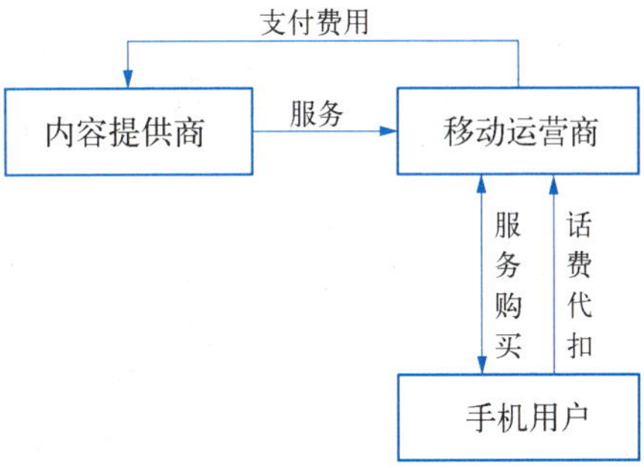

支付费用
内容提供商
服务
移动运营商
服务购买
话费代扣
手机用户

图 5-5　手机话费账单

5.2.2　手机银行

手机银行又称“移动银行”，即通过移动通信网络将客户的手机连接至银行，实现通过手机界面直接完成各种金融理财业务的服务系统。手机银行是货币电子化与移动通信业务的结合，以无线通信技术为手段，在人们应用无线通信手段进行信息交流的基础上，将银行业务应用到手机功能中，特别是通过短消息、WAP 等方式，使手机银行真正成为人们身边的银行。无论什么样的银行业务，都要有移动支付系统作为重要的技术支撑。手机银行所提供的功能如图 5-6 所示，这种银行使得人们随时随地都可以通过手机终端完成日常的支付业务。

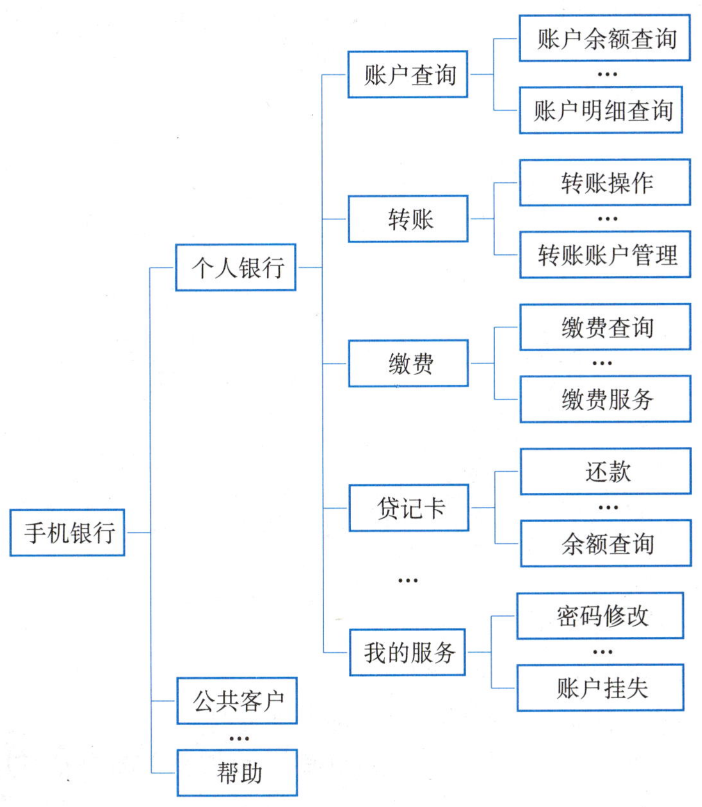

图 5-6　手机银行的功能

在我国，很多商业银行都推出了手机银行业务，主要通过 WAP 和短信方式进行操

作，如中国工商银行、中国农业银行等可通过 WAP 形式进行账户管理、投资理财（基金、证券、黄金、外汇）、缴费业务、信息查询等金融服务。可通过短信进行账户查询、转账汇款、缴纳话费、网上购物支付、手机捐款。图 5－7 描述了一种短信支付的流程。

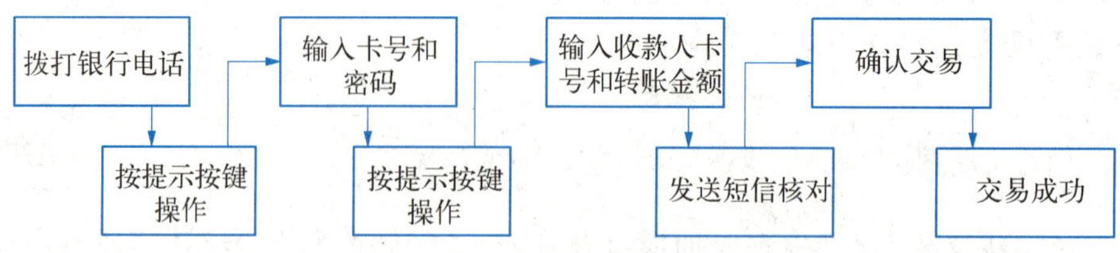

图 5－7　移动银行短信支付流程

5.2.3　手机钱包

手机钱包是综合了支付类业务的各种功能的一项全新服务，它是以银行卡账户为资金支持、手机为交易工具的业务，就是将用户在银行的账户和用户的手机号码绑定，通过手机短信息、IVR、WAP 等多种方式，用户可以对绑定账户进行操作，实现购物消费、转账、账户余额查询，并可以通过短信等方式得到交易结果通知和账户变化通知。手机钱包中手机终端与银行账户绑定的过程如图 5－8 所示。

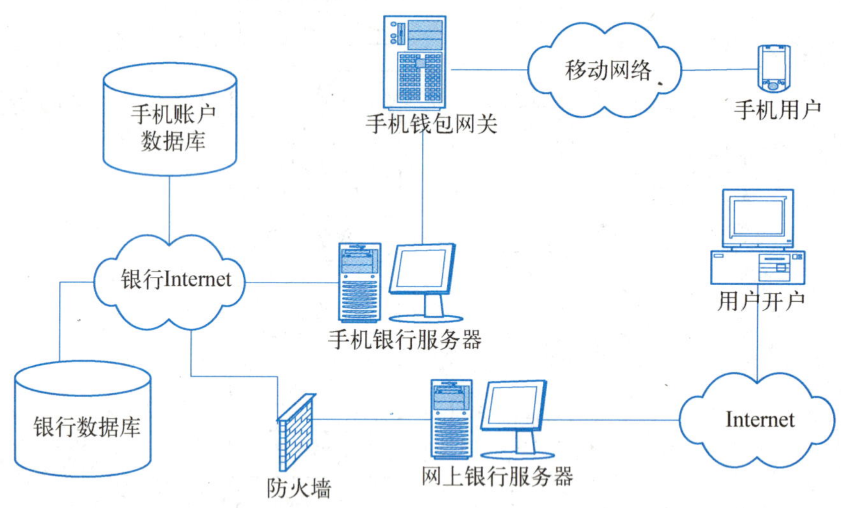

图 5－8　手机钱包系统

目前国内只有中国移动推出了手机钱包业务。具体来说，手机钱包是中国移动和银行系统合作推出的为客户提供移动金融服务的业务。这项业务的主要功能就是通过将用户的手机号码和其银行信用卡账户进行绑定，使用户通过手机就能随时随地对其银行信用卡账户进行查询以及转账、缴费、交易等支付操作。实际上，手机钱包并非中国的独创，国外很早就已经开始了这方面的尝试和商业应用。很多欧美国家已经在小型购物、支付交通费用、购买水电方面引入了手机钱包方式，在一些地区，手机钱包甚至已经占据了与现金支付和信用卡同等重要的位置，成为最流行的支付方式之一。

手机银行和手机钱包的主要区别有：

(1) 手机钱包由移动运营商与银行合资推出，以规避金融政策风险；手机银行由银行联合移动运营商推出，移动运营商为银行提供信息通道，它们之间一般不存在合资关系。

(2) 申请手机银行需要更换具有特定银行接口信息的 STK 卡，这就容易受到银行的限制，难以进行异地划拨；而手机钱包则不需要更换 STK 卡，受银行的限制也较小。

(3) 手机钱包需要建立一个额外的移动支付账户，而手机银行只需要原有的银行卡账号。

(4) 手机钱包主要用于支付，特别是小额支付；而手机银行可以看作是银行服务方式的升级，利用手机银行，用户除了可以进行支付，还可查询账户余额和股票、外汇信息，完成转账、股票交易、外汇交易和其他银行业务。

5.2.4　手机信用平台

手机信用平台的特点是移动运营商和信用卡发行单位合作，将用户手机中的 SIM 卡等身份认证技术与信用卡身份认证技术结合，实现一卡多用功能。例如在某些场合用接触式或非接触式 SIM 卡可以代替信用卡，用户提供密码，进行信用消费。

现阶段在我国推广手机代缴费和手机钱包比较可行，可接受的用户群体和使用范围比较广泛，中国移动和中国联通也各自独立(或联合银行)推出了这两种方式的业务。但是，我国的信用卡业务尚属于普及阶段，手机信用平台的推广市场准备和技术准备都不足。

5.3　移动支付系统

5.3.1　移动电子支付系统框架

移动电子支付的系统架构如图 5－9 所示，根据适用场合的差异，分为远程支付和现场支付两种模式，手机支付也将同时具备这两种功能。现场支付通过 RFID 芯片/卡、POS 机等设施配合，也就是一般所说的“刷手机”的方式；远程支付通过短信、WAP 等手段接入互联网上的商城和银行来实现，涉及消费者、金融机构、业务提供方和商家等实体，类似于计算机电子支付在信息传输环节的无线化。这些实体在由基础网络、接入平台、安全体系、管理平台、业务平台、营销体系、目标客户等组成的移动支付体系上进行信息流动。

从移动通信体系结构来看，支撑移动支付的技术分为平台层、支撑层、交互层、传输

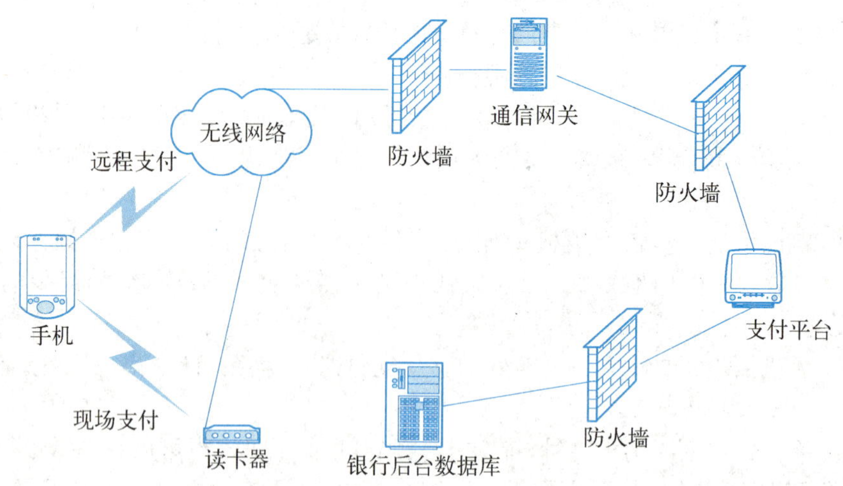

图 5-9　移动支付系统框架

层四个层面，如图 5-10 所示。

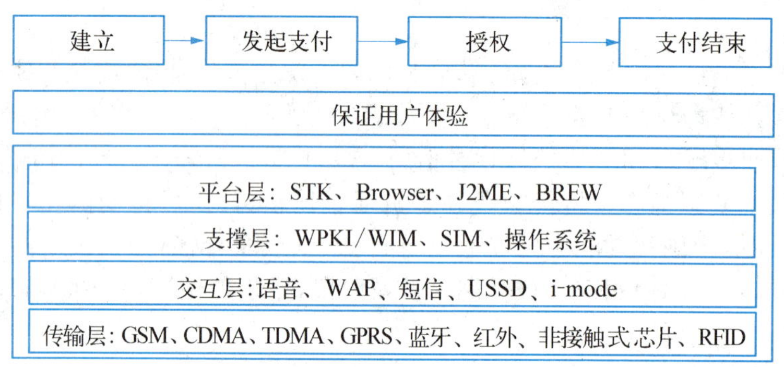

图 5-10　移动支付系统技术支持

(1) STK(SIM Tool Kit)。STK 卡不是一般的通常使用的 SIM 卡，而是基于 Java 语言平台的 Simera32K 卡片。STK 是一种小型编程语言的软件，可以固化在 SIM 卡中。它能够接收和发送 GSM 的短消息数据，起到 SIM 卡与短消息之间的接口的作用，同时它还允许 SIM 卡运行自己的应用软件。

(2) J2ME。随着 Java 的移动版本 J2ME 在移动领域越来越广泛地被采用，移动支付平台也可以引入 JAVA 作为支付平台。

(3) BREW(Binary Runtime Environment for Wireless)。BREW 是由高通公司(QUALCOMM)提供的一个专门为无线设备设计的瘦薄而高效的应用程序执行环境。BREW 为无线应用开发、设备配置、应用软件分发、计费和付款提供了一个完整、开放的解决方案。

(4) 短信。短信服务是移动支付中经常用到的，用于触发交易支付、进行身份认证和支付确认的移动技术。在移动支付中，按照信息流的流向可以分为上行和下行两种方式。用户使用短信的上行通道，发送特定信息(此信息格式由移动支付运营商提供，一般包括购买商品的编号、数量等)到指定的特服号进行支付；另外，也可以通过下行通道向客户推送一些商品或服务，如提醒充值用户进行充值，如果用户确认充值，则完成了此次的移动支付。同时，下行通道也是进行用户消费确认的渠道，以保证支付的安全，避免支付中的欺诈行为。

(5) 自动语音服务(IVR)。自动语音服务技术与短信类似，用户可以通过拨打某个特服号码进行移动支付。在用户支付确认和购买商品确认流程中也使用到 IVR 技术，如在用户支付前，用户收到一个由移动支付平台外拨的自动语音电话，用户根据电话提示进行支付；支付成功后，商户也收到一个由支付平台外拨的语音电话，通知商户支付成功，可以提供商品或服务。

(6) WAP。面向连接的浏览器方式，可实现交互性较强的业务，并可实现网上银行的全部功能。

(7) I-Mode。是日本移动通信公司 NTT DoCoMo 推出的专有协议，采用该协议，用户可以使用移动电话访问 Internet，I-Mode 完全基于目前 HTML W3C 建议，即 cHTML 具有标准 HTML 的灵活性。

(8) USSD。非结构化补充数据业务，是实时互动的全新移动增值业务平台，为最终用户提供交互式对话菜单服务，是在 GSM 的短消息系统技术基础上的新业务，支持现有 GSM 系统网络及普及手机，提供接近 GRPS 的互动数据服务功能。

(9) GPRS/UMTS。GPRS/UMTS 均支持 IP 协议的数据通信，在此网络上可以开发类似于 Internet 的支付。

(10) RFID/蓝牙。射频识别技术(Radio Frequency Identification，RFID)和蓝牙技术(Bluetooth)是基于射频技术(RF)的两种通信标准，可以将 RF 技术引入非接触式移动支付服务。一般情况下在手机中内置一个非接触式芯片和射频电路，用户账户支付信息通过某种特殊格式的编码，存放在此芯片中，以适应银行或信用卡商的认证规则。用户在支付时，只需将手机在 POS 机的读卡器前一晃，用户的账户信息就会通过 RF 传输到此终端，几秒钟后就可以完成支付认证和此次交易。

(11) 红外线技术。2002 年由红外线数据协会制定了一个用于移动支付的全球无线非接触支付标准：IrFM(Infrared Financial Messaging，红外线金融通信)。2003 年 4 月由 VISA 国际、OMC Card、日本 ShinPan、AEON Credit 和日本 NTT DoCoMo 等公司将其引入进行移动支付服务的试验，通过红外线通信把信用卡信息下载并存储在手机里，在支付时通过红外线通信将用户的信用卡信息传输到指定设备，以完成支付认证。

(12) 非接触式芯片技术。非接触式芯片技术是将 IC 智能芯片技术与近距离无线通信技术(蓝牙技术、红外线技术等)相结合的一种新型技术，将用户信息存储在智能芯片中，通过近距离无线通信技术与其他接受处理设备进行通信，将信息按照某种格式进行加密传输。

在这些通信技术中，现场支付解决方案中射频识别(RFID)和红外线技术与非接触式芯片的结合将是未来手机作为移动支付设备的技术发展主流。

5.3.2 现有移动支付系统介绍

1. 基于 SMS 的移动电子支付系统。SMS(Short Messaging Service)是第一代 GSM 的一部分,一条短消息发送 70～160 个字符。GSM 和 SMS 服务主要用于欧洲。SMS 与寻呼机相似,然而,SMS 消息不需要移动电话工作在一定范围,它将保持几天,直到电话在一定领域内开启。SMS 消息可发送给同一网络或者具有漫游服务能力的任何人,也可以从装有 PC 链接的网站发送到数字电话或者从一个数字电话到另一数字电话。

SMS 移动电子支付系统流程如图 5－11 所示,过程介绍如下。

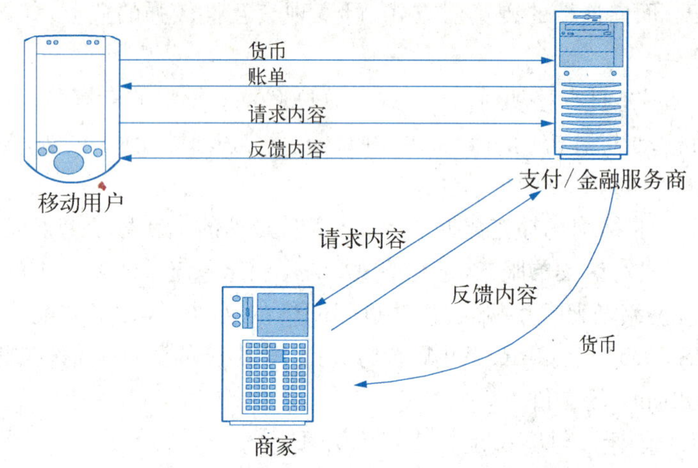

图 5－11 SMS 支付系统

(1) 终端用户发送短消息形式请求内容至移动支付服务商/金融服务商;

(2) 支付服务商/金融服务商收到请求内容后,对终端用户的合法性及账户余额进行认证,如合法则向商家请求内容,不合法则返回相应错误信息;

(3) 商家收到支付服务商/金融服务商的请求后,认证支付服务商/金融服务商,如合法则商家发送请求的内容给支付服务商/金融服务商,如不合法则返回相应的错误信息;

(4) 支付服务商/金融服务商把收到的内容转发给终端用户;

(5) 支付服务商/金融服务商从终端用户的账户中扣除相应内容的费用转账给商家。

2. 基于 WAP 的移动电子支付系统。WAP(Wireless Application Protocol)意为无线应用协议,是一项全球性的网络通信协议。WAP 使移动 Internet 有了一个通行的标准,其目标是将 Internet 的丰富信息及先进的业务引入到移动电话等无线终端之中。WAP 定义可通用的平台,把目前 Internet 上 HTML 语言的信息转换成用 WML(Wireless Markup Language)描述的信息,显示在移动电话的显示屏上。WAP 只要求移动电话和 WAP 代理服务器的支持,而不要求现有的移动通信网络协议作任何的改动，因而可以广泛地应用于 GSM、CDMA、TDMA、3G 等多种网络。

WAP 由一系列协议组成，从上至下依次为：WAE（Wireless Application Environment）、WSL（Wireless Session Layer）、WTP（Wireless Transaction Layer）、WTLS（Wireless Transport Layer Security）、WDP（Wireless Datagram Protocol）。其中，WAE 层含有微型浏览器、WML、WMLSCRIPT 的解释器等功能。WTLS 层为无线电子商务及无线加密传输数据时提供安全方面的基本功能。

从图 5－12 可以看到，一个简单的请求/响应工作过程如下：终端用户通过用户代理向一个指定的 Web 服务器发起压缩二进制的信息请求，该请求经 WAP 协议处理以数据报形式交到 WAP 网关，网关解析 WAP 数据报，得到用户请求数据，并将它以 HTTP 和 TCP/IP 封装转送到指定的 Web 服务器。Web 服务器按照 WWW 协议栈响应从网关来的请求，Web 内容以 HTTP 和 TCP/IP 经 Internet 网络送到 WAP 网关，网关解析 WWW 协议，得到 Web 内容数据，将其以压缩二进制编码后经 WAP 协议封装以数据报形式交由无线承载业务送至移动终端，经 WAP 协议解析后交给 WAP 用户代理解释执行并显示。编程人员所做的工作就是编写 WAP 服务器上的程序，即 WAP 网页。

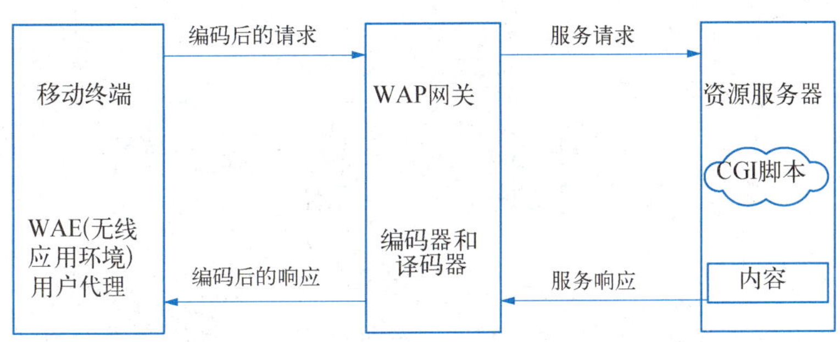

图 5－12　SMS 支付系统

3. 基于 USSD 的移动支付系统。USSD（Unstructured Supplementary Service Data）即非结构化补充数据业务，是一种基于全球移动通信系统 GSM（Global System for Mobile Communications）网络的、实时在线的新型交互会话数据业务。它基于用户识别模块 SIM（Subscriber Identity Module）卡，利用 GSM 网络的信令通道传送数据，是在 GSM 的短消息系统技术基础上推出的新业务，在业务开拓方面的能力远远强于 SMS 系统。

USSD 是在用户终端（GSM 手机）与应用服务之间建立一种基于会话的消息机制，用户终端与应用服务之间在会话过程中一直保持透明无线连接，进行消息传送，且 USSD 每次消息发送不需要重新建立信道，因此，USSD 的响应时间比较短。USSD 在使用上也非常方便，只需拨打附加了特殊前缀（＊或＃）的服务号码，像拨电话一样进行呼叫，即可获得 USSD 服务，且目前绝大多数 GSM 手机终端都支持 USSD。

USSD 技术单独使用或与目前的短消息技术、通用分组无线业务 GPRS（General Packet Radio Service）技术相结合，可为客户提供种类繁多的增值业务，如移动银行、金融股票交易、手机话费查询、气象信息预报和查询、收发电子邮件、航班查询、网上订票、民意测验等。

如图 5－13，监控中心通过 Internet 或专线与 USSD 平台建立 TCP/IP 连接，USSD 传输终端通过 GSM 的公用网络与 USSD 平台建立无线连接，通过 USSD 平台与 GSM 网络、监控中心和现场监控单元建立起一个数据通信的通道。在移动 USSD 平台中有数据库备份数据，监控中心除应用平台外，还可备有有线浏览器进行监测。通过 GSM 网络和 USSD 平台，无线浏览器和手机也可与监控中心建立联系。

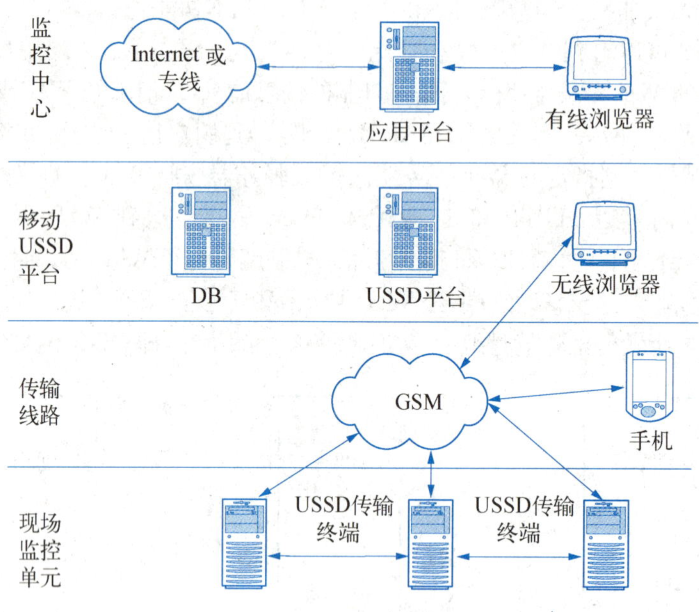

图 5－13　USSD 支付系统

其中，USSD 服务器有两个网络接口，分别对应于回属位置寄存器 HLR（Home Location Register）和局域网：一方面，它通过七号信令 SS7（Signaling System No. 7）的移动应用部分 Map（Mobile Application Part）与 GSM 系统的 HLR 连接；另一方面，它通过专线以传输控制协议/网际协议 TCP/IP（Transfer Control Protocol/Internet Protocol）与应用监控中心连接。应用监控中心与 USSD 服务器的接口协议可为短消息点对点 SMPP（Short Message Peer to Peer）或中国移动点对点 CMPP（China Mobile Peer to Peer）。GSM 系统及 USSD 均起透明通道的作用，监控中心可以发出指令，对终端或手机进行通信控制或发送短消息，手机或终端也可通过 USSD 服务来对监控中心发出请求以得到相应的服务。通信通道建立之后，就可以像一般的产业总线一样，监控中心对远程终端进行三遥操纵，终端也可以主动上报报警、开机等信息。

4. 基于 J2ME 的移动支付系统。Java ME 是一种高度优化的 Java 运行环境，主要针对消费类电子设备，例如蜂窝电话和可视电话、数字机顶盒、汽车导航系统等。Java ME 技术在 1999 年的 JavaOne Developer Conference 大会上正式推出，它将 Java 语言的与平台无关的特性移植到小型电子设备上，允许移动无线设备之间共享应用程序。基于 J2ME 的移动支付系统模型如图 5－14 所示。该系统由用户（手持设备客户）、商家、移动支付平台、银行端处理设备组成。在这里移动营运商起到了传媒的作用，为了简化系统不作为移动支付的组成部分。

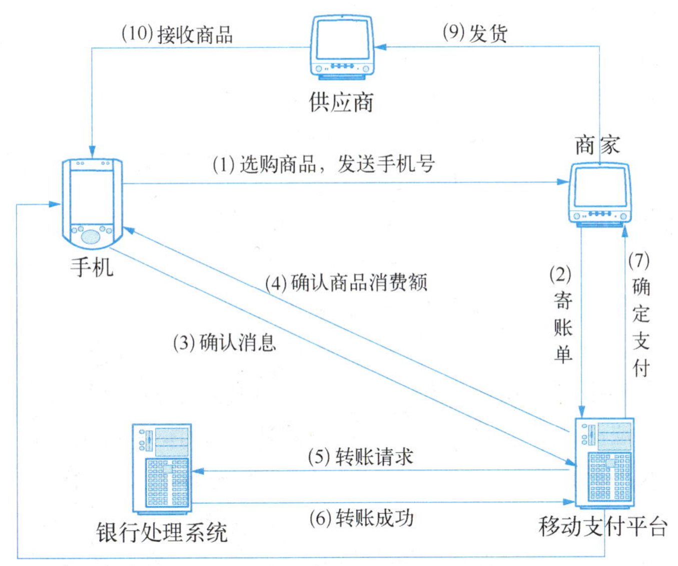

图 5－14　J2ME 支付系统

整个交易过程分为以下几个步骤：

(1) 顾客挑选商品后，由商家的服务人员录入所买商品的详细信息，按固定格式形成订单，选择完毕后告诉商家手持设备 ID。

(2) 商家对订单和手机号加密、签名后通过安全 Internet 通道，如 SSL 发送给 MPP(移动支付平台)。

(3) MPP 接到消息后确认消息的来源，如果消息确实来自指定商家，则对消息处理(如加密签名)后发送给移动用户即客户。

(4) 顾客收到消息后输入 PIN 码，统一使用移动支付系统，然后确认所买的商品、消费额、商家标示及消息来源，如消息正确，则确定支付，消息处理后传送给 MPP。

(5) MPP 在确认消息后向银行发出转账请求，银行进行处理支付。

(6) MPP 收到转账成功反馈。

(7) 商家收到支付成功通知。

(8) 顾客收到电子发票或收据。

(9) 商家为顾客提供服务。

其中第 3、4 步是手持设备客户和支付平台之间的无线环境下的通信，并且必须保证客户对此次交易支付所确认的信息的安全性。移动支付平台对商家的认证也很重要，它可防止假冒商家，因为这是在基于 Internet 的有线环境下，所以很容易做到。

5. 基于 NFC 的移动支付系统。近场通信(Near Field Communication，NFC)又称近距离无线通信，是一种短距离的高频无线通信技术，允许电子设备之间进行非接触式点对点数据传输(在 10 厘米内)交换数据。这个技术由免接触式射频识别(RFID)演变而来，并向下兼容 RFID，最早由飞利浦、诺基亚和索尼主推，主要可用于手机等手持设备中。由于近场通信具有天然的安全性，因此，这一技术被认为在手机支付等领域具有很大的应用前景。

NFC 将非接触读卡器、非接触卡和点对点(Peer-to-Peer)功能整合进一块单芯片,为消费者带来了不计其数的全新体验。这是一个开放接口平台,可以对无线网络进行快速、主动设置,也是虚拟连接器,服务于现有蜂窝状网络、蓝牙和无线 802.11 设备。

例如诺基亚 6131i、诺基亚 6216c,它们在手机中嵌入 NFC 模块,这项技术在日韩的应用相当广泛和成熟,也深受用户喜爱。这种应用中,NFC 芯片和应用安全芯片是独立于 SIM 卡之外的。但这样会产生很多问题:手机停电怎么办?互操作性问题如何解决?成本如何控制?更换手机如何保持业务连续性?

针对这些问题,法国非接触芯片厂商 Inside Contactless 有一个解决方案,即在手机中单独设立安全芯片用于管理 NFC 移动支付相关应用和用户数据,但该芯片没有 SIM 卡的允许便无法激活。因此对于移动运营商来说,SIM 卡就是一个远程的开关。

美国智能读卡器及软件开发商 Vivotech 公司的解决办法是,在 NFC 手机中放置一块应用安全芯片,但是这一芯片不与 SIM 卡相连,运营商可以通过控制该芯片的密钥来控制 NFC 手机。这个方案最妙的就是在这个芯片内,银行和 SP 等组织可以有自己的密钥来控制自己的相关应用。就好比运营商手里拿着大楼的钥匙,而房间的钥匙掌握在银行等手中。

和传统的近距通信相比,近场通信(NFC)具有天然的安全性,以及连接建立的快速性,具体对比如表 5－1 所示。

表 5－1　几种近场通信对比

	NFC	蓝　牙	红　外
网络类型	点对点	单点对多点	点对点
使用距离	≤0.1 m	≤10 m	≤1 m
速　度	106 kbps、212 kbps、424 kbps 规划速率可达 868 kbps、721 kbps、115 kbps	2.1 Mbps	~1.0 Mbps
建立时间	< 0.1 s	6 s	0.5 s
安全性	具备,硬件实现	具备,软件实现	不具备,使用 IRFM 时除外
通信模式	主动—主动/被动	主动—主动	主动—主动
成　本	低	中	低

6. 基于 RFID 技术的移动支付系统。RFID 即射频识别(Radio Frequency Identification)技术,又称电子标签、无线射频识别,是一种通信技术,可通过无线电讯号识别特定目标并读写相关数据,而无需识别系统与特定目标之间建立机械或光学接触。RFID 技术可识别高速运动物体并可同时识别多个标签,操作快捷方便,识别工作无需人工干预,可工作于各种恶劣环境。基于 RFID 技术的移动支付系统由移动通信终端、RFID 读写模块与 IC 卡构成,如图 5－15 所示。

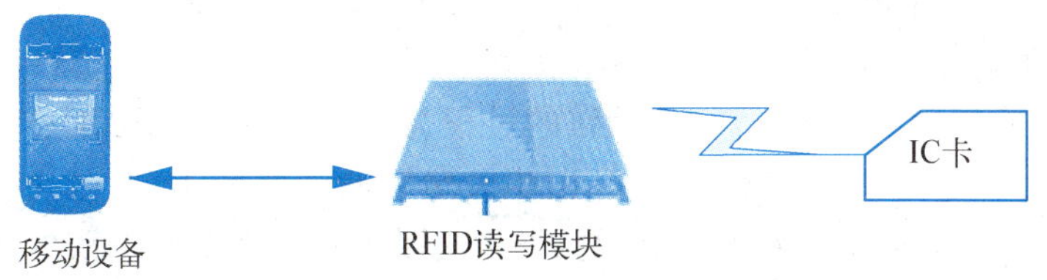

图 5 - 15　RFID 移动支付系统的结构

根据应用模式的不同，其核心的应用流程也不一样，典型应用包括小额电子钱包的应用以及银行卡绑定的移动支付应用。小额电子钱包的应用不记名、不挂失，典型的应用如公交卡。RFID 模块在小额电子钱包应用中的功能分为下述三个部分。

(1) 远程充值功能。考虑到充值密钥安全性要求，建立采用后端服务计算充值扇区密钥的方式进行充值操作，如图 5 - 16，操作步骤如下。

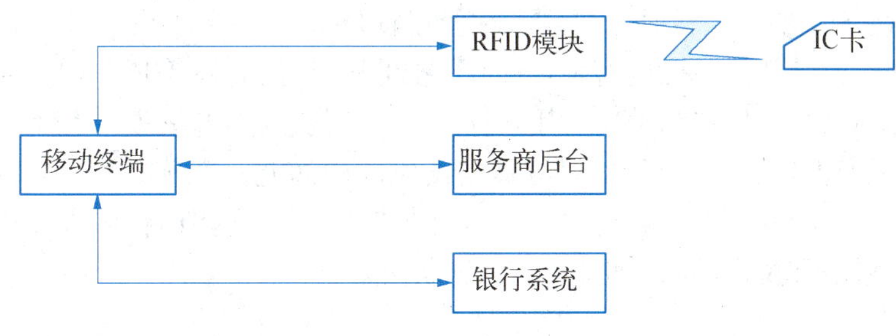

图 5 - 16　RFID 充值系统

① 移动终端通过用户界面发起充值操作需求；

② RFID 模块收到充值指令后，获取 IC 卡的基本信息，进行加密，并将加密数据返回给移动终端；

③ 移动终端将数据通过无线方式发送到服务商的后台系统；

④ 后台系统收到数据解密，并利用解密结果计算出充值所需要的扇区密钥，然后将此密钥加密，通过无线方式发送给移动终端；

⑤ 移动终端接收到数据后，传送给 RFID 模块；

⑥ RFID 模块解密数据，利用解密数据计算出充值所需要的扇区密钥，并告知移动终端充值准备完毕，可以充值；

⑦ 移动终端向绑定的银行账号申请充值，申请成功后，告诉 RFID 模块可以充值；

⑧ RFID 模块对卡充值，并向手机返回充值结果；

⑨ 移动终端向绑定的银行账号返回充值结果。

(2) 消费功能。消费功能主要有两种模式：通过移动终端对 IC 卡进行扣款操作以及外部的商户终端对 IC 卡进行扣款操作。通过移动终端对 IC 卡进行扣款操作过程如下：

① 采用与充值方式类似的方法从后端服务系统获取 IC 卡消费密钥，或者通过内置在 RFID 读写模块中的密钥计算功能计算出 IC 卡消费密钥；

② RFID 读写模块对 IC 卡执行扣款操作；

③ RFID 读写模块将扣款操作的执行结果返回给移动终端；

④ 移动终端向后端系统发送交易记录，消费结束。

通过商户终端对 IC 卡进行扣款操作的过程为：商户终端获取 IC 卡的基本信息，利用 IC 卡基本信息通过 PSAM 卡计算出相关扇区的消费密钥；然后，商户终端对 IC 卡执行扣款操作；最后，商户终端将扣款操作的交易记录返回给后端系统，消费结束。

（3）查询功能。查询功能主要是指通过移动终端查询卡上的余额，其基本过程类似于通过移动终端的消费过程，大体如下：

① 采用与充值方式类似的方法从后端服务器系统获取 IC 卡查询消费密钥，或者通过内置在 RFID 读写模块中的密钥计算功能计算出卡查询消费密钥。

② RFID 读写模块对 IC 卡执行查询余额操作。

从本质上讲，移动支付就是将移动网络与金融系统结合，把移动通信网络和近场通信技术作为实现移动支付的工具和手段，为用户提供商品交易、缴费、银行账号管理等金融服务的业务。在技术层面上，目前，尽管已能够实现基于手机终端的移动支付应用，但是由于产业链整体成熟度有限，支付平台在和银行、商户等环节的衔接上仍存在系统稳定性的问题，这使得移动支付用户体验较差，用户流失率较高。任何一个新事物总会经历从不完善到逐步完善的过程，移动支付同样如此。就现状而言，移动支付市场确实还存在不少问题，但是它也仍然具备诸多发展动力。相信在多方力量的共同驱动下，未来的移动支付市场将会更加炫目、欣欣向荣。

5.4 移动支付安全与风险防范

在整个移动支付的过程中涉及的支付参与者包括：消费用户、商户用户、移动运营商、第三方服务提供商、银行。消费用户和商户用户是系统的服务对象，移动运营商提供网络支持，银行方提供银行相关服务，第三方服务提供商提供支付平台服务，通过各方的结合以实现业务。移动支付需要考虑以下安全问题：

（1）移动终端接入支付平台的安全，包括用户注册时，签约信息的安全传递，以及用户通过移动终端登录系统，其间传递的数据如签约用户名、签约密码等的安全性。

（2）支付平台内部数据传输的安全，即支付平台内部各模块之间数据传输的安全性。

（3）支付平台数据存储的安全，涉及签约用户的机密性的银行卡账户、密码、签约用户名、签约密码等的安全性。

5.4.1 移动支付安全技术

1. 加密技术。加密技术是电子商务采取的主要安全保密措施，是最常用的安全保密手段，利用技术手段把重要的数据变为乱码（加密）传送，到达目的地后再用相同或不同的手段还原（解密）。加密技术包括两个元素：算法和密钥。算法是将普通的文本（或者可以理解的信息）与一串数字（密钥）结合，产生不可理解的密文的步骤；

密钥是用来对数据进行编码和解码的一种算法。在安全保密中,可通过适当的密钥加密技术和管理机制来保证网络的信息通信安全。密钥加密技术的密码体制分为对称密钥体制和非对称密钥体制两种。相应地,对数据加密的技术分为两类,即对称加密(私人密钥加密)和非对称加密(公开密钥加密)。对称加密以数据加密标准(Data Encryption Standard,DES)算法为典型代表,非对称加密通常以 RSA(Rivest Shamir Adleman)算法为代表。对称加密的加密密钥和解密密钥相同,而非对称加密的加密密钥和解密密钥不同,加密密钥可以公开而解密密钥需要保密。

2. 安全认证技术。仅有加密技术不足以保障移动电子商务中的交易安全,而移动终端的计算环境和通信环境都非常有限,这就需要对相应的安全认证作一些特殊要求。身份认证技术是保障移动电子商务安全的又一项重要技术手段。移动电子商务中的身份认证可以将手机的 SIM 卡的唯一识别结合起来,实现对移动终端用户的认证,还可以结合数字签名技术和数字证书技术实现用户认证。

3. 消息认证。消息认证是检验数据的完整性,通过对消息或者与消息有关的信息进行加密或签名变换进行的认证,目的是为了防止传输和存储的消息被有意无意地篡改,包括消息内容认证(即消息完整性认证)、消息的源和宿认证(即身份认证)、消息的序号和操作时间认证等。它在票据防伪中具有重要应用(如税务的金税系统和银行的支付密码器)。消息认证所用的摘要算法与一般的对称或非对称加密算法不同,它并不用于防止信息被窃取,而是用于证明原文的完整性和准确性;也就是说,消息认证主要用于防止信息被篡改。

4. 数字签名。数字签名(Digital signature,又称公钥数字签名、电子签章)是一种类似写在纸上的普通的物理签名,但是使用了公钥加密鉴别数字信息。一套数字签名通常定义两种互补的运算,一个用于签名,另一个用于验证。数字签名技术是不对称加密算法的典型应用。

5. 双重数字签名。在实际商务活动中经常出现这种情形,即持卡人给商家发送订购信息和自己的付款账户信息,但不愿让商家看到自己的付款账户信息,也不愿让处理商家付款信息的第三方看到订货信息。在移动电子商务中要能做到这一点,需要双重签名技术:持卡人将发给商家的信息(报文 1)和发给第三方的信息(报文 2)分别生成报文摘要 1 和 2,合在一起生成报文摘要 3,并签名;然后将报文 1、报文摘要 2 和报文 3 发送给商家,将报文 2、报文摘要 1 和报文摘要 3 发送给第三方;接受者根据收到的报文生成报文摘要 3,确定持卡人的身份和信息是否被修改过。双重签名解决了三方参加电子贸易过程中的安全通信问题。

6. 数字证书。数字证书就是互联网通信中标志通信各方身份信息的一系列数据,提供了一种在 Internet 上验证身份的方式,其作用类似于司机的驾驶执照或日常生活中的身份证。它是由一个权威证书授权(Certificate Authority,CA)中心发行的,人们可以在网上用它来识别对方的身份。数字证书是一个经证书授权中心数字签名的包含公开密钥拥有者信息以及公开密钥的文件。最简单的证书包含一个公开密钥、名称以及证书授权中心的数字签名。

7. 数字信封。数字信封包含被加密的内容和被加密的用于加密该内容的密钥。

虽然经常使用接收方的公钥来加密“加密密钥”,但这并不是必需的,也可以使用发送方和接收方预共享的对称密钥来加密。当接收方收到数字信封时,先用私钥或预共享密钥解密,得到“加密密钥”,再用该密钥解密密文,获得原文。数字信封技术使用两层加密体系,是公钥密码体制在实际中的一个应用,用加密技术来保证只有规定的特定收信人才能阅读通信的内容。

8. 数字时间戳。对于成功的电子商务应用,要求参与交易各方不能否认其行为。这需要在经过数字签名的交易上打上一个可信赖的时间戳,从而解决一系列的实际和法律问题。由于用户桌面时间很容易改变,由该时间产生的时间戳不可信赖,因此需要一个权威第三方来提供可信赖的且不可抵赖的时间戳服务。在各种政务和商务文件中,时间是十分重要的信息。在书面合同中,文件签署的日期和签名一样均是十分重要的防止文件被伪造和篡改的关键性内容。在电子文件中,同样需对文件的日期和时间信息采取安全措施,而数字时间戳服务(digital time-stamp service,DTS)就能提供电子文件发表时间的安全保护。

5.4.2 安全认证与管理

移动电子支付认证消息是在商家与支付网关之间交换消息。支付认证包括支付授权和支付资金清算两部分。

1. 支付授权。支付授权确保这笔交易是经过银行确认的,保障商家能收到钱,并作为向付款人提供服务或商品的凭证,过程如图 5－17 所示。

图 5－17 支付授权过程

(1) 商家首先向支付网关发送授权请求消息,消息内容主要包括以下三部分:

① 与购买有关的消息。主要来源于客户,包括:PI、双签名、OIMD 和数字信封。

② 与授权有关的信息。由商家生成,包括:交易标识号、由商家签名并加密的授权数据块以及数字信封。

③ 数字证书。包含持卡人签名证书、商家的签名证书及密钥交换证书。

(2) 支付网关接收到授权请求后,将进行一系列验证,再向发卡银行提交授权请求,详细的操作过程如下:

① 验证有关的数字证书。

② 解开相关数字信封。

③ 验证有关的数字签名、双签名。

④ 验证交易标识号。

⑤ 向发卡银行提交授权请求。

(3) 支付网关得到发卡银行的授权确认。

(4) 支付网关向商家返回授权响应消息,消息内容包括以下三部分:

① 与授权有关的信息,包括支付网关签名及加密的授权数据块和数字信封。

② 资金清算令牌,这一消息将用于清算支付资金。

③ 数字证书,包含支付网关的签名证书。得到支付网关的授权确认后,商家即可发送货物或提供服务。

2. 支付资金清算。支付资金清算是商业活动中金融机构之间办理资金调拨、划拨支付结算款项,并对由此引起的资金存欠进行清偿的行为。支付资金清算的过程如图5-18所示。

图5-18 支付资金清算过程

(1) 商家首先向支付网关发送清算请求消息,消息内容包括:

① 清算请求数据块。需要经过商家签名、加密,该数据块包含了支付总额和交易标识号。

② 资金清算令牌。

(2) 支付网关收到清算请求后,需要进行如下操作:

① 对有关加密的数据块进行解密,并进行相关的有效性、一致性检验。

③ 通过银行内部的资金清算网络把款项从持卡人账户划到商家的账户上去。

(3) 支付网关向商家返回清算响应消息以通知商家转账结果。商家须保留该响应消息以备日后核对之用。

在整个认证过程中,身份认证是至关重要的环节。CA认证中心颁发数字证书,并履行用户身份认证的责任,在安全责任分散、运行安全管理、系统安全、物理安全、数据库安全、人员安全、密钥管理等方面,需要十分严格的政策和规程,要有完善的安全管理机制。

(1) 产生、验证和分发密钥。主体的密钥对管理必须确保高度的机密性,防止其他方伪造证书,主体密钥对产生的方式有两种:用户自己产生或者CA中心产生,由移动电子支付系统的策略决定。

① 用户自己产生密钥对。在这种方式下,用户自己选择产生密钥的方法,自己负责私钥的存放,用户还向CA中心提交自己的公钥和身份证明,CA中心对用户进行身份认证,对密钥强度和密钥持有者进行审查,在审查通过的情况下对用户的公钥产生证书,然后通过面对面、信件或者电子方式将证书安全地发放给用户,最后将证书发布到相应的目录服务器。

② CA中心为用户产生密钥对。这种方式下,用户应到CA中心产生并获得密钥对,产生之后,CA中心应自动销毁本地的用户密钥对复本,用户获得密钥对后,保存好自己的私钥,将公钥送给CA中心,接着申请证书。

(2) 签名和验证。在移动电子支付体系下,对信息和文件的签名以及对数字签名的认证是很普遍的工作,成员对数字签名和验证是使用多种算法的,有RSA、DES等,这些算法可以由硬件、软件或者软硬件结合的加密模块来完成，密钥和证书存放的介质有内存、手机 SIM 卡、IC 卡、USB Key、光盘等。

(3) 数字证书的获取。在验证信息的数字签名时，用户必须事先获得信息发送者的公钥证书，以对信息进行解密验证，同时还需要 CA 中心对发送者所发送的证书进行验证，以确定发送者身份的有效性。数字证书的获取有如下方式：

① 发送者发送签名信息时，附加自己的证书。

② 单独发送证书信息的通道。

③ 访问发布数字证书的目录服务器。

(4) 数字证书的验证。验证数字证书的过程就是迭代寻找证书链中下一个证书和上级 CA 中心的证书。在使用每一个证书前，必须检查相应的证书列表。用户检查证书时，是从最后一个证书所签发的证书有效性开始的，检查每一个证书，一旦验证后，就提取该证书的公钥，用于检验每一个证书，直到验证完发送者的签名证书，并将证书中包括的公钥用于验证签名。

5.4.3 移动支付的风险防范

移动支付的风险主要集中在政策风险、技术风险、法律风险、信誉风险等，其中最大的风险为技术风险。

1. 政策风险。移动支付作为新兴业务，缺乏行业规范，包括准入政策和监管政策、资源共享、服务质量保证、服务规范等都需要有明确的规定，业务才能健康发展。移动支付业务的核心是支付，移动支付相关政策成为各方关注的焦点。移动支付处于电信增值业务与银行增值业务的交叉地带，有不同的业务类型。国内非银行机构推动移动支付的积极性比银行更高，但移动支付涉及金融业务，必须接受金融监管，这无疑提高了市场准入门槛。由此可以看出，政策风险是移动支付业务发展无法避免的障碍。

2. 技术风险。移动支付技术风险主要是支付的技术安全风险和技术开展风险。技术安全风险包括两方面：一是数据传输的安全性风险；二是用户信息的安全性风险。数据传输的安全性风险是客户对移动支付最为关注的问题，用户信息的安全性风险同样值得关注。短信支付密码被破译、实时短信无法保证、身份识别是移动支付面临的主要技术难题。手机仅仅作为通信工具时，密码保护并不重要，但作为支付工具时，丢失手机、密码被攻破、病毒木马等问题都会造成重大损失。

3. 法律风险。目前，由于移动支付还处于起步阶段，有关法律法规不健全，移动支付涉及的当事人多，法律关系复杂，再加上移动支付使用计算机及通信等先进技术，因此在移动支付过程中可能产生一些法律纠纷。国内涉及计算机通信领域的立法还相对滞后，用于保护移动支付有效开展的目前除了《电子签名法》和《电子支付指引》之外，中国人民银行制定的法规均未涉及移动支付业务，一旦发生支付纠纷，银行、电信、客户将处于尴尬境地。

4. 信誉风险。开展移动支付，可靠的服务平台至关重要。金融机构要能够持续提供安全、准确、及时的移动金融服务，通信运营商的服务质量也要有保障。如果客户在移动支付过程中遇到严重的通信网络故障或因银行信息系统的不完善而造成客户资金的流失，将会造成客户对移动支付的不信任，引发信誉风险。

客户在交易过程中，银行会采用多重方式有效保障客户资金安全：一是手机银行的信息传输、处理采用高强度的加密传输方式，实现移动通信公司与银行之间的数据安全传输和处理，防止数据被窃取或破坏；二是手机银行对客户对外转账的金额有严格限制；三是将客户指定的手机号码与银行账户绑定，并设置专用支付密码。

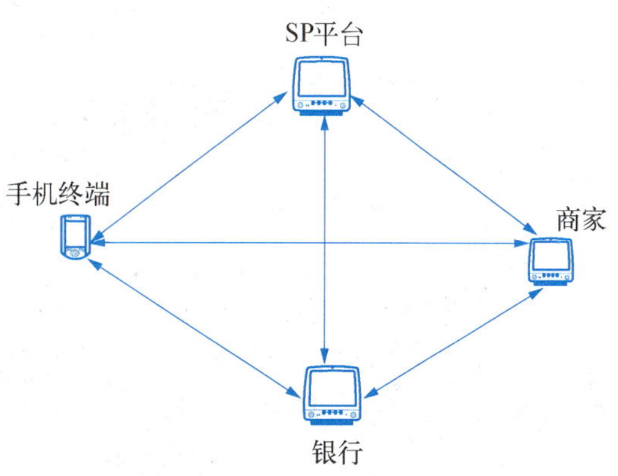

图 5－19　移动支付中的角色

图 5－19 中描述了移动支付中所涉及的角色，为了防范移动支付的潜在风险，必须在各个角色的通信之间建立完善的技术安全机制，包括如下措施：

(1) WAP 应用的安全：

- 手机的 WAP 业务只能通过运营商的统一门户对外提供，所有的门户上面的业务都必须是运营商的正式服务商开发的并且是经过审核的，这在一定程度上保障了用户访问的 WAP 引用是合法的服务商提供的，避免了网络上假冒网银的现象。
- 开发商开发的 WAP 应用程序首先要提交给运营商指定的测试公司进行测试。
- WAP 支持 HTTPS 协议，实现了真正的端到端的安全。

(2) 手机终端软件的安全：

- 应用程序开发商要测试软件的兼容性，并保证软件没有病毒和有害代码。
- 通过测试后的软件采用数字保全技术，保证软件在下载分发过程中的正确性和完整性。
- 禁止用户修改软件包中二进制执行文件等关键的数据，防止软件被外部改动运行后带来的风险。
- 软件在手机上运行后会生成一个跟卡号相关的签名文件，如果当前的卡和签名文件授权的卡号不一致，不能正常启动软件。

(3) 手机与商家之间的通信安全：

- 数据特性：用户通过手机到商户的网站上浏览商品信息，查找相关的商品，向商家网站提交商品购买请求生成订单。这一过程中传输的数据没有密码等关键数据信息，所以可以采用明文传输。
- 安全措施：由于这一过程没有需要保密的敏感信息，所以采用 HTTP 协议进行传输。

(4) 商家与 SP 平台之间的通信安全：

- 数据特性：用户在商家的网站上提交了商品购买请求后，商家网站向 SP 平台传送用户的订单信息；SP 平台在商户的订单处理完毕或者支付失败后，向商家网站传递订单支付状态信息。这两个过程都要保障传递信息的准确和完整，要防止篡改。

➢ 安全措施：提供两种安全措施，商家可以自由选择，商家网站和 SP 平台都配置有由 CA 中心签发的私钥证书，双方使用 HTTPS 协议进行数据通信，保证了通信双方的身份认证和信息的安全。商家在注册成为手机支付商家的时候由 SP 平台分配一个私钥给商家，在商家与 SP 平台通信的时候使用私钥进行加密处理，同时结合摘要技术，保证了数据传输的准确和完整。

(5) 手机与 SP 平台之间的通信安全：

➢ 数据特性：用户登录到 SP 平台，处理余额查询、转账、支付等业务。在这个过程中需要用户的卡号和密钥等关键信息，要保证这些信息不被窃听和篡改。

➢ 安全措施：SP 平台配置有 CFCA 签发的服务器证书，手机端程序包中包含 CFCA 的根证书。在手机和 SP 平台之间采用 HTTPS 协议，手机端通过证书对服务端进行身份认证，在传输过程中使用 HTTPS 协议进行加密传输，保障了数据不会被窃听和篡改。

(6) 手机与银行之间的通信安全：

➢ 数据特性：手机与银行公共支付平台之间并不建立直接的数据连接，但是在手机和银行系统之间要保证用户密码是端到端安全的，在中间的 SP 平台不能得到用户的密码明文信息。

➢ 基于 SMS 支付方式安全措施：银行系统生成一对 RSA 1024 密钥，其中公钥随客户端程序分发到手机上。用户在手机中输入密码后，先用公钥对密码进行加密处理，然后只把加密后的密文随同其他信息一起通过 HTTPS 协议传送给 SP 平台。SP 平台再按照银行公共支付平台的接口，把支付请求数据发给公共支付平台，其中密码仍然是密文形式。由于 SP 平台没有对应的 RSA 私钥，所以不能通过密文得到用户密码，保证了密码在手机和银联公共支付平台之间是端到端安全的。

➢ 基于 WAP 支付方式安全措施：由于 WAP 与后台之间的通信采用 B/S 方式，不能够在客户端对用户密码先进行加密处理，再通过 HTTPS 传输。为了保证用户密码的安全，在银行系统内部署一台代理加密服务器，用来代理客户端进行用户密码的加密工作，手机与代理服务器之间使用协议。由代理加密服务器使用 RSA 公钥对密码进行加密处理，然后把密码的密文以及其他信息通过重定向命令发给手机，通知手机把密码和其他信息重定向到 SP 平台。这样 SP 平台只能收到密码信息，保证了密码在手机和银行公共支付平台之间是端到端安全的。

(7) SP 平台与银行公共平台之间的通信安全：

➢ 数据特性：SP 平台按照公共支付平台的接口规范传输支付的报文，其中有卡号和密码密文等关键信息。

➢ 安全措施：首先在 SP 平台与银联公共支付平台之间采用专线进行连接，在物理层保证数据不被窃听；其次，按照公共支付平台接口，采用 3 - DES 等加密手段对数据进行加密传输，并且加密密钥能随时更换。

练习与思考题

1. 简述移动电子支付含义，描述一下移动支付流程。
2. 有哪些移动支付方式？
3. 描述移动支付系统框架，有哪些支持技术？
4. 有哪些移动支付系统，各有什么特点。
5. 移动支付的安全技术有哪些？如何做好风险防范？

本章小结

移动支付是借助移动终端设备(如移动电话、PDA、移动POS机等)，对所消费的商品或服务进行账务支付的一种服务方式，它是移动商务发展的基础条件。其发展的起点是小额电子化产品的支付，并逐渐向大额、实物的方向发展。移动支付按业务模式可以分为电话账单交费、手机银行、手机钱包、手机信用平台四类。移动支付的系统架构根据适用场合的差异，分成远程支付和现场支付；其支撑技术可分为平台层、支撑层、交互层、传输层。典型的移动支付系统有基于SMS、基于WAP、基于USSD、基于J2ME、基于NFC和基于RFID技术的系统。移动支付安全维护方面主要采用加密技术、安全认证、消息认证、数字签名、双重数字签名、数字证书、数字信封、数字时间戳等。移动支付中涉及SP平台、手机终端、商家、银行，所以防范移动支付的潜在风险必须在各个角色的通信之间建立完善的技术安全机制。移动支付的风险主要集中在政策风险、技术风险、法律风险、信誉风险等方面，其中最大的风险为技术风险。

第6章　云计算

学习要点

本章对云计算进行了较为详细的介绍，对现阶段云计算的服务模型和主流的云计算平台进行了深入阐述。云计算体系架构的良好运行，需要一系列的支撑技术来支持和实现，其中，虚拟化技术是实现云计算的基础和关键。云计算的出现，将给移动商务带来深远的影响，意味着能够克服移动终端性能瓶颈，提供全新的IT资源部署模式、更加安全的数据存储模式以及商业智能级的经营决策模式。本章学习要点包括：云计算的服务模型；主流的云计算平台特点，包括Google的云计算平台、微软的Azure服务平台、亚马逊的弹性计算云平台；云计算的优点和问题；云计算的体系架构；云计算架构的支撑技术；云计算和移动商务的关系，云计算为移动商务带来的机遇和挑战。

知识结构

- 云计算概述
  - 云计算服务模型：IaaS，SaaS，PaaS
  - 云计算平台介绍：Google的云计算平台、微软的Azure服务平台、亚马逊的弹性计算云
  - 云计算的优点：经济实惠、方便易用、资源整合、更加安全、超强计算能力、绿色环保
  - 云计算存在的问题：数据安全问题、统一标准问题、隐私权及知识产权问题
- 云计算相关技术
  - 云计算体系架构：核心服务层、服务管理层、用户访问接口层
  - 云计算关键技术：虚拟化技术、海量数据存储与处理技术、资源管理与调度技术、QoS保证机制、安全与隐私保护、数据中心节能技术
- 云计算与移动商务
  - 云计算带来的机遇：打破移动终端性能瓶颈、提供全新的IT资源部署模式、更加安全的数据存储模式、提供商业智能级的经营决策模式
  - 基于云计算的全新移动商务模式：基于"供应链云"的全程移动电子商务模式、基于"移动云"的移动电子商务模式

6.1 云计算概述

云计算的概念是2006年Google首席执行官埃里克·施密特提出的。从被提出之日起，云计算便因其极具革新的理念而被业界广泛地关注，因而成为整个IT行业中最为热门的核心话题。如同名字中所包含的“云”一样，云计算的概念牵涉之多、覆盖之广，可以说是整个IT行业中之前的任何新概念和新技术都无可比拟的。

云计算基本理念是：一切皆是服务(Everything as a Service)。任何通过网络能够提供给用户的服务都可以成为云计算的应用形式，而用户在使用这些服务时采取“租用”(Pay Per Use)的形式进行付费。

从形式上看，云以数据中心的形式存在，而数据中心由大规模的计算机集群和管理这些机器、能够为用户提供特定计算服务的软件组成。在云中，所有的资源，包括构架、平台和软件都可以作为服务来提供。由于用户可以租用服务，省却了自己购买机器、平台和开发软件的费用，因此，云计算有着节省成本、快速服务、提高管理效率等优势。

从技术层角度看，云计算是分布式处理(Distributed Computing)、并行处理(Parallel Computing)和网格计算(Grid Computing)几种技术的进一步深入发展和综合的结果。同时，Intel、AMD等芯片公司在硬件虚拟化层面技术的进步，VMware、KVM等在软件层面上虚拟化技术的发展，Web2.0的出现，以及数据中心虚拟管理技术的成熟，都是推动云计算出现的必要因素。其相关技术组成如图6-1所示。

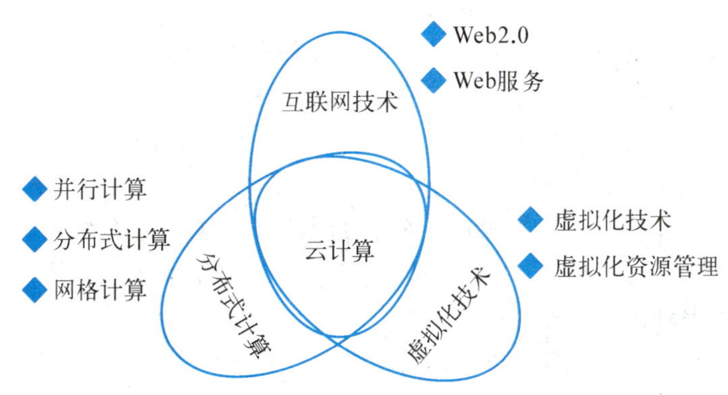

图6-1 云计算的相关技术组成

目前，Google、Microsoft、IBM等一些国际大公司都已建立了自己庞大的云计算中心，在这些IT巨头的推动下，云计算正在以空前的态势迅速发展，并已经成为很多企业增长最快的业务之一。而Amazon、Youtube、Facebook这些著名的电子商务公司的积极参与，进一步推动着云计算的发展，在可预见的未来，云计算将持续出现蓬勃发展的局面。

6.1.1 云计算的服务模型

云计算的核心是提供服务，因此，云计算也称作“云计算服务”。目前学术界和企业界提出的云计算服务包罗万象，有：AaaS(Architecture as a Service，体系结构即服务)，CaaS(Computing as a Service，计算即服务)，DaaS(Data as a Service，数据即服务)，DBaaS(Database as a Service，数据库即服务)，HaaS(Hardware as a Service，硬件即服务)，IaaS(Infrastructure as a Service，基础设施即服务)，OaaS(Organization as a Service，组织即服务)，SaaS(Software as a Service，软件即服务)，PaaS(Platform as a Service，平台即服务)，TaaS(Technology as a Service，技术即服务)等。

但根据云计算的发展来看，目前云计算提供的服务主要有SaaS、PaaS、IaaS几种。

(1) SaaS(Software as a Service，软件即服务)。这种类型的云计算服务通过Web浏览器向用户提供软件应用。从用户的角度看，用户根据软件使用流量或时间来进行付费，无需购买软件，可以节省高昂的购买费用；对于SaaS提供商家来说，其软件维护和更新都可以集中地进行，无需面对各种不同的电脑设备和操作系统，变得更加简单方便，能够节省大量的运营和维护成本。SaaS主要是通过Web的形式来向用户提供服务。目前，SAP、微软、Oracle等公司都已经建立了自己的SaaS云计算服务中心。

(2) PaaS(Platform as a Service，平台即服务)。PaaS主要针对软件开发人员，是通过软件开发平台作为云计算服务提供给用户。PaaS为软件开发人员提供软件平台层面的应用服务引擎，包括应用服务平台和应用服务开发接口，要求较强的横向扩展能力和高可用性能力，同时要求配置维护管理透明化。这类云计算服务的典型代表是Salesforce。2007年开始，Salesforce提供SaaS的系统对外公开，用Force这个名称开始进入PaaS业务。它所提供的PaaS服务里采用与Java类似的语言Apex以及Eclipse开发平台，将整合的开发环境作为服务进行提供。

(3) IaaS(Infrastructure as a Service，基础设施即服务)。IaaS是将基础设施作为一种服务提供给用户使用，包括处理器计算能力、存储空间、网络带宽和其他基本的计算资源。用户无需购买服务器、网络设备、存储设备，只需租用IaaS服务，即可部署和运行应用程序，包括用户的操作系统和各种应用软件。这些具体的基础设施的运行和维护由提供商进行，用户只需付费使用即可。IaaS的典型代表有：亚马逊的EC2/S3/SQSSE服务和IBM的蓝云服务。

图6-2展示了云计算的主要服务模式和相关平台的典型代表。

主要服务模式	相关平台典型代表
SaaS (Software as a Service，软件即服务)	Salesforce CRM、RightNow CRM、SAP、Oracle
PaaS (Platform as a Service，平台即服务)	Salesforce Force、Google App Engine
IaaS (Infrastructure as a Service，基础设施即服务)	Amazon EC2、IBM Blue Cloud、Sun Grid

图6-2 云计算的主要服务模式和相关平台的典型代表

6.1.2 云计算平台介绍

目前，各大IT企业和电子商务企业都推出了或正在酝酿推出自己的云计算服务，较为成熟和应用较为广泛的主要有：Google的云计算平台、微软的Azure服务平台、亚马逊的弹性计算云(Amazon EC2)、IBM的Blue Cloud、Sun Cloud等。

(1) Google云计算平台。Google是目前世界上最大的云计算服务使用者和提供商。Google能够成为全球最强大的搜索引擎和云计算服务提供商，是因为它拥有在全球200多个地点的200多万台服务器这一强大的基础设施作为支撑，而这些基础设施还在不断的持续增长中。

Google的云计算平台是针对Google的核心商业模式而定制的。Google的内部网络数据规模巨大，为了处理这些数据，Google提出了一整套基于分布式并行集群方式的基础架构，通过软件程序模块，监视系统的动态运行状况，侦测错误，并且将容错、负载均衡、自动恢复集成在系统中。Google使用的基础架构包括四个相互独立又紧密结合在一起的系统，包括Google建立在集群之上的文件系统Google File System，针对Google应用程序特点提出的Map/Reduce编程模式，分布式锁机制Chubby以及Google开发的模型简化的大规模分布式数据库Big Table。基于这一系列的组件，Google将其基础架构合成为统一的云计算平台，主要提供平台API服务、大规模数据处理、应用程序平台以及一系列的网络应用服务。

(2) 微软Azure服务平台。Windows Azure的主要目标是为开发者提供一个平台，帮助开发可运行在云服务器、数据中心、Web和PC上的应用程序。云计算的开发者能使用微软全球数据中心的储存、计算能力和网络基础服务。Azure服务平台包括以下主要组件：Windows Azure；Microsoft SQL数据库服务；Microsoft .Net服务；用于分享、储存和同步文件的Live服务；针对商业的Microsoft SharePoint和Microsoft Dynamics CRM服务。其平台组成如图6-3所示。

① 最基本的Windows Azure：提供一个可运行应用程序的Windows环境和将数据存储在微软数据中心的服务器平台。

② Microsoft .NET Services：其访问控制机制可以保护应用程序的安全，并可便捷地创建基于云的松耦合应用程序。

③ Microsoft SQL Services：提供基于SQL Server的数据库服务。

④ Live Services：通过Live Framework提供来自微软Live应用及其他应用的数据访问。

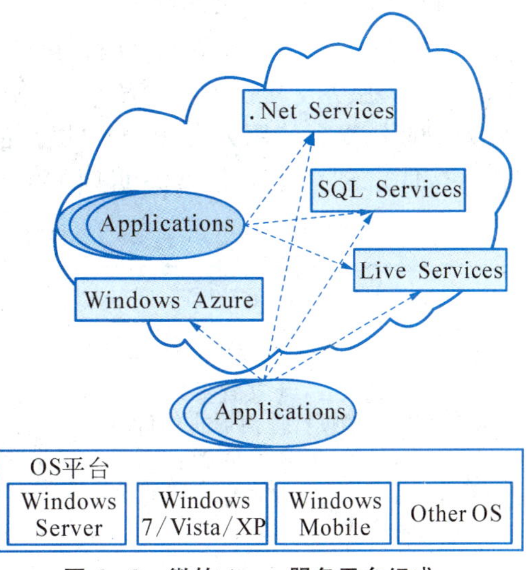

图6-3 微软Azure服务平台组成

⑤ Microsoft SharePoint Service 和 Microsoft Dynamics CRM Service：用于在云端提供针对业务内容、协作和快速开发的服务，建立更强的客户关系。

(3) Amazon 弹性计算云。Amazon 向用户提供的云计算服务多种多样，存储空间、CPU 计算能力、带宽等都作为服务资源提供给用户使用，典型云计算服务包括 EC2(弹性计算云)和 S3(简单存储服务)，两者主要为企业提供计算资源和存储服务。在两年时间内，Amazon 就把云计算做成一个拥有 44 万注册用户的大项目，这些用户中多数为企业级用户。所以相比微软和 Google 的云计算平台，Amazon 的 EC2(弹性计算云)在商业化的路上要走得远得多。

从技术架构上来说，EC2 提供了一个真正完全虚拟化的计算环境，只要用户申请资源，EC2 就可以提供符合多种系统需求的计算环境以及相关资源，其从申请到 Amazon 启动服务实例的时间达到分钟级别，这意味着 Amazon 提供的 EC2 服务可以迅速满足用户的请求。其主要技术是在虚拟化层面，提供的服务是利用虚拟化技术提供基础设施服务资源，如存储、虚拟机等，并通过监控管理软件，实现细粒度分析用户的使用情况，无论是扩展规模还是减少规模，系统都可以迅速满足。

EC2 的特点如下：

① 弹性。所谓弹性计算云，其首要的优势当然是可以提供弹性的计算能力。所谓弹性就是指在用户的需求增加或者减少时，可以迅速地满足用户在计算规模上要求的变化。

② 灵活。EC2 提供的平台是底层资源，而用户在其上运行何种操作系统、何种应用是很灵活的。通过配置内存、CPU 以及实例的各种参数，可以搭建出各种合适的平台环境。

③ 稳定。EC2 对于任何运行的实例都提供崩溃时快速替换的备用实例。实例运行的环境非常可靠，EC2 的服务协议承诺对所有 EC2 地区[包括美国东、美国西、欧盟(爱尔兰)、亚太(新加坡)等七个地区]都保证 99.95%的可用性。

(4) 三种云计算平台的比较。无论哪种云计算平台，它们提供的服务一般可以分为三类：计算资源(CPU 等)、存储、网络带宽。也就是说，不同平台之间的差异主要体现在这三类服务及其收费上。表 6-1 总结了三种云计算平台的模式差异。根据用户选择的服务，平台使用无自动调整的存储模型(EBS)或者提供自动调整的存储模型(SimpleDB，S3)。不同模型提供不同的保障。

表 6-1　三种云计算平台模式比较

	Amazon 云计算	微软 Azure	Google App Engine
虚拟机计算模型	提供易于监控的弹性计算资源，开发者可以利用实例进行任何形式的计算任务，但是开发者自己负责构造实例的任务，或者由第三方提供支持	基于微软的 Micro Common Language (CLR) 虚拟机技术，提供自动负载平衡。计算模型受监控管理，不能完全执行所有命令，负载均衡等基础功能由系统自身提供	预先定义应用的框架与架构，为编程人员提供基于 Python 的处理服务。所有的持续存储状态都存放在 MegaStore 之中。完全自动的计算能力、存储资源扩展

续 表

	Amazon 云计算	微软 Azure	Google App Engine
存储模型	根据用户选择的服务，平台使用无自动调整的存储模型(EBS)或者提供自动调整的存储模型(SimpleDB，S3)，不同模型提供不同的保障	（1）SQL数据服务；（2）Azure存储服务。两者都由微软提供，由于都必须使用微软定义的接口，这意味着用户难以自定义存储服务	（1）BigTable（分布式大规模数据库管理系统）；（2）MegaStore（基于BigTable的面向用户应用的可调节存储模型）。两者都只支持Google的网络应用
网络模型	基于IP层的公开标准，内部细节隐藏，由安全组控制各个节点通信的限制	基于编程者对于应用组件（ROLE）的描述自动分配	固定的基于三层网络应用架构的拓扑，其规模变化对于编程者不可见

从用户使用平台的角度来看，Amazon 更偏向底层基础设施平台、资源的服务，Google 提供上层的编程 API，底层对编程人员不可见。而微软的 Azure 虽然也基于大量的自动分配以及程序 API，但程序员可以通过修改组件描述来限定资源的提供，故 Azure 介于 Amazon 和 Google 的模式之间。

6.1.3 云计算的优点和问题

云计算能够达到目前的热度，被各大企业和政府机构关注，并投入大量的人力、物力进行开发和利用，被视为科技界的下一次革命，与其具有的巨大优势和特点是分不开的。

1. 云计算优点。主要体现在以下六个方面。

（1）经济实惠。因为数据计算、数据维护、数据存储都在云端进行，所以对于租用云计算服务的企业和用户来讲，无需再花大量成本来建设和维护自己的数据中心，节约了一大笔高昂的设备购置费用，并且不用担心设备的淘汰和升级问题。以亚马逊为例，其云计算产品价格相当便宜，吸引了大批中小企业，甚至纽约时报、红帽等大型公司。亚马逊提供每1G的存储收费15美分，服务器的租用则是每小时10美分。在2008年全球金融危机的背景下，云服务的势头如此强劲，其成本效益是功不可没的。

（2）方便易用。在云模式下，用户可以根据自己的需求和喜好来定制服务、应用和平台，而不必记住资源的具体位置，相关的资源存储在“云”之中，用户在任何时间、任何地点都能以某种便捷、安全的方式获得云中的相关信息或服务。虽然云由大量的计算机组成，但对用户来说，他只看到一个统一的“服务”界面，感觉就像使用本地计算机一样方便。

（3）资源整合。传统的模式下，各个企业和政府机构的信息化建设都是自己开发程序、购买服务器和建设计算中心，而这些设备往往大部分时间都是闲置的，且数字资源难以共享。而云计算本身就是对大量IT资源的整合，构成庞大的资源池，资源统一灵活调配。在云模式下，通过租用云计算服务，各自为政的信息资源建设模式将会彻底改变，全球资源可以高度整合，可以实现真正意义上的共享。不管是物理意义上的计算机资源还是数字信息资源，云计算对资源整合之后再重新配置，发挥了更大的经济效益和社会效益。

(4) 安全性更高。由于云计算服务商都是大型企业，有专业的团队来维护数据安全，比起以往中、小企业及个人用户自己维护数据安全，大大增强了资源的安全性和可靠性。同时，云计算使用数据多副本容错、计算节点同构技术，保障了服务的高可靠性，使用云计算比使用本地计算机更可靠。

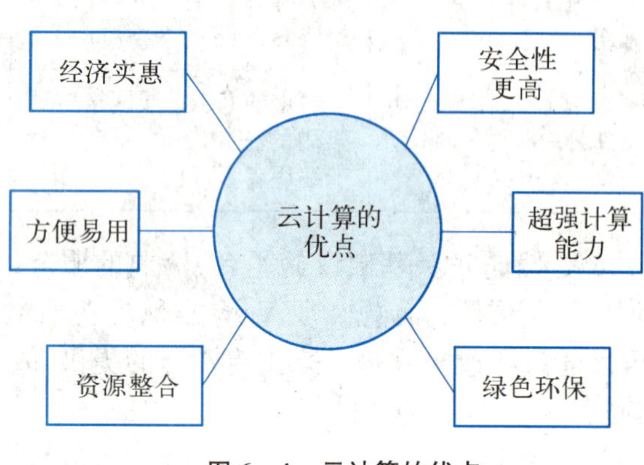

图 6-4　云计算的优点

(5) 超强计算能力。云计算服务商都具有相当大的规模，Amazon、IBM、微软、Yahoo 等公司的“云”均拥有几十万台服务器，而 Google 云已经拥有 200 多万台服务器。正是因为 Google 拥有超大规模的服务器群，才造就了它搜索引擎霸主的地位。云计算的这种大规模使其具有超强的计算能力，而用户通过租用这些云计算服务，也就相当于拥有了具备超强计算能力的计算中心。

(6) 绿色环保。云计算的出现，将使无数企业不再需要建设自身的信息中心，完成一定量的计算任务所需使用的服务器数量比以前大大减少，为实现低碳经济、节能减排发挥了很大的作用，并通过虚拟机技术和虚拟化资源管理技术，实现计算能力的自动伸缩扩展，对于无需使用的服务器，可以使其自动处于休眠状态，意味着减少热量产生，节约电能，降低污染。因此，云计算拥有低能耗、低污染、高性能、高效益的品质，在全球倡导低碳经济之时，云计算成了“绿色”IT 技术。

云计算的迅猛发展，为企业和用户带来了极大的便利，同时也因为其自身的特点，产生了一系列的问题，譬如数据安全、云计算标准、隐私权及知识产权等。必须妥善的解决这些问题，才能促使云计算更好地发展。

2. 云计算服务的问题。主要包括以下三个方面。

(1) 数据安全问题。2009 年 7 月至 8 月，Google 的云计算平台频频发生故障；2009 年 4 月，微软 Azure 云计算平台彻底崩溃，使不少用户丢失了重要的数据。在 RSR Conference 2010 信息安全国际论坛上，云计算的安全问题成为会议关注的焦点；2010 年，中国云计算联盟列出了云计算安全“七宗罪”，包括数据丢失/泄漏、共享技术漏洞、内奸、不安全的应用程序接口、没有正确地运用云计算等。

云计算的一大优势就是数据集中处理，在为用户提供服务的同时，资源高度集中的云中心也最容易成为黑客的攻击目标。如何做到云数据中心不受病毒侵袭，不遭黑客攻击，不受木马威胁，是目前各界普遍关心的问题。尤其是金融机构和政府部门更为关注数据安全这一核心问题。

数据毁灭是一个偶发性问题，一般由不可抗拒的自然因素所引起。日本福岛地震导致东京数家云计算中心数据丢失向灾备系统敲响了警钟，云计算中心如何防范和抵御灾难所带来的毁灭性打击，数据灾难备份方案是云计算中心必须慎重考虑的问题。

(2) 云计算标准问题。如今，全球各大 IT 巨头都争相投入云计算的建设浪潮之中，但往往是各自为政，无统一架构方案和统一服务标准，这使用户在云服务商之间切换的复杂性大大增加，也带来了切换成本。没有统一的标准，云服务项目之间的可替代性差，用户选择服务商的自由会受到限制，给云服务的普及带来了阻力。云计算时代的可替代性问题即标准问题是每个云服务商共同面对并需合力解决的课题。只有建立了共同的开放式云计算标准，云计算的用户才有可能实现在云服务商之间的零成本自由转移，云服务才有可能更加良性地发展，信息资源的共享才有了实现的前提。

(3) 隐私权、知识产权问题。隐私权问题主要来自两个方面：一是来自第三方譬如黑客攻击导致数据泄露；二是来自云服务提供方，由于数据封装及传输协议的开放性，"云"中的数据对于服务提供方的技术和管理人员来说可能是透明的。云计算的应用带来的另一问题是知识产权问题，譬如用户依法拥有被托管数据的知识产权，即他人无权修改、删除、管理这些内容，但云服务商可能会因为管理维护需要对这些数据进行加工、修改或者删除。

这些问题对个人和企业来讲，都是非常重要的。分析当前云服务提供商的服务合同，不难发现，服务提供商并不认可数据所有者泄密事件的任何法律责任或义务，也不针对任何事件作出承诺。对于用户来说，选择云服务所面临的隐私泄露风险缺乏主体责任担当和制度上的保障，这会在很大程度上影响用户对云服务的信心。

6.2 云计算相关技术

6.2.1 云计算体系架构

云计算可以按需提供弹性资源，是一系列服务的集合。结合当前云计算的应用与研究，其体系架构可分为核心服务、服务管理、用户访问接口三层，如图 6-5 所示。核心服务层将硬件基础设施、软件运行平台、应用程序抽象成服务，这些服务具有可靠性强、可用性高、规模可伸缩等特点，可满足多样化的应用需求。服务管理层为核心服务提供支持，进一步确保核心服务的可靠性、可用性与安全性。用户访问接口层实现端到云的访问。

1. 核心服务层。云计算核心服务通常可以分为三个子层：基础设施即服务层(IaaS)、平台即服务层(PaaS)、软件即服务层(SaaS)。

IaaS 将硬件基础设施作为服务来提供，为用户按需提供 CPU 计算能力、存储空间和网络带宽等资源。在这一层面，地理上分散的物理机器通过网格、集群技术的服务封装，组成大规模的具有 SLA(服务水平协议，Service Level Agreement)保证的数据中心。在使用 IaaS 层服务的过程中，用户需要向 IaaS 层服务提供商提供基础设施的配置信息、运行于基础设施的程序代码以及相关的用户数据。为了优化硬件资源的分配，

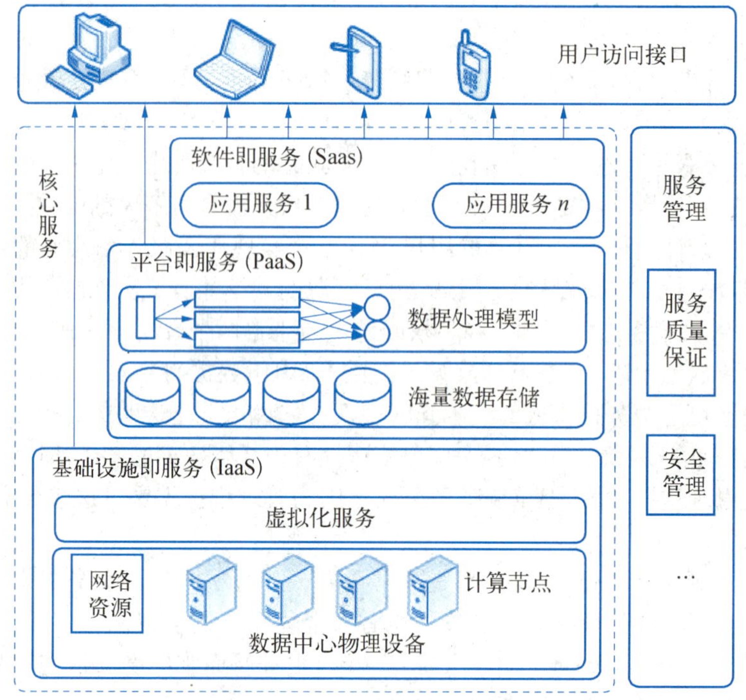

图 6-5　云计算体系架构

IaaS层引入了虚拟化技术。虚拟化技术为云计算提供了云计算架构动态调整、管理计算资源的能力,使得原本静态的物理资源得以动态使用,统一了平台的基础设施接口,使得云计算平台可以提供对用户透明的计算资源。目前较著名的虚拟化工具有Xen、KVM、VMware等,通过这些工具,可以提供可靠性高、可定制性强、规模可扩展的IaaS层服务。

PaaS是云计算应用程序运行环境,提供应用程序部署与管理服务。通过PaaS层的软件工具和开发语言,应用程序开发者只需上传程序代码和数据即可使用服务,而不必关注底层的网络、存储、操作系统的管理问题。由于目前互联网应用平台(如Facebook、Google、淘宝等)的数据量日趋庞大,PaaS层应当充分考虑对海量数据的存储与处理能力,要求较强的横向扩展能力和高可用性,以及配置维护管理透明化,并具备有效的资源管理与调度策略提高处理效率。

SaaS是将原先只能安装在本地的软件转移到云端,是基于云计算基础平台所开发的应用程序。企业可以通过租用SaaS层服务解决企业信息化问题,如企业通过GMail建立属于该企业的电子邮件服务。该服务托管于Google的数据中心,企业不必考虑服务器的管理、维护问题。对于普通用户来讲,SaaS层服务提供的云端软件采用使用付费的方式,将桌面应用程序迁移到互联网,会大大方便用户的使用,可实现应用程序的泛在访问,也使得软件用户之间交换数据更加方便,很可能会产生新型的软件交互模式。

表6-2对核心服务层的三个子层的特点进行了比较。

表 6-2　云计算核心服务层三个子层的比较

服务内容		服务对象	使用方式	关键技术	系统实例
IaaS	提供基础设施服务	需要计算能力、存储空间、网络带宽的用户	使用者配置环境参数、上传数据、程序代码	虚拟化技术、数据中心资源监控管理技术等	Amazon EC2 等
PaaS	提供应用程序部署与管理服务	程序开发、设计人员	使用者上传数据、程序代码	资源管理与调度技术、海量数据处理技术等	Google App Engine、Microsoft Azure、Hadoop 等
SaaS	提供基于互联网的应用程序服务	需要软件功能的用户	使用者上传数据	Web 服务技术、互联网应用开发技术等	Google Apps、Salesforce CRM 等

2. 服务管理层。服务管理层对核心服务层的可用性、可靠性和安全性提供保障。服务管理包括服务质量(Quality of Service，QoS)保证和安全管理等。

云计算需要提供高可靠、高可用、低成本的个性化服务。然而云计算平台规模庞大且结构复杂，很难完全满足用户的 QoS 需求。为此，云计算服务提供商需要和用户进行协商，并制定服务水平协议(Service Level Agreement，SLA)，使得双方对服务质量的需求达成一致。当服务提供商提供的服务未能达到 SLA 的要求时，用户将得到补偿。

此外，云计算数据中心采用的资源集中式管理方式使得云计算平台存在单点失效问题。保存在数据中心的关键数据会因为突发事件(如地震、断电)、病毒入侵、黑客攻击而丢失或泄露。根据云计算服务特点，实现数据隔离、隐私保护、访问控制等功能是保证云计算得以广泛应用的关键。除了 QoS 保证、安全管理外，服务管理层还包括计费管理、资源监控优化、负载平衡等管理内容，这些管理措施对云计算的稳定运行同样起到重要作用。

3. 用户访问接口层。用户访问接口实现了云计算服务的泛在访问，通常包括命令行、Web 服务、Web 门户等形式。命令行和 Web 服务的访问模式既可为终端设备提供应用程序开发接口，又便于多种服务的组合。Web 门户是访问接口的另一种模式。通过 Web 门户，云计算将用户的桌面应用迁移到互联网，从而使用户随时随地通过浏览器就可以访问数据和程序，提高工作效率。虽然用户通过访问接口可以使用便利的云计算服务，但是由于不同云计算服务商提供接口标准不同，导致用户数据不能在不同服务商之间迁移。为此，在 Intel、Sun 和 Cisco 等公司的倡导下，云计算互操作论坛(Cloud Computing Inter-operability Forum，CCIF)宣告成立，并致力于开发统一的云计算接口(Unified Cloud Interface，UCI)，以实现“全球环境下，不同企业之间可利用云计算服务无缝协同工作”的目标。

6.2.2　云计算关键技术

云计算的目标是以低成本的方式提供高可靠、高可用、规模可伸缩的个性化服务。

为了达到这个目标，需要数据中心管理、虚拟化、海量数据处理、资源管理与调度、QoS保证、安全与隐私保护等关键技术加以支持。

1. 虚拟化技术。虚拟化技术实现云计算基础设施服务的按需分配，是IaaS、PaaS、SaaS等所有云计算服务的支撑和基础。虚拟化是IaaS层的主要组成部分，也是云计算的最重要特点。虚拟化技术为云计算提供以下强大的优势。

(1) 资源分享。通过虚拟机封装各用户的运行环境，有效实现多用户分享数据中心强大的硬件和软件资源。

(2) 资源定制。用户利用虚拟化技术，配置私有的服务器，指定所需的CPU数目、内存容量、磁盘空间，实现资源的按需分配。

(3) 细粒度资源管理。将物理服务器拆分成若干虚拟机，可以提高服务器的资源利用率，减少浪费，而且有助于服务器的负载均衡和节能。

(4) 实现弹性、可靠的基础设施服务。当分配给用户的虚拟机不足以完成用户的计算任务时，可以通过虚拟机在线迁移技术，自动将参与用户任务的资源进行扩展；而当有部分虚拟机资源闲置时，又可通过关闭这些虚拟机，收回它们占用的资源，实现弹性的计算资源管理。

虚拟机技术又可分为虚拟机快速部署技术和虚拟机在线迁移技术。

传统的虚拟机部署分为四个阶段：创建虚拟机；安装操作系统与应用程序；配置虚拟机属性；启动虚拟机。整个过程花费时间较长。虚拟机快速部署技术通常采用虚拟机模板技术来简化虚拟机的部署过程。虚拟机模板预装了操作系统和应用软件，并对虚拟机进行了缺省参数的配置，可以有效减少虚拟机的部署时间。

虚拟机在线迁移是指虚拟机在运行状态下从一台物理机移动到另一台物理机。虚拟机在线迁移技术对云计算平台有效管理具有重要意义。

(1) 提高系统可靠性。一方面，当物理机需要维护时，可以将运行于该物理机的虚拟机转移到其他物理机；另一方面，可利用在线迁移技术完成虚拟机运行时备份，当主虚拟机发生异常时，可将服务无缝切换至备份虚拟机。

(2) 有利于负载均衡。当物理机器负载过重时，可以通过虚拟机迁移将任务分配至多台机器，达到负载均衡，优化数据中心性能。实际上，单台服务器上的虚拟机快速部署技术实现的是单台服务器上的负载均衡。

(3) 有利于设计节能方案。通过集中零散的虚拟机，可使部分物理机完全空闲，以便关闭这些物理机(或使物理机休眠)，达到节能目的。

此外，虚拟机的在线迁移对用户透明，云计算平台可以在不影响服务质量的情况下优化和管理数据中心。

2. 海量数据存储与处理技术(以Google为例)。云计算服务采用大规模服务器集群的数据中心为用户提供超强性能和超大存储能力的服务，所处理的数据通常以TB为计算单位。根据报告，2008年Google每天所处理的数据就达到了20PB。因此，海量数据的存储和处理技术，是云计算服务的重要部分。

(1) 海量数据存储技术。云计算环境中的海量数据存储既要考虑存储系统的I/O性能，又要保证文件系统的可靠性与可用性。

根据 Google 应用的特点，Google 的研发团队专门设计了 GFS（Google File System）。基于以下假设：① 系统架设在容易失效的硬件平台上；② 需要存储大量 GB 级甚至 TB 级的大文件；③ 文件读操作以大规模的流式读和小规模的随机读构成；④ 文件具有一次写多次读的特点；⑤ 系统需要有效处理并发的追加写操作；⑥ 高持续 I/O 带宽比低传输延迟重要。

在 GFS 中，一个大文件被划分成若干固定大小（如 64MB）的数据块，并分布在计算节点的本地硬盘，为了保证数据可靠性，每一个数据块都保存有多个副本，所有文件和数据块副本的元数据由元数据管理节点管理。GFS 的优势在于：① 由于文件的分块粒度大，GFS 可以存取 PB 级的超大文件；② 通过文件的分布式存储，GFS 可并行读取文件，提供高 I/O 吞吐率；③ GFS 可以简化数据块副本间的数据同步问题；④ 文件块副本策略保证了文件可靠性。图 6－6 展示了 GFS 的执行流程。

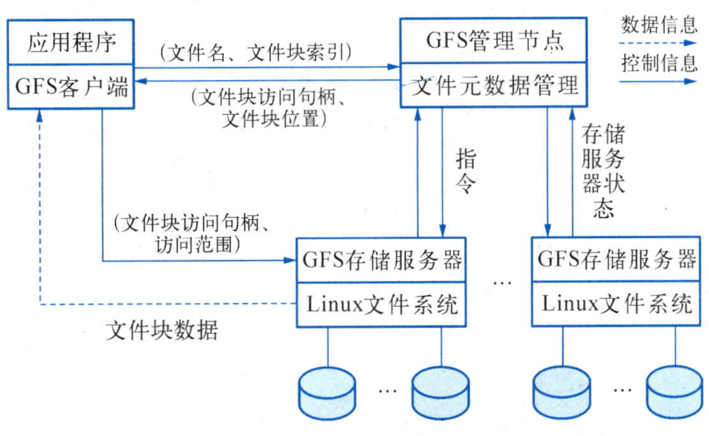

图 6－6　GFS 执行流程

Bigtable 是基于 GFS 开发的分布式存储系统，其功能与分布式数据库类似，用以存储结构化或半结构化数据，为 Google 应用（如搜索引擎、Google Earth 等）提供数据存储与查询服务。在数据管理方面，Bigtable 将一整张数据表拆分成许多存储于 GFS 的子表。在数据模型方面，Bigtable 以行名、列名、时间戳建立索引，表中的数据项由无结构的字节数组表示。这种灵活的数据模型保证 Bigtable 适用于多种不同应用环境。表 6－3 展示了如何在 Bigtable 中存储网页，其中 t1、t2、t3 为时间戳。

表 6－3　Bigtable 的存储方式

行关键字	时间戳	内　容	锚　点	格　式
com. cbb. www	t1	<html>…	com. cbb	text/xml
com. ctx. www	t2	<html>…	com. ctx	text/html
com. tpbc. www	t3	<html>…	com. tpbc	text/plain
…	…	…	…	…

(2) 数据处理技术。MapReduce 是 Google 提出的并行程序编程模型，运行于 GFS 之上，用于提供面向海量数据的分析处理能力。如图 6-7 所示，一个 MapReduce 作业由大量 Map 和 Reduce 任务组成，根据两类任务的特点，把数据处理过程划分成 Map 和 Reduce 两个阶段。在 Map 阶段，Map 任务读取输入文件块，并行分析处理，处理后的中间结果保存在 Map 任务执行节点；在 Reduce 阶段，Reduce 任务读取并合并多个 Map 任务的中间结果。MapReduce 可以降低大规模数据处理的难度：首先，MapReduce 中的数据同步发生在 Reduce 读取 Map 中间结果的阶段，这个过程由编程框架自动控制，从而简化数据同步问题；其次，由于 MapReduce 会监测任务执行状态，重新执行异常状态任务，所以程序员不需考虑任务失败问题；再次，Map 任务和 Reduce 任务都可以并发执行，通过增加计算节点数量便可加快处理速度；最后，在处理大规模数据时，MapReduce 任务的数目远多于计算节点的数目，有助于计算节点负载均衡。

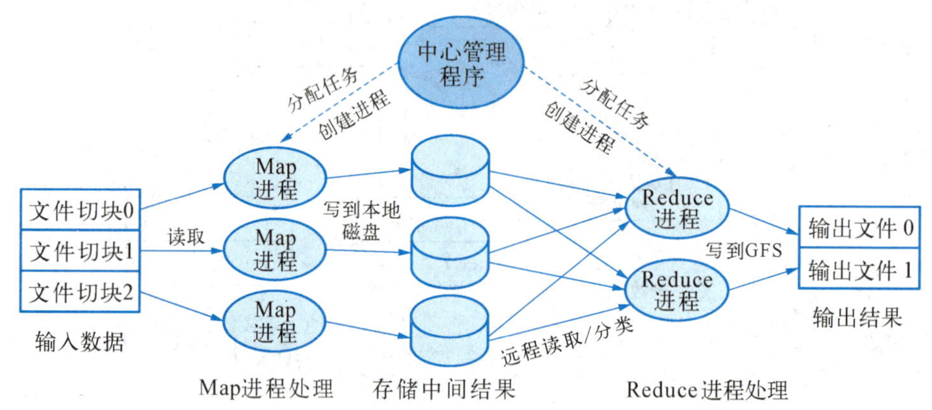

图 6-7 MapReduce 的执行过程

虽然 MapReduce 具有诸多优点，但仍具有局限性：① MapReduce 灵活性低，很多问题难以抽象成 Map 和 Reduce 操作；② MapReduce 在实现迭代算法时效率较低；③ MapReduce在执行多数据集的交运算时效率不高。

3. 资源管理与调度技术。海量数据处理平台的大规模性给资源管理与调度带来挑战，现有的相关技术有副本管理技术、任务容错机制等。

(1) 副本管理技术。副本机制是 PaaS 层保证数据可靠性的基础，有效的副本策略可以降低数据丢失的风险，能优化作业完成时间。目前，Hadoop 采用了机架敏感的副本放置策略。该策略默认文件系统部署于传统网络拓扑的数据中心。以放置 3 个文件副本为例，由于同一机架的计算节点间网络带宽高，所以机架敏感的副本放置策略将 2 个文件副本置于同一机架，另一个置于不同机架。这样的策略既考虑了计算节点和机架失效的情况，也减少了因为数据一致性维护带来的网络传输开销。

(2) 任务容错机制。任务容错机制可以在任务发生异常时自动从异常状态恢复。MapReduce 的容错机制在检测到异常任务时，会启动该任务的备份任务。备份任务和原任务同时进行，当其中一个任务顺利完成时，调度器立即结束另一个任务。Hadoop的任务调度器采用备份任务调度策略。但是现有的Hadoop调度器检测异常任务的算法存在较大缺陷：如果一个任务的进度落后于同类型任务进度20%，则把该任务当作异常任务，然而，当集群异构时，任务之间的执行进度差异较大，因而在异构集群中很容易产生大量的备份任务。

4. QoS保证机制。云计算不仅要为用户提供满足应用功能需求的资源和服务，同时还要提供优质的QoS(如可用性、可靠性、可扩展性能等)，以保证应用顺利高效地执行。这是云计算得以被广泛采纳的基础。图6-8给出了云计算中的QoS保证机制。首先，用户从自身应用的业务逻辑层面提出相应的QoS需求；为了能够在使用相应服务的过程中始终满足用户的需求，云计算服务提供商需要对QoS水平进行匹配并且与用户协商制定服务水平协议(SLA)；最后，根据SLA的内容进行资源分配以达到QoS保证的目的。

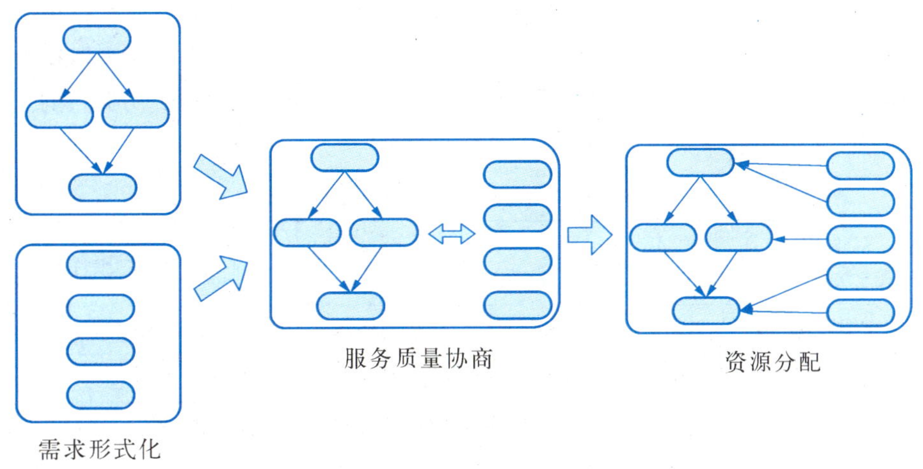

图6-8 QoS保证机制

(1) IaaS层的QoS保证机制。为了能够在服务运行过程中有效保证其性能，IaaS层用户需要针对QoS参数同云计算服务提供商签订相应的SLA。根据应用类型不同可分为两类：确定性SLA(deterministic SLA)以及可能性SLA(probabilistic SLA)。其中，确定性SLA主要针对关键性核心服务，这类服务通常需要十分严格的性能保证(如银行核心业务等)，因此需要100%确保其相应的QoS需求。对于可能性SLA，通常采用可用性百分比表示(如保证硬件每月99.95%的时间正常运行)，这类服务通常并不需要十分严格的QoS保证，主要适用于中小型商业模式及企业级应用。在签订完SLA后，若服务提供商未按照SLA进行QoS保障，则对服务提供商启动惩罚机制(如赔款)，以补偿对用户造成的损失。

在实际应用系统方面，近年来出现的通过SLA技术实现IaaS层QoS保证机制的商用云计算系统或平台，主要有Amazon EC2、GoGrid、Rackspace等，其QoS参数如表6-4所示。

表 6-4　IaaS 层的 QoS 参数定义

IaaS 的 QoS 参数	描　　述	云计算服务
服务器可用性	云计算提供的服务器、存储系统正常运行的保障	GoGrid、Rackspace、Amazon EC2
网络性能保障	数据包丢失率、网络延时、网络抖动的故障	GoGrid
负载均衡器可用性	处理时延、吞吐率、访问并发率的保障	GoGrid、Rackspace
异常通知故障	在发生基础设施异常时的通知时间	Rackspace
支持响应时间	当服务发生异常时，云服务提供商提供排错支持服务的响应时间	GoGrid
惩罚机制保障	不能按照 SLA 合约进行 QoS 保障的惩罚机制	GoGrid、Rackspace、Amazon EC2

（2）PaaS/SaaS 层的 QoS 保证机制。在云计算环境中，PaaS 层主要负责提供云计算应用程序（服务）的运行环境及资源管理。SaaS 提供以服务为形式的应用程序。与 IaaS 层的 QoS 保证机制相似，PaaS 层和 SaaS 层的 QoS 保证也需要经历典型的三个阶段，典型的 QoS 参数如表 6-5 所示。

表 6-5　PaaS/SaaS 层的 QoS 参数定义

PaaS/SaaS 层的 QoS 参数	描　　述	云计算服务
服务请求差错率	单位时间内服务请求发生异常的概率	Google App Engine
网络连接可用性	网络连接畅通且不被中断的可用性保障	GoGrid
服务稳定性	某个用户正常使用服务且服务不失效的稳定性保障	Microsoft Azure、Google Apps、Salesforce CRM
惩罚机制保障	不能按照 SLA 合约进行 QoS 保障的惩罚机制	Microsoft Azure、Google Apps、Salesforce CRM

5. 安全与隐私保护。云计算面临的核心安全问题是用户不再对数据和环境拥有完全的控制权。为了解决该问题，云计算的部署模式被分为公有云、私有云和混合云。

公有云是以按需付费方式向公众提供的云计算服务（如 Amazon EC2、Salesforce CRM 等）。虽然公有云提供了便利的服务方式，但是由于用户数据保存在服务提供商那里，存在用户隐私泄露、数据安全得不到保证等问题。

私有云是一个企业或组织内部构建的云计算系统。部署私有云需要企业新建私有的数据中心或改造原有数据中心。由于服务提供商和用户同属于一个信任域，所以数据隐私可以得到保护。受其数据中心规模的限制，私有云在服务弹性方面与公有云相比较差。

混合云结合了公有云和私有云的特点：用户的关键数据存放在私有云，以保护数据隐私；当私有云工作负载过重时，可临时购买公有云资源，以保证服务质量。部署混合云需要公有云和私有云具有统一的接口标准,以保证服务无缝迁移。

此外,工业界对云计算的安全问题非常重视,并为云计算服务和平台开发了若干安全机制。其中 Sun 公司发布开源的云计算安全工具,可为 Amazon EC2 提供安全保护。微软公司发布的基于云计算平台 Azure 的安全方案,可以解决虚拟化及底层硬件环境中的安全性问题。

6. 数据中心节能技术。数据中心是云计算的核心,是 IaaS、PaaS、SaaS 等所有云计算服务的支撑和基础,其资源规模与可靠性对上层的云计算服务有着重要影响。Google、Facebook 等公司十分重视数据中心的建设。在 2009 年,Facebook 的数据中心拥有 30 000 个计算节点,截至 2010 年,计算节点数量更是达到 60 000 个;Google 公司平均每季度投入约 6 亿美元用于数据中心建设,其中仅 2010 年第四季度便投入了 25 亿美元。

由于云计算数据中心规模庞大,为了保证设备正常工作,需要消耗大量的电能。据估计,一个拥有 50 000 个计算节点的数据中心每年耗电量超过 1 亿千瓦时,电费达到 930 万美元。因此需要研究有效的绿色节能技术,以解决能耗开销问题。实施绿色节能技术,不仅可以降低数据中心的运行开销,而且能减少二氧化碳的排放,有助于环境保护。

当前,数据中心能耗问题得到工业界和学术界的广泛关注。Google 的分析表明,云计算数据中心的能源开销主要来自计算机设备、不间断电源、供电单元、冷却装置、送风系统、增湿设备及附属设施(如照明、电动门等)。如图 6-9 所示,IT 设备和冷却装置的能耗比重较大。因此,需要首先针对 IT 设备和制冷系统能耗进行研究,以优化数据中心的能耗总量或在性能与能耗之间寻求最佳的折中。

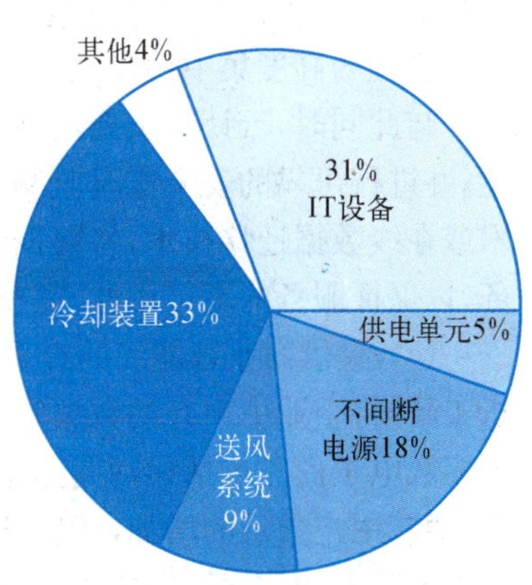

图 6-9　数据中心的能耗分布

6.3　云计算与移动商务

6.3.1　云计算带来的新机遇

云计算应用于移动商务领域,将为众多移动商务企业的发展提供全新的技术基础和服务模式,尤其是中小企业将获得更廉价的资源、更广阔的发展机遇和更完善的服务。据赛迪顾问发布的《中国云计算发展产业白皮书》,2009 年中国云计算市场规模达到 92.23 亿元,而到 2012 年这个数值将扩大到 606.78 亿元。由此可见,将云计算应用于电子商务和移动商务,提供更加高效的商务运作模式,已不仅仅是一种设想,而是一种趋势。云计算将给移动商务带来全面的历史发展机遇。

(1) 打破移动终端性能瓶颈。移动电子商务对终端的运算能力、信息传递和处理能力都有较高的要求,如果移动终端和移动通信网络无法可靠、安全地完成信息的传递和运算,那么移动电子商务就只是空谈。云计算恰恰解决了这些困扰,只要所有的移动终端都能顺利地接入"云",信息处理转递、安全等问题都将迎刃而解。运用云计算的强大计算、处理、传输能力,移动终端的性能瓶颈将被彻底打破。

(2) 提供全新的IT资源部署模式。云计算移动商务模式将涵盖信息技术服务、营销、管理等各个业务领域,提供移动商务交易和移动商务服务的综合性平台。云计算下的IaaS、PaaS、SaaS服务模式,让企业不再需要建设自身的信息中心,无需再投入巨大的资金和人力、物力来进行信息中心的开发和维护。这些工作都将交给云计算服务商来为企业量身定制,企业因此可以专注于自身的核心业务。此外,云计算让移动商务企业的核心数据也能得到更妥善、更完整、更安全的保存。

(3) 更加安全的数据存储模式。任何从事移动商务的中小企业都会为保证后台海量数据的安全煞费苦心。但由于自身专业技术团队力量的薄弱,仍会频繁出现服务器被攻击、信息被窃取、数据被篡改等问题。而云计算模式下,其数据存储的高度分散性、数据管理的高度集中性以及数据服务的高度虚拟化,将提供更加安全的数据服务。

与此同时,云计算服务还会自动对数据进行统一管理、分配资源、均衡负载、控制安全,并进行可靠的安全实时监测。在某台服务器出现故障时,管理监测软件利用克隆技术或在线数据迁移技术,将数据快速拷贝到别的服务器上,并启动新的服务器以提供服务,以保证服务的高可用性、完整性和安全性。

(4) 提供商业智能级的经营决策模式。所谓商业智能(BI),是指利用相关决策分析工具,将企业中现有的数据转换为知识,帮助企业作出明智的业务经营决策。目前,大多数电子商务包括移动商务企业在商业智能领域遇到的困难主要来自以下方面。首先,随着用户数量的增加,产生的海量数据要求有更加强大的数据存储和管理能力,更加需要强大的数据挖掘能力,才能帮助企业作出明智的商业决策;其次,随着需求的不断变化和应用的复杂化、多样化,对商业智能的实时性要求也越来越高。这就需要移动商务企业后台具有更加快速、高效、稳健的运行性能,同时还应该具有良好的扩展性;再次,高成本也是制约移动商务企业尤其是中小移动商务企业发展商业智能的一个重要因素。

云计算所提供的大型数据中心,以及海量数据存储运算、分析、挖掘能力,为移动商务企业发展商业智能提供了良好的基础。而"租赁+服务"的资源分配和交付模式,也为中小移动商务企业发展商业智能提供了巨大的成本优势。

6.3.2 全新移动商务模式构建

现阶段,将云计算运用于移动商务环境,构建新型的商务模式,其主要思想还是基于移动外包服务的应用。利用移动外包服务所提供的"按需分配"的能力,移动商务企业可以在需要的时候快速获得相关资源和服务,不但免去了移动商务企业自身前期建设和后期维护等方面的烦恼,而且服务提供商也能利用"云"同时为众多用户提供服务,实现更深层次的资源共享和技术外包服务。从目前云计算的应用发展趋势进行分析，基于云计算的移动电子商务模式构建将朝着以下几个方向发展。

（1）基于“供应链云”的全程移动电子商务模式。利用分布在全球范围内的“云”，可以构筑起一个庞大的“供应链云”系统，利用这个系统，我们可以实现以供应链管理为核心的全程移动商务模式。在这种模式下，利用云计算提供安全可靠的数据存储服务和运算处理，极大地降低对客户移动终端设备的要求，轻松实现所有用户的数据共享和资源合理分配，并能在客户有需要时，及时提供几乎无限制的空间和服务。这些优势，都将为全程移动商务实现资源整合、提供优质服务打下坚实的基础。其模型如图6-10所示。

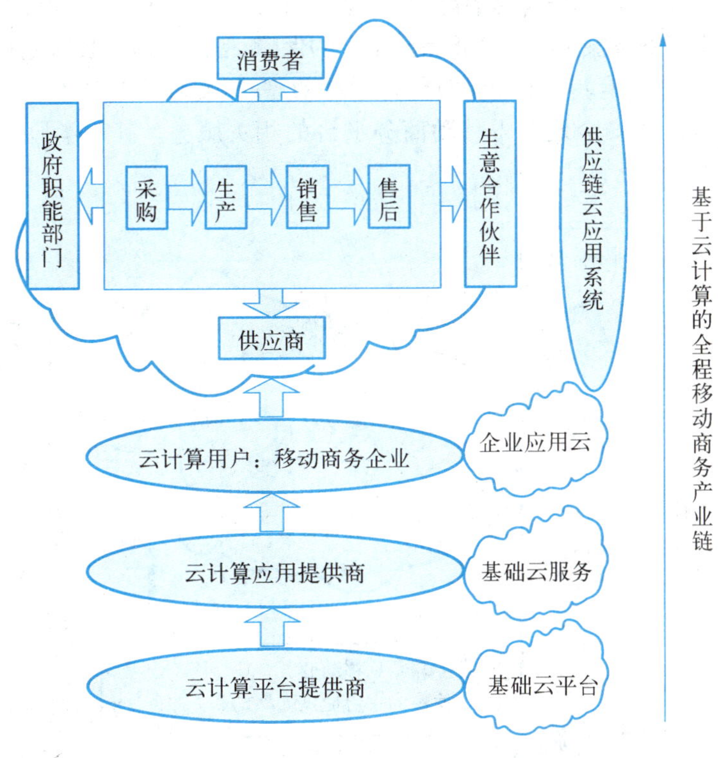

图6-10　基于云计算的全程移动商务模型

在上述模型中，可将基于云计算的全程移动电子商务体系分为三层，分别为基础云平台层，基础云服务层、企业应用云层。各层的基本功能如下。

基础云平台层：主要由云计算服务提供商提供云计算的基础架构和平台建设，为电子商务企业提供使用云计算的基本环境和物理基础。对应于云计算的IaaS和PaaS服务。

基础云服务层：主要由应用开发商提供云计算的相关服务和公共应用接口，为电子商务企业提供所需的服务和软件。对应于云计算的SaaS服务和PaaS服务。

企业应用云层：这一层是企业开展全程移动商务的核心层。在这一层中，移动商务企业应用供应链管理的基本思想，开展企业核心业务流程的重组，构建移动供应链管理系统，利用已有的云计算平台和服务，整合企业资源，改善企业流程，合理分配权限，采用广泛的“供应链云”实现全程移动商务的最终目标。

综上所述，从云计算平台供应商，到云计算应用开发商，再到云计算的使用者——移动商务企业，形成了一个全新的基于云计算的产业链。目前，诸如用友、金算盘、伟库等大型服务商都已经开始打造全程移动商务服务系统，基于“供应链云”的全程移动商务已经进入实践应用的阶段。

(2) 基于“移动云”的移动电子商务模式。随着“移动云计算”、“三网整合”等的发展，移动电子商务模式也将发生深刻变革。由于有了庞大的分布式“云”系统，其信息处理能力、运算效率等都会得到大幅度的提高，而云计算为我们提供的“按需分配”的服务模式和 3G 为我们带来的全新移动终端，将彻底打破移动电子商务存在的瓶颈。有了云计算，移动电子商务服务的安全将得到更好的保障，信息处理和数据传输也将变得更加简单。用户只要持有具备简单计算能力的移动终端，就可以随时随地接入为我们提供服务的“云”，及时安全地获得移动商务平台的相关服务。其基本原理如图 6－11 所示。

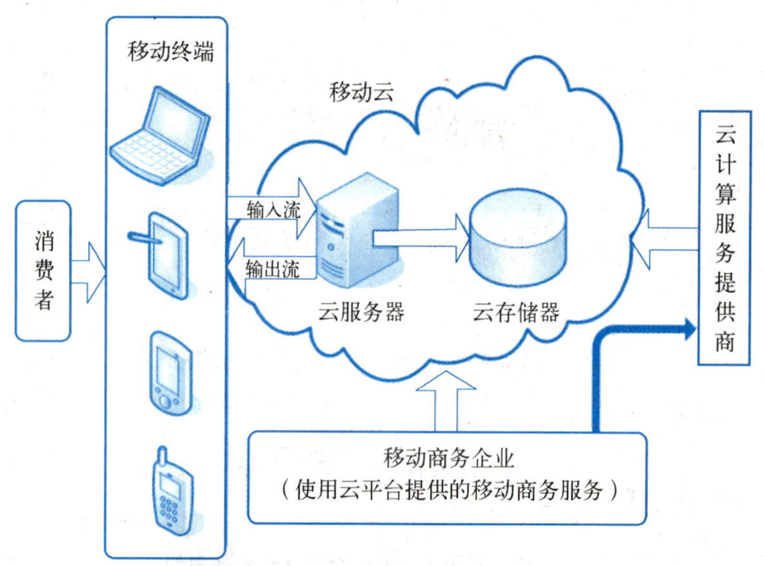

图 6－11　基于“移动云”的移动电子商务基本模型

基于“移动云”的移动电子商务模式，不但解决了移动终端性能瓶颈的问题，还极大地提高了数据分享的便捷性、任务执行的高效性。在这种模式下，对手机等移动终端没有复杂的硬件性能要求，只要具备简单的跨系统平台就可以顺利连接“云端”，获取移动商务企业利用“移动云”所提供的信息和服务。

同时，移动商务企业自身也无需搭建复杂的移动电子商务平台，而只需要向云计算服务提供商申请租赁，就可以获取相应的“云服务”，从而快速实现其业务功能。“移动云”快捷高效的存储、运算、处理、共享能力，为移动电子商务的发展提供了全新的发展空间。

本章小结

本章对云计算进行了较为详细的介绍。对现阶段云计算的服务模型，选择了主要的IaaS、PaaS、SaaS服务模型进行深入阐述。对主流的Google的云计算平台、微软的Azure服务平台、亚马逊的弹性计算云进行了介绍，并根据它们的特点进行了对比分析。云计算能够得到广泛的应用和推广，与其显著的优点是分不开的，其优点有：经济实惠、方便易用、资源整合、更加安全、超强计算能力、绿色环保。当然，任何新生事物都有还不够成熟的地方，云计算也存在相关的问题，如数据安全问题、统一标准问题、隐私权及知识产权问题等。

本章还对云计算涉及的相关技术和框架进行了阐述。从宏观的角度来看，云计算体系架构包括三个层面：核心服务层、服务管理层、用户访问接口层。云计算体系架构的良好运行，需要一系列的支撑技术来支持和实现，其关键技术有：虚拟化技术、海量数据存储与处理技术、资源管理与调度技术、QoS保证机制、安全与隐私保护、数据中心节能技术。

云计算的出现，对于移动商务具有深远的意义，意味着能够克服移动终端性能瓶颈、能够提供全新的IT资源部署模式、更加安全的数据存储模式以及商业智能级的经营决策模式。在本章的最后，我们还讨论了基于云计算的全新移动商务模式，包括：基于“供应链云”的全程移动电子商务模式、基于“移动云”的移动电子商务模式。

思考题

1. 云计算与网格计算的区别有哪些？
2. 如何区分云计算和云计算服务？

练习题

1. 云计算的服务模型有哪些？
2. 试论述云计算的优势。
3. 简述云计算的体系架构及其功能。
4. 云计算的关键技术中，虚拟机技术发挥了什么样的作用？
5. 云计算的出现，除了给移动商务带来新的机遇外，还会带来什么样的挑战？

中篇　应用篇

第7章　移动信息服务

学习要点

移动信息服务为移动商务提供了强有力的支持，从最初的SMS服务到功能丰富的MMS服务，为用户进行信息交流、商家及时促销、商家与用户互动提供了技术上的支撑。移动搜索、移动定位方面的移动信息服务为我们提供了更多的便利，也使商家能更好地推广产品，提供满意度更高的产品服务。

本章将重点探讨上述各种移动信息服务的主要应用、特点、不足及其发展趋势。

知识结构

- SMS服务
  - 内涵：短消息服务，使用移动设备发送、接收文本信息
  - 特点：实现简单、费用低廉、速度快、有群发功能
  - 不足：容量小、表现单一
  - 分类：是否收费、业务类型
- MMS服务
  - 内涵：多媒体短信服务
  - 特点：丰富、新颖、大容量、直接
  - 不足：网络堵塞、规则限制、兼容性、计费、服务内容等
  - 发展趋势：各种增值业务、不同运营商的互联互通
- 移动搜索
  - 内涵：针对移动用户特点提供的个性化搜索方式
  - 特点：搜索方便、过滤分检、与定位紧密结合、技术含量高
  - 不足：成本较高、资源有限、技术制约
  - 分类：搜索内容、搜索方式、搜索范围
  - 发展趋势：SoLoMo化、语音化、碎片化
- 移动定位
  - 内涵：通过移动网络和定位系统结合在一起的一种增值服务
  - 价值链：通信运营商、内容提供商、终端制造商等
  - 应用：休闲娱乐、生活服务、社交网络等
  - 发展趋势：“一站式”生活解决方案、与社交网络及团购促销结合

7.1 SMS 服务

7.1.1 短信息服务简介

SMS 的全名是"Short Messaging Service",即"短消息服务",是一种使用移动设备发送和接收文本信息的技术,是由 Etsi 所制定的一个规范(GSM 03.40 和 GSM 03.38)。一条 SMS 信息最多可达 160 个字节(约 80 个汉字,因还要发送其他相关信息,因此一般的 SMS 短信对中文的限制是 70 个汉字),与大约 1 秒钟的语音所占空间容量相当,故其通信费用十分低廉。目前,SMS 已经被集成到很多网络标准中,如 GSM、CDMA、TDMA、PHS、PDC 等移动网络都支持 SMS,这使得 SMS 成为一项非常普及的全球性移动数据业务。

1. SMS 服务起源和发展过程。早在 1985 年,短信就作为 GSM 的一部分被提出,而被誉为第一条 SMS"短信",是在 1992 年由英国的移动网络工程师及他的同事们发送的,此消息是从 PC 传送到手机。到 1993 年初,发送手机消息的第一款手机由芬兰诺基亚内部工程专业的学生发明。

经过多年来的技术转移,"SMSC box"已经从一个基础设施发展到一个完整的功能模块——基于 IP 的 SMS 架构,功能和能力与服务的普及大大增加。1993 年,SMSC 1.0 版本具备了每秒 10 条消息的能力,性能很快被超越,通过不断创新,提高了能力、可靠性和可访问性。到 1999 年移动行业引进了第一个高性能 SMSC,由 Acision 推出,容量增加至每秒 500 条消息。今天已经大大超出了以往的速度,最新的 Acision IP SMSC 系统又将这一数字提升了 32 倍,每秒可发送 16 000 条消息。

世界领先的通信公司 Acision、Telkomsel 和印度尼西亚领先的蜂窝通信服务运营商,都推出了先进的短信服务,为客户提供前所未有的短信控制。移动用户现在可以阻止不请自来的短信或垃圾短信,设置自动回复,邮件转发,自动将邮件复制到另一个手机号码,设置短信白名单,用户可以定义最多 10 个号码,他们希望收到短信的形式等。

2. SMS 服务的影响。短消息业务在最近几年以各种各样的形式渗入到公众的日常生活当中。随着手机的日益普及,从 1998 年开始,移动、联通先后大范围拓展短信业务;2000 年,中国手机短信息量突破 10 亿条;2001 年,达到 189 亿条;2004 年,飞涨到 900 亿条。于是短信理所应当地成为第五种传播工具,"信生活"的提法也因此诞生。

随着技术的进步和用户需求的变化,短消息用户群由时尚人群向企业/行业用户扩展。短消息作为一种实用、方便、廉价的通信手段,越来越多地成为企业、行业人士日常工作不可或缺的工具;同时,短消息应用范围也由通用服务向企业领域扩展。短消息已经渗透到企业办公、银行证券、交通、教育、社保、移动电子商务等领域,成为企业、行业应用密不可分的一部分。

3. 短信息业务流程。具体如下所述。

(1) 手机终端发送短消息的过程，如图 7 – 1 所示。其中 MT1 表示的是手机终端 1；SAPI3 连接表示的是在无线路径上建立专用的链路层连接；BTS 表示的是移动传输基站；MSC\VLR1 表示的是用户数据，检查用户是否具有短消息业务功能；SMSC 表示的是短信息服务中心。

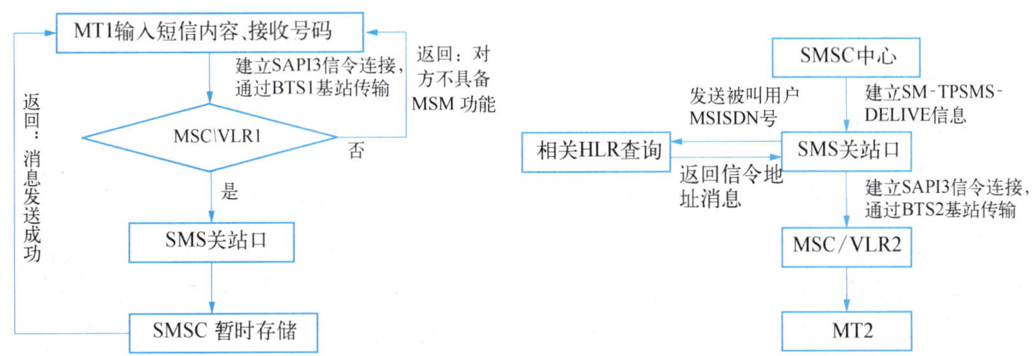

图 7 – 1　手机终端 1 发送短信息过程　　**图 7 – 2　手机终端 2 接收短信过程**

(2) 手机终端接收短消息的过程，如图 7 – 2 所示。其中 SM – TPSMS – DELIVER 信息中包含短消息内容、原发者的识别符号及 SMSC 收到该短消息的时间；HLR 表示归属位置寄存器，是负责移动用户管理的数据库。

综上所述，短信息业务实现流程如图 7 – 3 所示。

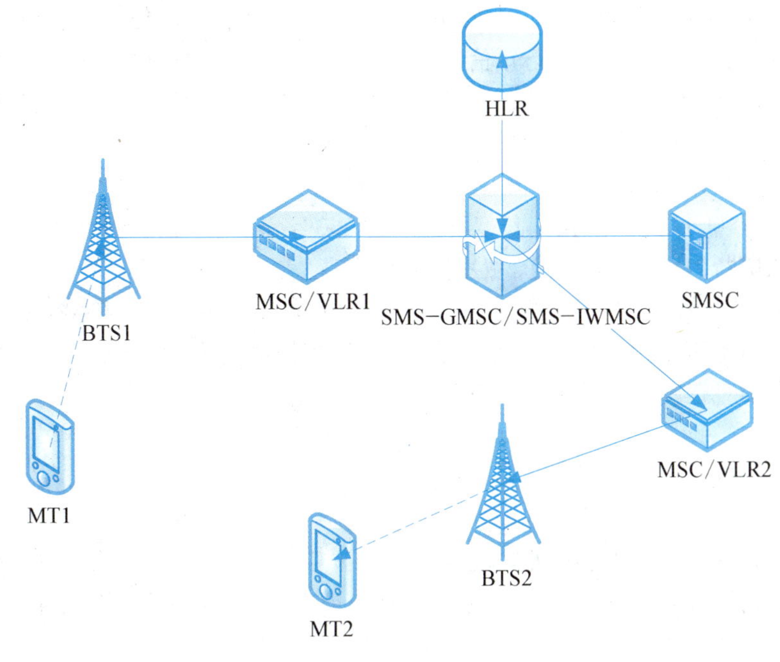

图 7 – 3　短信息收发过程

7.1.2 短信息服务的特点和不足

1. SMS的模式特点与不足。

特点：应用广泛，具有输入能力的手机一般都可以享受SMS服务；用户可以根据个人需要定制个性化信息或内容。

不足：交互性差，适合单向信息提供，不适合交易服务；服务内容和形式有限。

2. SMS的技术特点与不足。

(1) SMS技术的特点。

① 技术上实现简单，抗干扰能力强。SMS使用方便、覆盖范围广，它通过共享频道传输，不占用独立的频道，信息的发送和接收可以在GSM网络上与语音、数据和传真服务同时进行而不会彼此干扰，占用的资源非常少，同时可以支持国内和国际漫游，使移动用户可以使用短信服务向全球任何其他使用该系统的移动用户发短信。

② 通信成本低，业务种类多。用户发送短信时，发送方只需支付0.1元/条的费用，短信的接收方都是免费的。随着通信技术的发展和短信息业务的用户群体不断扩大，各大通信服务商纷纷制定出各式各样的短信套餐来满足不同人群的需求，如5元300条短信、10元800条等。因此，相对来说SMS服务的价格是非常便宜的。

③ 通信速度快，有反馈功能。短信采用的是推式服务方式，通过无线通信系统自动发送给移动用户，发送数百万手机用户，均可在发送完毕后马上接收到信息反馈，而且发布的内容可随时更改。如果用户想确认对方已经收到短信，可以通过系统设置获得每条信息的发送报告，即SMS能及时将送达报告反馈给用户，接近同步通信的效果。

④ 短信息的群发特点。短信群发是基于中国移动、联通、电信、网通直接提供的短信接口实现与客户指定号码进行短信批量发送和自定义发送的功能。短信群发的功能是为企业发展、节约开支、提高效益而产生的。SMS群发这一特性，使得用户可以对多人同时发送信息，节省了大量的时间，既快捷又方便。

(2) SMS技术上的不足。

① 信息容量小，每条短信的长度不能超过160字节，对于稍长内容的短信息服务，必须把信息切断为数条多次发送，费用反而会升高。

② 短信平台因为只能用文字编辑，缺乏相应的图像资料，所以相对略感单调。

③ 因为短信息服务使用的是低速信令频道，此频道为多种传输信号所共享，短信的收发速度相对较慢。

7.1.3 主要应用及国内外现状

7.1.3.1 短信息服务的主要应用

根据研究侧重点的不同，信息服务有多种分类方法，主要包括以下三种：

1. 按服务是否收费分类。可分为非增值服务和增值服务。

(1) 非增值服务，即不向ES/SI收取功能费的行业应用服务。非增值服务使用黑白名单的方式对 MT 短信进行过滤。ES/SI 可通过其接入地的 BOSS 提交黑白名单，个人用户可通过上行短信、拨打客服热线等方式申请加入或退出黑白名单。

(2) 增值服务，即需要向 ES/SI 收取功能费的行业应用服务。增值服务使用签约关系的方式对 MT 短信进行过滤。签约关系有包月和按次计费两种，签约关系由 EC/SI 统一导入其接入地的 BOSS，个人用户不能通过上行短信或拨打客服热线的方式加入签约关系。

2. 按业务类型分类。如表 7-1 所示。

表 7-1 短信息服务应用的业务分类

业务名称	需　求　描　述
查询类业务	气象信息、航班、股票、外汇牌价和新闻等
交易类服务	炒股、转账、外汇买卖等
信息收集和发布	新产品、新服务、促销活动、发布会等广告信息传播；各类通知、活动、文件等信息的辅助提醒；客户资料的收集，用户的反馈，外地员工的工作汇报；简单的调研活动等
定位业务	查询本人或员工的位置，实现外地员工的考勤，重要设备定位

3. 按行业应用业务分类。如表 7-2 所示。

表 7-2 短信息服务的行业应用业务分类

行业名称	需　求　描　述
通信行业	话费提醒、业务预通知、节日祝福等其他类的服务
一般企业	客户服务、财务对账通知、销售价格查询、产品防伪查询、内部信息沟通、企业名片、内部通讯录、仓储与物流、节假日祝福
金融保险行业	账户信息短信通知，企业用户资金汇入、划出通知；定时发送股市信息；提供市场行情的信息短信快递；代理人通知、客户付款通知、保险政策查询、开发潜在客户；续保通知、新险种通知、节日问候、实时接受客户咨询和建议；还款催缴
证券行业	股市信息发布、股民服务请求、交易对账通知、内部信息沟通
政府部门	投诉/咨询中心，回答市民关心的与政府职能有关的问题，接受市民对社会生活中的各种投诉，让广大市民与市领导形成一个直接沟通和互动的桥梁；亲情关怀信息，向广大市民发送疾病防治知识(卫生局)、消防警报(消防局)、环保常识等；紧急广播，通知疫情、天气变化、重大活动等
俱乐部、会所、健康行业	会员管理及服务，俱乐部活动通知、会员积分信息、会员卡到期提示、场地及时间变更通知；会员关怀信息，会员生日祝福、节日问候、个性化信息发送；健康提醒；健康咨询，提供相关健康小知识

续 表

行业名称	需　求　描　述
医疗保健	医院通知、医院保健预约、献血者资料查询
教育	家长信息通知、学生考分查询、内部信息沟通、学生到校或离校通知
餐饮娱乐行业	客户服务，订餐、订房后的确认短信，来店前短信提醒或地址信息；节假日、客户生日关怀短信；广告宣传；短信打折券、现场短信交友；服务相关小知识短信介绍
物业管理和房地产行业	楼盘广告；出租广告；排号、入住信息通知；业主管理，记录业主、雇员、各种合作伙伴信息，分群组进行记录，并提供强大的检索功能；购房、出租咨询；住户投诉、住户报修、住户信息调查；物业费用缴款通知；突发事件广播，在小区发生紧急事件后及时通知所有住户
物流、快递行业	与业务紧密挂钩，主要面对收货人、发货人、签收人、送货员、运输司机发送短信；到货通知；发货人可以通过短信查询货物现在运抵何处
零售、连锁行业	为会员提供会员积分短信查询、打折特价、新产品、新服务信息；促销广告；现场抽奖；顾客投诉；市场调查；商场打折、优惠、特价商品、联谊促销活动限时抢购通告；根据客户的短信订购，对缺货、到货进行短信通知；商品到货信息通知；缺货、订货消息发布
交通旅游、票务行业	出租车公司对出租车司机的信息通知；旅行事项通知，如上车地点、车牌号码、导游电话；旅行团线路内部报价、组团拼团信息发送；旅游信息咨询；短信报平安，旅行团（尤其是国际团）每日情况向在家亲友的短信通知；接受游客咨询投诉；酒店、火车票、飞机票预订的短信确认与提醒

7.1.3.2　短信息服务现状

目前，短信产业正在从以手机铃声、图片下载、手机游戏、交友等经典应用为特征的个人服务模式向为各行业提供及时、准确的市场信息服务的行业应用模式转化，从而带动整个产业进入“深耕细作”的“二次革命”。

现阶段，由于短信行业应用仍处于大规模发展的初期，其主要实现方式是 EC/SI 与企业通、短信信箱等多种行业短信应用直接接入现有的短信网关，然后经短信中心及 GSM 移动通信网络下发至用户终端。由于现有的组网结构中 ES/SI 与 BOSS（计费系统）之间没有接口，同时也受到现有短信网关功能的限制，无法对 EC/SI 进行有效的监控，所以目前短信行业应用业务中只能采取对短信息的发送进行收费的方式，其存在的安全漏洞是显而易见的，会给部分以牟利为目的 ES/SI 任意群发短信带来可能性，引起用户投诉。

所以，根据短信应用业务特点以及以往短信应用的安全事件，其在实际应用中迫切需要保障的安全核心是：建立完备的鉴权关系和防止垃圾短信的分发。

7.1.4　主要发展趋势

全球电信与媒体市场调研公司 Informa Telecoms & Media 目前发布最新研究报

告指出，从现在起至少到 2015 年，短信业务仍将是移动运营商一项重要的业务和主要的营收来源。该研究公司预计，到 2015 年全球短信服务营收将从 2010 年的 1 055 亿美元增加至 1 369 亿美元，全球短信发送量也将从 2010 年的 5 万亿条增加至 8.7 万亿条。然而快速成长的短信市场也带来了诸多变数，通过对政府机构、电信用户以及运营商等相关利益方的分析，我们预见将来的信息业务市场将有以下发展趋势：

(1) 逐渐萎缩的流行短信市场。现在许多用户对于笑话、祝福语之类的流行性短信评价均为单一、枯燥、无新意。从图 7－4 可以看出，春节短信发送量增长幅度非常不稳定，2011 年春节，由于基数扩大到了 230 亿，使得当年增长率同比下降到 13%。除了基数庞大导致增长速度变慢外，2011 年手机端的米聊、微信、飞聊等短信替代性工具纷纷出现，必然也将减弱人们对短信的依赖和使用，冲击短信发送量。尤其是微信，我们知道它的用户已经超过 5 000 万，活跃用户高达 2 000 万，这个数字还在以极快的速度增长。未来数年，短信服务仍将是主要的移动讯息媒介，不过短信服务营收的增长速度将放缓，可能还会出现下降，特别是在发达国家情况更是如此。

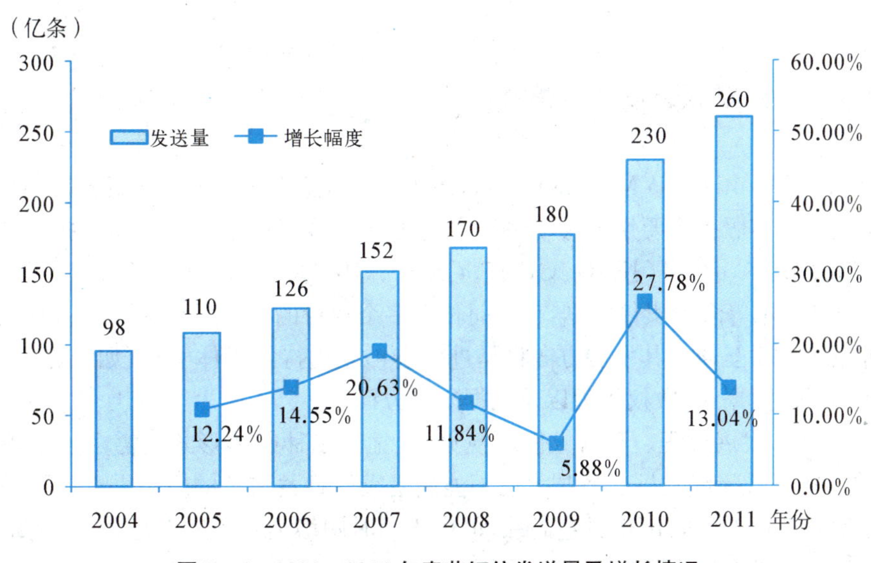

图 7－4　2004—2011 年春节短信发送量及增长情况

(2) 实用短信占据主导地位。尽管从传统意义上来说，短信服务最主要的用户为个人用户，但是现在越来越多的政府部门、银行等金融机构、企业、零售商、交通运输部门以及其他机构开始利用短信这一形式来发布消息。在新兴市场，短信服务越来越普及，特别是为移动用户提供金融信息，以解决他们无法实时获取金融产品信息的难题。

(3) 网络与短信的无缝链接。互联网的发展与手机的普及日渐趋于同步。通过网络来进行短信发送将变得日趋频繁。手机 QQ 活跃账户仍然处于市场第一，市场份额为 52.8%；手机飞信排名第二，市场份额为 30.5%。详细情况如图 7－5 所示。

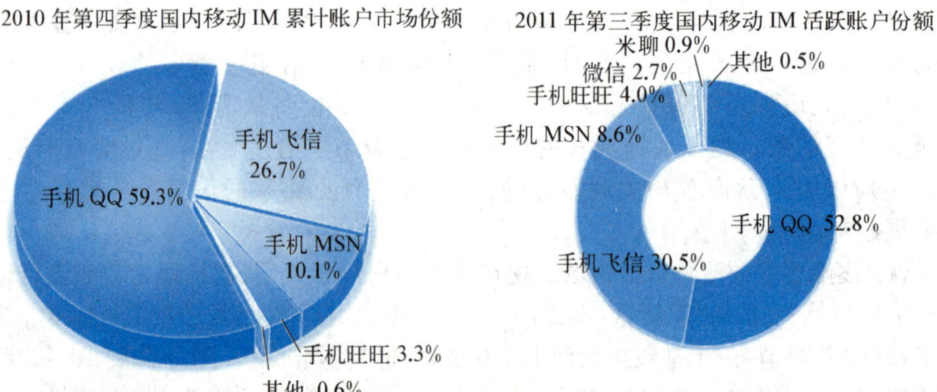

图 7-5　2010 年第四季度和 2011 年第三季短信网络化占有份额

7.2 MMS 服务

7.2.1 多媒体短信服务简介

MMS 是 Multimedia Messaging Service 的缩写，意为多媒体短信服务，通常称为彩信。多媒体短信服务主要用于移动终端之间相互传递多媒体数据，目前主要包括视频片段（MPEG 4）、图片（JPEG、GIF87、GIF89、GIF89A）、音乐（MIDI、I-MELODY、AMR）以及文本等多种媒体数据，可同时传送多个数目的多类媒体，并可以和标准的电子邮件系统互联互通。其发展方向将是进一步扩充支持的媒体类型（如流媒体等）、增加单次传送的数据量、数权管理以及数据安全方面等。

1. 起源和发展过程。随着人们对视觉、听觉等多种媒体形式的需求越来越强烈，SMS 作为第一代无线数据服务技术已不能满足人们日益增长的应用需求，所以开发更高端短信服务标准的呼声也日益高涨，但由于当时网络运营商还未建立 3G 网络，在这个技术背景下，EMS 的概念就被提了出来。

EMS 是英文 Enhanced Messaging Service 的缩写，中文意为增强型短消息服务。比起 SMS 来，EMS 的优势是除了可以像 SMS 那样发送文本短消息之外，还可以发送简单的图像、声音和动画等信息。而它最大的优势是仍然可以运行在原有 SMS 运行的 GSM 网络上，并且在发送途径和操作方法上也没有差别。但作为世界上最大的手机制造商，诺基亚并不支持 EMS，他们认为 3G 甚至 4G 网络的开通是迟早的事，与其投入精力物力去支持一个实际意义并不大的过渡性技术，还不如踏踏实实搞好未来的短消息标准 MMS。EMS 最后也由于得不到诺基亚的支持，一直没有很好地推广开来。

在 SMS 已到黔驴技穷，EMS 也是进退两难之时，随着移动设备硬件处理能力的提高、彩屏的出现以及市场需求的综合推动，多媒体技术在无线领域中开始了进一步的探索，一种功能更新、更强的短信标准——多媒体短信(MMS)便应运而生。

MMS 的发展经历了两个阶段。第一阶段主要集中在终端对终端的业务上。终端对终端业务也将像 SMS 那样占据 MMS 业务量的主要部分。第二阶段是 MMS 的增值应用发展时期。在 MMS 增值业务发展初期，主要是各种静止图形，如图片、照片、屏保、问候卡、铃声等业务。通过这些应用让用户养成从无线网络上下载的习惯，用图形、动画、声音等多种方式表达，而不再是文字。在此基础上，提供日常的新闻和娱乐功能，增加交互式卡通、智力测验和游戏等应用，让用户在无线网络上也能体验到像传统互联网上那样丰富多彩的内容和服务。

2. 多媒体短信服务的影响。MMS 的出现把人们带入了移动信息社会，也将对市场产生非常积极的作用。它不仅适合于 GPRS，同样也适合于三代网络。专家预测 MMS 将给人们带来更加丰富的信息。比如天气预报，未来的多媒体天气预报会更加美观并更人性化。如果用户想了解一个娱乐明星的情况，通过多媒体信息服务不仅可以了解到这个明星近期的一些活动，同时还能看到画面。彩信业务的出现，不仅使人们多了一种通信联络的方式，对于社会的各个行业来说，彩信的应用也将为这些行业带来新的气象。

3. 多媒体短信业务流程。具体如下所述。

(1) 终端到应用。用户发送一条彩信至一个梦网 SP 的服务代码。发送方用户归属 MMSC 收到后，判断该 SP 归属 MMSC，如果需要，转到该 SP 归属 MMSC。具体过程如图 7－6 中步骤①—⑦所示。

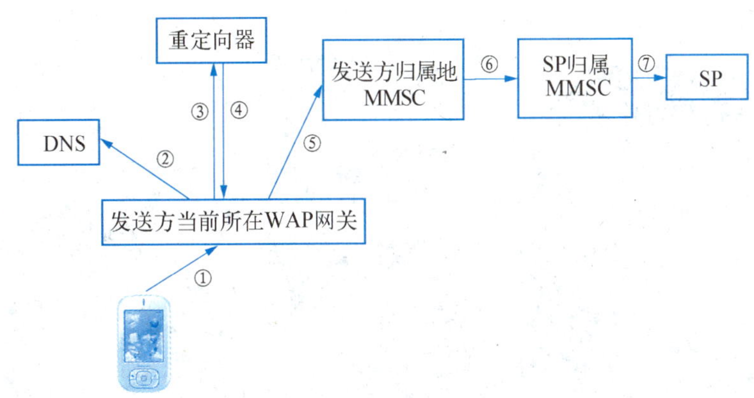

图 7－6　MMS 终端到应用业务流程示意图

(2) 应用到终端。用户到网站上点播一条彩信，SP 把彩信发送给相连的 MMSC1。MMSC1 收到消息后，搜索判断接收方用户归属 MMSC。若属于另一个 MMSC2，则把消息转发给该 MMSC2(图 7－7 中消息①—③)。

接收方用户归属 MMSC 将检查接收方的用户状态。若是 MMS 终端，则会给接收方用户发送通知消息。接收方用户收到通知消息后会自动链接到 MMSC 上提取消息(图 7－7 中步骤④—⑥，1—2)。

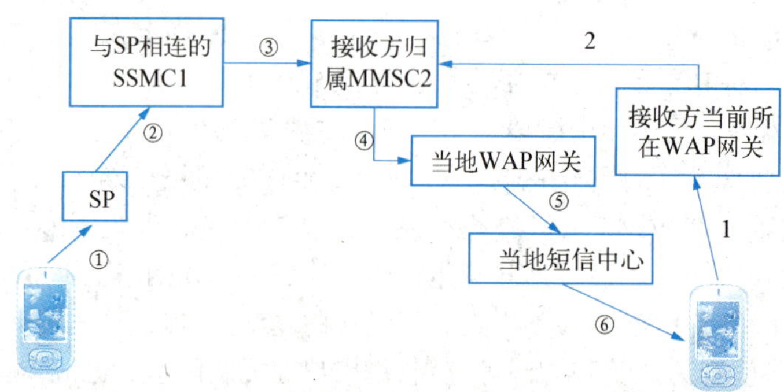

图 7-7　SP 到 MMS 终端业务流程示意图

若不是 MMS 终端，接收方用户归属 MMSC2 则会经过当地短信网关给原发送方用户的手机发送一条短信通知④，提示发送方用户由于接收方无法接受而失败(图 7-7 中步骤④—⑦)。

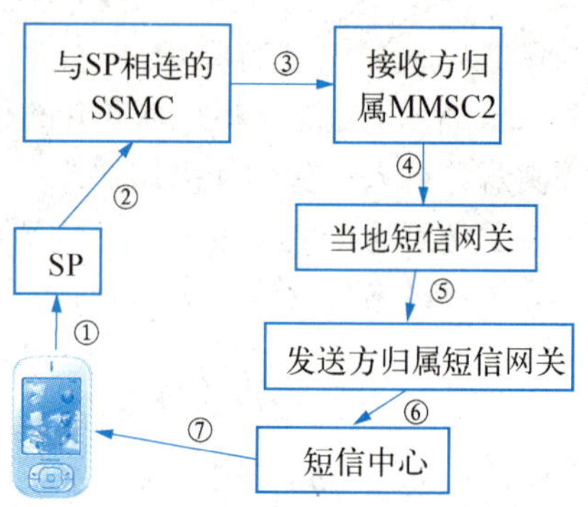

图 7-8　SP 到非 MMS 终端或未知用户业务流程示意图

7.2.2　多媒体短信服务的特点与不足

7.2.2.1　MMS 的特点

1. 丰富。除基本的文字信息以外，更配有丰富的彩色图片、声音、动画、震动等多媒体的内容，图文并茂，生动直观。图 7-9 展示的是一个 MMS 的例子。

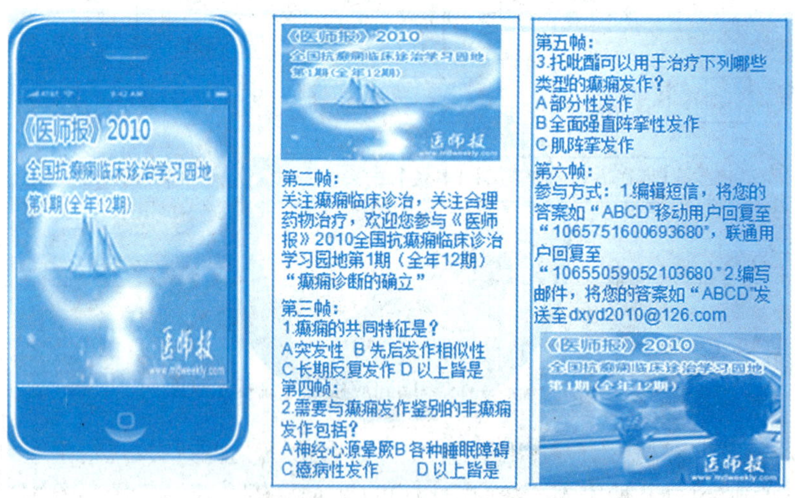

图 7-9　图文并茂的彩信杂志

2. 新颖。彩信是一种全新的媒体传播形式，时尚新颖，客户新鲜感强。

3. 大容量。MMS 标准没有规定单一 MMS 信息的最大容量，这主要是为了保证未来的互操作性，避免 SMS 遇到的窘境。但为了提高发送成功率，目前采用的容量为 50K，这是原本只有70个汉字容量的普通短信无法比拟的。

4. 直接。全新直投式广告媒体弥补了传统四大媒体的空白。彩信广告对客户而言，是一种富于创意的全新直投式广告形式，发布时间可以自由控制，而且操作方便，如图7-10所示。

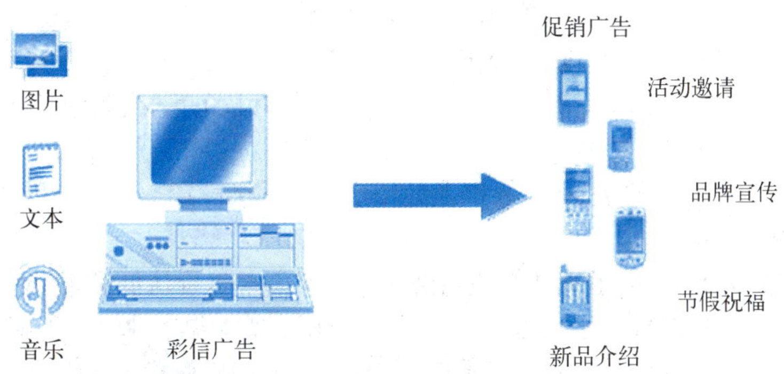

图7-10 彩信——新颖多彩的广告形式

7.2.2.2 MMS存在的问题

如今，多媒体短信已经被看作是移动通信一个新的盈利点，但它要想发展得像今天的文本短信一样红火可能也并不容易，还有许多问题需要解决。

1. 网络堵塞问题。MMS业务要求建立一个多媒体信息中心(MMSC)，MMSC通常要求适用于各种二代和三代的网络。从运营的情况来看，MMS还不能很好地实现互联互通，且信道堵塞而导致短信出错的情况时有发生，用户在发短信息时，经常出现"短信发送失败"的提示，而实际上有时候对方已经收到了短信息，这样就使发信方在无意中增加了重复发信的费用。因此，移动运营商应该及时更新其技术，解决信道堵塞的问题。

2. MMS原理的限制。由于MMS沿用了SMS的"存储转发"机制，因此同样也会发生延迟甚至丢失信息的情况。所谓"存储转发"机制，是指一条短信的传递过程中，必须经过交换服务器(在MMS系统中，该服务器被命名为MMS Center，简称为MMSC)，再由该服务器决定该条短信被存储或被立刻转发至目的地。

严格地说，彩信业务是没有大小限制的。但由于目前的彩信手机对能够发送和接收的彩信大小存在一定的限制，为了保证彩信发送的成功率，目前中国移动彩信业务每条彩信的大小为50K左右，大约达到2万个汉字。这么小的单条容量决定了MMS不可能胜任诸如播放一首MP3音质的歌曲、观看一部电影这样的任务。其主要的应用范围，将局限在传递照片，播放不超过10帧的动画、5秒左右的视频，制作几页类似于PowerPoint的文档等。

3. 兼容性问题。现在市场上有不少支持MMS的手机，不同品牌的手机却往往不能互相发送图片和声音。各品牌手机支持的图片和声音格式都不尽相同，这极大地限制了MMS的普及。后来，诺基亚、爱立信、摩托罗拉、西门子、逻捷克、CMG等MMS领域内的领导厂商达成"MMS Conformance Document"(《MMS一致性文档》)。该文档规定了MMS中内容的基本格式。根据这一文档，图片格式被规定为JPEG、GIF和一种特殊的BMP格式，图片最大不能超过160×120像素。而MMS的声音格式则被统一为AMR格式，AMR由欧洲通信标准化委员会提出，并被3GPP采用为3G通信的语音标准。但各厂商往往会推出自定格式的特殊内容服务，这一类的服务难免会与EMS一样，只能使用同品牌的手机才能享受。

4. 手机本身的局限性。发展MMS必须要考虑到手机本身的问题，手机硬件及参数设置对MMS具有很大的局限作用。

(1) 如果双方的屏幕不一样的话，短信中心就要作出相应的处理，这将影响信息的质量。另外手机屏幕的问题，也像WAP无线上网一样，由于屏幕还是比较有限，所以用数码相机照下来的相片也要受屏幕的限制，如果是视频片段的话，受到的影响就更大了。

(2) 在手机的使用方面，手机设置也是比较麻烦的事情。根据中国移动和中国联通客户服务中心反馈的信息，75%以上的用户认为手机设置是一个障碍，因此降低使用门槛也是非常必要的。

5. 计费问题。SMS业务能够成功的一个重要因素是价格低廉，甚至不收费。MMS短信要处理和传输的数据远远比纯文本的SMS短信要大得多，MMS的资费不仅要包含线路传送的费用，还可能要包含很多图片、视像等方面的版权费用。因此MMS业务的资费应该是多样化的，可能需要根据用户传送的内容而收费，所以收费与SMS短信相比更加昂贵，因此费用仍是个问题。

6. 服务内容的问题。MMS的服务内容具有个性化的特点，必须提供丰富的信息内容才能吸引用户。要推动MMS的成功应用，必须依赖三个方面：娱乐、图形、点对点应用。要让终端用户愿意与他人分享娱乐和图形信息；愿意利用已有的内容自己创作多媒体消息；愿意下载各种MMS内容，如体育图片、卡通、娱乐等，这样才能带动MMS的使用。

7.2.3 多媒体服务的主要应用和现状

1. MMS的应用。多媒体短信业务目前主要的应用领域包括以下几个方面：

(1) E-mail。E-mail将成为MMS最主要的应用之一。

(2) 广告。由于可以支持清晰的图像，甚至音像剪辑，MMS将成为与报纸、杂志和互联网相并列的广告手段。

(3) 语音信箱。运营商无需额外投资，即可集成现有的语音信箱，将语音留言“推”到用户手机上。

(4) 铃声和图片。从互联网向手机发送铃声和简单图片已经得到普遍应用，通过MMS，用户可以享受更高质量的服务。

(5) 与其他业务的结合。可以与现有的其他应用如定位业务相结合，通过MMS，可以给用户发送清晰明了的电子地图。

2. 应用现状。MMS是目前短信服务技术标准中最高的一种，它甚至还被誉为无线通信技术中最伟大的一项发明。从它的字面意思我们就可以看到它最大的特色就是支持多媒体功能。多媒体功能除可以传送纯文本消息外，还可以传输包括视频、图片、音乐等在内的各种内容，它的容量可以是30 000字节至无限大，而且在编辑素材的获取上，SMS除了可以从手机内部或是互联网上获得外，而且还可以配合手机专用的摄像头从外部获取资源。

在中国，无线通信领域拥有全球第一大市场，无线通信应用技术进入世界前列，彩屏和智能手机数量剧增，在“彩色应用”口号的诱惑下，多媒体短信正在普及和丰富中，然而支持多媒体短信的移动设备基本上是国外品牌，一些国内品牌的手机支持 MMS，大多也是购买了国外 MMS 的组件。所以，自主研发国内 MMS 的呼声高涨，研发该产品势在必行。

7.2.4　多媒体信息服务的主要发展趋势

据分析，MMS 业务将主要沿以下两个方向发展：

(1) 基于移动 MMS 开展各种增值业务。例如将邮件系统和 MMS 业务结合，使两种业务的优势相得益彰，让用户在无线网络上也能体验到类似于传统互联网上的内容和服务。又如 MMS 可以与现有的 LBS(位置业务)相结合，通过 MMS，给用户发送清晰明了的电子地图，使用户一目了然等。

(2) 不同运营商之间 MMS 业务的互联互通。互联互通使得用户在使用 MMS 业务时不受运营商的影响，可以在更大范围内更加方便地使用 MMS 业务。

7.3　移动搜索服务

移动搜索是基于移动网络的搜索技术的总称，指用户可以通过 SMS、WAP、IVR 等多种接入方式进行搜索，获取 WAP 站点及互联网信息内容、移动增值服务内容等信息及服务，并针对移动用户的需求特点提供的个性化的搜索方式。

7.3.1　基于移动互联网提供的移动搜索服务

1. 移动搜索服务的起源和发展概况。随着互联网的快速发展，人们的工作、生活对互联网的依赖性也越来越强，网上海量信息飞速增长，推动了互联网搜索业务的诞生以及搜索引擎技术的成熟。移动互联网作为移动数据业务的主要业务正在快速成长，移动搜索技术也应运而生。

移动搜索业务起步比较晚，2002 年 8 月在英国出现的“手机搜索乐曲名”服务算是移动搜索的雏形，但不是真正意义上的移动搜索。直到 2004 年 5 月，英国三家主要的移动运营商 Orange、Vodafone 以及 O2 推出的被称为 AQA(Any Question Answered)的基于短信的搜索服务才算是移动搜索的正式开始。移动搜索的出现，真正打破了地域、网络和硬件的局限性，满足了用户随时随地的搜索服务需求。

2005 年，我国手机搜索引擎迈出了坚实的一步——年初国内市场还是一片空白，到了年末，手机搜索市场已经形成产业化的雏形，市场规模达到 0.97 亿元。根据用户量以及市场价值来看，手机搜索无疑是 4G 前以及 4G 后最具发展潜力的新兴市场。

2012 年 4 月 20 日，BIA/Kelsey 发布的研究报告预计，2015 年移动本地搜索的数量将首次超过桌面本地搜索。BIA/Kelsey 表示，如果按照目前的速度发展下去，到2016 年，移动本地搜索的数量将超过桌面本地搜索 270 亿次。

2. 移动搜索服务的影响。移动搜索业务的最大优势在于打破了位置约束，让用户能通过随身携带的手机即时获取所需的信息。其次，由于移动终端的便携性，用户可以随时随地搜索自己需要的信息，这决定了搜索内容和搜索过程具有更强的人性化色彩，同时移动终端一般都是由唯一的用户使用，移动搜索就可以结合移动用户的搜索记录、搜索习惯等个人偏好进行分析筛选，为用户提供最符合个人需求的搜索功能。移动搜索业务能将各种移动增值业务进行有效整合，引导用户消费，提高用户黏性，对提高移动运营商的业务收入和推动电信运营商向综合信息服务提供商转型具有重要的意义。

3. 移动搜索服务技术实现。

(1) 移动搜索原理与计算机搜索的比较。从实际应用的角度看，手机搜索和计算机搜索基本原理相似，但手机搜索并不是网络搜索的简单翻版，其不同之处体现在以下两个方面：

首先，计算机搜索强调的是“海量”，搜索结果多多益善；而手机受屏幕较小的限制，因此需要对多余的图片、超级链接、Flash 等内容进行过滤，为用户提供最精确的、最有价值的内容。

其次，由于移动终端的便携性，用户可以随时随地搜索自己需要的信息，这决定了搜索内容和搜索过程具有更强的人性化色彩，同时移动终端一般都是由唯一的用户使用，移动搜索就可以结合移动用户的搜索记录、搜索习惯等个人偏好进行分析筛选，为用户提供最符合个人需求的搜索功能。

(2) 对 WAP 方式搜索流程的分析。不同的搜索方式处理流程会略有不同，但差别不大。WAP 方式的移动搜索输入方式一般为关键字，对用户需要的信息进行搜索的工作流程包括两部分。

第一部分是搜索器从 WAP 或 WEB 站点抓取网页，直至索引器建立索引数据库的过程，如图 7 - 11 所示。

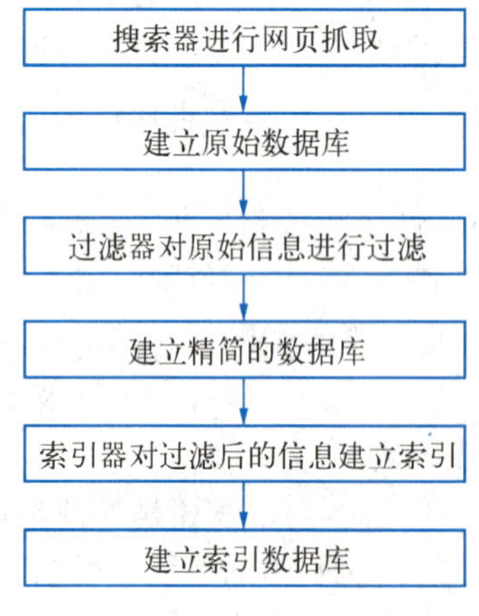

图 7 - 11　建立索引数据库的工作流程

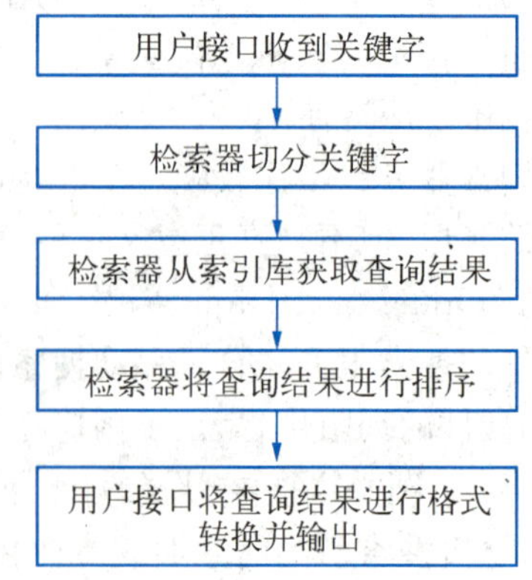

图 7 - 12　根据索引数据库查询信息的工作流程

第二部分是用户接口收到关键字，检索器根据索引库查询信息的过程，如图 7－12 所示。

(3) 典型的移动搜索业务系统结构图，如图 7－13 所示。

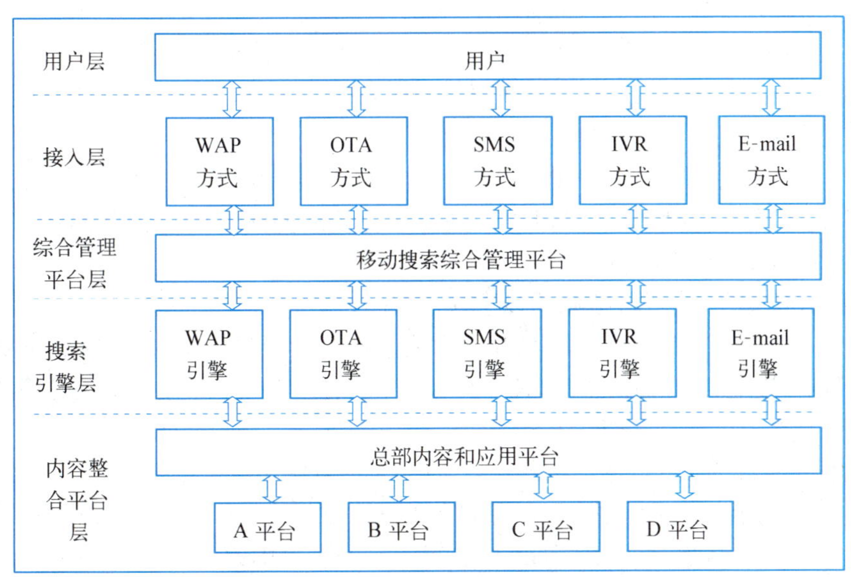

图 7－13　典型的移动搜索业务系统结构

4. 用户对搜索结果的期望。主要包括以下三个方面。

(1) 结果的个性化。个性化强调的是结果因人而异，不同的用户，即使是同样的搜索条件可能结果也并不一样。这要根据很多条件去作判断，比如用户对搜索结果的属性进行了选择，包括娱乐、即时新闻、博客等。

(2) 结果的个体化。搜索引擎，是“我”的搜索引擎，不是公众的搜索引擎。用户在使用搜索服务时，可能这段时间在关注某一类信息，但是每天都要打开浏览器去搜索就很花费时间，需要有一个东西可以代替自己去搜，另外还可以承担像代理机器人一样的工作，比如用户上传一些关键词，它就会记住，一发现有新的新闻或消息，就会自动搜索，编辑成彩信方式发到手机上。搜索引擎是主动为用户服务的，不是被动的，个体化就是强调主动为用户服务这一点，给用户一种“我的搜索引擎”的概念。

(3) 结果的圈子化。圈子化，是基于文本的搜索引擎想达到的一个理想目标，即搜索的时候第一条就能出现用户想要的内容。不同用户搜索时，要找的方向不一样，如果用户有一个圈子，那么这个圈子里面大家在关注什么东西，这是有一定的规律的。这个圈子为用户的搜索请求提供上下文属性支持，有了这些属性，就可以大大提高对用户搜索意图理解的准确性，进而提供最好的结果给用户。

7.3.2　移动搜索服务的特点与不足

1. 移动搜索是根据移动用户的需求特点提供个性化、本地化、智能化的信息搜索方式，主要具有以下四个特点：

(1) 移动搜索的自由度较大，不受地理位置的限制，可以随时随地进行信息查询。

(2) 移动搜索数据库采用过滤分检的形式，更为有效地规避了互联网搜索信息冗余的不足，更加精准地为用户提供简约、实效的信息。

(3) 移动搜索可以根据用户终端位置显示，通过与定位服务的紧密结合，一方面为用户提供更有针对性的产品，另一方面帮助企业采用"窄而告之"的形式宣传产品，极大地节约了广告费用。

(4) 移动搜索引擎的技术含量高于一般的互联网搜索引擎，例如引擎的算法、数据库的建立、手机终端的匹配、运营商的壁垒、本地化的团队运营，还有搜索品牌的影响力。

2. 移动搜索的不足主要表现为以下三个方面：

(1) 搜索成本较高。手机检索信息不单要包括基本短信信息费，还要支付增值服务费、通道费、流量费，有的甚至是高价的，这在某种程度上减少了用手机进行移动搜索的尝试。

(2) 信息资源局限。与互联网相比，移动搜索的资源相对匮乏，可以用来搜索的满足用户个性化需求的信息并不多。信息资源的局限性将阻碍移动搜索的进一步发展。

(3) 技术发展制约。主要体现在移动终端设备屏幕的狭小和无线网络宽带的束缚。用户在使用移动搜索时，因终端屏幕小而不能获取更多的资源，因网速慢而使等待的时间较长。

7.3.3 移动搜索服务分类和应用现状

1. 移动搜索有不同的分类方式，可以按搜索内容、搜索方式、搜索范围等方面进行划分。

(1) 按照搜索内容划分。根据内容形式不同可以分为：网页搜索、图片搜索、音乐搜索、地图搜索、位置搜索、视频搜索、实名搜索、本地搜索、WAP 网址搜索、AQA 应答搜索等。根据内容的垂直分布又可以分为：游戏搜索、购物搜索、铃声搜索、新闻搜索、小说搜索、黄页搜索、帖吧搜索等。

(2) 按照搜索方式划分。主要可分为以下五种：

① WAP 方式：通过 WAP 浏览器将查询请求发送到搜索引擎平台，在 WAP 站点及互联网上获取用户所需要的搜索信息。

② OTA 方式：在移动终端 OTA 卡内置无线搜索业务菜单，根据卡上的搜索菜单，输入关键词，获取用户所需要的搜索信息。

③ SMS 方式：用户只需在手机中编辑关键词，发送到移动搜索服务提供商，即可获得搜索结果。

④ IVR 方式：用户通过语音输入关键词，搜索引擎通过智能语言识别系统对用户的语音进行识别和解析并搜索，以自动应答或其他方式显示结果。

⑤ E-mail 方式：用户通过发送查询信息到电子邮箱从而获得搜索结果。

(3) 按搜索范围划分。主要可分为以下三种:

① 站内搜索:搜索范围仅限于移动运营商业务平台内的内容。

② 站外搜索:搜索范围包括独立的 WAP 网站内容和互联网内容。

③ 本地搜索:结合用户所在位置进行的搜索。

2. 应用现状。目前国外的移动搜索主要有两种形式:发短信搜索和网页浏览搜索。发短信搜索的一个典型应用是用户在购物时经常会发短信给 Synfonic 和 Smarter 这两家网站,随后这两家网站通过回复短信,为他们提供所需商品的价格和相关商品的比价,帮助用户作出购买决策。网页浏览搜索是通过移动终端上网,登录搜索引擎的 WAP 网站搜索所需要的信息。

2004 年,我国的移动运营商宁波移动首先推出了一项嫁接在移动通信和移动互联网搜索平台上的全新信息搜索服务,实现了信息搜索从互联网空间向无线移动领域的技术飞跃。移动搜索服务商已经开发出基于手机网页的搜索引擎——CGOO。2005 年 11 月 1 日,上海网村推出了手机中文搜索引擎——悠悠村,为用户提供集计算机端、WAP 端和 Java 端三个平台为一体的手机无线搜索服务。随后,Google、百度等众多企业也相继开通了手机实时搜索功能。

7.3.4　发展趋势

近几年是移动设备发展迅速,苹果、HTC、小米等手机都以其特有的优势,在市场中迅速崛起。我们可以说互联网的下一个春天将会诞生于移动网络上。随着移动网络和移动设备的发展,带动的是一系列的产业链,其中影响最大的就是移动搜索。据不完全统计,目前在互联网上的搜索流量中有五分之一来自移动搜索。而且这一数据正在以惊人的速度增长。现立足现状来分析移动搜索发展的三个主要方向。

(1) SoLoMo 化(如图 7-14 所示)。

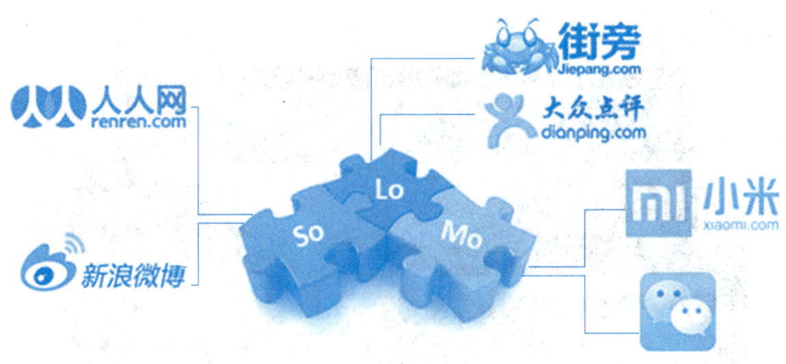

图 7-14　移动搜索的新结合 SoLoMo

SoLoMo 这一概念可能有的人还不是很清楚。这是国际著名的 IT 风险投资商约翰·杜尔提出的一个概念。我们可以把它的字母拆分开:so——social (社交);lo——local (本地位置);mo——mobile (移动网络)。这个词可以很好地反映出目前移动搜索的发展模式。搜索引擎已经将社交网络纳入其排名的因素之一。目前主流的社交网站都已经很好地和移动搜索结合。同时，我们可以看到目前移动搜索有一个很大的发展趋势，就是搜索本地化。这也符合常理，因为我们一般使用移动设备如智能手机搜索信息，搜索目的一般都是想获得本地的信息，例如采用“北京什么饭店好吃？”这一类搜索目的明显的关键词。这也将成为移动搜索的发展趋势。

（2）语音化（如7－15所示）。

图7－15　移动搜索的语音化

iPhone 4S的智能语音服务Siri让人印象深刻。这是苹果在推出4S时附带的一个功能，没想到一出市场就获得消费者广泛的青睐。我们可以通过这一功能让我们的手机成为一个智能的机器人，可以通过对话的方式来得到天气、交通等查询信息。同时，这一功能也带动了移动搜索的另一个发展趋势，那就是语音搜索。我们知道手机有一个不得不面对的硬伤，那就是键盘小。而如果可以通过语音来取代传统搜索时需要的繁琐的键盘输入，则将会很好地提高用户的友好体验度。

（3）碎片化（如图7－16所示）。

图7－16　移动搜索的碎片化

随着移动设备的发展，移动设备的种类也在不断增加。目前主流的移动设备主要包括非智能手机、智能手机、平板电脑，而这三者和普通的桌面 PC 的搜索结果是各不相同的。这就产生了一个问题：移动搜索的搜索结果碎片化。同一个关键词的搜索，在不同设备上有不同的结果。这就给搜索引擎开发人员设下了一个挑战，如何在不同的设备上制定不同的优化策略，是在未来的优化中必须考虑到的问题。

7.4　基于位置的服务

位置服务（Location Based Services，LBS），又称定位服务，是由移动通信网络和卫星定位系统结合在一起提供的一种增值业务，通过一组定位技术获得移动终端的位置信息（如经纬度坐标数据），提供给移动用户本人或他人以及通信系统，实现各种与位置相关的业务。

7.4.1　移动定位服务简介

1. 起源和发展过程。1994 年，美国学者 Schilit 首先提出了位置服务的三大目标：你在哪里（空间信息）、你和谁在一起（社会信息）、附近有什么资源（信息查询）。这也成为 LBS 最基础的内容。

2004 年，Reichenbacher 将用户使用 LBS 的服务归纳为五类：定位（个人位置定位）、导航（路径导航）、查询（查询某个人或某个对象）、识别（识别某个人或对象）、事件检查（当出现特殊情况时向相关机构发送带求救或查询的个人位置信息）。

2002 年，Ahonen 和 Barrett 出版了一本书，叫作《UMTS 服务》（UMTS 全称 Universal Mobile Telecommunications System，意为通用移动通信系统，是 3G 技术中的一种，采用 W-CDMA 作为底层协议，达到了欧洲和日本对于 3G 无线广播的要求），其中首次对位置服务进行了讨论。

2002 年 3 月，Jimmy LaMance、Jani Jarvinen、Javier DeSalas 在 *GPS World* 上发表了一篇文章，首次对 AGPS（辅助型 GPS）进行了详细的介绍。

第一款支持 AGPS 的手机叫作 Benefon Esc，是在 2002 年初上市的，该手机支持双 GSM，同时带一个 GPS 接收器，可以实现高精度定位、个人导航、移动地图、找朋友等功能，并可以通过无线方式下载地图。另外，Benefon 同时提供一个专业版的 AGPS 终端——Benefon Track，主要为专业人员提供导航定位和通信服务，并在该终端上首次设置了一个急救按钮，只要按这个按钮，就可以将持有者的位置信息通过短信发送到一个预先设定的电话号码，并可以自动呼叫该电话。这成为以后 LBS 产品的一个基本功能。

2. 移动定位服务的影响。“我今天又‘签到’了”“你‘抢地主’了吗？”“三元桥附近有一家藏味餐馆”……这些基于手机、即时通信的新鲜交流，背后是 LBS 行业的迅猛发展。2010 年起，国内兴起了一股 LBS 热潮，一时间涌现的 LBS 公司多达 30 家：盛大切客、大众点评、贝多、嘀咕、爱折客、拉手网、玩转四方、网易八方、开开网……然而，进入2011年，随着用户黏性不高、商业模式陈旧等诸多问题的显现，LBS行业复归平静。

商家打折类的网站使用LBS的好处就更加明显了，每家拥有海量商家的消费类网站都在想方设法地帮助商家推销商品，而多数情况下商家愿意接受适当的折扣。于是LBS的价值立刻体现出来了，一个会员账号、一部支持GPS的手持设备，及时获得附近的消费折扣信息，在为消费者提供消费便捷信息的同时，体现了网站的价值，更是为商家增加了销售额。目前在北京、上海、广州等一线城市，消费者的消费习惯正在逐渐形成，随着此类网站的增加，这个模式会更加成熟。

7.4.2 LBS价值链及计算

1. LBS价值链。LBS是一种采用无线定位、地理信息分析和移动物联网技术向用户提供与其位置相关的信息的服务。LBS的价值链如图7-17所示。

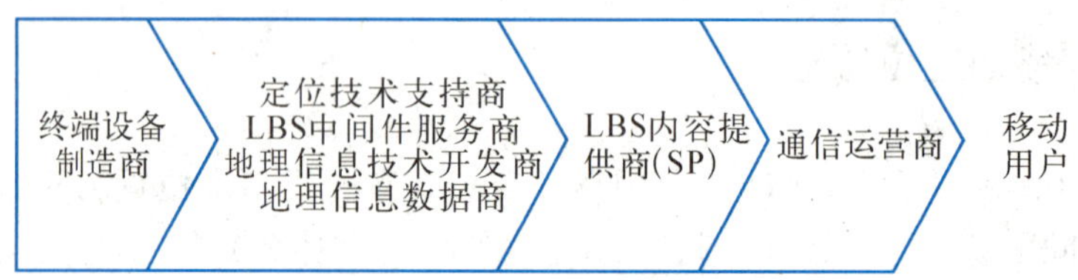

图7-17 LBS价值链

(1) 通信运营商：在LBS价值链中扮演着重要角色，移动用户使用的任何终端都必须利用运营商提供的通信功能才能得到服务内容。因此，LBS内容提供商应该先和通信运营商签订相关的合作协议，才能通过网络部署应用；定位技术支持商的各种定位方案，也必须通过运营商的测试才有可能被选用。

(2) LBS内容提供商：是指具备电信增值业务经营资格的移动互联网内容服务商，在LBS价值链中处于核心地位。LBS是一项非常复杂的系统性工程，需要定位技术支持商、LBS中间件服务商、地理信息技术开发商和地理信息数据商等多方面的协同，而LBS内容提供商只是整个系统的策划者、组织者、开发者和管理者。

(3) 终端设备制造商：LBS是一种移动数据增值业务，与语音数据业务相比，对终端设备的要求比较高，如要求支持彩屏、较大的存储容量、较长的待机时间等。终端制造商必须根据市场动态不断进行创新，生产更符合LBS服务需求的产品，才能在LBS价值链中立于不败之地。

2. 网格计算。LBS面向大众用户，如果只靠单个站点，无论建立多么庞大的服务器，其计算能力和信息都是有限的，而且系统过于庞大，会影响效率，管理也不方便。解决方案是在互联网上根据需要，建立主题LBS站点，然后把这些分散的主题站点资源集成起来，形成超级计算能力的系统。这种集成可以用网格模型描述，每个站点负责特定区域的空间信息服务。当移动用户跨区域移动时，例如从站点1负责的区域移动到站点3负责的区域，用户可以继续获取与当前地理位置相关的空间信息服务，而不必重新申请，如图7-18所示。

7.4.3 LBS空间数据库的内容与管理方法

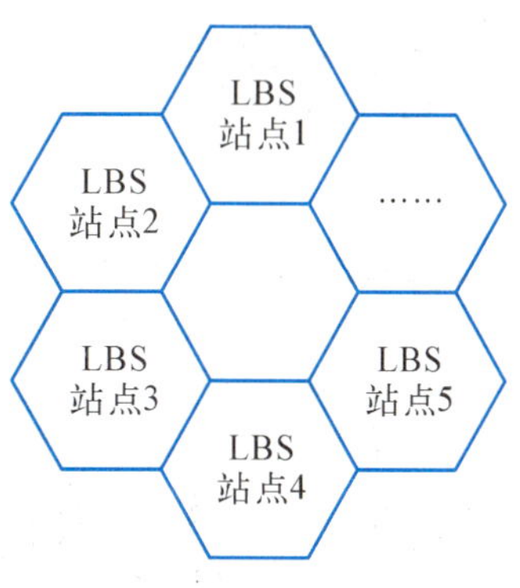

图7-18 LBS服务器端网格计算模型

在LBS系统中，用户请求和用户当前位置通过空间数据引擎上载到数据层空间数据库，然后利用空间数据库对数据进行存储、管理和处理后，将结果通过网关返回给用户。在这个过程中，LBS空间数据库表现出了巨大的作用，是整个过程的核心。

1. LBS空间数据库的内容。LBS空间数据库是一个综合的数据集，包括空间要素的几何信息、要素的基本属性、要素的增强属性、交通导航信息等。它着重表达道路及其属性信息，以及LBS应用所需的其他相关信息，如地址系统信息、地图显示背景信息、用户所关注的公共机构及服务信息等。LBS系统根据用户的需求，通过信息提取、数据抽取与清理等方法来调取城市空间信息数据库的数据为用户服务。

根据国家标准《导航地理数据模型与交换格式》，通过对数据的分类，LBS空间数据的地理要素可以分为以下13类：

- 道路与渡口要素数据
- 道路附属设施要素数据
- 行政区划要素数据
- 服务要素数据
- 命名区域要素数据
- 公共交通要素数据
- 土地覆盖与利用要素数据
- 链要素数据
- 构造物要素数据
- 通用要素数据
- 铁路要素数据
- 用户自定义要素数据
- 水系要素数据

2. LBS空间数据的存储与管理。Oracle Spatial能对LBS空间数据进行管理和存储，是关系数据库管理方式中的一种。这种方式是在传统关系数据库管理系统之上扩展，使之能够同时管理矢量图形数据和属性数据；其效率较高，又具有数据的安全性、一致性、完整性、并发控制以及数据损坏后的恢复等基本功能，支持海量数据管理。

3. LBS空间数据上传Oracle Spatial方法。LBS空间数据通过空间数据引擎上传到Oracle空间数据库。空间数据引擎(Spatial Data Engine)是指提供存储、查询、检索空间地理数据，以及对空间地理数据进行空间关系运算和空间分析的程序功能集合，是一种处于应用程序和数据库管理系统之间的中间件技术，在用户和空间数据库之间提供一个开放接口，功能类似于ODBC或ADO。

空间数据库引擎的工作原理为：数据通过空间数据引擎上载到数据层空间数据库(如Oracle Spatial)中，利用空间数据库对数据进行存储、管理和处理，并将结果通过网关返回给用户。返回的信息根据业务的需要，可以返回空间信息关联到的所有信息，通过网关返回到移动终端。可以是当前位置的地名、城市地标、自定义地标、道

路名称等位置信息；也可以是当前位置的周边信息，如医院、宾馆、加油站、公交车站等。

7.4.4 移动定位服务发展现状及应用分类

1. 移动定位服务发展现状。目前，无线定位在军事和民用技术中已获得了广泛应用。现有的定位和导航系统有：雷达、塔康、Loran C、VORTAC、JTIDS(联合战术信息分布系统)、GPS等。对地面移动用户的定位来说，这些技术中以GPS最为重要。近年来，由于对移动用户定位的需求增加，进一步推动了无线定位的研究。1996年，美国联邦通信委员会(FCC)颁布了E-911法规，要求2001年10月1日起蜂窝网络必须能对发出紧急呼叫的移动台提供精度在125 m内、准确率达到67%的位置服务。1998年，又提出了定位精度为400 m、准确率不低于90%的服务要求。1999年，FCC对定位精度提出新的要求：对基于网络定位的精度为100 m、准确率达67%，精度300 m、准确率达95%；对基于移动台的定位为精度50 m、准确率67%，精度150 m、准确率95%。

2. 移动定位应用分类。

(1) LBS应用类型如表7-3所示。

表7-3 LBS的主要应用类型

分类标准	应用类型	范例
根据用户的使用行为	主动查询型	公众信息的查询
	被动接受型	新闻、广告等信息的推送
根据用户的运动状态	移动到移动	找人、追踪等
	移动到静止	邻近的公共场所、野外勘探等
	静止到移动	车辆监控定位、急救派遣
根据系统的服务内容	公众信息	距离用户最近的餐饮场所、超市等
	个人信息查询	距离用户最近的友人、企业等
	娱乐预约	电影、演唱会等预约订票
	交通导航	公交路线查询、车辆导航
	监控追踪	车辆、重要任务等监控追踪
	紧急救援	110、119、120等紧急救援
	消息推送	新闻、广告

(2) 移动定位主流应用介绍。目前LBS提供的服务主要集中在休闲娱乐与生活服务两个方面。盛大切客、街旁等是休闲娱乐这一类服务的代表，作为消费者，我们可以从中得到积分等奖励，作为商家，这类服务可以很好地为商户或品牌进行各种形式的营

销与推广，街旁娱乐界面如图 7－19 所示。

图 7－19　以签到为模式的 LBS

另一类 LBS 服务专注于生活领域，以“周边搜索”这一工具为代表，例如大众点评、百度身边等网站，通过定位为其合作的商家推荐和导入客流，作为消费者也有不同的优惠可以得到，如图 7－20 所示。

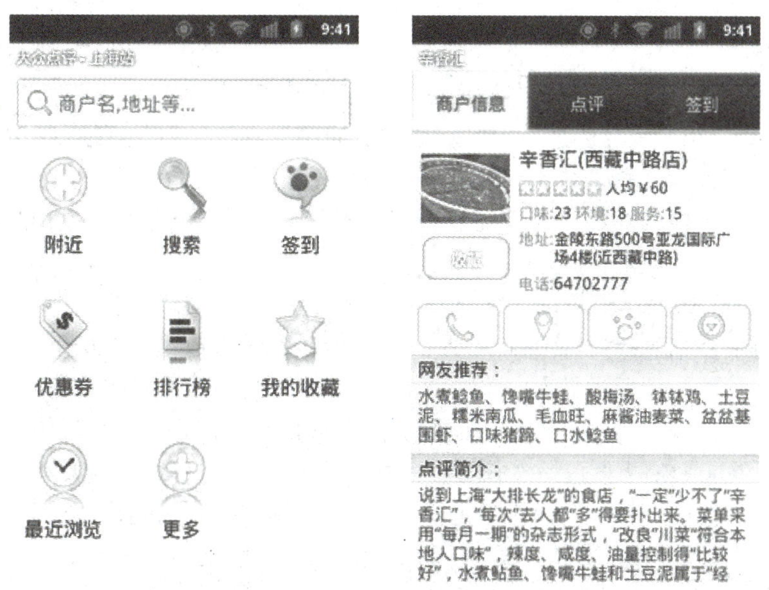

图 7－20　以周边搜索定位为模式的 LBS

第三种主流的 LBS 服务则是与社交 SNS 的结合，即地点交友，不同的用户在同一时间处于同一地理位置就可以促成，比如微信和 QQ 中都包含的寻找附近的朋友和联系人、陌生人等功能，如图 7－21 所示。

图 7－21　以地点交友为模式的 LBS

7.4.5　移动定位服务发展趋势

1. 未来 LBS 的核心发展领域：基于位置的“一站式”生活解决方案。Foursquare 的盛行让一个词为人熟知，那就是 LBS。但许多人以为 Check-In（“签到”）模式就是 LBS，其实“签到”只是 LBS 应用的很小一部分，而手机地图、手机导航才是 LBS 里“杀手级”的应用。

移动用户往往是行进中、在碎片时间里寻找周边的生活信息，希望一站式得到所有相关的信息。用户只要通过 GPRS 定位自己的位置，就可以很方便地了解并使用各种生活服务，因此综合性的移动生活门户是移动互联网发展的必然趋势。目前，“LBS＋生活服务”这个极具发展潜力的商业模式已经得到了业界的初步认同，但瓶颈仍未突破，其局限也被业界同行清楚认知。

2. 掘金模式发展趋势：LBS＋SNS＋团购。现代化城市日益扩大，新地名不断涌现，促销等商业信息爆炸，许多都市人出门逛街时不得不依赖手机的移动互联网功能。商家看中了这一点，通过具有定位功能的移动设备，将与位置相关的各类信息服务，如辨识方位、找路、找店、找优惠券等提供给用户。根据易观国际（Analysys International）最新调研显示（如图 7－22 所示），42％使用 LBS 的用户认为使用应用程序可以方便生活，17％的用户认为是社交需求，15％的用户只是出于追赶潮流的目的，11％的用户认为使用 LBS 应用程序可以获得一定的优惠。

LBS 和 SNS 及团购的结合，对商家来说是一个品牌传播的平台，对网友来说是有益的口碑信息资源。这是一种“主动关注”的模式，如果用一句话来形容这种模式，那就是既有激励网友消费的机制，也有交友、交流等类似于微博的功能。

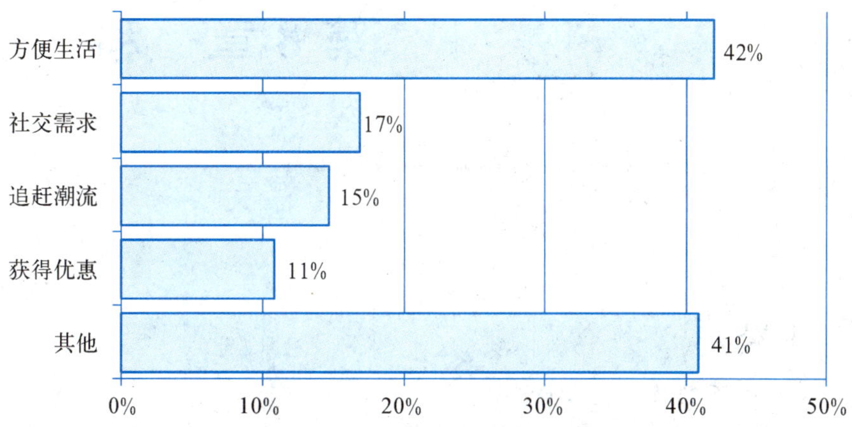

图 7－22　2011 年移动用户使用 LBS 原因统计

本 章 小 结

本章从内容和应用两个方面介绍移动信息服务。重点介绍了 SMS 服务、MMS 服务、移动搜索服务和 LBS 服务四类当前较为热门的移动信息服务内容。对每类具体的应用，又分别从发展背景、发展过程、服务特点、主要应用和发展趋势等方面进行了介绍。

练习与思考题

1. 分析自己作为消费者经常在使用哪些具体的信息服务，为什么使用这些服务？
2. 试分析 SMS 和 MMS 之间的联系和区别。
3. 移动搜索主要应用在哪些方面？未来在哪些实际应用方面具有潜力？
4. 分析 LBS 发展有哪些限制因素。

第 8 章　移动娱乐

学习要点

1. 了解移动娱乐类型
2. 了解移动游戏的产业链构成
3. 了解移动阅读的内涵及特点
4. 了解移动电视的内涵

知识结构

- 移动娱乐概述：移动娱乐分类——内容类和应用类
- 移动游戏
  - 移动游戏概述：移动游戏定义、特点、类型
  - 移动游戏产业链构成：移动产业中的各要素
  - 移动游戏发展趋势：市场前景广阔、手机终端平台的不统一、大量盗版的单机游戏、手机电池容量限制
- 移动阅读
  - 移动阅读的内涵及特点
    - 移动阅读内涵
    - 移动阅读特点
  - 移动阅读与传统阅读、网络阅读的比较
    - 移动阅读与传统阅读的比较
    - 移动阅读与网络阅读的比较
  - 移动电视
    - 移动电视概述
    - 巴士在线

8.1　移动娱乐概述

娱乐是移动商务所有应用中利润最丰厚的业务。据市场研究机构 Informa Telecoms & Media 的最新统计，2011 年，全球包括游戏、博彩等内容的移动娱乐服务收入共计 381.2 亿美元。移动娱乐的内容非常丰富（见图 8－1），主要可以分为两大类。

1. 内容类的移动娱乐。通过获取内容达到娱乐的目的，包含了移动阅读、移动音乐、移动电视等，如图 8－2 所示。

（1）移动阅读。移动阅读是指用户通过各类移动终端，如手机、PDA、MP4 等，连接互联网在线或下载各类电子书进行阅读，或以手机接收短信、彩信等方式进行阅读。

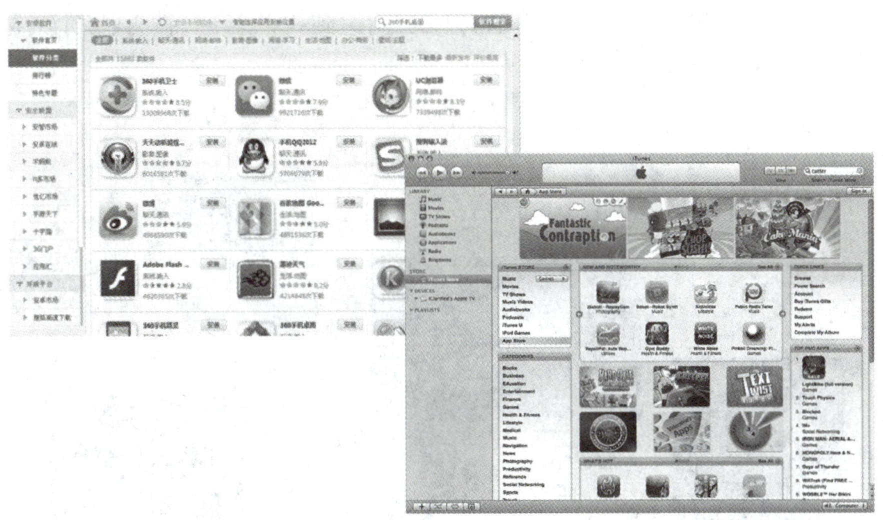

图 8-1　移动娱乐

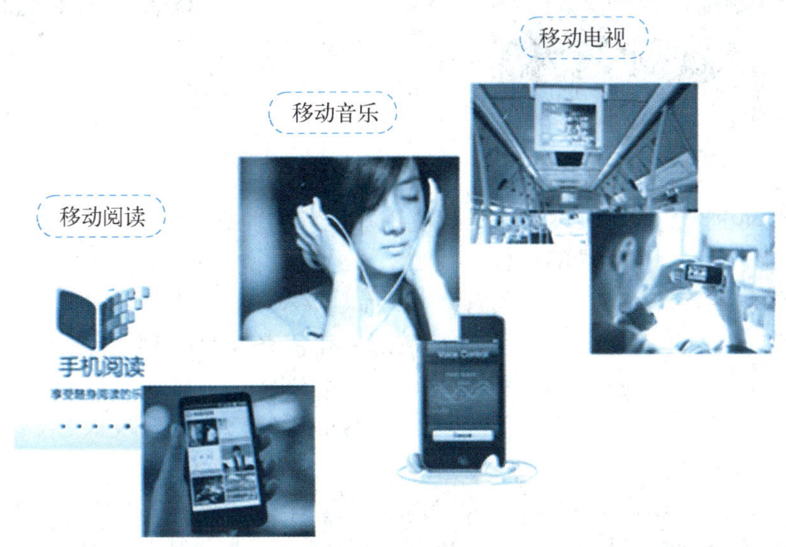

图 8-2　内容类移动娱乐

(2) 移动音乐。移动音乐是移动娱乐的重要类型之一。早期的移动音乐以应用于彩铃及铃音的 MIDI 音乐及和弦音乐为主。随着技术的进步，MP3 音乐成为当前移动音乐服务的主流，包含了音乐收听、音乐下载等多项服务。

(3) 移动电视。2004 年，移动电视第一次出现在人们的视野中，在各大媒体、IT 厂商、无线运营商及电视节目供应商的推动下，移动电视成为一种时尚潮流。

当前主流的移动电视包含两种形式：一种以公交电视为主，应用于公共交通工具中，通过移动电视网、宽带互联网、移动通信网络构建数字媒体运营平台，向用户提供电视节目；另一种是以具有操作系统和视频功能的智能手机为终端设备，收看电视内容的一项技术应用，属于流媒体服务的一种。

2. 应用类移动娱乐。通过应用的具体功能达到娱乐目的，包含移动游戏、移动SNS、移动IM等，如图8-3所示。

图8-3 应用类移动娱乐

(1) 移动游戏。移动游戏是指用户使用手机等移动终端，通过移动互联网获取的适用于手机等移动通信终端的单机游戏和网络游戏。

(2) 移动SNS。SNS的一种解释为Social Networking Service，即社会性网络服务，是指帮助人们建立社会性网络的互联网应用服务。另一种常用的解释为Social Network Site，即"社交网站"或"社交网"。移动SNS即由移动通信技术、移动终端与SNS服务相融合而成，当前主流的移动SNS应用有Facebook、Google+、人人网等。

(3) 移动IM。移动IM为移动即时通信工具，主流的移动IM产品包含移动QQ、微信、飞信、移动MSN、Facetime等。移动IM作为原有基于PC的IM用户的自然延伸，满足在移动的场景下沟通的需求。

8.2 移动游戏

8.2.1 移动游戏概述

1. 移动游戏的定义。移动游戏是移动终端与游戏产品的结合，含移动单机游戏和移动网络游戏两种。

(1) 移动单机游戏,指不需要连接互联网,下载后在移动终端可以离线运行的,单个用户使用的手机游戏,也包括用户可以通过短信或无线、蓝牙等进行的联机对战类游戏。

(2) 移动网络游戏,指基于移动互联网的、多个用户可以同时参与的手机游戏,含网页游戏及客户端游戏。

2. 移动游戏特点。移动游戏具有以下四个特点:

(1) 便携性。移动设备便于随身携带,用户可以随时随地进行游戏,不受时间、空间的限制。

(2) 可定位性。用户可以通过定位服务,得知自己所在的位置以及其他用户的位置,自由组合联合对战,这为游戏的设计和开展带来了全新的体验。

(3) 群众性。移动游戏是一种娱乐性较强、群众喜欢的移动服务,具有广大的群众基础及明显的群众性特征。

(4) 商业价值明显。根据中国互联网络信息中心公布的数据,参考国内其他数据分析机构的统计数据,2011 年移动游戏用户 2.1 亿,占移动用户的五分之一左右。移动网络游戏销售额约 12.67 亿元,移动单机游戏销售额约 27.56 亿元,共约 40.23 亿元。

3. 移动游戏的分类。移动游戏可按表现形式和内容进行分类。

(1) 按游戏表现形式分类。移动游戏根据其表现形式可以分为文字类游戏、图形类游戏。

① 文字类游戏。文字类游戏是指以文字交换为游戏形式的游戏。具体来说,就是玩家按照发送到手机的文字提示,回复相应的信息进行的游戏,主要分为两种:短信游戏和 WAP 浏览器游戏。

短信游戏是玩家与游戏服务商之间通过短信文字来交流,达到进行游戏目的的一种文字游戏。由于全过程都是通过文字来表示,这类游戏的娱乐性较差。但是这类游戏对游戏终端的要求不高,几乎适合于任何手机。

WAP 是手机拨号上网服务,WAP 浏览器游戏就类似于我们用电脑上网,并通过浏览器网页进行简单的游戏一样。进行方式与短信游戏类似,玩家可以根据 WAP 浏览器浏览到网页提示,通过选择不同的选项进行游戏。与短信游戏一样,游戏全过程通过文字表达,娱乐性较差。

② 图形类游戏。图形类游戏更接近传统的"电视游戏",与传统的游戏一样,图形类游戏通过动画的形式来发展情节进行游戏。精美的游戏画面让玩家有了更直观的感受,娱乐性较强,因此广受玩家们的欢迎。

当前国内的图形类游戏主要包含嵌入式游戏、Java 游戏、Brew 游戏。

a. 嵌入式游戏。嵌入式游戏是一种将游戏程序预先安装于手机终端的芯片中的游戏。由于游戏数据都预先存储于手机芯片中,因此这种游戏无法进行任何修改。例如早期手机中预置的"俄罗斯方块"、"贪吃蛇"、"连连看"就是嵌入式游戏的经典例子,如图 8-4 所示。当前,随着技术的发展,嵌入式游戏在技术上得到了提升,但是依然不能修改以及删除游戏。

b. Java 游戏。Java 的平台开放性及易于动态下载性使游戏开发者能够轻松地

图 8－4　早期"嵌入式"游戏

为移动设备开发 Java 游戏(见图 8－5)。服务商可以利用 Java 丰富的开发接口开发功能更复杂、用户操作更方便的游戏应用。Java 游戏必须采用支持 Java 的移动设备。

图 8－5　Java 游戏

c. Brew 游戏。Brew (Binary Runtime Environment for Wireless)是无线二进制运行环境的简称,是美国高通公司于 2001 年推出的基于 CDMA 网络"无线互联网发射平台"上增值业务开发运行的基本平台。相对于 Java,Brew 是一个更底层的技术。对比 Java 游戏,Brew 游戏对手机终端的要求不高(见图 8－6),覆盖面比较广,成本较低,目前联通多数手机都能支持 Brew 游戏。

图 8－6　Brew 游戏

(2) 按游戏内容分类。主要有以下不同类别:

RPG 角色扮演类游戏,如:由 ETGame 开发的仙剑奇侠传忘情篇。

FTG 格斗类游戏,如:由北纬通信开发的街霸 2011。

冒险类游戏,如:安卡失落的宝藏、角斗士等。

体验竞技类游戏,如:美式橄榄球、世界足球等。

棋牌类游戏,如:五子棋蓝牙对战、斗地主等。

益智休闲类游戏,如:植物大战僵尸、连连看等。

模拟类游戏，如：旧金山大亨、实况足球等。
策略类游戏，如：大富翁、塔防大战等。
飞行类游戏，如：帝国战机、欲火银河等。
射击类游戏，如：反恐精英、穿越火线等。
养成类游戏，如：求爱大作战、牧场大亨等。
赛车类游戏，如：考拉赛车、跑跑卡丁车等。
动作类游戏，如：刺客信条、魂斗罗等。

8.2.2　移动游戏产业链构成

移动游戏产业属于创意产业，创意转化为产品，满足用户需求才能创造财富。移动游戏的产业链（见图 8－7）由六个环节构成：移动终端设备商、移动游戏开发商、移动游戏独立运营商、移动游戏平台运营商、移动网络运营商、用户。

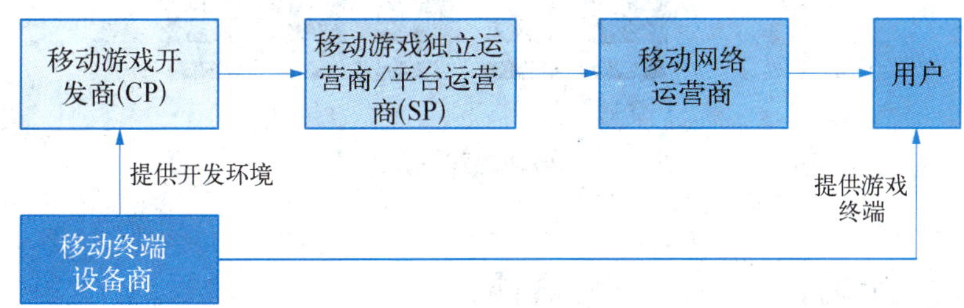

图 8－7　手机游戏产业链

1. 移动终端设备商。目前的终端可以分为三大类：掌上游戏机、智能手机、平板电脑。智能手机及平板电脑的主流操作系统是两大类，即苹果的 IOS、谷歌的 Android，Windows Phone7 正在兴起。

2. 移动游戏开发商。移动游戏开发商（CP）主要负责手机游戏的开发，进入技术门槛较低，对手机游戏开发感兴趣的程序员均可进入这一环节。

开发商主要分为三类：一是早期从事手机游戏研发制作一直延续至今的，如华娱无线；二是从事 PC 游戏的厂商，分出一部分力量从事移动游戏研发，如盛大、玩趣等；三是新平台兴起后，直接从事新平台游戏开发的，如触控科技。

3. 移动游戏独立运营商。游戏独立运营商主要是自主设计开发游戏产品，组织策划营销吸引用户使用产品并付费，从而盈利。整个过程中，游戏独立运营商负责产品的设计、研发、升级、营销等所有运营管理工作。代表公司有掌上明珠、拉阔等。

4. 移动游戏平台运营商。移动游戏平台运营商是产业链中不可缺少的一环，和游戏开发商合作运营游戏产品，代表性的公司有当乐网、腾讯、中国移动等（见图 8－8）。移动游戏平台运营商负责游戏的营销推广，拥有大量的用户群。随着产业的发展，移动游戏独立运营商与移动游戏平台运营商之间的界限逐渐模糊，从事游戏运营的平台运营商也逐渐涉入游戏研发行列。

图 8-8　移动游戏平台运营商

8.2.3　移动游戏发展存在的瓶颈

2009 年，移动游戏在全国的销售额近 10 亿元；2010 年，增至 20 多亿元；2011 年，平板电脑游戏兴起，手机游戏的销售额达到 40 多亿元。这些数据很好地说明，移动游戏的发展前景广阔。当前，移动游戏发展主要存在以下瓶颈：

(1) 手机终端平台不统一。目前，手机游戏并没有一个统一的业界标准，游戏开发商推出的游戏只能在特定的平台上运行，如 IOS 游戏无法在 Android 平台上运行。手机平台的不统一，也使游戏在各种机型中的并存以及联机尚有很大阻力。终端的标准化程度低、业务互通性差，极大地增加了网游运营商的开发和运营成本，这将阻碍手机网游的发展。

(2) 游戏人才严重不足。要在游戏内容制造领域跟上日韩和欧美，我国企业需要大量人才，但目前我国缺少游戏设计人才，能在移动网络平台上开发游戏的人才更显匮乏。手机游戏服务商们面临着严峻的人才挑战。

(3) 手机电池容量的限制。很多有声有色的游戏非常耗电，电量大多只能维持一天，提高电池容量是玩家提出的新要求。针对手机网游的发展，目前许多手机终端制造商都紧锣密鼓地提高终端储存及处理能力，发展智能手机，但往往疏忽了手机电池的升级。大型手机网络游戏不但对手机存储能力及空间的要求高，而且也要求电池的电力足够强大，而目前手机电池的发展远远落后于手机本身技术的发展，手机电池的续航能力也是一大软肋，所以从硬件支持来说，手机电源问题也成为手机制造商面临的紧迫问题。

8.3 移动阅读

移动阅读被认为是继移动音乐之后最具市场潜力的移动增值业务(见图 8－9)。

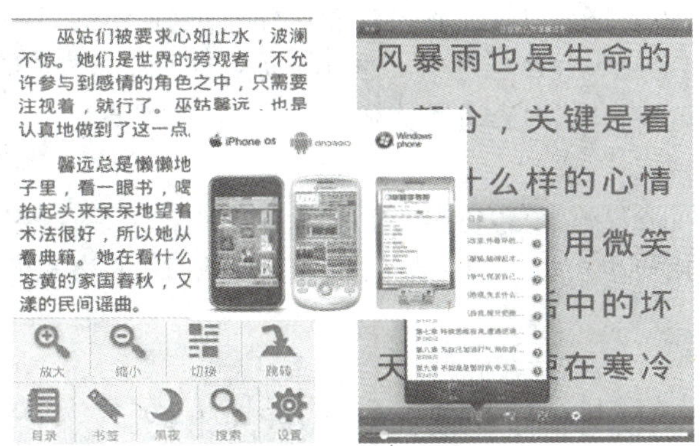

图 8－9 移动阅读

8.3.1 移动阅读的内涵及特点

1. 移动阅读的内涵。移动阅读是指用户通过各类移动终端，如手机、平板电脑、PDA、MP4 等，连接互联网在线或下载各类电子书进行阅读(见图 8－10)，或以手机接收短信、彩信等方式进行的阅读。

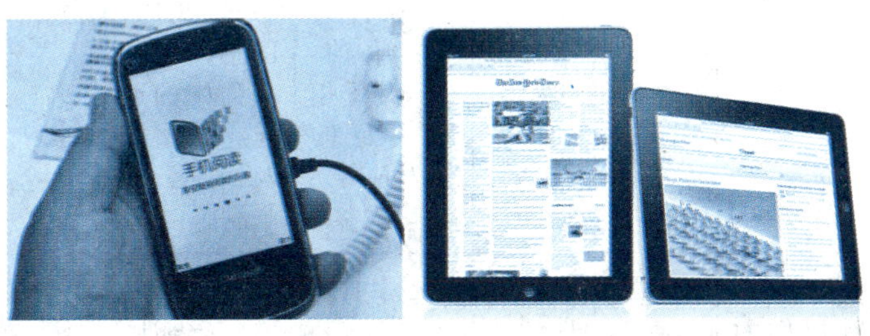

图 8－10 手机阅读

从产品形式看，移动阅读主要有两种形式：第一种需要从移动阅读平台(例如中国移动的手机阅读平台)选择各类电子书内容，包括图书、杂志、漫画等；用户可以在终端上选择感兴趣的内容在线阅读，也可以下载之后离线阅读。第二种为通过发送短信或彩信的形式进行阅读，这种形式主要针对手机展开，例如 2004 年 6 月，千夫长通过手机短信对其小说《城外》进行连载，60 篇，每篇 70 字，总计 4 200 字的连载小说创下了巨额利润。2006 年开始出现的手机报以彩信的方式，将传统媒体的新闻内容通过无线技术平台发送至手机上供用户阅读。

2. 移动阅读的特点。移动阅读作为一种新生的移动增值业务，在短时间内得到快速推广，主要原因是其具备如下特点：

(1) 便捷性。移动阅读主要通过移动终端来进行，移动终端固有的特性使得移动阅读打破了时间、空间的限制，可以随时随地进行，非常便捷。无论是上下班的公车上还是等人的空当时间，都可以利用手机进行阅读。

(2) 互动性。通过手机，读者可以阅读各类感兴趣的文学、漫画作品，还可以通过手机短信、电子邮件或者网络互动平台就内容与作者进行沟通，撰写作品评论，给作者提意见，告诉作者自己想看什么样的书。通过互动提升了阅读的乐趣。

(3) 精简性。句式简单、内容通俗易懂是移动阅读的特点之一，也是使得移动阅读迅速推广发展的原因之一。

(4) 丰富性。网络资源丰富，各类文学作品均可制作为 TXT 格式的文件下载到移动终端进行阅读。用户也可以将感兴趣的内容制作为 TXT 格式的文件，放入移动终端中进行阅读。

8.3.2 移动阅读与传统阅读、网络阅读的比较

1. 移动阅读与传统阅读的比较。传统的阅读，即读者通过书店买到心仪的纸质图书进行阅读，或者到图书馆进行借阅。与移动阅读相比，其不同点详见表 8-1。

表 8-1 移动阅读与传统阅读比较

	阅读形式	图书来源	屏幕影响	阅读地点	阅读时间	阅读资源	阅读成本	互动性
传统阅读	传统纸质书籍阅读	书店购买或图书馆借阅	无屏幕影响	书店、家中、图书馆等固定场所	工作学习之余、饭后、睡前、假日等相对固定的休闲时间	阅读资源来源于书店、图书馆等图书集中的地方，受地域及销售量限制	正常书价	读者通过信件或出版社与作者交流，速度缓慢
移动阅读	通过移动终端进行离线或在线阅读	网友提供，出版社提供的电子版，以及文学网站提供的移动文学下载等	阅读质量受移动设备屏幕大小影响	无固定场所	无固定时间	来源于网络，无地域及销售量限制	免费或少量信息及服务费	读者通过网络留言、电子邮件等方式与作者进行实时交流

由表 8-1 可以看出，与传统阅读相比较，移动阅读的优势体现为如下四点：

(1) 突破了时间、空间的限制，用户可以将图书资源下载至移动设备中，随身携带，没有厚重书籍带来的负重感。可以利用各种零碎时间进行阅读，如公交车上、火车上、等人空当时间、午休时间等。

(2) 资源丰富。不受地域及销售量的限制。传统阅读通常都需要花费大量的时间

精力去书店或图书馆寻找自己想要的书，还常常碰到书籍断货、全部借出或者本地没有所需书籍等现象。而移动阅读由于资源源于网络，不受地域限制，资源丰富，同一资源可以反复进行下载。

（3）费用低廉。传统纸质图书价位较高，对于小说这类重复阅读率较低的书籍，动辄数十元一本使不少读者望而却步。移动阅读的推出，使得用户可以免费或者花费少量的信息费或服务费即可阅读到心仪的小说。

（4）互动性较强。相比传统的信件，移动阅读可以通过网络留言或发送电子邮件等方式对书籍进行评论，与作者进行实时交流，也可以与其他读者进行交流，增强了阅读的互动性，提高了阅读乐趣。

2. 移动阅读与网络阅读的比较。网络阅读模式的兴起依赖于互联网的发展，用户通过网络进行阅读，杂志、书籍等印刷品均可在网络上找到电子版，读者不需要去书店购买即可以通过互联网进行阅读。2008 年，第五次全国国民阅读调查数据显示，网络在线阅读已成为最普遍的阅读方式，选择比例高达 79.7%。

表 8－2　移动阅读与网络阅读相比较

	阅读形式	图书来源	屏幕影响	阅读地点	阅读时间	阅读资源	阅读成本	互动性
网络阅读	通过互联网，使用电脑进行阅读	网友提供，杂志社、出版社提供的电子版，大型文学网站上的原创文学等	阅读质量受电脑显示器屏幕影响，影响大小因人而异	具备电脑并能连接互联网的场所	无固定时间	来源于互联网，无地域及销售量限制	免费或支付少量费用	读者可通过网络留言、电子邮件等方式与作者进行实时交流
移动阅读	通过移动终端进行离线或在线阅读	主要为网络资源，网友提供，或者出版社提供的电子版，以及文学网站提供的移动文学下载等	阅读质量受移动设备屏幕大小影响	无固定场所	无固定时间	来源于网络，无地域及销售量限制	免费或少量信息及服务费	读者通过网络留言、电子邮件等方式与作者进行实时交流

由表 8－2 可以看出，网络阅读与移动阅读的相同点在于：

（1）均无时间限制。只要有阅读设备，就可以在任何时间开展阅读。

（2）阅读资源来源于互联网，无地域限制。网络阅读的资源与移动阅读的资源同样来源于互联网，不存在地域及销售量的限制。读者可以通过互联网搜索来自全球各地区的杂志、书籍、报纸等阅读资源。

（3）在阅读成本方面，两种阅读模式均有共享资源可以进行免费阅读。此外，付费资源也由于减少了印刷成本，一本书，读者只需支付 10 元以内的费用。相比传统纸质书籍，这两种书籍的阅读成本大大降低。

(4) 互动性强。移动阅读与网络阅读模式均可通过网络留言、发送电子邮件等方式与作者及其他读者进行实时交流。

二者的差异在于:

(1) 阅读形式不同。网络阅读通过互联网使用电脑进行阅读;移动阅读则是通过手机等移动终端进行在线或离线阅读。

(2) 图书来源不同。从表 8-1 看,二者的图书来源几乎相同,但是由于移动终端的限制以及业务发展的情况,当前移动阅读的图书来源并没有网络阅读的图书来源广泛。移动阅读的图书来源主要集中在网络原创文学下载或在线阅读以及网友提供的图书资源两方面。

(3) 屏幕的影响。两种阅读模式均存在屏幕的影响。所不同的是,网络阅读并不存在屏幕大小的影响,从而影响阅读质量。移动阅读则受屏幕大小的限制。

(4) 阅读地点的不同。网络阅读受电脑设备的限制,必须在固定的场所进行。而通过移动设备开展的阅读则充分发挥了移动设备固有的属性,可以在任意场所进行。

8.3.3 移动阅读的现状及存在问题

当前国内移动阅读发展存在如下问题:

(1) 版权意识薄弱,盗版猖獗。2010 年年初,据 CNN 网站报道,随着电子阅读器销量一路看好,电子书籍的销量也首次超过实体书籍。由此带来的知识产权保护问题将成为移动阅读产业未来发展的一个瓶颈。

数据显示,2010 年第一季度中国手机阅读市场活跃用户数达 1.92 亿。移动阅读产业的健康良性发展,必须要解决版权保护问题。虽然新闻出版总署、国家知识产权局都制定了相关的规定,但是盗版问题依然猖獗。一方面需要加强全民法制意识;另一方面,管理部门仍然需要进一步做好规范工作。移动阅读产业尚未形成一个完整的版权保护体系,法律规定还需进一步得到规范。

(2) 产业链尚未成熟。从国内市场看,移动阅读的产业链参与者众多,涉及内容提供商、终端厂商、零部件厂商、服务提供商、电信运营商、第三方支付厂商、用户等。各利益主体之间的关系微妙,尤其是内容提供商、终端厂商、电信运营商都想使自己的利益最大化,影响到了产业链的健康发展。

(3) 移动阅读市场需要进一步细分。在 2009 年,我国首次出现了数字出版规模和传统出版规模持平的情况,规模已经达到 750 亿。在全国已经有超过 7 亿的手机用户和越来越多的电子阅读器的用户,促进了移动阅读习惯及其市场的形成。移动阅读应对市场进行细分,针对不同的客户和内容应用不同的发展战略。从客户和内容方面来说,针对移动阅读付费用户,主要分为大众用户、分众用户和小众用户。有专家建议,应根据不同的战略进行用户的开发,针对报纸内容的推广策略是反过来的,是从小众、分众到大众。

8.4 移动电视

8.4.1 移动电视概述

1. 移动电视概念。移动数字电视最早应用在新加坡，该国建设了8个数字电视发射站，于2001年2月开始在1 500辆公交车上安装移动电视设备，为150万人次的乘客提供移动电视服务。

本书中的移动电视，主要是指采用数字电视地面传输技术播出，接收终端安装在公交电汽车、地铁、城铁、出租车、商务车和其他公共场所，满足移动人群的收视需求的电视系统(见图8-11)。

图8-11 移动电视

移动电视是数字电视的一个分支，数字电视同模拟电视一样，都需要通过一定的传输渠道将电视信号传输到最终的用户端，传输渠道包括地面无线、有线网络和卫星三种方式。相应地可以把数字电视分为三大类：地面无线数字电视、有线网络数字电视和卫星数字电视。

移动电视主要跟地面无线数字电视密切相关，地面无线数字电视的优势在于可以实现移动和便携接收，能够满足现代信息社会“信息到人”的要求。未来，它还能服务于宽带无线接入市场，支持移动接收业，支持无线双向传输的双向业务，为广播电视事业带来新的发展机遇。

地面无线数字电视本质上是地面无线数据的传输，因此，经过简单的改进和便携式接收终端的配套，就可以实现手机电视和其他移动增值业务，包括无线宽带增值业务。

地面无线数字电视所服务的对象包括：固定接收人群、便携接收人群、移动接收人群。

2. 移动电视盈利模式。2003年1月1日，第一台移动电视出现在上海巴士公司公交车上，由此打破了传统电视覆盖理论，显示出诱人的商业价值。以移动人群为受众群体，以广告收费为主要收入，这就是移动电视的盈利模式。

目前移动电视播出的节目包括新闻、休闲、资讯三大类。移动电视正逐渐发展到铁

路列车、公路客车、城市地铁、出租车和私家车以及城市人流集散点等领域。移动数字电视广告因其受众面广、接触频率高、消费比高的特点，其未来应该具有巨大的产业发展潜力。

在移动电视盈利模式中，“被动接受”成为其显著的优势。比如在公交车上，人们没有收视的选择性，无论是喜欢还是不喜欢这个节目或广告，完全处于被动收视和收听的状态下。据专业媒体调研机构“央视—索福瑞”调查报告显示，乘客在公交车上看移动电视，遇到广告继续收看的比例达到 82.9%。

移动电视的盈利模式，除了广告之外，以后还可以参照电信增值业务的开展，提供其他增值业务，例如利用多余的带宽为高端用户提供付费电视节目、为高端客户的车载电视单独传送数据等。

8.4.2 巴士在线

巴士在线(见图 8 - 12)是中国领先的移动电视运营商，与新华社、中央电视台在移动媒体领域有长期合作关系。巴士在线采用 Internet＋WIFI 技术构建了国内唯一的全国性移动电视网络，目前覆盖北京、上海、广州、深圳、南昌等 30 个大中城市。

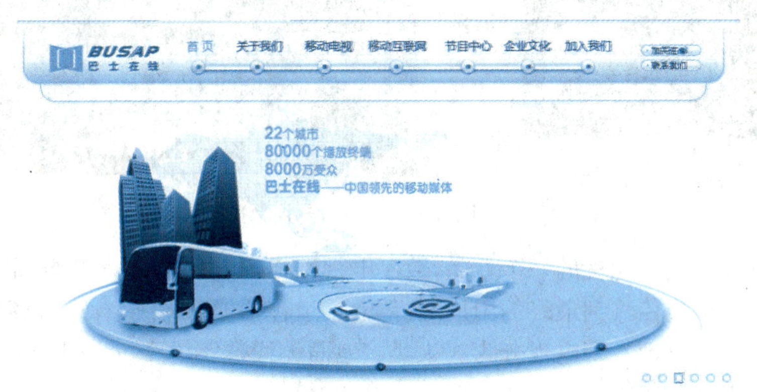

图 8 - 12　巴士在线

巴士在线传媒有限公司于 2003 年 3 月在南昌成立，作为一家极具成长性的移动媒体运营商，自 2006 年以来陆续获得多家国际著名投资基金注资，总融资额近 5 000 万美元。

2007 年 9 月，经国家广电总局批准(广局社网字〔2007〕33 号)，巴士在线和中央电视台在移动媒体领域开展全国范围内的合作，开办以车载电视为接收终端的移动媒体业务，2007 年 12 月 18 日以“CCTV 移动传媒”作为呼号在全国播出。巴士在线成为我国第一批拥有节目传输播放资源的民营新媒体公司。

CCTV 移动传媒通过互联网宽带技术，实现了移动电视的媒体平台的统一播出。以移动电视周刊的形式，每周更新两次整频道内容。内容设定分主题、分版块、短编排、节奏快、易收视。

CCTV 移动传媒是央视精品栏目的创新与发展，精挑细选 12 档大众最喜爱的央视节目，经过精心重构、合理安排，呈现出一整套全新的户外日播节目，海内外明星加盟倾情演绎，央视金牌节目主持人全力奉献，CCTV 移动传媒成为极具感召力与影响力的优质传播平台。四大板块节目精彩纷呈：奥运类、新闻类、资讯类、娱乐类。与央视其他频道相辅相成。央视的收视高峰主要集中在夜间，而 CCTV 移动传媒的“移动”特性有效地填补了移动人群白天收视的空缺，央视平台得以放大、延续，让乘车生活不再枯燥乏味。

本章小结

本章介绍了移动娱乐相关的内容，从内容和应用两个方面介绍移动娱乐的内容。重点介绍了移动游戏、移动阅读、移动电视等三类当前较为热门的移动娱乐内容。对每类具体的应用，也分别介绍了其内涵、发展情况等内容。

通过本章的介绍，读者可以对移动娱乐有一个较为清晰的认识，在接下来的章节，我们将继续介绍移动应用中另一个热点——移动学习。

练习与思考题

1. 移动娱乐有哪几种类型，各有什么典型应用？
2. 简述移动游戏的含义及类型。
3. 移动阅读的特点是什么？

第 9 章 移动学习

学习要点

1. 了解移动学习的起源
2. 掌握移动学习定义及特点
3. 了解移动学习的应用模式
4. 了解移动学习发展趋势

知识结构

- 移动学习概述
  - 移动学习的起源
  - 移动学习的发展历程
  - 移动学习的定义
  - 移动学习的特点
- 移动学习的应用模式
  - 移动学习中的情境学习
  - 移动学习中的个别化学习
  - 移动学习中的小组协作学习
  - 移动学习中的非正式学习
- 技术推动下的移动学习发展趋势
  - 无处不在的学习环境
  - 从 m-learning 到 u-learning

9.1 移动学习概述

9.1.1 移动学习的起源

媒体技术与通信传播技术的变革决定了学习技术与方式的变革，从单一的学徒式教学、班级集中授课发展为计算机辅助学习、基于网络的数字化学习。随着移动通信技术、计算机技术、互联网技术的不断融合，出现了一种新的学习技术与学习方式——移动学习(见图 9－1)。

移动通信技术是推动移动学习发展与应用的直接原因。从更广泛的技术进步、社会经济发展的角度来看，网络技术、数字化学习(e-learning)技术、教育理念的变革、人类社会对教育的需求等诸多因素综合推动了移动学习的发展。

图 9－1　移动学习

1. 移动通信技术的发展。据工业和信息化部的最新统计，截至 2011 年 11 月，我国 3G 用户数已达 11 873 万，比 2011 年年初新增 7 186 万户，3G 进入了规模化发展阶段。2011 年 1 月 18 日，工业和信息化部召开会议正式宣布启动 TD－LTE(4G)规模技术试验，该试验于上海、深圳、广州、南京、厦门、杭州六城市进行。2011 年 8 月，深圳 TD－LTE 完成了大运会通信保障任务，实况转播火炬传递和闭幕式的现场实况报道。

4G(第四代移动通信技术)的概念可称为宽带接入和分布网络，具有非对称的超过 2 Mb/s 的数据传输能力。它包括了宽带无线固定接入、宽带无线局域网、移动宽带系统和交互式广播网络。相较于 3G，4G 具有更多的功能，可以在不同的固定、无线平台和跨越不同频带的网络中提供无线服务，可以在任何地方用宽带接入互联网，能够提供定位定时、数据采集、远程控制等综合功能。

2. 网络技术的发展。网络技术的快速发展始于 20 世纪 90 年代初 Web 技术的发明。Web2.0 是网络技术理念和思想体系的更新换代，普通用户由原来单纯的信息接收者转变为互联网建设者。目前以 Web2.0 为特征的典型服务有以下几个方面：

(1) 博客(Blog)。Blog 一词为 Web Log 的缩写，通常由简短且经常更新的帖子构成，这些张贴的文章按照年份和日期倒序排列。博客的内容和目的根据个人想法及需求而定。

(2) 微博。微博即 Microblog 的简称，是一个基于用户关系的信息分享、传播及获取平台，用户可以通过 Web、Wap 以及各种客户端组建各类社区，以 140 字左右的文字更新信息，并实现即时分享。

(3) 信息聚合。信息聚合是 RSS 的简称，是一种描述和同步网站内容的格式。目前广泛用于网上新闻频道，使用者不仅仅链接到一个网页，而且可以订阅这个网页，并在该页面产生变化时都会得到通知。当前，RSS 不仅用于推送新的博客文章通知，还可以用于其他各种各样的数据更新，包括股价、天气情况等。

Web2.0 技术使用户之间，用户和系统、信息之间交互程度不断提升，协作交流、协作交互延伸至移动终端上，提高了资源获得和处理的便利性；学习、生活和工作的界限变得模糊，社会性软件得到发展，为学习者提供了个自主学习的移动环境。

3. e-learning 的新发展。我国远程教育经历了三代：20 世纪四五十年代兴起的函授教育；80 年代兴起的广播电视教育；到了 90 年代，信息和网络技术的发展，数字化学习即 e-learning 兴起，成为我国第三代远程教育。多媒体化、网络化与智能化等特征使 e-learning 应用呈多样化形态，满足不同层次、不同特征的需求，渗透进了人类社会教育、学习活动的每一个领域。

e-leanring 技术已被大量的知识工人用来支持自己的学习和业务。但由于当前 e-learning技术形态的限制，学习技术对于这类需求的适应程度一直不是很理想，主要原因一是现有 e-learning 技术对移动性的支持不够，导致技术工人对信息使用不灵活；二是对服务与知识工人开展学习、工作的信息系统中知识管理不够，知识共享效率低下。因此，对于移动学习，基于知识管理的信息共享技术将是新一代数字化学习技术的重要组成部分。

4. 社会发展及教育革新对移动学习的促进。社会经济的发展及技术的进步，带来了教育理念的革新。终身学习、基于工作的学习等概念正逐渐为群众所接受并进行实践。终身学习的需求和工作学习方式的混合急需新的学习技术支持，移动学习就是其中重要的潜在支持技术。欧洲的 m-learning 项目以被欧洲社会抛弃的 16 岁至 24 岁的年轻人为研究群体，这些年轻人没有接受过良好教育，存在拼写障碍，无法进行简单计算，没有资格参加任何社会组织的培训，但他们手中都有移动电话。研究实践表明，移动学习能够帮助他们提高文化和数字技能，认识到他们生存的能力，帮助他们克服学习障碍，激起学习者的自信。

9.1.2 移动学习的发展历程

移动学习的研究起源于美国，发展于欧洲，当前对移动学习研究较活跃、研究与应用相对广泛的是欧洲与日本。

1. 移动学习在美国的发展。移动学习研究始于美国，1994 年卡耐基梅隆大学开展了一个研究项目 Wireless Andrew，这项研究工作使得在校园环境中能够自由享受到无线通信技术支持下移动学习所带来的便利性。

马萨诸塞理工学院 2005 年发起了一项利用移动学习技术改进贫困地区儿童学习状况的公益项目 One Laptop Per Child(OLPC)。OLPC 着眼于发展中国家的儿童学习问题，这些国家的儿童教育问题相对比较严重，OLPC 为儿童们“学习获取知识”而设计了 XO 笔记本电脑，用以发掘儿童自身学习、创造和互助方面的潜力(见图 9-2)。

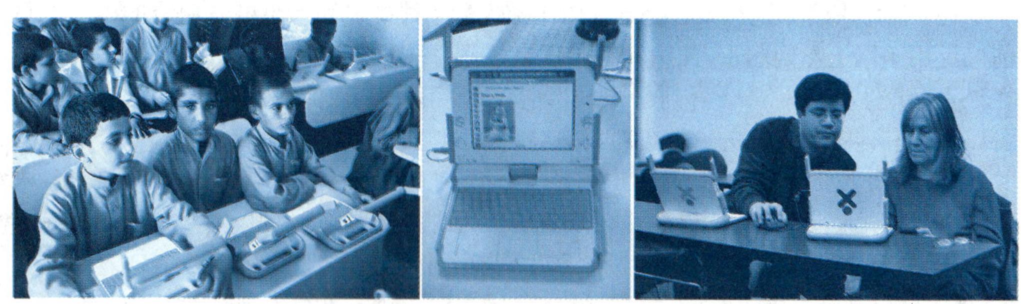

图 9-2　OLPC 项目

斯坦福大学教育学院于 2007 年 7 月发起了一个国际合作项目，通过和爱立信公司的合作，为非洲的数所大学提供远程移动学习服务，方便学生通过手机存取课程网站上的内容、发送文本消息、发布媒体消息到移动 blog 上。

2. 移动教育在欧洲的发展。欧洲是全世界移动商务发展较快的地区之一，进入21世纪后，手机普及率的提高、移动无线宽带网的普及、Wi-Fi的广泛应用都为移动学习的开展提供了基础，加之欧洲的研究机构及大学非常注重将移动通信技术与学习相结合，因此，欧洲较早地开展了对移动学习的研究，并将研究结果应用到实际生活当中。

2000—2002年，挪威奥斯陆大学进行了KnowMobile研究项目，支持医学专业的学生进行远程学习。

2001—2004年开展的MOBILearn项目是一个由欧洲主导的世界范围内的项目，项目探讨应用移动环境的新方式来满足学习者的需求，由他们进行自我学习或与他人一起合作学习。

2002年，由戴斯蒙德·基更和保罗·兰德斯等人共同合作开展了达·芬奇计划，重点解决了在PDA上开展移动学习课程遇到的所有问题。此外，还产生了一项重大理论成果：国际远程教育界的权威戴斯蒙德·基更出版了*The Future of Learning: From E-learning to M-learning*。该书详细论述了从远程教育到电子学习再到移动教育的发展，在远程教育和移动教育领域产生了深远的影响，引起了人们对于移动教育应用的高度重视。

3. 移动学习在亚非的发展。在亚非两洲，日本无疑是移动互联网技术发展的领头羊，在移动商务应用方面亦走在世界前列。有了移动互联网技术作为基础，日本对移动学习的研究与应用同样发展迅速，研究偏重于软件的设计，且更加注重实际的应用。Musex是东京大学2002年开发的一个项目，支持学生在博物馆中的协助学习，通过Musex系统，孩子们可以协作解决与展览品相关的问题。

2007年11月28日，日本首家以互联网为媒介、以手机为载体的“网络大学”正式开课。“网络大学”于2007年4月通过政府批准颁发学士学位，目前拥有1 850名学生。它提供大约100项课程，包括中国古代文化、英国语言文学、网络新闻等，学生可通过手机听讲。

由于经济以及移动通信技术发展的限制，在亚非的其他地区，尤其是非洲地区，智能移动手持设备的普及率并不高，这些地区对移动学习的研究多集中于如何利用手机短信来开展移动学习，这为在教育资源匮乏的偏远地区推进教育公平、实现优秀教学资源共享提供了很好的借鉴。

开始于2000年的非洲农村移动学习项目是南非Pretoria大学领导的一个为农村学生们通过移动电话完成教育学士学位课程、高级教育证书课程和特殊需求的课程的项目。这个项目的一个最大特点就是参加学习的学生没有PDA等移动通信设备，也没有电子信箱和其他数字化学习设施。这些学生中的99%都拥有移动电话。学校会通过群发或个别发短信到学习者的移动电话上来进行教学管理和提供学习支持服务。此项目获得了一定的成功，受到农村学生们的好评(见图9-3)。

图9-3 非洲农村移动学习项目

4. 移动学习在中国的发展。当前，国内对移动学习的研究和应用刚刚起步。2002年，作为国内第一个移动教育实验室的北京大学现代教育中心教育实验室开始了对移动学习的研究，该项目自2002年起，持续到2005年12月，研究共分四个阶段，开发了三个版本的移动教育平台，分别是：基于GSM网络和移动设备的移动教育平台，该阶段主要利用短信进行，重点是解决信息交换，实现了基于SMS的移动网和互联网共享；基于GPRS的移动教育平台，该平台主要是针对GPRS数据服务，开发适合多种设备的教育资源，使得GPRS手机、PDA和PC可以浏览同一种资源；基于本体的教育资源制作、发布与浏览平台，该平台主要是提高教育资源和教育服务的开发规范、动态扩充、可定制性，并为教育语义Web打下了基础。

图9-4　行学一族

2007年5月，诺基亚推出了两项为中国手机用户服务的基于移动互联网的创新服务：国内第一款在手机终端上实现互联网WEB2.0服务的应用——“维信”；中国第一个互动在线移动学习服务——“行学一族”(见图9-4)。

9.1.3　移动学习的定义

作为一个新兴的研究领域，对于移动学习，目前还没有一个统一的定义，各国专家都有不同的见解。

1. 国外专家意见。国际远程教育权威之一戴斯蒙德·基更(Desmond Keegan)认为移动教育是远程教育的一种形式。他提出远程教育、数字化教育和移动教育是远程教育的三个发展阶段。

Knowledge Planet公司认知系统部主任Clark Quinn在谈到移动教育时说：“移动教育是移动计算与数字化教育的结合，它包括随时、随地的学习资源，强大的搜索能力，丰富的交互性，对有效学习的强力支持和基于绩效的评价。它是通过诸如掌上电脑、个人数字助理或移动电话等信息设备所进行的数字化教育。”

在芬兰，由Ericsson、Insite、Telenor Mobile与IT Fornebu Knowation联合发起的名为“Telenor WAP移动教育”的研究项目的报告中给出的移动教育的定义是：由于人们地理空间流动性和弹性学习需求的增加而使用移动终端设备进行学习的一种新型教育模式。

Alexzander Dye等人在题为“Mobile Education：A Glance at the Future”的文章中对移动学习(m-learning)作出了定义：移动学习是指一种在移动计算设备帮助下的能够在任何时间、任何地点进行的学习，移动学习所使用的移动计算设备必须能够有效地呈现学习内容，并提供教师与学习者之间的双向交流。

Paul Harris 将移动学习(m-learning)定义为移动计算技术和 e-learning 的交点，它能够为学习者带来一种随时随地学习的体验。Harris 认为移动学习应该能够使学习者通过移动电话或 PDA 随时随地享受一个受教育的片断，并且在这个过程中，更多使用的是 PDA 设备。虽然笔记本电脑被广泛使用，但它并不符合大多数移动学习的定义。

德国雷根斯堡大学的 Franz Lehner 和 Holger Nosekahel 则认为，"任何为学习者提供广泛的数字化信息和学习内容，有助于学习者任何时间、任何地点的知识获得的服务机构和部门都属于移动教育范畴"。

2. 国内专家意见。我国北京大学现代教育技术中心移动教育实验室给移动教育作出如下定义：移动教育(Mobile Education)是指依托目前比较成熟的无线移动网络、国际互联网以及多媒体技术，学生和教师通过使用移动设备(如手机等)来更为方便灵活地实现交互式教学活动(崔光佐，2001)。

全国高等学校教育技术协作委员会的定义为："移动教育是指依托目前比较成熟的无线移动网络、国际互联网，以及多媒体技术，学生和教师通过利用目前较为普遍使用的无线设备(如手机、PDA、笔记本电脑等)来更为方便灵活地实现交互式教学活动，以及教育、科技方面的信息交流。"

综合以上各家观点，移动学习的定义应该包括如下基本内容：

(1) 移动学习是学习者通过移动和可携设备与网络相连开展的学习；

(2) 移动学习可以在任何时刻、任何地点开展；

(3) 移动学习应强调情景学习，并应该同其他学习方式混合，而不是一种孤立的学习方式。

基于上述对移动学习定义的了解，我们可以认为移动学习是指学习者通过移动便携设备与网络相连，在非固定的时间、地点开展或发生的个性化学习。

9.1.4 移动学习的特点

与传统的教育相比，移动教育又被称为"4A"教育："Anyone，Anywhere，Anytime，Any-style"。学习者只需要有一部手机或 PDA 或一个手持无线移动终端就可以在任意地点、任意时间接受任意形式的教育。

(1) 提供随时随地的学习环境。传统教学中的教学情景是以教师为主的面对面教学，即使使用了信息技术，上课活动地点仍受限于联网的普通教师或电脑教师。移动学习基于手持移动设备开展，学习者可以随意支配时间、把握空间，获取语音、视频、数据等信息，进行学习交流。这些优势可以帮助在职在岗人员，不再受限于特定时间、特定地点进行学习，从而能够更好地安排好自己的生活、学习和工作。

(2) 学习活动更具情境性。学习活动更有情境，能够帮助学生更容易地建构知识、进行学习。移动技术为情境学习提供了支持，利用手持移动设备，无论走到哪里，学习者都可以进行学习，并使得教与学真正突破时空的限制，使得学习可以发生在真实的自然、社会情境中，实现真正意义上的"活学活用"。

(3) 提供 Just-in-Time 的学习内容。相对正规学校教育或继续教育，还有很多在工作、生活或社交等非正式学习时间和地点接受新知识的学习形式，即非正式学习。研究表明，非正式学习广泛存在，达到个体工作中学习需要的 70%左右。非正式学习与实践需要密切相关，使人们获得很多能立即应用到实践当中去的知识和技能，因此，非正式学习在帮助个体胜任工作方面发挥着关键性作用，收到明显的经济效益。由于这些学习是因时、因地、随需要而发生的，因此被称为“Just-in-Time”的学习。Just-in-Time 的基本设计思想就是在学习者最需要的时候为他们提供知识信息，不论他们处在什么样的场合，都可以随时利用移动技术获取同活动、旅游、考察等相关的信息，通过手持移动设备联网查询相关的信息，以满足当时当地的需求。

(4) 给学习者以强烈的拥有感。Elliot Soloway 和 Cathie Norris 在 IEEE WMTE2002(WMTE 意为“Wireless, Mobile Technology in Education”)国际学术会议上所作主题演讲中表述了这一概念：今天的“个人计算机”对于在校学生来说还没有成为个人化工具，学生经常在计算机实验室与其他人共享同一设备。他们进一步指出，当每个人都可以拥有一支铅笔的时候，必然改变个人的学习方式；同样，当每个人可以拥有只属于他个人的一本书的时候，这将再次改变个人的学习方式；与此同理，当每个人拥有并能够经常使用属于他个人的计算设备时，学习方式将再次改变。

移动宽带网的个性化技术逐渐改变着学习者的校外生活。移动互联的个人手持移动设备将能够为学习者创造“无缝学习环境”。学生能够在不同情景中学习，并且通过作为媒介的个人设备，方便快速地从一个情景进入另一个情景，包括独自学习、同伴学习、小组学习、技能指导等。此外，技术应能够扩展模式化的学习时间，使学生在校外有更多的机会进行各种非正式的学习。

9.2 移动学习的应用模式

移动学习革新了学习方式，提供了新的学习媒体和工具，促进了情境学习、个别化学习、协作学习、非正式学习等学习理念的创新实践。

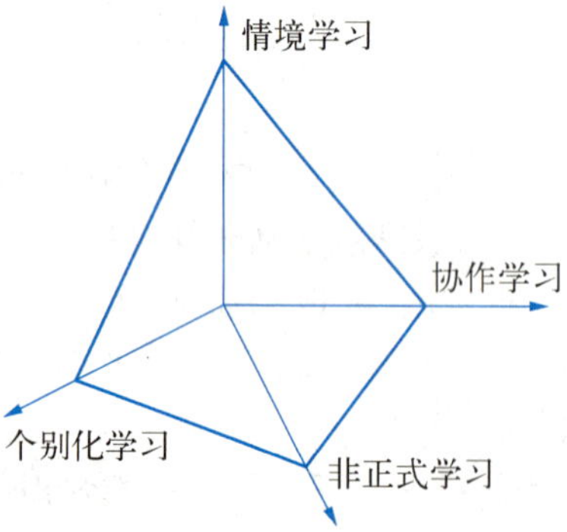

图 9-5 移动学习应用方式分析框架

移动技术的引入，使学习者可以在真实的问题情境或工作生活情境中进行学习，促进情境认知。传统教学的组织方式主要有个人自主学习和小组协作学习，移动技术在这两种组织方式中均能得到较好的应用，使人际交互越来越密切。传统的信息技术主要辅助课堂教学等正式学习场合，而移动技术不仅能改进和增强正式学习环境，更能促进非正式学习的发展。本章分别从情境学习、个别化学习、协作学习、非正式学习四个维度(如图 9-5 所示)来阐述移动学习应用模式。

9.2.1 移动学习中的情境学习

1. 情境学习概述。随着学习理论从行为主义向认知主义、建构主义的不断发展，学习由简单的信息加工、知识传递向情境学习转变。情境学习正发展成为移动学习中一种重要的应用模式。

情境学习的主要特点包含以下两方面：

(1) 知识具有情境性，学习者可以在情境中获取知识。情境学习认为知识普遍存在于学习者日常生活的各个角落，知识无法从生活中独立出来，任何知识都与周边环境息息相关，是人与环境交互作用的产物。人类的学习不是独立地从书本上获得理论和定理，而应是与整个环境的互动。脱离环境的学习，最终将导致学习者无法将所获得的知识应用于现实之中，指导学习者的工作、生活。情境学习主张在情境中学习知识，将学习知识的过程融于情境之中。

(2) 学习者应在真实的活动中学习。知识除了具备情境性之外，还应能应用于真实的活动中。情境学习强调学习应该发生在真实的生活中，而不是封闭的校园内。在学校的封闭环境中，学习者在人为的情境中进行学习，依然无法将知识转化至真实的世界中，也即学习者往往无法学以致用。

2. 移动技术在情境学习中的应用。移动通信技术的发展为情境教学提供了新的机遇，学习者可以携带移动设备进入真实的问题情境或工作中进行学习。从已有的项目研究中，可以发现目前移动技术支持的情境学习主要分为三类：基于真实问题环境的学习、基于情境感知的学习以及基于情境模拟的学习。

(1) 基于真实问题环境的学习。人们在日常生活、工作中常常遇到各种问题，在问题发生的真实情境中学习掌握解决问题的相关知识非常有效也很有意义。学习者可以通过手持移动设备及移动通信技术实现信息检索共享、问题数据采集(图片、视频、录音等)、专家咨询、讨论交流。挪威奥斯陆大学的 KnowMobile 研究项目支持医学专业的学生在实习和工作时通过 PDA 或其他可联网的移动设备查询远程服务器上的相关资料，解决实际遇到的困难。

(2) 基于情境感知的学习。情境感知学习要求学习者通过感知情境中的知识及资源库进行学习。情境感知学习系统用于支持学习者进行情境感知学习，系统包含知识库、相关学习资源；能够辨认学习者的身份，感知学习者的学习时间、位置、学习状态及需要的服务。

随着技术的进步，移动设备集成了各种传感器、探测器等微型电子感知设备，可以捕捉用户、设备、场所、问题、应对策略方法等真实世界的信息。当前运用较为成熟的有 RFID 技术及 GPS 感知技术。典型的情境感知学习应用项目的例子如日本德岛大学的礼貌语表达普适学习系统。

(3) 基于情境模拟的学习。尽管情境学习强调真实工作、生活情境中的学习，但在教学中，依然有很多情境学习者无法接触，因此，虚拟现实和仿真技术在情境教学中得到了一定的应用。学习者可以通过移动设备进入模拟的真实情境中，利用设备参与到模拟情境中，成为情境中的一部分。

英国的非洲大草原(Savannah)学习项目是由 NESTA 未来实验室组织研究的项目，使用移动设备和相关技术实现了模拟与交互的学习经历。实验中，学习者通过扮演非洲草原上的某种动物角色来学习与这种动物和草原有关的知识。模拟游戏中，学习者可以体验多种角色，了解大自然中发生的多种情况，掌握许多在课堂中无法真正理解的知识。

9.2.2 移动学习中的个别化学习

个别化学习，亦称为个体化学习或个性化学习，其内涵可以包括非班组学习的、没有教师面授的所有学习活动。个人学习大多由学习者按照自我对知识的需求进行个性化的自学。学生可以在教师或指导者的指导下，对学习内容进行选择、设计，对学习时间及进度进行自我安排。在个别化的学习中，移动技术和移动设备既是知识传递的工具，同时也是学习者学习的工具。

2008 年，日本东京大学与 Benesse 公司合作，开发了一个面向企业的英语移动学习项目“Narikiri English”(意为“彻底英语”)。项目基于移动设备开发了适宜手机等移动设备使用的移动型教材，基于企业的英语使用的文化背景及实际个人需求来开发教材提供给企业人士使用。例如面向新日本制铁公司，和制铁相关的词汇特别多，制铁对人体的影响等就成为公司的文化背景。这样，根据不同的业界使用英语的情况来开发手机教材。

9.2.3 移动学习中的协作学习

协作学习随着建构主义学习理论的提出与发展而出现，逐渐受到重视。当前应用较广泛的是计算机支持的协作学习(Computer-Support Cooperative Learning，CSCL)，指利用计算机技术(特别是多媒体技术及网络技术)来辅助和支持协作学习。相比较在传统教室内开展的协作学习，利用计算机进行的协作学习克服了环境的限制，实现了时间空间上的延续，一定程度上消除了交流障碍，使工作简单化，并为协作学习的参与者提供了丰富的资料数据。

随着移动技术的不断发展，移动技术支持的协作学习(MCSCL)成为协作学习中的又一研究热点。2002 年，芬兰的 Tampere 大学针对协作学习开发出了被称为 XTask 的移动学习系统。它能够支持台式电脑和 PDA 设备的方位，包含了多项支持协作学习的功能，如电子邮件、聊天、讨论区和概念地图等。

瑞典的 Vaxjo 大学数学与系统工程学院的研究人员通过使用 Java 和 XML 技术，创建了一个适用于 PDA 设备的应用程序，称为 C-Notes。C-Notes 可以有效地支持无线学习环境下的协作学习，尤其是协作的知识建构。实际应用中，教师针对某一主题为每个学习者指定相应的阅读材料，学习者在阅读时使用一种被称为 C-Pen 的设备(是一种包括了数字摄像头、处理器和存储器的小型设备，它能够通过数字摄像头抓取文字并把它们以文档格式存储起来)来抓取和存储重要的概念和观点。材料阅读完成后，学习者把 C-Pen 上的信息通过红外线端口传送并保存到 PDA 上。在接下来的小组协作学习中，学习者把各自提取出的重要概念和观点通过无线局域网上传到运行了 C-Pen 的服务器上，这些信息被汇总到一起并最终通过电子白板显示出来，从而实现了一种协作的知识建构。

9.2.4　移动学习中的非正式学习

在工作、生活中，我们常常需要边学习边解决所遇到的突发性难题，这种学习往往是即时的、零碎的。这为移动技术应用于非正式学习提供了广阔的空间。诺基亚的"行学一族"是国内首个支持移动掌上学习社区的软件，系统充分发挥了移动通信和互联网的力量，使边走边学、随时随地学习和交互学习成为可能。"行学一族"面向有一定学习需求的学生和白领群体，倡导共同学习的教育理念，拥有丰富而全面的教学功能，并以文字、图形和声音的方式呈现。它可以在任何时间、任何地点满足人们的学习需求。

9.3　技术推动下的移动学习发展趋势

9.3.1　无处不在的移动学习环境

1. 三网融合的发展。"三网融合"，就是指电信网、广播电视网和计算机通信网的相互渗透、互相兼容并逐步整合成为全世界统一的信息通信网络。这是一种广义的、社会化的说法，在现阶段它并不意味着电信网、计算机网和有线电视网三大网络的物理合一，而主要是指高层业务应用的融合。具体表现为技术上趋向一致，网络层上可以实现互联互通，形成无缝覆盖，业务层上互相渗透和交叉，应用层上趋向使用统一的 IP 协议，在经营上互相竞争、互相合作，朝着提供多样化、多媒体化、个性化服务的同一目标逐渐交汇在一起，行业管制和政策方面也逐渐趋向统一。

更进一步说，"三网融合"后，民众可用电视遥控器打电话，在手机上看电视剧，随需选择网络和终端，只要拉一条线或无线接入即可完成通信、电视、上网等。"三网融合"后，可以更好地控制网络接入商和内容提供商的质量，进一步提高和净化网络环境，将会为创建和谐社会作出重大的贡献，同时也有助于实现中国电视数字化进程的迅速发展。

2. 三网融合对移动学习产生的影响。三网融合的实现让电信网、广播电视网和计算机通信网之间的界限消失。大量的网络教育资源可以进入千家万户的电视节目中，特别是可点播的电视教学节目将会在教育教学中发挥极大的作用。对希望随时随地可以学习的移动学习者而言，无缝的网络连接使原本单独存在于互联网或广播电视网中的学习资源成为三网融合下的共享资源，让他们可以使用手持移动设备随时随地地搜索、观看他们所需的学习课程，真正让学习环境无处不在，让学习随时随地地进行。

9.3.2　从 m-learning 到 u-learning

1. 普适学习概述。"u-learning"是"Ubiquitous Learning"的缩写，Ubiquitous 在英

语中的解释为“普遍存在的，无所不在的”。当前在研究者当中，对于 Ubiquitous 通常翻译为“普适”，u-learning 意为“普适学习”。

“普适”（Ubiquitous）一词最早出现在美国，美国施乐公司帕洛亚托研究中心(PARC)的首席技术专家马克·威赛(Mark Weiser)首先提出了这个概念。他在 1991 年 9 月美国《科学》杂志上发表了论文《21 世纪的计算机》，第一次提出了“普适计算技术”(Ubiquitous Computing) 的概念。威赛认为，“电脑在我们没有意识到它存在的时候，已经融入了我们的生活中”，“最深刻的技术是那些已经消失的，它们融入我们的日常生活，直到无法区分开来”。也就是说在普适计算时代，计算机将无缝地集成到物理世界中，渗透到生活的每个角落，就像木料是家具的材料一样，计算机将作为一种基本材料根据需要随时用在其他日常生活、学习和办公用品之中，如家具、电器、铅笔、圆珠笔等。计算机不再是人们关注的焦点，而是逐渐淡化、退到幕后，作为基本元素集成在人们认为的并非是计算机本身的物品中，因此成为“消失”的技术。更重要的是，这些隐藏的计算机可以通过各种无线、有线网络相互连接、相互通信，构成一个无缝统一的网络环境。威赛认为，随着电脑的普及，这样的时代即将到来。

近年来，随着技术的发展，u-learning 已经开始出现在多种教育场景之中——教室内的问题解决、博物馆里的互动、户外环境中的探测、生活中的语言学习等。这些研究有着不同的研究方向和关注点，有着眼于教学法和教学范式的，也有关心网络与智能设备的，还有致力于创建智能空间和软件平台方案的。MWOW 是由 MIT 开展研究的一个项目，全称为“Museum without Walls”。这是为纪念 MIT 建校 150 周年而建立的一个系统。这是一个创新的、基于位置的、讲故事型的研究项目，将历史和科学放在学习者的手中，并把整个世界变成一个博物馆。项目希望通过鼓励人们探索其周围的环境，来发现 MIT 风景中所隐藏的非同寻常之处，并希望将 MIT 呈现为一个动态的博物馆，其中的“展品”由大家一起协作构建。丰富的数字信息和故事的存储库就像一个“无限的走廊”，这意味着有无限多的方法来探究和理解机构的过去、现在和将来。

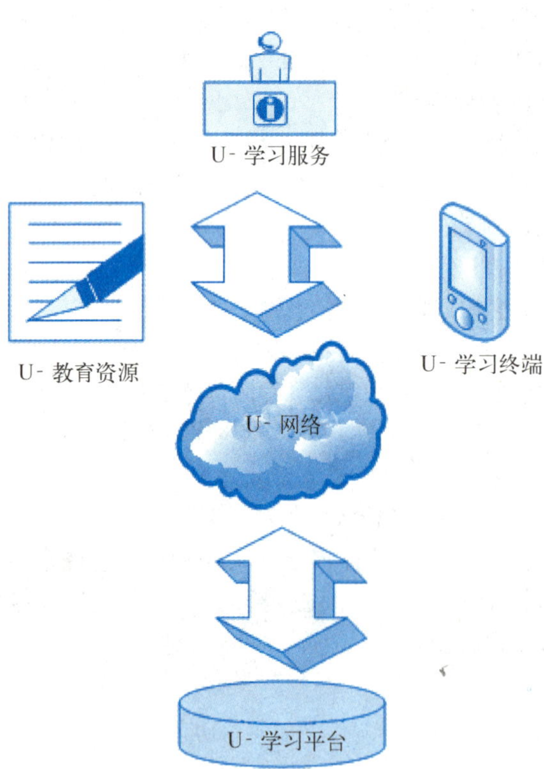

图 9－6　u-learning 环境

2. 支持 u-learning 环境的技术分析。u-learning 将学习平台，教育资源，各种网络、学习终端及学习服务等要素通过技术手段无缝链接起来，为用户提供随时随地学习的环境。如图 9－6 所示。

(1) U-学习平台是一个基于服务架构的生态化多系统技术环境。包括 u-learning 的个性化门户、u-learning 学习内容制作、u-learning 学习内容管理、u-learning 学习管理系统、u-learning 学习档案系统、u-learning 学习交流和泛在评估测试等功能模块。u-学习生态系统将致力于多种学习模式、学习资源以及学习平台的融合,从而使各个子模块相互依存、平衡运行。

如图 9-7 所示,U-学习平台的统一存储包含内容管理、学习管理、学习档案、学习交流和评估测试。系统从普通的存储区开始,通过使用一套过滤规则对需要过滤的对象进行过滤。这些规则包括:该对象在某移动或台式计算机上技术是否可行?该对象在移动或台式计算机的情景下对学习者是否有益?

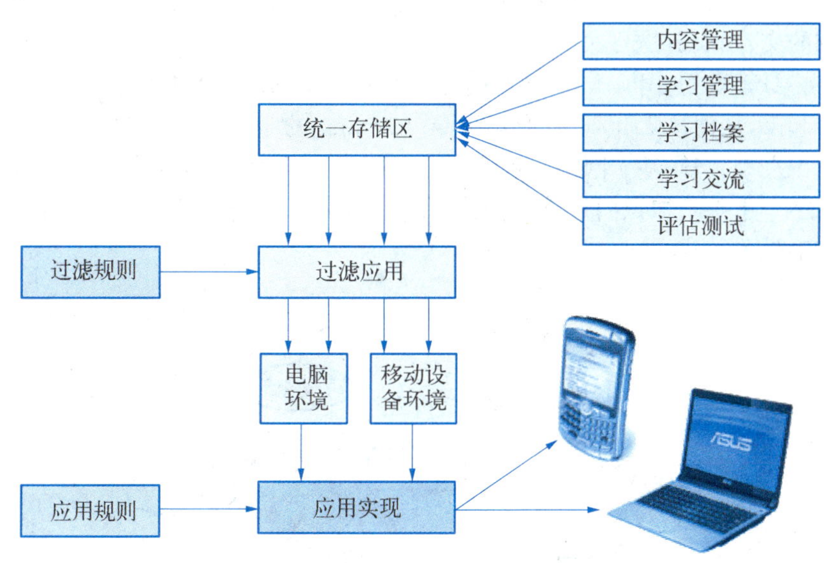

图 9-7 u-learning 学习平台结构图

(2) U-网络。要构建多样的、先进的教学环境,网络化的开放学习环境的构建应该先行。在 U-学习环境中所需的网络化包括 U-Senser 网络化和有线、无线、广播相整合的网络化。

(3) U-教育资源。首先,在 U-学习环境中,计算机图像、虚拟现实、三维等技术的发展将会使高品质的、接近于真实情境的教育资源的开发成为现实;其次,学习资源的传送与下载将会从单方向转向适应性双向传送;再次,U 时代的教育资源服务将会追求携带性与相互作用性。支持这些教育资源开发的关键技术有电脑图像、虚拟现实、移动三维资源等技术。

(4) U-学习终端设备。在 U-学习环境中,学习终端装置将不是以机器为中心,而是以人为中心,更具亲和力,更加方便携带。它将极大化相互沟通的效率性和自然性,提供无所不在的学习环境。学习终端可以包括移动设备、嵌入式设备、台式机等。移动设备如智能手机、PDA、数码相机、DV 等,一般来说体积小、易携带、具有一定的数据存储能力,但缺点在于屏幕小、计算能力不强、信息处理能力有限、一次可显示的信息也

有限。

(5) U-学习服务。通过泛在学习环境中的学习支持服务体系可为学习者提供无所不在的支持服务。U-学习服务主要包括智能型学习服务、远程教育服务、教育资源供给服务、教育综合服务等模式。由于 u-learning 环境中信息环境的复杂性,如何保证服务质量是泛在学习的重要研究内容。

3. 泛在学习模式。在普适环境下将会衍生出新的既简单实用又有效的教学模式,将基于 Web 的网络教学演变成一种更人性化的学习模式。u-learning 环境涵盖了现实世界与虚拟空间的连接,并且可以协调个人空间与共享空间的共存,形成随时随地的学习模式,这些空间的无缝连接使得学习者能以适当的方式获取学习资源。u-learning 包括人与人之间的交互、人与对象的交互、人与人造物的交互、对象与对象的交互、对象与人造物的交互、人造物与人造物的交互等。

面向终身教育的 u-learning 学习模式如图 9-8 所示,它将正式学习和非正式学习两者结合起来,从而最大化地促进学习。u-learning 的学习模式既包括正式学习中教师主导的讲授型教学、基于网络课程的学习、研究性学习、基于资源的学习等,也包括非正式学习中个体基于知识门户、移动电视、PDA、Web2.0 技术,以及基于虚拟学习社区的协作互助学习、行动学习等学习模式。

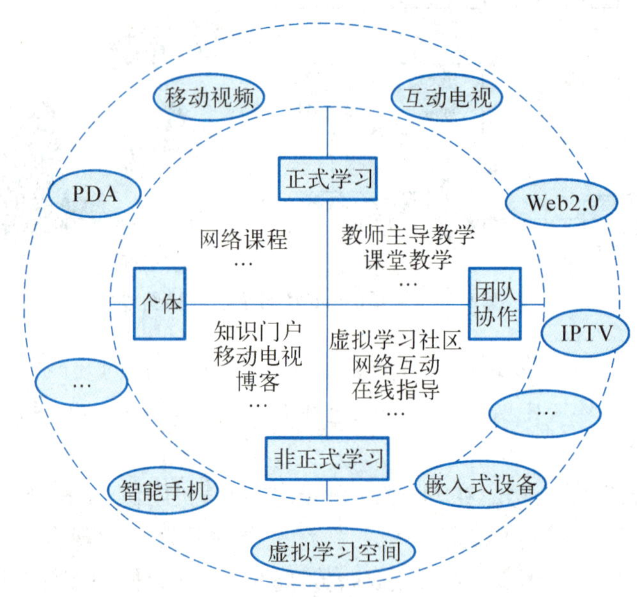

图 9-8　面向终身教育的 u-learning 学习模式

本章小结

本章概要性地介绍了移动学习的相关内容,包含定义、发展历程应用模式及发展趋势等。从情境学习、个别化学习、协作学习及非正式学习四个方面分析了移动学习已有的应用模式,并从技术视野探讨了移动学习的发展趋势。

思　考　题

1. 简述移动学习发展历程。
2. 简述移动学习中情境学习的定义，并举例说明。
3. 对比 u-learning 与 m-learning 的区别。

第10章　企业移动商务应用

学习要点

本章对现阶段企业移动商务的一些主流应用进行了较为详细的介绍，包括移动OA、移动供应链管理、移动物流、移动营销和移动售后服务，并对它们的优势、特点以及给企业带来的效益进行了分析，最后还给出了每个企业移动商务应用的成功案例。本章学习要点包括：移动OA的优势、效益；移动供应链管理的模式及存在的优势；移动物流的特点及相关技术支撑；移动营销的运行模式，新形势下的移动营销策略；移动售后服务的功能和收益。

知识结构

- 移动OA
  - 概述：任何地点、任何时间，处理任何办公事务
  - 优势：扩展办公空间、时间，提高办公效率
  - 收益：提高质量、快速应对、减少遗漏、优化办公环境
  - 成功案例：IBM/泰康移动OA应用案例
- 移动供应链管理
  - 概述：宏观规划、快速反应、随时监控的现代移动供应链
  - 模式：用户层、通信层、系统平台层
  - 优势：实时交互、统一管理、高度整合集成
  - 成功案例：Oracle移动供应链应用系统
- 移动物流
  - 概述：成本低廉、及时高效、良好服务的现代移动物流
  - 支撑技术：条码技术、射频识别技术、地理信息系统、全球定位系统
  - 成功案例：沃尔玛物流应用
- 移动营销
  - 概述：个性化、实时交互、灵活方便、用户积极参与、经济环保的现代移动营销
  - 模式：PUSH模式、WAP网站、应用营销平台、终端嵌入
  - 策略：4P策略、4C策略、4I策略
  - 成功案例：移动营销在日本的应用
- 移动售后服务
  - 概述：及时响应、高效派出、实时指导的现代移动售后
  - 功能：派工处理、配件申请、现场沟通、人员定位
  - 收益：高效派工、优质服务、实时沟通、远程指导、降低成本
  - 成功案例：惠普售后服务管理系统

10.1 概　　述

移动商务在企业中的应用，是将无线通信技术、硬件基础设施和企业软件平台进行有效的结合，实现企业间、企业与客户间的双向、实时性的企业商务活动。典型的应用有：移动办公自动化(OA)、移动供应链管理、移动物流、移动营销、移动售后服务等。

移动 OA 的应用，使企业办公人员能够在企业外部实现远程办公，使企业员工的工作场所不再局限于办公室，将工作人员解放出来，丰富了办公自动化系统的应用形式，提升了企业办公的效率和效能。

移动供应链管理基于企业现有的供应链管理平台，通过使用 GPS(Global Positioning System，全球定位系统)、LBS(Location Based Service，基于位置的服务)等定位技术、射频识别技术，帮助整个供应链监控和管理，实现企业的商业流程优化。移动供应链的应用，解决了企业供应链管理的最薄弱环节，即所谓的“最后一公里”问题，使企业供应链从总部到终端形成逻辑上的完美闭环。

物流供应是企业良性运营的重要基础，移动商务工具的使用，可以使企业对物流中的商品货物进行随时跟踪，获得货物的位置信息，合理安排进货，从而降低企业的货物库存，提高企业的资金运作效率。

移动营销采取短信和服务器推送技术向移动用户进行商品的宣传和推销。与传统营销相比，移动营销具有更高的精确性和针对性。营销人员可以根据用户的个性、爱好、年龄层次、工作环境等信息，发送有针对性的商品推销信息。对企业而言，可以实现产品直销，无需店面租金成本和传统营销的巨额广告费用，从而降低营销成本。对消费者而言，可以充分表达自己的个性化需求，拥有更大的选择自由，有利于节省消费者的时间成本与交易成本。

移动售后服务利用无线移动技术实现企业本部、外勤技术人员和服务现场三者之间的无缝连接，通过服务路线的安排，提高派工的效率和准确率，降低了外勤技术人员的单次服务成本以及平均服务成本。并且通过及时的移动通信，可实现远程技术支持，为公司全程监控移动售后服务提供了可能。

从企业移动商务的硬件框架结构来看，其组成主要有数据库服务器、业务运营服务器、Web\WAP 服务器、企业防火墙、用户移动终端、笔记本电脑和台式机等。其中，台式机主要通过 Internet 有线连接来访问企业移动服务器应用程序，而笔记本电脑既可通过有线也可以通过无线即 WiFi，手机可采用 GSM、GPRS、CDMA、BlueTooth 等无线通信技术来访问企业移动服务器应用程序。如图 10－1 所示。

从软件层次看，企业移动商务应用的体系结构大致可分为传输技术层、系统支撑层、企业应用层和客户模式层四个层面。传输技术层用于实现数据的传输和访问，主要包括 GSM/GPRS/CDMA/BlueTooth，以及 Internet；系统支撑层包括能够和企业移动服务器应用程序进行交互的各种移动终端的操作系统，主流的有 Android、Apple OS、Windows Phone 等，当然还包括各种笔记本和台式机的操作系统；企业应用层是企业提

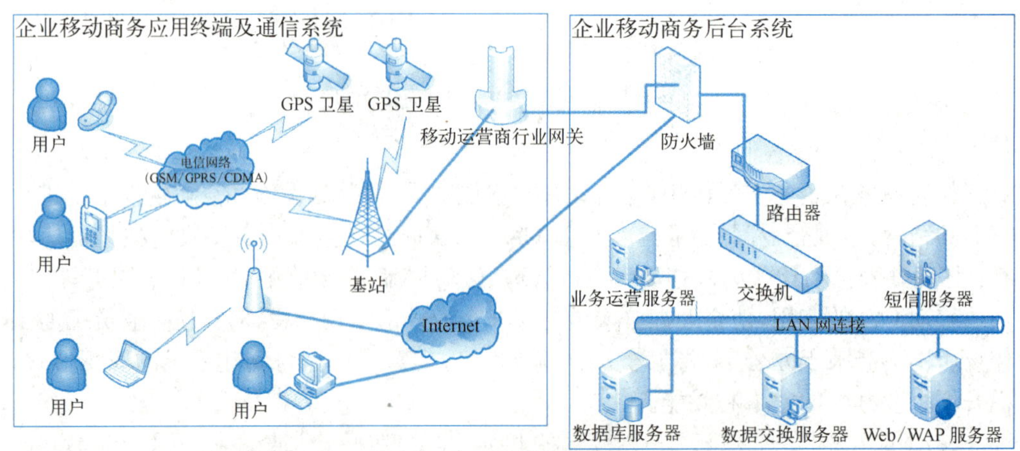

图 10－1　企业移动商务硬件框架体系结构

供的各种服务器应用程序，有移动 OA 系统、移动物流系统、移动供应链系统、移动营销系统、移动售后系统等；客户模式层是指客户的访问方式，主要有语音、短信、彩信、WAP 访问、Web 访问和应用客户端程序几种方式。其软件层次结构如图 10－2 所示。

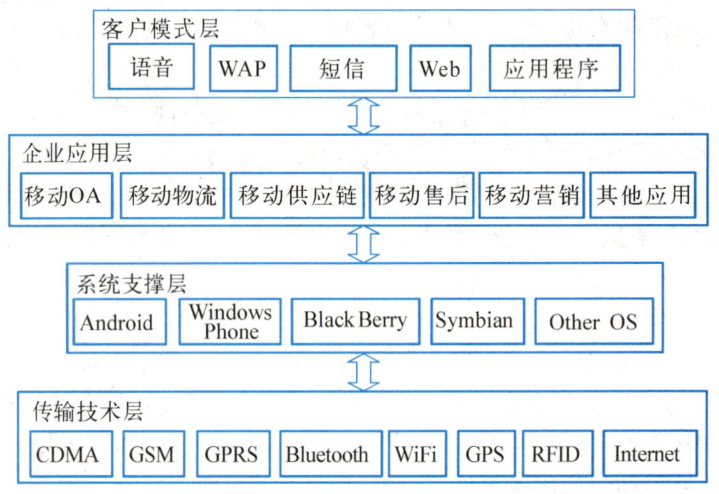

图 10－2　企业移动商务应用软件层次体系结构

10.2　移动 OA

10.2.1　移动 OA 概述

移动 OA 即移动办公化，又称为“3A 办公”，即办公人员可在任何时间(Anytime)、任何地点(Anywhere)处理与业务相关的任何事情(Anything)。它是当今高速发展的电子通信技术与现代计算机技术相结合的产物，以移动终端、无线网络及企业的办公自动化系统三者有机结合为基础，实现随时随地的信息交互，实现随时随地办公，从而将办公人员从办公室解放出来，摆脱时间和空间的束缚，使办公变得随心、轻松，为企业管理者和商务人士提供了极大便利，是传统办公模式、办公自动化模式之后的新一代办公模式。同时，也为企业和政府的信息化建设提供了全新的思路和方向。

现有的移动 OA 方式主要有三种类型。

(1) 笔记本电脑。使用笔记本电脑进行移动 OA 是较早出现也是目前功能最为强大的移动 OA 方式。这种移动 OA 方式，是笔记本电脑使用无线网卡，通过企业虚拟专用网络，访问单位内部的办公信息系统，实现新建公文、公文处理、客户资料查询、商品信息查询等功能。优点是对现有的办公信息系统不需要任何修改，软件开发工作量少，客户端的功能强大，界面表现丰富，信息处理能力强，网速较快。缺点是硬件费用相对较高(笔记本电脑、无线网卡、VPN 部署)，笔记本电脑一般体积较大，携带不方便，待机时间短，并需要有无线接入点才能够使用，具有一定的地理位置局限性。

2. WAP 模式。这种移动 OA 主要采用 GSM/GPRS/EDGE/CDMA 作为数据传输方式，将单位内部办公信息转换为 WAP 网页的形式进行浏览，实现办公邮件、公文处理、通知通告、信息查询等一般性功能。优点是支持移动终端较多，信息量和界面表现较好，使用方便。缺点是数据流量大，数据传输和解析速度较慢，安全性较差，支持文件类型少，需要大量软件开发工作。

3. 手机智能客户端程序。这种模式主要基于推送(PUSH)技术的行业应用平台，数据传输方式仍然基于 GSM/GPRS/EDGE/CDMA，通过安全连接将客户应用服务器上的数据请求推送到客户手机端，使得用户可以随时随地地实现移动办公和移动应用。其优点是支持推送(PUSH)办公，及时快速，安全性高，功能强大，界面美观。缺点是需要安装相应的客户端程序，维护成本较高，需要不定期地进行程序升级。

10.2.2 移动 OA 的优势

移动 OA 系统是基于无线通信技术和移动终端，对现有办公信息系统功能的扩展。因此，移动 OA 适合于已建有办公信息系统的企业，尤其适合于部门地理位置较为分散，分支机构较多，企业员工经常需要外出办公、出差，但仍需通过办公系统处理企业业务的大中型企业，如投资贸易公司、保险公司等。

移动 OA 的功能主要包括公文处理、信息查询、日程管理、个人信息维护和邮件提醒等功能。其中公文处理为主要功能，包括新建公文、公文处理、公文批复、公文流转、公文查阅等。

总体来看，移动 OA 的优势主要体现在以下两个方面。

(1) 扩展企业工作人员的办公时空范围。随着现代物流技术、通信技术、计算机技术的发展以及交通行业的发达，要求企业员工花费越来越多的时间在办公室之外处理企业业务。移动 OA 的出现，满足了企业的这种需求，使企业员工可以自由地选择合适的时间、地点开展工作。

(2) 提升企业运作效率。通过使用移动OA,人们可以在旅途中、在工作的八小时之外,随时与公司保持联系,处理企业的各项业务,并且,一般发生在这种情况下的业务都具有一定的紧急性,对于企业来讲,这将大大提升企业的运作效率和业务处理能力。如今市场上的中、高性能移动终端已经完全可以使人们在移动过程中处理E-mail、接入公司的数据库或进行公文处理。这种随时随地的业务处理能力,所产生的企业效益是相当惊人的。

10.2.3 移动OA的效益

企业精细化管理的重要内容是充分利用员工的工作时间,提高员工的工作效率。移动OA信息系统利用现代电子技术、无线通信技术、计算机网络技术为企业提供了一个无时空限制的公共管理与沟通平台,实现企业管理人员和业务人员、内勤人员和外勤人员之间的协同办公,让企业信息流随时处于通畅的状态,在任意时间、任意地点,企业都能高效运作。

使用移动OA,带来的效益主要有以下几个方面。

(1) 增强沟通协作,提升工作质量。使用强大的移动终端设备,企业工作人员可以随时与公司保持联系,掌握公司的最新信息,了解产品的库存、报价、物流等信息,可以提供给客户最新、最全面的服务内容。

(2) 拓展工作范围,快速应对变化。对于经常需要员工外出办公的企业,如保险行业或售后维修公司,使用移动OA,可以突破员工的工作地理局限,使外勤工作人员随时可以与公司保持及时的联系,又能将突发事件及时地报告给公司管理层,实现对紧急情况的最快速和最及时的处理。

(3) 全面掌握信息,减少事项遗漏。利用高性能的移动终端,外出工作人员随时可以进入企业信息系统,查询产品或服务的相关信息,及时掌握企业的最新动态,了解最新信息。通过移动终端的备忘功能,在处理业务时,还可得到相关事项提醒,减少遗漏,以最少的外勤次数,实现最大的服务功能。

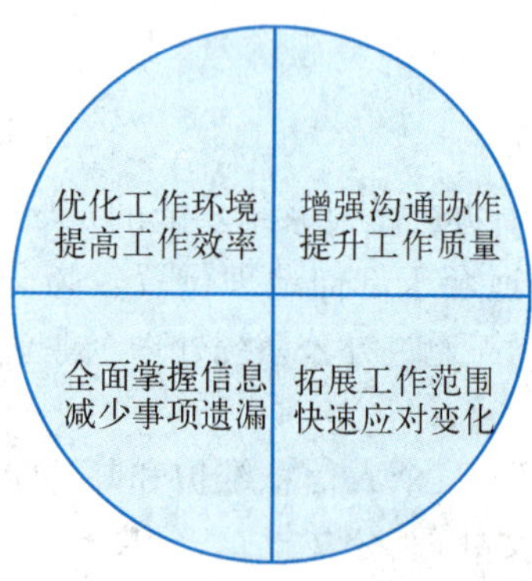

图10-3 移动OA效益结构

4. 优化工作环境,提高工作效率。通过移动OA,企业工作人员不必局限于办公室处理业务。企业工作人员可以适当选择自己喜欢的工作环境,实现家庭办公甚至度假办公,整个工作过程变得非常轻松愉快,提升了员工的工作效率。

使用移动OA带来的效益如图10-3所示。

10.2.4 移动OA的成功案例

下面以"手机辅助办公——IBM/泰康移动OA解决方案"为例,介绍移动OA的应用。

1. 方案概述。“手机辅助办公——IBM/泰康移动 OA 解决方案”是 IBM 和泰康亚洲北京科技有限公司联合推出的、面向 Domino 用户的跨行业移动 OA 解决方案。方案采用 IBM Lotus 的扩展短消息服务器 Domino Everyplace SMS Server，集成泰康的移动数据业务系统，为 Domino 用户实现从有线到无线的端到端解决方案。

“手机辅助办公”是借助短消息通信手段，将 Domino 邮件系统和 OA 系统的功能和应用扩展到员工以及客户的手机上，以满足 Domino 用户对移动办公的需求。例如：办公室员工可以利用电子邮件与其他员工或者客户进行短消息通信，外出员工可以利用手机接收和发送电子邮件，获得工作流程通知、日程安排和待办事宜提醒。

2. 主要功能。IBM/泰康移动 OA 解决方案的主要功能及其应用包括以下几个方面。

(1) 利用 Domino 邮件系统向手机发送短消息。IBM/泰康移动 OA 解决方案使办公室员工可以利用电子邮件与其他员工或者客户进行短消息通信，方便高效地完成各自的日常工作。如：向一组员工发布紧急通知或通报；向外出员工发送工作通报、协作请求或其他简短信息；向客户发送问候祝福或电子名片。

(2) 手机接收电子邮件。IBM/泰康移动 OA 解决方案使外出员工可以通过手机及时获得邮件信息，当新邮件到达 Domino 邮件系统中的员工邮箱后，员工的手机将同步收到该邮件信息的短消息，包括发件人、主题、正文的部分内容以及收到的时间。

(3) 手机发送电子邮件。外出员工可以利用手机短消息给其他员工或者客户发送电子邮件。如：对领导发来的工作安排给予及时答复；对同事发来的协作请求给予及时建议；对同事发来的通知通报及时确认；对客户发来的重要邮件作出快速响应。

3. 主要性能特点。包括以下几个方面。

(1) 采用 IBM Lotus 无线协作技术产品。IBM/泰康移动 OA 解决方案采用的扩展短消息服务器 Domino Everyplace SMS Server，是 IBM Lotus 专门为 Donimo 服务器提供的无线协作技术产品，因此能够与 Lotus 原有产品充分衔接，并延续 Lotus 产品的技术和应用优势。

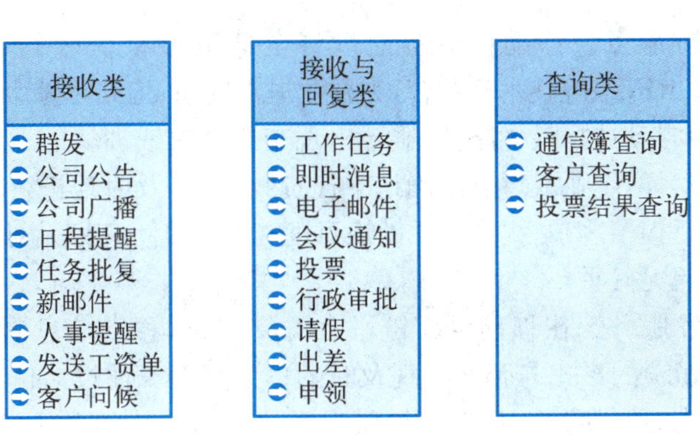

图 10-4 IBM/泰康移动 OA 功能特色

(2) 支持双向短消息通信。IBM/泰康移动 OA 解决方案支持双向短消息通信，即：Domino 邮件系统的个人用户既可以向手机发送短消息，也可以接收来自手机的短消息，从而实现全面实用的移动办公应用。

(3) 与 Donimo 应用无缝集成。Domino Everyplace SMS Server 是一个企业级消息处理网关，它相当于一个 Domino 外部域，可以利用 Domino 消息传递和路由服务，无缝地将短消息功能集成到 Donimo 邮件和 OA 应用之中。

(4) 一站式解决方案。IBM/泰康移动 OA 解决方案提供从软件安装、平台接入到短消息通信、计费和服务管理的一站式服务，帮助 Domino 用户快速实现短消息辅助办公的多种应用。

10.3 移动供应链管理

10.3.1 移动供应链管理概述

移动供应链管理(Mobile Supply Chain Management，简称 MSCM)是移动商务的一种，它基于已有的供应链管理理论和平台，利用无线通信技术、移动终端、互联网技术和计算机技术，突破时间和空间的限制，对围绕供应、需要某种产品或服务的相关企业关键信息资源进行随时随地的管理，从而实现整个商业渠道统筹安排，帮助商业流程优化，是一种新的供应链管理方式。

移动供应链管理把企业的产品制造、货物库存、原材料供应商和销售商的数据整合在一起，从宏观的角度综合规划、分析产品生产过程的各种影响因素。其具有的主要功能如下。

(1) 实时数据采集和传递。通过采用移动终端、移动终端支持软件、增值服务平台、无线通信网络，为企业生产和管理提供相关信息和数据的采集、传输和查询等功能。此外，个性化增值服务平台和专用移动终端还可支持传送及解读客户签名、扫描二维码等功能。

(2) 移动定位服务。移动供应链通过将全球定位系统(GPS)、地理信息系统(GIS)、射频识别(RFID)等技术相结合，为企业提供定位、道路跟踪服务，甚至通过这些系统，货物运输可自动选择最优路径，避开出现交通事故或拥堵的道路，提高货物运输的速度和效率。这样，企业就可以准确地掌握货物情况，及时地进行相关处理和管理，同时将这些信息反馈给客户，提高客户的满意度和忠诚度。特别是对于一些快递公司，移动定位服务显得尤其重要。

(3) 短信收发服务。在移动供应链平台的支持下，移动信息平台可以通过短信(SMS)、彩信(MMS)的形式与企业实现及时的信息交互。通过短信，可以用文字说明相关的情况和状态；通过彩信，可以直接将现场信息以图片的形式发送给企业管理人员，使其直观地了解到现场发生的情况。

(4) 语音通话服务。语音通话更具有人性化的特点，并且对于某些复杂的情况，语音通话往往更能阐述得清楚明了。

(5) 其他功能。移动供应链的一些附加功能还包括信息发布服务、调度服务、大客户个性化管理服务、集群电话服务和统计功能服务等。

移动供应链系统的整体功能结构如图 10－5 所示。

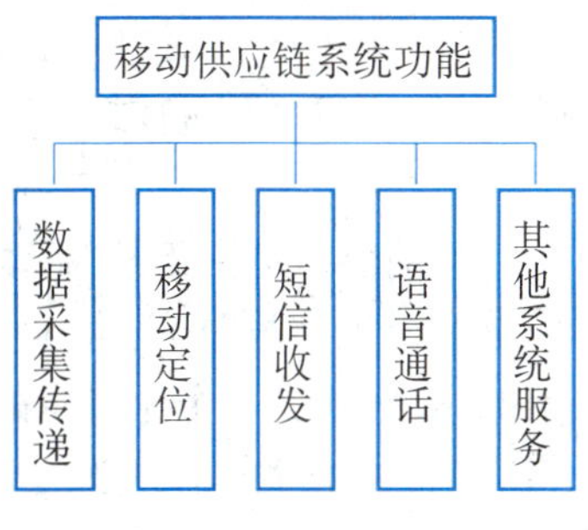

图 10－5　移动供应链系统功能结构

10.3.2　移动供应链管理模式

移动供应链管理模式分为三个层次：第一层为用户层，代表实际使用移动供应链管理的客户，包括使用供应链管理平台的企业和直接使用移动终端的用户；第二层为通信层，也称为网络层，是移动供应链信息流动的具体信息通道，包括移动终端、移动通信服务商的电信网络、集成运营商的供应链平台和 Internet 网络；第三层是系统平台层，包括移动供应链管理平台和供应链管理平台，它们共同实现移动供应链的具体功能并管理着整个移动供应链系统。

移动供应链管理模式如图 10－6 所示。在这个模式中，移动供应链终端用户使用移动终端设备提交的信息，经由移动通信服务商经营的电信网络传送给集成运营商。再由集成运营商负责对这些信息进行处理、存储、转换和整合，并把处理后的信息通过 Internet 发布到移动供应链管理平台上加以利用。供应链上的企业把需要发布的信息提交给供应链管理平台，并由其中的移动供应链管理平台传输到 Internet 上，集成运营商一旦接收到 Internet 上发布的信息，就进行存储、转化和分离，并把分离后的信息经由电信网络发送到特定的移动终端上，从而实现信息的互动，完成商务活动。

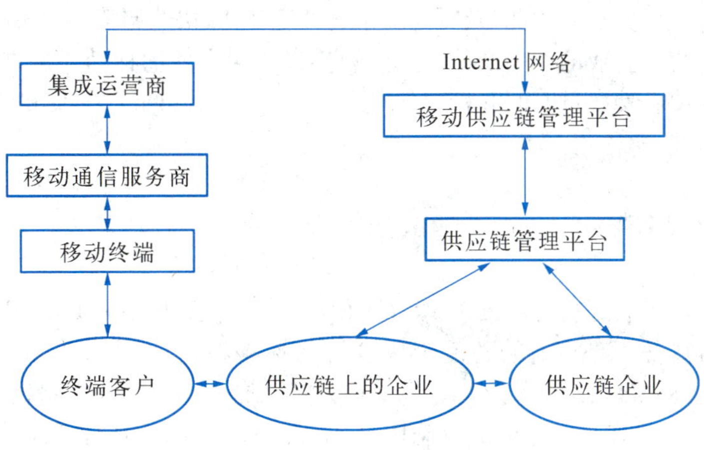

图 10－6　移动供应链管理模式

10.3.3 移动供应链管理的优势

移动供应链由于其“移动”的特性，使得供应链的信息交换变得及时、简单，整个供应链变得更为敏捷、迅速，使处于供应链中的每一个企业都能及时观察到整个供应链的情况，准确地进行企业自身的采购、生产、销售过程，解决了供应链的不确定性，保证了供应链的实时性，不但极大地提高了企业的工作效率，同时也提高了企业的管理质量，使得企业内部资源得到了有效利用，同时也提高了客户满意度和忠诚度。具体来说，移动供应链管理有以下一些优点(如图 10－7 所示)。

(1) 促进资源高效流通。通过使用设备识别技术，在每辆车上安装射频标签，发送货物的企业可以随时了解每辆车的载货量、性能和所在位置，给客户重要的信息反馈。而货物接收企业则能根据这些信息，准确预测货物到达时间，预先做好接受和库存准备，对提高整个供应链的运作效率具有很大的促进作用。

(2) 具有高度的实时性。通过使用移动供应链管理，可以为企业提供实时信息交互，提供实时查询、浏览、在线货物的跟踪、联机实现配送路线的规划、物流资源调度、货物检查等功能。移动供应链应用系统用户还可通过射频(RF)设备、移动终端和安装射频扫描设备的叉车，执行实时的仓库、运输以及装卸事务处理，在操作地点进行现场事务处理，从而增进现场事务处理效率。

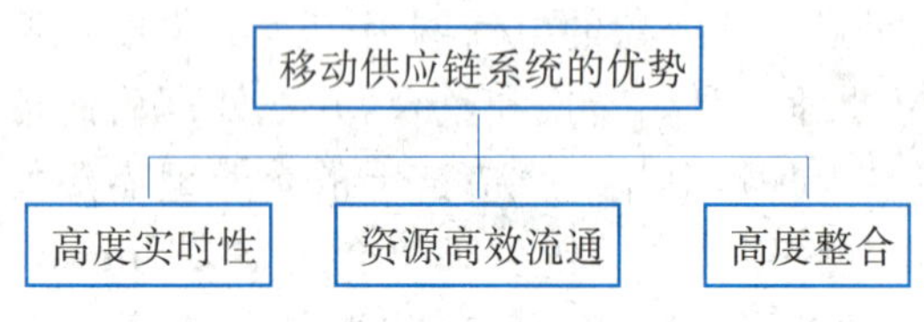

图 10－7 移动供应链系统的优势

(3) 有利于供应链企业运作的高度整合。通过采用移动供应链管理系统，可以将原有供应链管理信息扩展到桌面与有线网络范围之外，实现从条形码到无线设备再到企业系统的无缝信息流，使决策人无论是在途中、仓库中还是其他位置都可及时地获取最新信息，并进行相应的管理操作。这样生产企业就可快捷地与需求商进行信息交互，缩短需求商与生产企业的距离，并可以随时对需求商上传的信息进行汇总、统计、分析与预测，及时应对市场环境变化，快速调整供销策略。需求商也可以及时获得生产企业的相关产品、业务信息，以快速方便的移动通信方式，解决订单流转等以往需要耗费大量时间和精力的业务操作及管理协调问题，使供应链中的企业行为高度一致化、整体化。

10.3.4 移动供应链管理的成功案例

Oracle 移动供应链应用系统(OMSCA)使用户能够通过手持射频(RF)设备、PDA、GPS 定位仪等设备，实现库存管理、装运和仓储事务的移动执行。通过在这些无线设备上进行事务处理，提供实时的事务处理结果、改进数据的准确性，并提高机动性和便利性。

1. OMSCA 概述。Oracle 充分利用了 Java、XML、TCP/IP 和 Telnet 等互联网技术来建立与设备无关的技术平台，用于支持移动应用。该应用软件可以在能够运行标准 Telnet 客户机程序的任何 PC 或手持设备上运行。OMSCA 还支持包括 2D 在内的所有标准条码编码格式以及嵌入式数据字段标识符。

Oracle 移动供应链应用系统支持库存管理、装运、制造和仓储事务的移动执行，其主要功能包括以下几个方面。

(1) 入站物流验收。系统能够根据采购订单(PO)或退货授权(RMA)实时接收货物。用户可以在接收码头通过无线移动设备输入交易数据，如 PO 号、项目代码和数量等。OMSCA 会验证项目、数量和接收允差。随后，当准备将物品存入仓库中时，使用移动设备还可以记录暂存信息。

(2) 质量检查。在产品制造过程中或接收时的检验结果都可以记录到移动设备中。在检验站登记时，检验信息就会显示在移动设备上，并自动记录检验结果。

(3) 出站库存更新。利用 OMSCA 可以实时提取货物。首先，通过移动设备为仓库操作员分配提取任务。操作员能够利用无线移动设备在提取区域扫描产品、库位并记录提取数量。一旦在移动设备上确认了交易，库存就会更新。OMSCA 还实现了基于无线移动设备记录在码头通道或集运通道的发货确认。

(4) 物料补充提醒。OMSCA 支持包括计划内运送和看板实施在内的物料补充。这使得用户能够就地记录库存转移过程中的原库位和目标库位。它还能够将看板补充信息记录到移动设备上。

(5) 库存管理。库存管理工作(如周期盘点数据输入和物理盘点数据输入)可以在 OMSCA 中实现。用户可以在盘点区域使用无线移动设备进行盘点并记录盘点结果。

Oracle 移动供应链管理系统的主要优点包括以下几个方面。

(1) 提高移动性和灵活性。OMSCA 支持工厂内外任何地方的分发、制造和质量事务处理的执行。一部移动设备可以代替多台桌面 PC 机。移动设备可以被分配给用户，从而大大降低了用户对体积庞大的桌面 PC 机的依赖性。

(2) 实时的事务处理。OMSCA 使用户能够在使用地点实时输入事务并进行查询。事务验证在线进行，从而能够立即识别非法数据。实时的库存信息提高了供应链合作的质量，保证了客户订单更加准确，并优化制造作业及资源的仓库调度。用户可以访问到解决异常事件所需的最新的信息。

(3) 实时的数据验证。由于 OMSCA 是 Oracle 电子商务套件的一个不可分割的组成部分，因此该软件提供了实时的信息和事务处理功能，使用户能够在输入数据时对每项事务进行验证。除了在完成事务处理前验证输入的数据，现场验证可以通知用户物料的限制条件和可用性。

(4) 设备简单。由于 OMSCA 是设计用于通过 TCP/IP 协议的 Telnet 远程登录功能提交表格，因此该软件能够在普通的移动硬件上运行。移动设备只需一般配置即可使用该软件。

(5) 无纸化事务处理。使用 OMSCA，用户通过移动设备在工作时就可记录事务，然后通过无线数据传输与服务器数据进行同步更新。

(6) 提高数据输入准确性。通过对所需数据的条码扫描替代手工数据输入，从而提高了数据的准确性并缩短了数据输入的时间。并且通过这些设备进行数据扫描，可以减少数据输入错误和快速分辨库存错误，从而提高库存准确性。

(7) 及时提醒。OMSCA 能够在供应链异常情况下为相关人员提供有效预警和智能信息。例如，在某些货物库存接近于某一临界点时，向企业采购人员发送提醒信息，提示尽快采购货物。

Oracle 电子商务套件使企业能够有效地管理客户流程、制造产品、按订单发货、接收货款等，所有这一切都是通过构建在一个统一的信息结构上的应用系统来完成的。这个信息结构对企业的客户、供应商、员工、产品，以及企业的其他各个方面，提供单一的定义。无论是实施一个模块还是整个套件，Oracle 电子商务套件都能够使你在整个企业范围内共享统一的信息，从而在更好的信息基础上作出更加明智的决策。

10.4 移动物流

10.4.1 移动物流概述

由于近年来国际物流企业进军中国市场、国际燃油价格节节攀升、人力资源费用不断提高，使得现代物流企业之间的竞争越来越激烈。降低物流企业的经营成本，提高物流过程的效率，成为物流企业在竞争中制胜的关键因素。

移动通信技术、微电子技术、计算机技术、计算机网络技术的发展，为物流企业的移动信息化打下了坚实的基础，使现代物流企业从原材料的采购到产成品的销售运输以及最终客户的货物配送服务，都能形成一个完善的物流体系来支撑整个商务流程，做到及时精确的物流服务、快速高效的配送流程、低廉的成本费用和良好的客户服务水平。这种新形式的物流由于以移动通信技术和网络技术为基础，因而被称为移动物流。

移动物流服务包括以下特点和内容。

(1) 简单方便。移动物流服务简化了消费者业务办理流程，使物流企业的管理变得简单方便。消费者通过移动终端或 PC 机就可以完成在线下单、查询货物物流信息、收货反馈操作；物流企业通过给员工配置移动终端，随时可了解货物运输地点、货物配送信息、仓储信息等内容，实现自动订货、自动转账、物流过程追踪、24 小时营业等诸多功能，提升了服务的质量，提高了企业的运行效率，增强了客户的忠诚度，当然也增加了商品或服务的价值。

(2) 费用低廉。通过将先进的条码技术、射频识别技术、定位技术、Internet 技术及现有的物流服务系统进行有效的结合，可以了解待发货物的运输目的地，对流通中的货物进行跟踪，进行统一的协调配送，降低专业物流企业运营成本，减少了客户在物流费用上的支出，提高了物流运输的效率，并且，通过这些技术，能为客户提供量身定做的个性化服务。

(3) 增值服务。移动物流提供了许多增值服务，外向服务包括市场调查、商品采购、订单处理；内向服务包括货物配送、物流咨询、物流方案的选择与规划、库存控制决策建议、货款回收与结算、物流系统设计与规划方案的制作等。对于费用结算，物流的结算不仅仅是物流费用的结算，在从事代理、商品配送的情况下，物流服务商还要提供向收货人结算货款等服务。对于市场评测，物流服务商根据物流中心商品进货、出货信息，以及以往的数据来分析商品的销售走势，预测未来一段时间内的商品进出库量，进而预测市场对商品的需求，从而为生产企业和销售企业提供重要的咨询服务。

10.4.2　移动物流的技术支撑

物流技术包括硬件技术和软件技术两个方面。随着计算机网络技术的应用普及，物流技术中综合了许多现代技术，如条码(Bar Code)、射频识别(RFID)、地理信息系统(GIS)、全球定位系统(GPS)等。

(1) 条码技术。条码技术是为实现对信息的自动扫描、识别而设计的，是将计算机技术应用于物流行业的一种自动识别技术，能实现快速、准确而可靠地采集数据。条码技术为我们提供了一种对物流中的商品进行标识和定位的方法，借助自动识别技术、GPS、EDI 等现代技术手段，企业可以随时了解有关商品的实际所处位置及其在供应链上的阶段，并进行实时的管理和协调。条码可以分为一维条码和二维条码。

条码技术在物流行业中的应用有销售商品扫描、库存管理、仓库分货拣选几个方面。

(2) 射频识别技术。射频识别(Radio Frequency Identification，RFID)又称电子标签、无线射频识别，是一种通信技术，可通过无线电讯号识别特定目标并读写相关数据，而无需识别系统与特定目标之间建立机械或光学接触。

RFID 在物流的许多环节发挥了重大的作用，在商品销售扫描、自动库存管理、商品流通检查、配送分货拣选、生产制造环节跟踪方面都具有重要的作用。

(3) 地理信息系统。地理信息系统(Geographical Information System，GIS)以地理空间数据为基础，采用地理模型分析方法，适时地提供多种空间和动态的地理信息，是一种为地理研究和地理决策服务的计算机技术系统。其基本功能是将表格类型数据转换为地理图形显示，然后对显示结果进行浏览、操作和分析，显示范围可以从洲际地图到非常详细的街区地图，显示对象包括人口、销售情况、运输线路以及其他内容。

GIS 应用于物流分析，主要是利用 GIS 强大的地理数据功能来完善物流分析技术。在国外，已经开发出许多利用 GIS 为物流分析技术提供专门分析的工具软件。完整的 GIS 物流分析软件集成了车辆路线模型、最短路径模型、网络物流模型、分配集合模型和设施定位模型等。将 GIS 应用于物流管理中，可使物流管理人员方便、快捷、全面地了解各类物流与地理位置有关的信息。它与物流控制、车辆定位、道路信息等相结合，可实时准确地评测出物流流量、道路通畅情况，大大提高企业对物流的快速响应能力。

(4) 全球定位系统。全球定位系统(Global Positioning System，GPS)是一种先进的卫星导航技术，整个系统由发射装置和接收装置两大部分构成。发射装置主要由若干颗位于地球卫星静止轨道、不同方位的导航卫星构成，通过不断地向地球表面发射无线电波，来提供地面物体的位置信息。接收装置通常安装在需要定位的移动目标(如飞机、车辆)上，根据接收到的来自不同方位的导航卫星的定位信号，就可以计算出它当前的经纬度坐标，然后将其坐标信息记录下来或发回监控中心。

物流系统中，许多环节都涉及与地理位置有关的信息处理，如运输车辆的调度、商品运输路线的选择、仓库位置的选择、配送路线的选择和合理装卸策略等，这些都可以通过运用GPS的定位功能、导航功能、车辆跟踪、信息查询等功能进行有效的管理和决策分析。将GPS应用于物流系统，无疑将有助于配送企业有效地利用现有资源，降低消耗，提高效率。

移动物流系统的体系结构如图10-8所示。

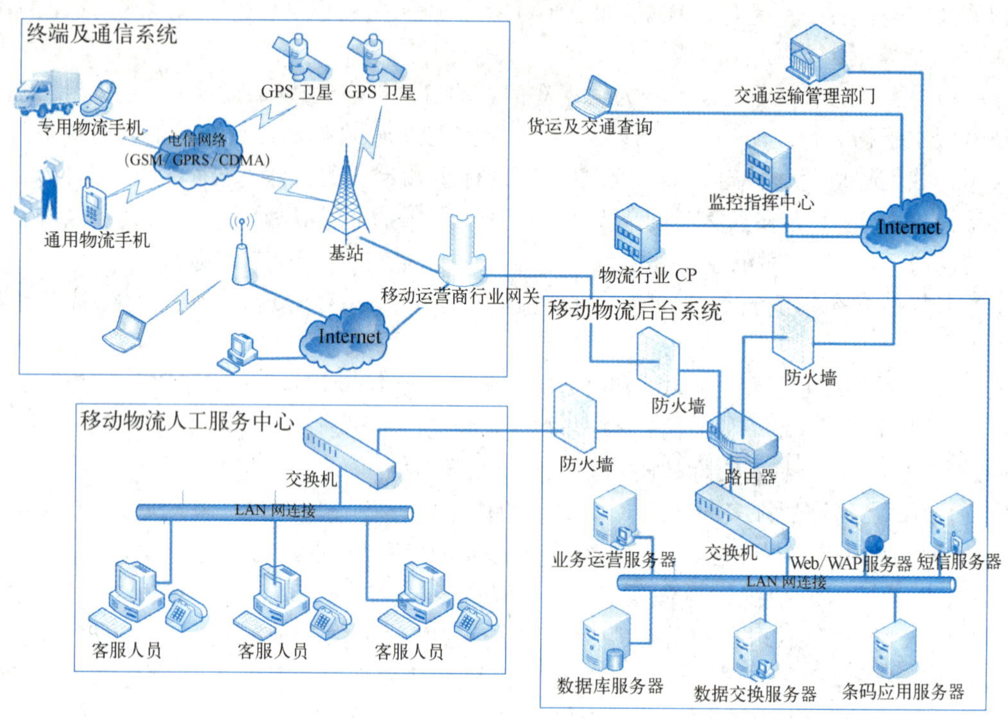

图10-8　移动物流系统体系结构

10.4.3　移动物流的应用

国内物流企业在管理和技术上不断地趋于成熟，但是与国外的同行相比差距仍然很大。这个差距主要体现在现代信息技术的应用和物流管理理论的应用方面。例如，一辆丰田轿车的零件有3万个之多，然而丰田企业却是零库存的，可想而知其物流水平之高。因此，中国物流业要在国际上取得一席之地，靠花费更多的硬件设施投资是无法解决问题的，应用和发展现代信息技术，提升自己的管理经验和水平，才是获得领先的关键。以下是国际连锁企业沃尔玛将移动通信技术应用于现代物流的成功案例。

沃尔玛物流——零售业物流典范

沃尔玛是世界上最大的连锁零售商。目前沃尔玛在全球数十个国家开设了超过 5 000 家商场，员工总数 180 多万。每周光临沃尔玛的客户近 1.76 亿人次。2005 年沃尔玛全球的销售额达到 3 124 亿美元，连续多年荣登《财富》杂志世界 500 强企业和“最受尊敬企业”排行榜。

沃尔玛的业务之所以能够迅速增长，成为现在非常著名的公司之一，是因为沃尔玛在节省成本以及物流配送系统与供应链管理方面取得了巨大的成就。

1. 采用先进技术方法降低物流配送中心运作成本。在整个物流过程当中，最昂贵的就是运输部分，所以沃尔玛在设置新卖场时，尽量以其现有配送中心为出发点，卖场一般都设在配送中心周围，以缩短送货时间、降低送货成本。沃尔玛在物流方面的投资，非常集中地用于物流配送中心建设。

(1) 灵活高效的物流配送中心。物流配送中心一般设立在 100 多家零售店的中央位置，也就是配送中心设立在销售主市场。这使得一个配送中心可以满足 100 多个附近周边城市的销售网点的需求；另外，运输的半径既比较短又比较均匀，基本上是以 320 公里为一个商圈建立一个配送中心。有人这样形容沃尔玛的配送中心：这些巨型建筑的平均面积超过 11 万平方米，相当于 24 个足球场那么大；里面装着人们所能想象到的各种各样的商品，从牙膏到电视机，从纸巾到玩具，应有尽有，商品种类超过 8 万种。这些中心按照各地的贸易区域精心部署，通常情况下，从任何一个中心出发，货车都可在一天内到达它所服务的商店。

在配送中心，计算机掌控着一切。供应商将商品送到配送中心后，经过核对采购计划、商品检验等程序，分别送到货架的不同位置存放。当每一样商品储存进去的时候，计算机都会把它们的位置和数量记录下来；一旦商店提出要货计划，计算机就会查找出这些货物的存放位置，并打印出有商店代号的标签，贴到商品上。整包装的商品将被直接送上传送带，零散的商品由工作人员取出后，也会被送上传送带。商品在长达几公里的传送带上进进出出，通过激光辨别上面的条形码，把它们送到该送的地方。传送带上一天输出的货物可达 20 万箱。

配送中心的一端是装货平台，可供 130 辆卡车同时装货；另一端是卸货平台，可同时停放 135 辆卡车。配送中心 24 小时不停地运转，平均每天接待的装卸货物的卡车超过 200 辆。沃尔玛用一种尽可能大的卡车运送货物，有大约 16 米加长的货柜，比集装箱运输卡车更长、更高，车中的每个空间都被填得满满的，这样非常有助于节约成本。

公司 6 000 多辆运输卡车全部安装了卫星定位系统，每辆车在什么位置、装载什么货物、目的地是什么地方，总部都一目了然。因此，在任何时候，调度中心都可以知道这些车辆在什么地方、离商店还有多远，他们也可以了解到某个商品运输到了什么地方、还有多少时间才能运输到商店。

灵活高效的物流配送使得沃尔玛在激烈的零售业竞争中技高一筹。沃尔玛可以保证，商品从配送中心运到任何一家商店的时间不超过 48 小时，沃尔玛的分店货架平均一周可以补货两次，而其他同业商店平均两周才能补一次货；通过维持尽量少的存货，沃尔玛既节省了存贮空间又降低了库存成本。

(2) 高效的配送作业方式。配送中心的一端是装货的月台,另外一端是卸货的月台,两项作业分开。看似与装卸一起的方式没有什么区别,但是运作效率由此提高很多。配送中心就是一个大型的仓库,但是概念上与仓库有所区别。

800名员工24小时倒班装卸、搬运、配送,商品在配送中心停留不超过48小时。沃尔玛售卖的产品有几万个品种,吃、穿、住、用、行各方面都有。尤其像食品、快速消费品这些商品的停留时间直接影响到使用。

沃尔玛的配送成本占它销售额的2%,而一般零售企业物流成本占整个销售额通常都要达到10%左右,有些食品行业甚至达到20%或者30%。沃尔玛始终如一的思想就是要把最好的东西用最低的价格卖给消费者,这也是它成功的关键所在。

整个沃尔玛配送中心的宏观运作如图10-10所示。

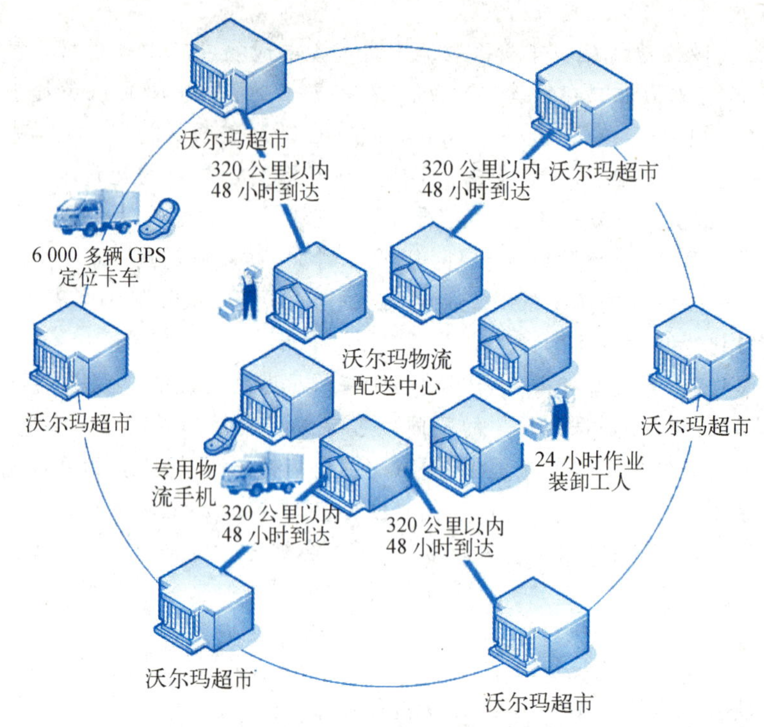

图10-9 沃尔玛配送中心宏观运作

2. 尖端科技的应用。沃尔玛之所以成功,很大程度上是因为它比同行竞争对手至少提前了10年将尖端科技应用于其物流系统。早在20世纪70年代,沃尔玛就开始使用计算机进行管理;20世纪80年代初,又花费4亿美元购买了商业卫星,实现了全球联网;20世纪90年代,采用了全球领先的卫星定位系统(GPS),控制公司的物流,提高配送效率,以速度和质量赢得用户的满意度和忠诚度。

(1) 建立全球第一个物流数据的处理中心。沃尔玛在全球第一个实现集团内部24小时计算机物流网络化监控,使采购库存、订货、配送和销售一体化。例如,客户到沃尔玛店里购物,然后通过POS机打印发票,与此同时,负责生产计划、采购计划的人员以及供应商的电脑上就会同步显示信息,各个环节就会通过信息及时完成本职工作,从而减少了很多不必要的时间浪费，加快了物流的循环。

(2) 应用先进的信息技术。主要包括以下几个方面：

① 射频技术(RF，Radio Frequency)：在日常的运作过程中可以跟条形码结合起来应用。

② 便携式数据终端设备(PDF)：传统的方式到货以后要打电话、发 E-mail 或者发报表，通过便携式数据终端设备可以直接查询货物情况。

③ 物流条形码(BC)：利用物流条码技术，能及时有效地对企业物流信息进行采集跟踪。

④ 射频识别技术(RFID)：是一种非接触式的自动识别技术，它通过射频信号自动识别目标对象并获取相关数据，识别工作无须人工干预，可在各种恶劣环境中工作。

凭借这些信息技术，沃尔玛如虎添翼，取得了长足的发展。

沃尔玛综合物流管理系统的结构如图 10－10 所示。

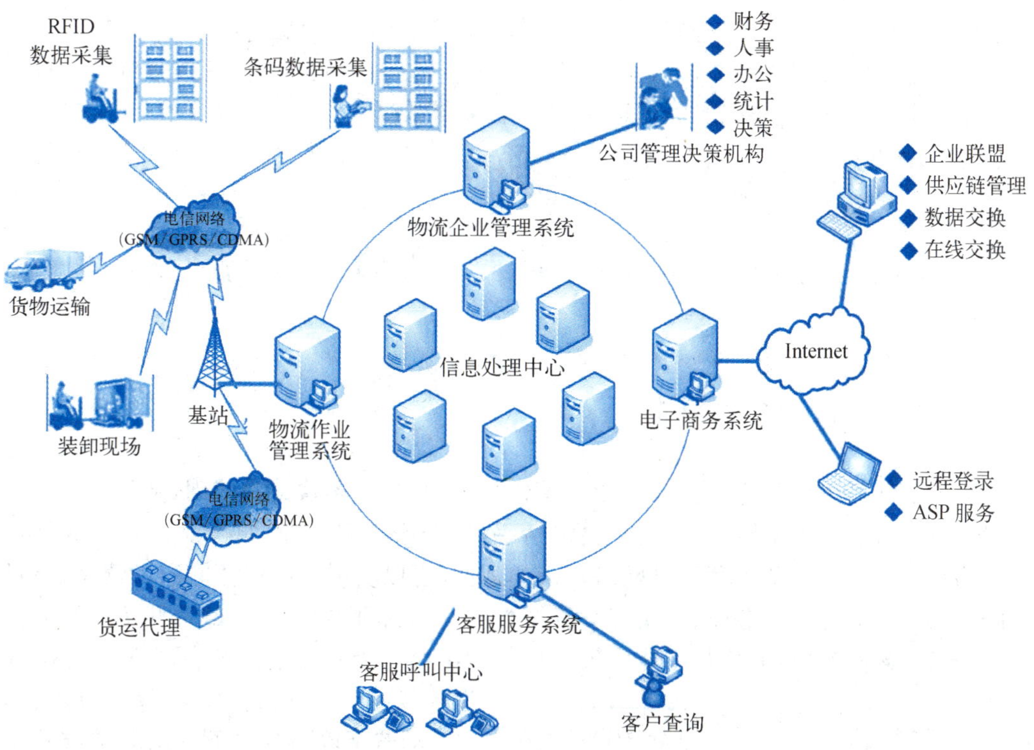

图 10－10　沃尔玛综合物流管理系统

3. "无缝"物流的运用。物流的含义不仅包括物资流动和存储，还包含了上下游企业的配合程度。沃尔玛之所以能够取得成功，很大程度上在于沃尔玛采取了"无缝点对点"的物流系统。

在衔接上游客户方面，沃尔玛有一个非常精准的物流信息系统，可以使供货商们直接进入到沃尔玛的系统，沃尔玛称之为"零售链接"。通过零售链接，供货商们就可以随时了解销售情况，对将来货物的需求量进行预测，以决定生产情况，这样他们的产品成本也可以降低，从而使整个流程成为一个“无缝”的过程。

在沃尔玛的物流当中，非常重要的一点是，沃尔玛必须要确保商店所得到的是与发货单上完全一致的产品，因此沃尔玛整个的过程都要确保是精确的，没有任何错误。这样，商店把整个卡车当中的货品卸下来就可以了，而不用把每个产品检查一遍。因为他们相信运来的产品是没有任何差错的，这样就可以节省很多的时间，还有助于降低成本。

沃尔玛进行物流业务的指导原则，不管是在美国还是世界上其他地方，都是百分之百一致和完整的物流体系。不管物流的项目是大项目还是小项目，沃尔玛必须要把所有的物流过程集中到一个伞形结构之下。在供应链中，每一个供应者都是链当中的一个环节，沃尔玛必须确保整个供应链是一个非常平稳、光滑的过程，一个顺畅的过程。这样，沃尔玛的运输、配送以及订单与购买的处理等所有过程，都是一个完整的网络当中的一部分。在沃尔玛的供应链当中，能够做到这一点，就可以把所有环节上可以节省的钱都节省下来。

通过采用最先进的管理理念，采用更加先进的、现代化的信息技术，沃尔玛已经成为美国最大的私人雇主和世界上最大的连锁零售商。沃尔玛的成功既可以说是优秀的商业模式与先进的信息技术应用的有机结合，也可以说是沃尔玛对自身的“商业零售企业”身份的超越。

10.5 移动营销

10.5.1 移动营销概述

移动营销涉及无线通信，又与市场营销有关，是以市场营销为基础，基于一定的无线通信网络平台实现的，其接入终端包括手机、个人数字助理、便携式计算机或其他专用接入设备等。移动营销是网络营销的延伸，可以实现个性化精准市场营销，其目的主要是提高品牌知名度、收集客户资料数据、增大客户参加活动或者拜访店面的机会、改进客户信任度和增加企业收入。目前的主要应用有短信营销、彩信营销、WAP营销、手机游戏营销、彩铃营销、短信网址互动营销等。与电子营销和传统营销相比，移动营销具有如下特点（如图 10－11 所示）。

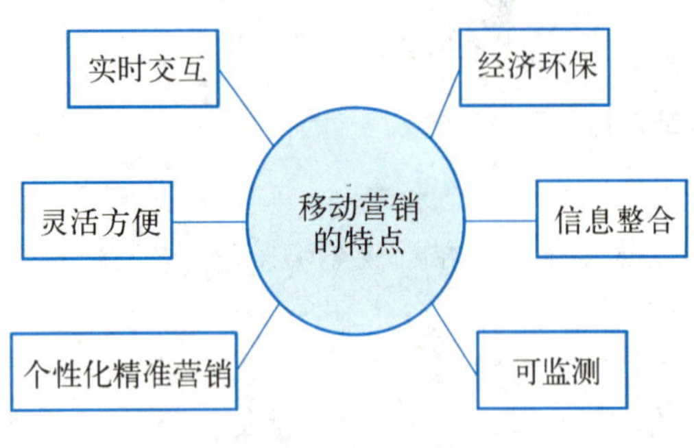

图 10－11 移动营销的特点

（1）个性化精准营销。由于每部手机对应着一个手机用户，因此，营销人员可根据用户的兴趣、爱好、年龄层次、上网习惯、浏览记录等信息，来向用户推荐相关的商品，实现有针对的个性化精准营销，提高营销的效率和准确性。

（2）实时交互。手机在交互性方面有着传统媒体无法比拟的优势，对企业营销应用来说，这是一个非常强大的有利功能。手机的互动性相比传统媒体在效率、速度和灵活性上都要更胜一筹，使双方能产生很好的互动，起到立竿见影的双向功效。通过这种良好的沟通、互动，企业可以向客户提供更具个性化的产品和服务，有助于改善企业的客户关系管理，提高客户的忠诚度。

（3）灵活方便。在移动商务营销环境中，人们不再受时间和地域的限制，可以随时随地通过无线设备进行移动支付和在线交易，并进行信息反馈。这种灵活性可使企业随时随地掌握市场动态，了解消费者的需求，为他们提供最优质的服务。

（4）经济环保。移动营销通过数字信息向用户进行商品和服务的宣传、推销，所花费的营销成本相对较低，与传统的营销手段相比，省去了印刷媒体所需要的实物成本、影视明星的代言费以及在电子媒体如电视和广播上所支付的巨额广告费，并且不产生任何营销活动带来的废物和垃圾。

（5）信息整合性。多媒体技术的应用使得企业可以将产品的价格、外观、评测、用户使用效果等信息，通过文字、图片、视频等方式详细地展示出来，用户通过移动终端，就可以直接浏览这些内容，了解商品各个方面的信息。

（6）可监测性。在移动营销过程中，通过相关监测软件，企业还可准确地监控信息回复率和回复时间，从而为企业提供了监测营销活动的便捷手段。这种检测能力，对于作民意调查、信息反馈、客服支持及市场分析等具有极为重要的意义。

10.5.2　移动营销的运行模式

目前，移动营销的运行模式主要有以下几种。

（1）PUSH 信息模式。PUSH 模式指的是企业直接向用户发送短信或彩信，进行商品营销的形式。PUSH 模式中应用最广的为 SMS 营销即短信营销。其优势是费用低廉、潜在广告对象群体巨大。短信营销中较有特色的是小区短信营销，是在特定的商业区域、特定的时间向特定的人群发送营销短信的无线增值服务。缺点是容易引起客户的反感。因此，企业在采用 PUSH 模式进行市场营销时，应建立许可与退出机制。

（2）WAP 网站模式。WAP 网站模式有两种：一种是商家自建 WAP 网站模式，另一种是与其他知名 WAP 网站合作模式。商家自建 WAP 网站进行移动营销的特点是自由度较大，灵活方便，缺点是推广成本较高。WAP 网站的宣传，可以通过采用 PUSH 模式，将具有超链接内容的短信或彩信发送给用户来实现；也可以通过购买关键词的形式在搜索引擎网站进行推广，并且通过选择合理的搜索引擎营运商，实现效果监控以及成本控制等方面的措施。

采用与其他 WAP 网站合作的模式对于一些小企业来讲，是一种节约成本的可行方式，通过与知名 WAP 网站合作，在知名 WAP 网站上做宣传或开展互动营销活动。目前在国内较知名的 WAP 网站有：手机新浪（http://sina.cn）、移动梦网（http://wap.monternet.earn）、3G 门户（http://wap. 3g.en）、空中网（http://kong.net）等。

(3) 终端嵌入。终端嵌入模式是将广告以图片、屏保、铃声和游戏等形式植入手机企业生产的手机里，通常以买断的方式，在一个品牌的每部手机里投放 3~4 个广告，并将一定的广告收入分给手机厂商。对终端的占有，是一个行之有效的模式。相对而言，这种模式是最具创新性而又最具难度的，同时也能最有效地形成壁垒。不过，要真正实现其价值，只是覆盖几款手机，其覆盖范围很难满足广告主的需求。

10.5.3 移动营销的策略

移动电子商务是传统电子商务的延续。在制定移动电子商务营销策略时，应该考虑传统商务营销的策略，通过分析传统商务营销的策略和方法，以服务客户为中心，结合目前移动电子商务发展的现状和特点以及未来发展的趋势，采用以下策略或以下策略的综合。

(1) 4P 营销理论。4P 营销理论是 20 世纪 50 年代由美国密歇根州立大学教授杰罗姆·麦卡锡提出的，4P 分别是指产品(Product)、价格(Price)、促销(Promotion)和渠道(Place)。该理论认为：如果一个营销组合中包括合适的产品、合适的价格、合适的分销渠道和合适的促销策略，那么这将是一个成功的营销组合，企业的营销目标也可以得以实现。这一理论对以后营销理论的发展和实践都产生了深远的影响，被视为营销理论的经典，时至今日它仍是许多营销部门选择营销战略时的重要依据。

(2) 4C 营销策略。市场营销中的 4C 策略由美国的罗伯特·劳特伯恩在 1990 年提出，包括客户(Consumer)、成本(Cost)、方便(Convenience)、沟通(Communication)四个组成部分。通过将 4P 与 4C 的对比可看出，4P 理论的思维基础是以企业为中心的，因而适合供不应求或竞争不够激烈的市场环境，4C 理论的思维基础是以消费者为中心，是当今消费者在市场营销中越来越居主动地位、消费的个性化需求越来越高、市场竞争空前激烈、传播媒体高度分化、信息膨胀过剩的营销环境下的必然要求。4C 理论认为，只有了解到消费者真正的需要，并据此进行市场定位，才能确保营销的最终成功。

(3) 4I 营销策略。4P、4C 之间的关系是一种互补、完善和发展的关系。4P 营销理论从企业的角度来思考问题，4C 营销理论则站在客户的角度来思考问题，但是它们都是对营销过程中重点元素的静态描述，没有侧重从企业整体运作的角度将其表述为一个动态的过程，它们的营销理念仍是“粗放”型的。相对于 4P 及 4C 营销的理论，无线营销更加丰富和细腻。无线营销具有鲜明的可量化、能互动、能识别、可锁定、即时快速的特征，这些特征能将消费者与企业更加紧密地结合在一起，实现营销理论和实践都向更深、更广层次发展。朱海松在《无线营销——第五媒体的互动适应性》中提出了可以更好地应用在无线营销上的 4I 模型，4I 分别代表分众识别与锁定(Individual Identification)、即时信息(Instant Message)、互动沟通(Interactive Communication)、“我”的个性化(I Personality)(如图 10-12 所示)。

分众识别与锁定即把分众精细化为目标个体，并与其建立“一对一”的关系。这里的目标个体是指差别化的个体，而不是抽象的某一个群体，移动营销就是利用第五媒体的手机与差别化的个体进行“一对一”的沟通。电子商务时代消费渠道的畅通和便利，导致消费者能轻松地转移品牌，消费者的品牌忠诚度更难把握和捉摸，而移动营销可做到分众识别、个体锁定、定向发布广告，将有助于刺激消费者的购买欲望，促进交易的成功率，提升消费者的品牌忠诚度。

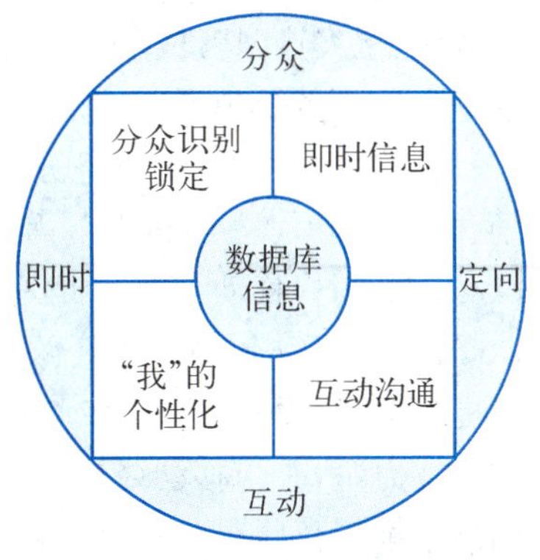

图 10 - 12　无线营销的 4I 模型

即时信息意味着企业和客户能建立及时有效的沟通，站在客户的角度倾听客户的愿望和诉求，并迅速作出反应，满足客户的需求，移动营销的动态反馈、实时互动和服务跟踪特性为这种营销策略提供了可能。

互动沟通就是企业通过“一对一”的无线互动营销，与消费者形成一种互动、互求、互需的关系。

移动营销出现之初，消费者的消费大多带有猎奇心理，以新鲜、时尚型消费为主；随着移动营销的不断发展，消费者的消费模式也在变得不断成熟，转化为以个性化、注重个人感受为主的体验型消费模式。这种个性化消费诉求要求市场的营销活动也要具有个性化，所传递的信息也要具有个性化，企业需要更加关注每个消费个体的消费习惯、兴趣偏好、个性品位等因素，个性化需求的满足成为能引起消费者共鸣的有力武器。

10.5.4　移动营销的成功案例

下面以“3G 移动营销在日本”为例，介绍移动营销的成功应用。

3G 手机和费用定额制的普及成为日本移动营销发展的两个主要原因。不用担心流量费，用户就能享受视频、音乐及动漫等丰富的服务，内容提供商则提供了更加丰富多彩的内容与更好的用户体验，提高了手机用户的活跃度，加快了移动营销市场的发展。

1. 良好的 3G 移动营销市场基础。日本的 3G 手机市场是从 2001 年 11 月日本的最大运营商 NTT DoCoMo 的 FOMA 业务发售开始的。此后，不仅仅是 NTT DoCoMo，还有其他两家运营商的 KDDI、Vodafone 也积极投入 3G 手机市场。截至 2008 年 6 月，3G 手机共计 9 122 万台，达到日本国内手机数量的 90%左右。

普及 3G 手机，各种丰富的增值内容功不可没。从移动营销的发展来看，另一个重要的原因就是普及定额制的套餐费用。截至 2008 年 7 月，NTT DoCoMo 用户的 28%、KDDI 用户的 74%、Soft Bank 用户的 40%、日本整体手机用户的 43%成为定额制用户。定额制的套餐费用，不限制用户的使用时间和流量，并能享受各种各样的增值服务。

日本业界相关人士认为，如果按照这个普及速度发展，移动营销市场会持续保有很大的发展空间。

2. 紧密结合的移动分销渠道。移动业务分销渠道是指移动业务从移动运营商向最终用户转移过程中所经历的各个环节，包括移动运营商、最终用户、业务中间商、业务代理商、批发商、特许经营商、零售商以及辅助机构等。其中，移动运营商和最终用户分别是移动业务分销渠道的发力者和受力者，属于移动业务分销渠道的重要成员。

NTT DoCoMo 的业务分销网络覆盖了诸多商社、通信设备公司、家电超市、大型商场、电话业务代售点和 ISP 等，这些中间商通过与 NTT DoCoMo 订立合约，为 NTT DoCoMo 销售移动终端。此外，NTT DoCoMo 向手机制造商定做手机，并贴上 NTT DoCoMo 的商标，同时委托给上述中间商出售。由于 NTT DoCoMo 的第二代移动网络提供 PDC 业务，PDC 移动终端采用机卡一体式，同时 NTT DoCoMo 具有极其强大的研发力量，并与移动终端产业结合紧密，因此 NTT DoCoMo 的移动终端销售与注册用户销售一直紧密联系在一起，移动终端的销售渠道就是移动业务的分销渠道。

销售中间商在分销手机时，可以从 NTT DoCoMo 那里获取销售奖励费，因此可以以较低价格向用户出售手机，而这笔销售奖励费实际上是 NTT DoCoMo 从用户可能在未来支付的月基本使用费中提取的。因此为保证收回这笔销售奖励费，用户在签约后一段时间内不能解约或更换机型。如果在规定期间内，用户发生手机变更并且希望保留原有的手机号码，则需要申请机种变更业务。NTT DoCoMo 的机种变更业务是指用户在更换移动终端时，如果想要保留原有的移动终端号码而需要申请的业务。根据用户上次申请机种变更业务的时间，用户支付不同的机种变更费用。在日本，大部分用户在更换新手机时都申请了机种变更业务。与 PDC 业务不同，用户在成为 FOMA 业务的签约用户时，只需要购买移动终端，而不需要购买移动终端卡，NTT DoCoMo 免费向 FOMA 签约用户提供移动终端卡，用户在解约时需要将移动终端卡归还给 NTT DoCoMo。

3. 丰富的移动营销增值内容。除了移动广告市场，移动营销中其他的各个领域也成长为巨大的市场，特别受到关注的是增值服务的领域。目前在日本，已经形成巨大市场的是以动漫为中心的电子书籍市场，这个市场中手机用户的市场份额远远超过了 PC 的市场份额。庞大的电子书籍市场不仅促进了动漫的发展，也促进了小说市场的巨大发展。

2007 年日本文艺小说的前三位都是把在手机上发布的小说进行整理后独家出版成书籍，受到了广泛的关注。电子小说以外，还有一些其他的增值服务也受到瞩目，2007 年手机游戏的市场规模为 848 亿日元，手机音乐服务的规模为 1 074 亿日元，手机视频的规模达到 1 000 亿日元，全部都保持着很大增长。

随着市场的扩大，新技术、新服务以及应用手段也不断出现。其中特别受到欢迎的是“颜 CHEKI”服务，用户可以使用手机发送自己脸部的照片，后台系统通过计算告诉用户所发送照片与明星的相似度。这个以娱乐为主题的服务利用了图像识别技术，截至 2008 年年末使用者已经突破 1 亿人，可见其受欢迎的程度。

4. 受到关注的新营销模式。除了以上介绍的增值服务外，还有利用各种各样的新技术提供的新服务。同时，这些新技术及服务的广告形式也被积极推广。

比如，随着 SNS 的迅猛发展，使用了虚拟形象(用户网络上的表现人物)的广告，使得广告及营销手法也变得更加活跃。

2007 年最大的手机 SNS 公司和便利店公司“ 7 - 11”一起合作进行虚拟形象的宣

传活动。在“7-11”便利店买商品的话，可以得到手机游戏村特制的虚拟形象，其明显的效果也使得这个宣传活动成为移动营销的成功案例。

同时，日本D2移动广告公司2008年11月开始运营“i虚拟形象”的服务。用户可以制作自己个性化的虚拟形象，可以使用移动网站上提供的各种虚拟物品(类似中国的QQ秀)。虚拟形象及虚拟物品有收费和免费两种，也有企业赞助的带有企业形象的人物和品牌标志。

最近，适用于手机的Gadget(Widgets屏幕软件)也开始登场了。通过这种形式可以让用户在手机小小的画面上也能实现日历或图片浏览等功能，提高了手机的方便程度。业界人士也对这种全新的Gadget服务非常期待，并且已经开始摸索如何通过其实现新的广告模式。

通过新技术实现的新的移动营销手段不断地出现，且今后将不断发展进化。实现这种功能的背景不但是技术革新，手机的功能不断加强及方便的使用环境也是大前提。这也再一次印证了3G手机的普及使得移动营销的发展得到加速。

10.6 移动售后服务

10.6.1 移动售后服务概述

售后服务是企业提升信用、获得用户忠诚度的重要途径，也是企业的成本控制重点。企业通过提高售后服务运营水平，尽可能地缩短客户请求响应时间，来提高客户满意度。

面对日趋激烈的市场竞争、众多低价产品的大量出现，高端企业产品的价格和利润面临巨大的压力。此时，优质的售后服务成为企业争取客户、获得客户支持的最大法宝。众多国内外的知名优秀企业早已搭建起一套卓有成效的信息化服务体系，不仅实现了全国服务信息的联网同步，甚至建成了集自动派工、备件管理、网点管理、自动结算、质量改进等功能于一体的客户服务平台，以出色的服务赢得了客户的好评。但随着移动商务的出现和发展，现有的基于纸张、电话、Internet的传统售后服务已不能满足现代售后服务的要求。面对迅速变化的市场需求，企业需要将原本固定的信息化服务体系进行全面的突破，直接延伸到每个客户面前，彻底打通售后维修服务的最后一个环节，让客户体验崭新的移动化售后服务。

移动售后服务利用无线移动技术实现企业本部、外勤工作人员和服务现场三者之间的无缝连接，提高了派工的效率和准确率，降低单次服务成本以及平均服务成本，加强了对外勤服务人员管理，外勤服务人员可以及时与企业本部沟通，了解库存配件和产品情况，并远程获得公司的技术支持，为公司全程监控移动售后服务提供了可能。

移动售后系统体系结构如图10-13所示。

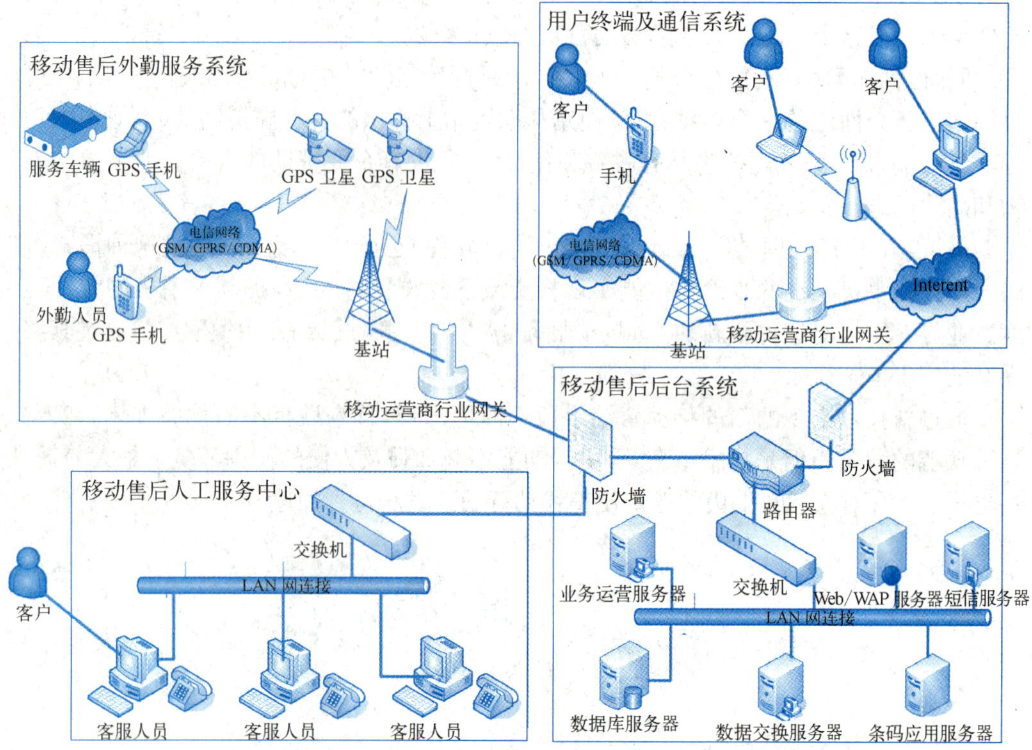

图 10-13　移动售后服务系统体系结构

10.6.2　移动售后服务的功能

移动通信技术、微电子技术、计算机技术、计算机网络技术的发展，为企业售后服务的移动化打下了坚实的基础，使现代企业从客户报修、服务派工、配件管理、服务单管理、服务回访等，形成一个完善的售后服务体系来支撑整个商务流程的活动，做到及时精确的售后服务、低廉的成本费用和良好的客户服务水平。这种新形式的售后服务由于以移动通信技术和网络技术为基础，因而被称为移动售后服务。其应用将能大幅提升售后服务的工作效率及企业竞争力，使企业的售后服务进入一个充分利用资源、降低服务成本、提高整个企业运行效率的良性轨道。

移动售后服务应包含的具体功能如下。

(1) 派工管理。外勤工作人员随时接收公司下达的派工单，并进行安排处理。当客户通过售后服务电话将售后服务要求提交给公司后，公司服务管理人员将通过后台系统进行服务信息的登记，并根据外勤服务人员的实时服务地点、任务完成时间等具体情况进行服务派工。当派工信息下发后，外勤服务人员通过移动终端登录信息系统获取到派工信息，并及时地对派工任务进行反馈和安排。

(2) 配件申请。当外勤服务人员接受派工后，根据客户反馈的情况判断在服务过程中需要使用什么配件并进行配件申请。在申请过程中，外勤服务人员将配件的规格、数量等信息通过系统返回公司，然后等待公司服务人员对配件申请进行审核、发货，省去了外勤服务人员往返领取零部件的奔波，提高单次外出服务的效率。服务结束后，外勤服务人员将服务过程中配件的使用和旧件的返回情况在系统中进行反馈。

(3) 获取现场信息。在服务过程中，如遇到需要向公司资深技术人员咨询的问题，外勤服务人员能通过手机终端进行现场拍照，并将照片上传到公司服务器，有助于资深技术人员对问题的分析和记载。同时，服务现场的照片还能对设备当时的作业状况进行记录，对故障责任的划分起到证据的作用。另外，外勤服务人员在服务完成后，还可以对维修现场进行拍照，记录下此次服务所做的修改和零件更换，传回公司服务器作为备份，并为下次的维护提供参考。

(4) 服务信息录入。在服务结束时，外勤服务人员需要将产品的数据信息、服务过程中的故障和现象、服务解决过程步骤，以及客户对服务的评价进行收集，并反馈至后台系统。

(5) 服务人员定位。为了能合理地对服务请求进行派工，降低服务过程中的服务成本，需要了解外勤服务人员的地理位置。手机终端在开机后，能及时地采集 GPS 数据，并将 GPS 数据传回到服务器，后台程序通过电子地图接口，将经纬度数据转换成具体的地理位置，并能用地图进行轨迹的跟踪。通过掌握外勤服务人员的位置信息，可以方便公司管理人员进行工作和任务的调度，并随时了解售后服务现场的情况。

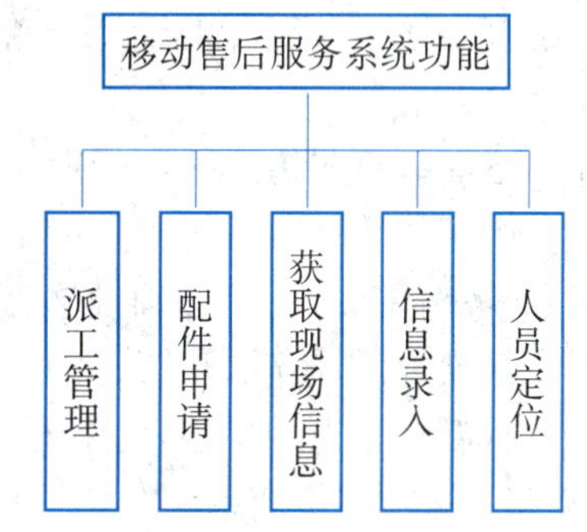

图 10-14　移动售后服务系统功能结构

移动售后服务系统功能结构如图 10-14 所示。

10.6.3　移动售后服务的收益

使用移动售后服务，带来的收益主要有以下几个方面。

(1) 及时有效的派工处理。面对随时可能出现的客户售后服务诉求，移动售后服务系统可以实时查询所有外出服务人员的分布情况和服务完成时间，计算出最佳响应服务人员，并向该服务人员的移动终端下达派工单，使客户在最短时间内得到上门服务，实现最高效率的派工，并降低了外出服务人员的交通成本。

(2) 高效的单次外出服务。通过服务人员定位，不仅使客户在最短时间内得到上门服务，而且通过移动售后服务系统，服务人员还可以根据此次外出维修的情况，统一在线向公司申请服务需要的零配件，公司管理人员通过系统完成零配件出库，并调度送货人员及时送发零配件，使单次外出服务的完成率大为提高，优化了配件申领过程，提高了工作效率，降低服务执行成本和管理成本。

(3) 完善的现场服务。使用移动售后服务系统，现场服务人员在遇到疑难问题时，可以通过移动终端在现场拍照，并将照片上传至系统，获得企业资深技术人员的在线支持。同时，服务人员在服务完成后，还可以对维修现场进行拍照，记录下此次服务所做的修改和零件更换，传回公司服务器作为备份，并为下次的维护提供参考。最后，还可以通过高性能的移动终端，实现零配件报价查询、单据打印及发票开具等工作，提供近乎完美的现场服务工作，并为扩展未来的其他服务提供了可能。

(4) 有助于全面提高售后服务质量。通过移动售后服务系统，企业可以对外出服务人员和下辖的分级服务合作商的服务质量进行监控，能够随时了解售后服务人员的服务质量和企业分级服务合作商的需求与服务情况，便于进行数据分析，改进企业的售后服务质量，提升客户满意度，保持客户忠诚度。

(5) 为企业的发展战略提供坚实的基础。通过移动售后服务系统以往售后服务数据的统计，可以获取丰富的、有价值的业务报表，分析企业产品存在的质量问题，以及客户的最新诉求，据此改善企业的产品质量，提供最符合客户要求的产品及服务，为企业的长足发展提供坚实的基础。

10.6.4 移动售后服务的应用

下面以惠普售后服务管理系统为例，介绍移动售后服务的应用。

中国惠普有限公司成立于1985年，是惠普公司全球业务增长最为迅速的子公司之一，业务范围涵盖IT基础设施、全球服务、商用和家用计算机以及打印和成像等领域，客户遍及电信、金融、政府、交通、运输、能源、航天、电子、制造和教育等各个部门。致力于以具有竞争力的价格，为中国用户提供科技领先的产品与服务，提供最佳客户体验。

1. 需求催生变革。在竞争日趋激烈的发展环境下，高效而准确地为客户提供售后服务，已经成为IT企业全程销售和服务模式中的重要环节。基于售后服务电话、纸质工单的传统客服系统效率低、成本高昂，特别是在客户群体庞大而又需要信息及时反馈的情况下，很难有效控制客户投诉率。这种状况如果不积极加以改进，将会对公司的良性发展产生负面影响。

在对用户售后服务需求、同行业竞争者的售后服务方式等方面进行了细致的市场调查之后，惠普产生了通过移动通信技术手段来完善现有的售后服务体系的新需求，并选择了国内领先的移动商务服务商——北京亿美软通科技有限公司(http://www.emay.cn/)为其提供移动售后管理方面的服务。

2. 原有售后服务体系的缺陷。惠普原有的售后服务流程主要包括以下几个步骤：

(1) 客服人员接受来自售后电话系统的服务申请，转至售后服务部门。

(2) 售后服务部门管理员整理服务申请，派发纸质工单至售后工程师。

(3) 售后工程师打电话与客户沟通，约定服务时间。

(4) 售后工程师上门服务，完成服务后，客户在工单上签字确认。

(5) 售后工程师返回公司上交工单，供系统管理员录入信息，完成售后步骤。

调查发现，流程有三个缺陷：客户响应时间长，派工效率低且流程难以控制，运营成本高。针对以上积弊，亿美软通提出了一系列基于亿美SDK短信应用引擎的解决方案，利用移动技术实现售后服务流程的无缝连接。

3. 改进后的售后服务系统。亿美软通为惠普量身定制的嵌入型移动管理平台，将亿美活力短信 SDK 系统与惠普的售后服务管理系统相结合，通过其后台服务器与售后工程师的手机进行双向数据传输，帮助工程师及时获取派工信息，并能将作业完成情况实时上传至企业售后管理平台；派工人员根据工程师的状态可以对派单路径进行调整，提高派工效率；同时，整个售后流程避免了数据人工录入，在提高工作效率的同时又能节省运营成本。

亿美活力短信 SDK 应用接口，是针对系统集成商和企业软件定制，为企业信息系统提供移动商务的应用方案，具备以下几个方面的优势。

(1) 全网覆盖。接入中国移动、中国联通、中国电信短信业务平台，实现多种通信方式、多种通信网络全面覆盖。

(2) 智能化短信内容。支持 500 个汉字或 1 000 个英文的提交，自动分割短信内容。

(3) 标准化开发包。支持 Asp、. net、Delphi、VB、VC＋＋、Java 等多种主流开发语言，Windows、Linux、Unix 等多种运行环境。

(4) 分级信息发送处理。在通信结束和业务开始的中间层实现优先级算法，先处理优先级高的短信，真正做到随需应变。

(5) 标准 API 编码。通过采用国际标准的 API 编码方式，并提供标准的 API 开发文档，提高开发效率。

(6) 先进的系统架构。系统采用多层架构、均衡负载，保证通信效率与质量。

惠普售后系统功能结构如图 10-15 所示。

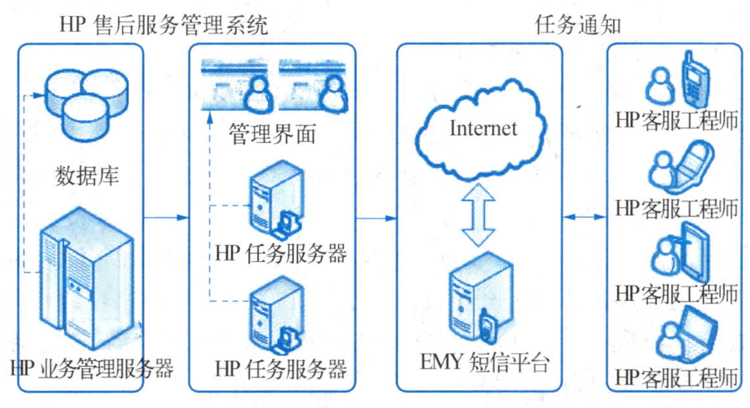

图 10-15　惠普售后系统功能结构

整个售后服务管理系统的功能实现如下。

① 派工管理。惠普售后服务管理系统分析服务申请类型，制订作业计划，通过 SDK 短信开发组件向售后工程师发送派工短信，包括：用户的需求、约定的维修时间，另外还可以向工程师发送维修服务定时提示。

② 作业管理。惠普售后服务管理系统通过 SDK 向客户发送短信，告知上门时间、服务人员信息。售后工程师随时发送短信上报作业过程中发现的问题和作业进度，通过 SDK 反馈至管理系统。维修结束后，工程师上行发送短信至系统汇报作业

完成；系统下行发送短信至客户询问完成情况，客户再通过上行发送短信确认完成售后流程。

③ 流程管理。公司管理人员根据售后工程师实时上报的信息，掌握作业完成进度，动态调整作业分派。作业结束后，通过短信确认完成工作流程，工程师无须返回公司上交工单便可进行下一份维修任务。

④ 客户信息管理。SDK 系统对客户基本信息、服务申请记录、客户服务完成情况进行全面管理。

4. 方案收益。按照改进的移动客服流程，惠普售后工程师到达客户的时间缩短 2 小时，提高了客服效率，提升了客户满意度。亿美活力短信 SDK 系统帮助了惠普全国超过 2 万名工程师的日常工作。同时，通过在企业内部管理中使用短信对员工进行重要的工作通知、信息发布，在员工生日、节假日时发送祝福信息等方式，也使每一位惠普的员工对企业的归属感和认同感不断加强，团队的凝聚力和工作积极性得到了全面的提升。

本 章 小 结

本章对现阶段企业移动商务的一些主流应用，包括移动 OA、移动供应链管理、移动物流、移动营销和移动售后服务进行了较为详细的介绍。

移动 OA 的应用，使企业员工的工作方式不再局限于办公室，丰富了办公自动化系统的应用形式，提升了企业办公的效率和效能，使企业能及时应对突发事件，及时提醒员工事宜，使办公人员能够在更加舒适的环境下进行办公。IBM/泰康移动 OA 解决方案是这方面应用的成功案例。

移动供应链管理基于企业现有的供应链管理平台，通过使用 GPS、LBS 等定位技术和射频识别技术，帮助实现整个供应链的监控和管理，实现企业的商业流程优化，解决了企业供应链管理的最薄弱环节，使企业供应链从总部到终端形成逻辑上的完美闭环。移动供应链管理模式分为三个层次：第一层为用户层，代表实际使用移动供应链管理的客户；第二层为通信层，是移动供应链信息流动的具体信息通道；第三层是系统平台层，包括移动供应链管理平台和供应链管理平台。移动供应链的优势有：实时交互、统一管理、高度整合集成。Oracle 移动供应链应用系统的有效应用，为我们对移动供应链的开发和研究提供了有意义的参考。

移动商务工具的使用，可以使企业对物流中的商品货物进行随时跟踪，获得货物的位置信息，合理安排进货，从而降低企业的货物库存，提高企业的资金运作效率。移动物流支撑技术包括：条码技术、射频识别技术、地理信息系统、全球定位系统等。沃尔玛的物流应用系统是移动物流应用的成功典范。

移动营销可以根据用户的个性、爱好、年龄层次、工作环境等信息，发送有针对性的商品推销信息，具有更高的精确性和针对性。目前移动营销采取的模式有：PUSH 模式、WAP 网站、应用营销平台、终端嵌入等。移动营销作为一种新型营销模式，可以吸取传统营销中的 4P 策略、4C 策略的精华为己所用。日本在移动营销方面的成功经验，值得我们深入学习。

移动售后服务利用无线移动技术实现企业本部、外勤技术人员和服务现场三者之间的无缝连接，可提高派工的效率和准确率，降低外勤技术人员的单次服务成本以及平均服务成本，实现远程技术支持，为公司全程监控移动售后服务提供了可能。移动售后能够实现派工处理、配件申请、现场沟通、人员定位等功能，将能帮助企业实现高效派工、优质服务、实时沟通、远程指导、降低成本。惠普售后服务管理系统是移动售后的成功应用案例。

思 考 题

1. 企业采取移动办公是否意味着可以丢弃传统办公室办公的形式？
2. 随着物联网的出现，移动供应链和移动物流会出现怎样的发展趋势？
3. 移动营销是否能够完全回避传统营销方式的弊端和问题？

练 习 题

1. 移动 OA 的优势有哪些？
2. 移动供应链管理的功能有哪些？它的优势有哪些？
3. 试讨论移动营销中的 4P 模式、4C 模式、4I 模式的区别和相同之处。
4. 移动售后服务除了它的优势外，弊端是什么？

下篇　实践篇

- 第 11 章　Android 移动商务应用案例
- 第 12 章　Windows Mobile 移动商务应用案例
- 第 13 章　J2ME 移动商务应用案例

第 11 章　Android 移动商务应用案例

学习要点

通过本章学习，读者能体验 Android 移动商务应用的功能，理解一个移动商务实际应用系统的基本结构，掌握移动商务应用软件的需求分析、软件开发、系统部署和程序设计的基本过程，具备与移动商务软件开发团队沟通的基础知识，了解移动互联网创业项目的基本理念。本章重点在于：熟悉操作一个商用移动商务软件的全过程；掌握基于 Android 的移动商务应用开发过程。

知识结构

- 案例简介
  - 商用实践案例——“就医 120”
  - 软件开发实践案例——“豹考通”
- 软件开发实践案例——“豹考通”概要设计
  - “豹考通”Android 客户端界面设计
  - “豹考通”Android 客户端功能结构与流程设计
  - “豹考通”系统数据库表设计
- 软件开发实践案例——“豹考通”部署
  - 系统服务器部署：系统软件清单、Tomcat 安装、MySQL 安装
  - Web 服务器开发：MyEclipse 配置
  - 服务器端程序应用开发：应用程序清单、开发过程和案例包安装
  - 服务器与手机客户端的数据交互接口
- 软件开发实践案例——“豹考通”Android 客户端开发
  - Android 客户端开发环境搭建
  - 导入“豹考通”Android 项目——NewScore
  - “豹考通”Android 客户端程序结构分析
  - “豹考通”Android 客户端关键技术
  - “豹考通”主要功能模块实现举例

11.1 概　述

随着智能手机的广泛应用，产生了大量的手机应用，App 越来越多，除了传统的购物应用外，许多人们原来想享受而又难以享受的服务被开发出来。

本章介绍两个实用的而非模拟的教学案例——“就医 120”和“豹考通”。这两个案例分别由移动互联网创业企业和本书作者提供，实用价值高，真实感强。选择这两个案

例,既因为读者熟悉其基本业务,有助于降低学习难度,又因为是大家可真实操作的项目,可以直接通过实践操作来掌握理论知识。

通过本章学习,我们将能体验 Android 移动商务应用的功能,分析这类应用的结构,了解开发一个移动商务应用的基本需求和基本过程,甚至体验移动互联网条件下的创业项目的设计与应用。

本章 11.2 节为“就医 120”和“豹考通”概述,11.3 节至 11.5 节则详细介绍“豹考通”的功能与实现技术,最后为本章小结。

11.2 案例简介

11.2.1 商用实践案例——“就医 120”

“就医 120”由深圳市万泉河医疗科技有限公司开发,读者可以通过网络、Android 手机和苹果手机三种形式来体验应用的功能。可以手机扫描二维码下载相应的“就医 120”App 软件,或者进入公司网站链接查找服务、下载 App,也可以通过各大软件超市下载 App(如图 11-1 所示)。

图 11-1 “就医 120”的网址与 App 下载二维码

“就医 120”(www.91120.com)创立于 2013 年,是中国医疗人才网(www.doctorjob.com.cn)旗下网站。中国医疗人才网通过 10 年努力,已发展成为国内医疗人才最集中的平台,目前已有 15 000 家医疗机构、150 万医生注册成为中国医疗人才网的会员。

“就医 120”以“为患者找到解决问题的医生”为宗旨,以最严格、最完善的体制建立一个全球的患者信任的平台,让数亿患者找到适合自己的医疗机构、医生、私人医生。利用网络、移动互联网的技术与医生、医院进行全方位的互通,让更多患者接触到更多优秀的医生。“就医 120”也将是中国乃至全球最大的专家预约、护理服务、私人医生、患友互动的移动医疗平台,并积极适应移动互联网的未来趋势,大力发展移动终端的应用。“就医 120”的主要功能如下:

(1) 私人医生:致力于让全球数亿人群拥有来自私人家庭医生的全家健康关爱管理,利用地理定位,使中国医疗人才网或其他渠道注册到“就医 120”上的医生成为私人医生。患者可以通过“就医 120”平台(主推手机客户端)进行套餐预订,内容包含年/季/月度套餐服务，如月度最多可供一个三口之家同时使用，每月 5 次电话咨询及不限次数图文咨询，周周实时掌握最新健康动态，防患于未然。“就医 120”不定期举行各种健康活动，如在线咨询、健康讲座、名医义诊等，购买“私人医生”服务的会员将优先获得免费参与活动的资格。

(2) 护理服务：利用区域地理定位，打造医院护理、母婴护理、老人护理、基础护理专区。可充分利用自有平台中国医疗人才网护士护理人员及 528 招聘网的基础生活服务类资源。

(3) 专家预约：基于地理位置的服务，快捷预约，轻松就能找附近知名医院专家就诊。提供附近医院预约(民营专科特色医院)、挂号(公立医院)服务。

(4) 患友互动：以疾病圈为核心，致力于打造一个专业、全面、高效的一站式患者互动交流分享平台，可帮助患者分享治疗历程、名医信息、用药疗效等，同时也可增强用户黏性。

限于篇幅，这里不详列其基本操作，读者可从本书的服务群获取相关资料。

11.2.2 软件开发实践案例——“豹考通”

“豹考通”(网址：http://www.10lab.cn)由南昌倚动软件有限公司开发。由于高考志愿填报是大学生都非常熟悉的一件事情，使用这个案例有助于大学生读者体验 Android 的移动商务应用。该软件既支持网络访问，也支持 Android 手机和苹果手机，团队提供长期服务，包括免费供考生下载使用、免费提供程序代码，并提供有关教程(除本书外，还将编写出版《移动商务软件设计案例教程》)，供有兴趣从事移动电子商务行业的人员学习。为了便于教学，我们还将通过网络同步补充各种教学资源，并建设与管理一个网络学习社区，使读者可以互相帮助，寻找机会共同发展。

“豹考通”为了解决高考学生填报志愿时的难点，为其提供各种便利的参谋工具而设计。现在高考时，学生与家长在考前大多只关注如何考高分，对学校和专业并不了解。有时会因志愿没填好而造成很大的遗憾，甚至悔恨终身，比如考了好分数却没上到满意的好学校、进了希望中的学校但进不了想学的专业等。目前，虽然各地高招办和一些网站提供了许多帮助，但是各种网站数据多而杂、多而不全、不直观，信息不对称现象很普遍，考生仍然难以掌握填报志愿的要领。

因此，通过参加现场咨询会、打电话问招生办、请教亲友是考生常用的办法。但是，在咨询会现场等向老师、专家请教时，用手机软件通过智能手机连接电脑是最方便的。(详见为本书配套的“豹考通功能简介视频”)，读者可以从各种 App 软件超市中下载“豹考通”安装使用。其主要功能如下：

(1) 注册登录。考生在注册时只需要填写姓名、邮箱和密码即可，邮箱作为必填选项，在选用“生成报考单”功能时，应用会将最后的报告单以邮件的形式发送到该考生注册邮箱中。这就使得考生在使用“生成报告单”功能时，需要先登录，系统在读取用户信息之后才能将报告单发送到考生邮箱。

(2) 查询省控线。查询各省、自治区、直辖市历年文理科一、二、三本以及专科最低控制分数线。

(3) 查询院校投档线。投档线即投档分数线，院校投档分数线是指以院校为单位，按招生院校同一科类(如文科或理科)招生计划数的一定比例，在对第一志愿投档过程中自然形成的院校调档最低成绩标准。每一所院校都有自己的投档分数线,简称投档线,也称调档线或提档线。历年学校的投档线也是考生关注的一个重要信息,“豹考通”提供了全国各大高校近9年来的投档线信息,并给出了最低分、平均分信息,还根据省控线和这些分数的差值画出了相应的分数差值曲线,便于学生参考。该项功能是在学生填报志愿中是使用最多的,在试用时也是反映最好的功能之一。

(4) 预测当年投档线。“豹考通”已经为考生提供了查询投档线的功能,在此基础上,根据我们得到的历年数据,通过一定的预测算法,预测报考当年各校投档线,考生输入学校信息和当年的省控线信息,系统可以根据相关信息预测出当年该学校的投档线,该预测线可作为考生填报志愿的重要参考。该项功能可为许多对分数线及学校趋势不太清楚的家长与考生提供非常有价值的参考标准。预测的分数线将存储在网络数据库中,既可供查询,又可为下一功能“推荐学校”提供依据。

(5) 推荐学校。高考之后选择学校可能是让考生最为痛苦的事情,自己感兴趣的学校可能分数又不够,那么如何最合理地根据自己的考试成绩选择学校呢?“豹考通”为考生提供了一个推荐学校的功能,该功能分为两个子功能:一是根据考生的高考成绩为考生推荐学校,而且可以选择三种不同的推荐意向方式,即冒险、保守和稳妥,这三种意向代表着推荐的风险大小,选择稳妥可能会有更多机会被所推荐的学校录取;二是根据考生的省排名信息和意向专业来推荐,但前提是考生必须完善自己的个人信息,如排名、生源地、专业意向和意向省市等,此时同样也可以选择三种不同的推荐意向方式,从冒险到稳妥风险越来越小。该项功能可以大大缩小考生查看学校及其专业的范围,能节省大量的时间,帮助考生提高志愿填报的准确性。

(6) 生成报告单。报告单是基于考生高考成绩、省排名、生源地、兴趣专业信息为考生提供的一份详细的报考指南,列出了有可能录取而且考生感兴趣的学校,并提供该学校的相关专业信息。已经登录的考生可以通过注册时填写的邮箱地址收到报告单。

(7) 联系各院校招生单位。有的考生在选择好一所自己感兴趣的学校之后,可能还想与学校有关招生办人员甚至专业老师联系,询问有关情况。以往的办法是上官方网站查询电话或邮件,或进入咨询社区提问,但这些方法很多时间可能难以直接联系到专业教师,或者要把联系方式抄下来再打电话,还是不太方便。“豹考通”则提供了各院校招生单位的联系方式和专业负责人的信息,考生就不必再费神上网查询,直接打开应用即可,里面就有相关信息,还能直接拨打招生单位电话,和联系人直接交流。还可以扩充这一功能,帮助高校招生办统计专业咨询老师的答复情况使用。

11.3 软件开发实践案例——“豹考通”概要设计

“豹考通”软件的架框见图11-2。作为一种典型的移动商务应用系统结构,它通过互联网和移动通信网将网络服务器以及移动终端相连接。这种结构需要实现四大部分:(1) 网络服务器及数据库;(2) Web客户端;(3) Android客户端;(4) 苹果iOS客户端。限于篇幅,本书只介绍服务器与Android端,对另两部分感兴趣的读者可以加入本课程的网络服务群或参考《移动商务软件设计案例教程》。

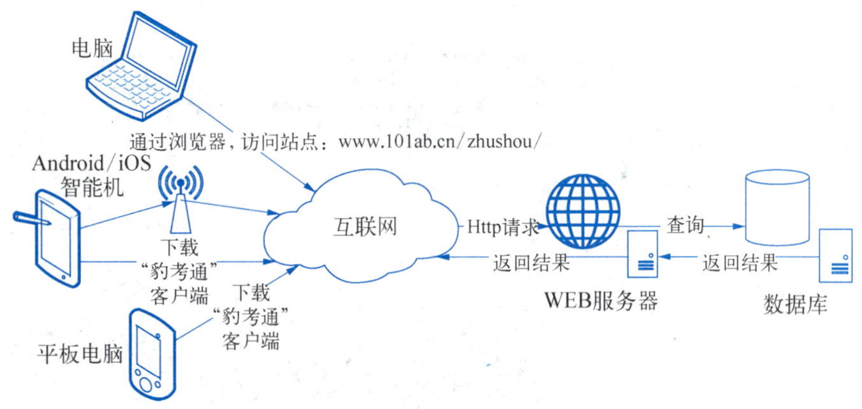

图 11-2　"豹考通"软件框架

11.3.1　"豹考通"Android 客户端界面设计

"豹考通"软件的 Android 客户端主要是为了方便 Android 手机用户能够随时随地查询志愿报考相关信息，主要功能包括：查询各个省份历年的省控线、查询各个学校甚至各个专业历年的录取线和生成趋势图、根据历年数据和当年的省控线预测各个学校当年的投档线、根据考生高考分数和意向省份推荐学校以及查询各学校乃至各个专业的联系人信息等。

要想实现这些功能，我们为"豹考通"Android 客户端设计了有关功能界面，方便用户选择或输入查询条件和显示结果。系统主要界面如图 11-3、图 11-4、图 11-5、图 11-6、图 11-7、图 11-8、图 11-9、图 11-10 和图 11-11 所示。

图 11-3　主功能界面图

登录　注册
录取线
预测投档线
推荐学校
投档线
省控线
生成报告
联系学校
我的信息
关于我们

图 11-4　侧边栏功能菜单

录取线　投档预测　推荐　省控线　更多

江西财经大学一本
理工类在江西地区历年录取线

年份	省控线	投档线	平均分	最高分	投档排名
2013	517	542	551	581	13396
2012	547	568	577	619	13474
2011	531	545	555	599	14519
2010	515	528	537	570	14570
2009	518	–	541	580	–
2008	512	–	526	574	–
2007	571	–	580	636	–
2006	550	–	563	623	–

历年分数与省控线差值趋势图

"重点实验班,高位嫁接、美国留学归国博导
江西机电职业技术学院(代码：8609)
计算机应用技术(专业代码：590101)
手机软件、移动商务方向
咨询热线：15270988553(黄老师)
QQ:766018188

图 11-5　学校录取线查询结果

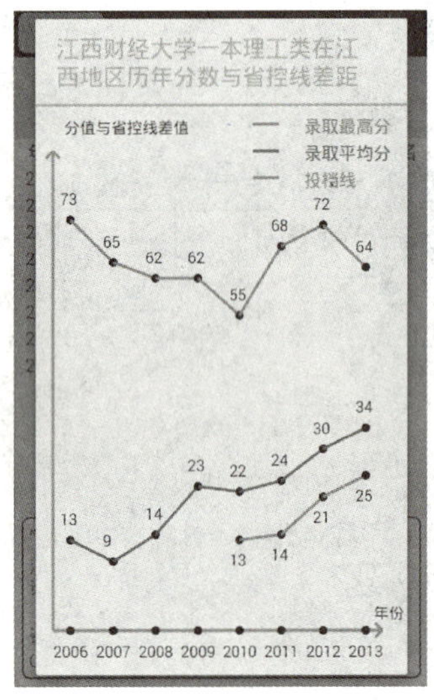

图 11－6　学校历年录取线趋势图

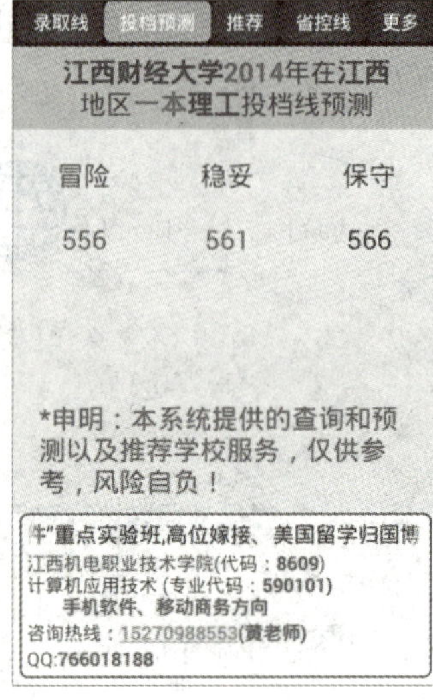

图 11－7　学校投档线预测结果

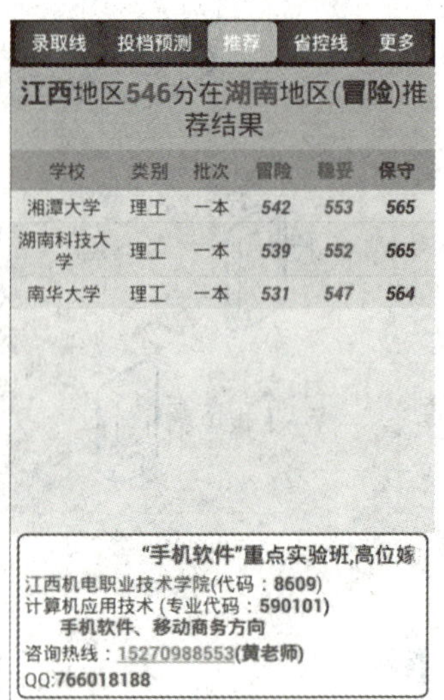

图 11－8　推荐学校结果

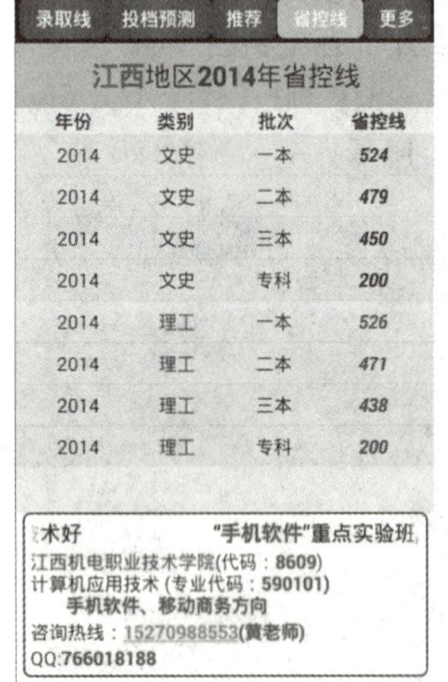

图 11－9　省控线查询结果

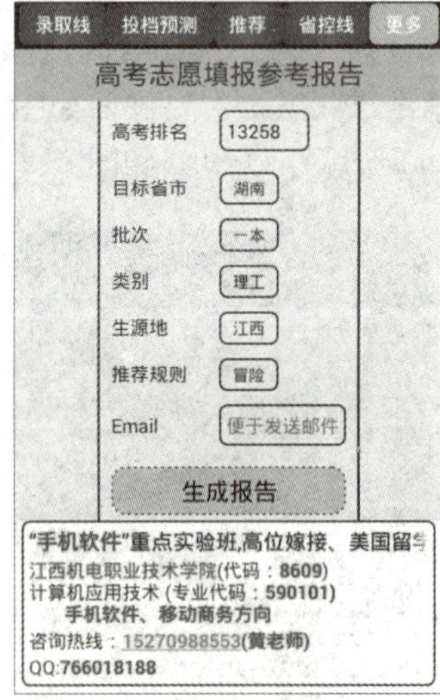

图 11－10　生成参考报告界面

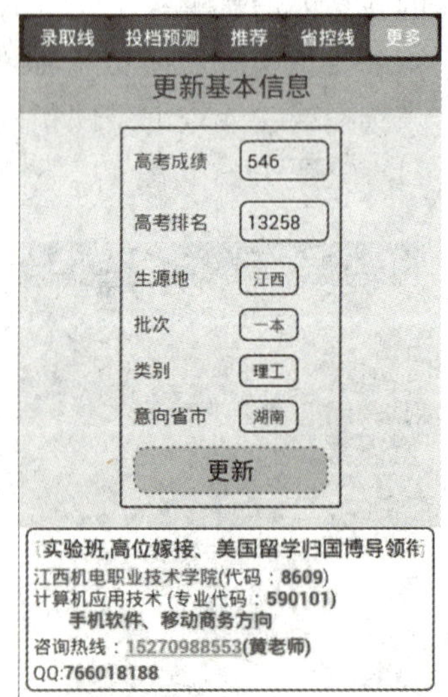

图 11－11　更新考生基本信息页面

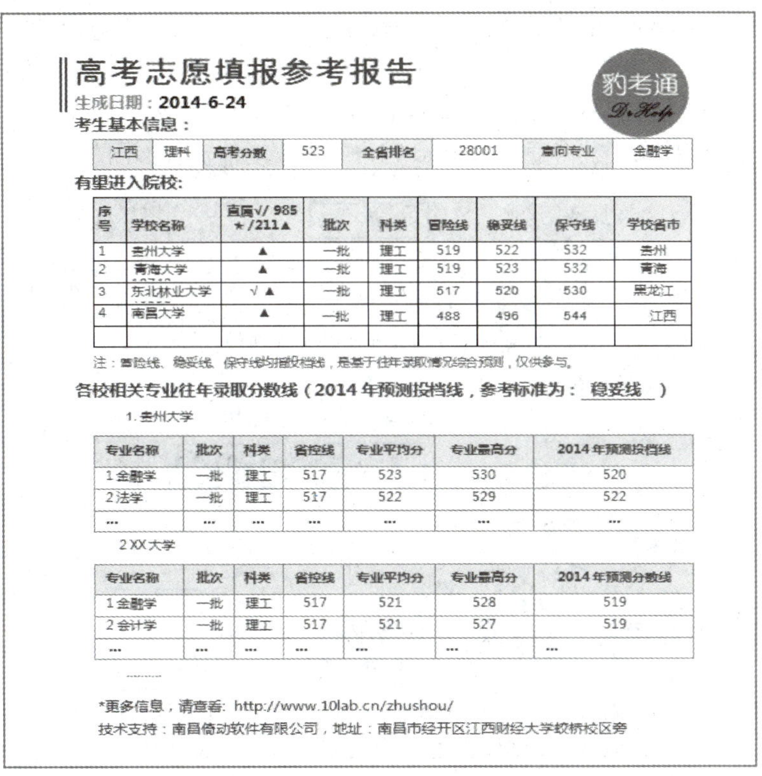

高考志愿填报参考报告

豹考通 D·Help

生成日期：2014-6-24

考生基本信息：

江西	理科	高考分数	523	全省排名	28001	意向专业	金融学

有望进入院校：

序号	学校名称	直属√/ 985★/211▲	批次	科类	冒险线	稳妥线	保守线	学校省市
1	贵州大学	▲	一批	理工	519	522	532	贵州
2	青海大学	▲	一批	理工	519	523	532	青海
3	东北林业大学	√ ▲	一批	理工	517	520	530	黑龙江
4	南昌大学	▲	一批	理工	488	496	544	江西

注：冒险线、稳妥线、保守线均指投档线，是基于往年录取情况综合预测，仅供参与。

各校相关专业往年录取分数线（2014 年预测投档线，参考标准为：稳妥线）

1. 贵州大学

专业名称	批次	科类	省控线	专业平均分	专业最高分	2014 年预测投档线
1 金融学	一批	理工	517	523	530	520
2 法学	一批	理工	517	522	529	522
···	···	···	···	···	···	···

2 XX 大学

专业名称	批次	科类	省控线	专业平均分	专业最高分	2014 年预测分数线
1 金融学	一批	理工	517	521	528	519
2 会计学	一批	理工	517	521	527	519
···	···	···	···	···	···	···

………

*更多信息，请查看：http://www.10lab.cn/zhushou/

技术支持：南昌倚动软件有限公司，地址：南昌市经开区江西财经大学蛟桥校区旁

图 11－12　“豹考通”提供的“高考志愿填报参考报告”样式

11.3.2　“豹考通”Android 客户端功能结构和流程设计

“豹考通”Android 客户端主要功能包括用户注册、登录、注销、查询学校历年录取线、根据学校历年录取线与省控线差值生成录取线趋势图、查询学校投档线、根据历年投档线预测该校当年的投档线、查询各省份历年的省控线、根据考生分数、预测结果以及考生意向省份等推荐学校、查询学校招生办联系信息以及学校各专业负责人联系信息、根据考生信息生成志愿填报参考报告、填写和更新考生信息并保存到本地、“关于我们”等功能。“豹考通”Android 客户端功能结构如图 11－13 所示。

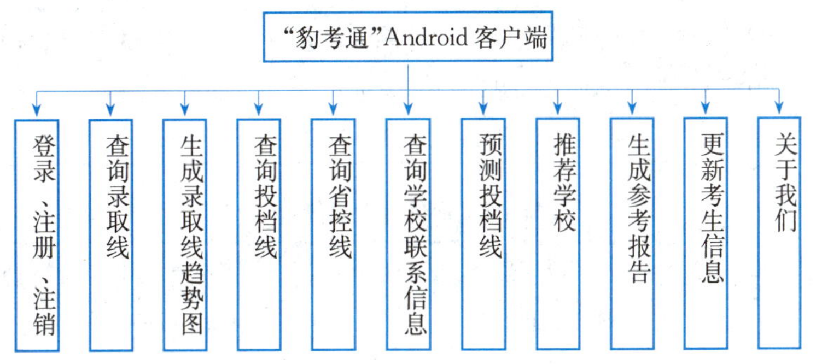

图 11－13　“豹考通”Android 客户端功能结构

"豹考通"Android 客户端中功能间跳转主要通过主界面和侧边栏来完成。主界面转到查询录取线、预测投档线、推荐学校、查询省控线以及打开侧边栏等功能界面，从侧边栏可以跳转到注册、登录、注销、查询投档线、生成报告、联系学校、更新考生信息、"关于我们"等功能界面。"豹考通"Android 客户端主要功能流程如图 11－14 所示。

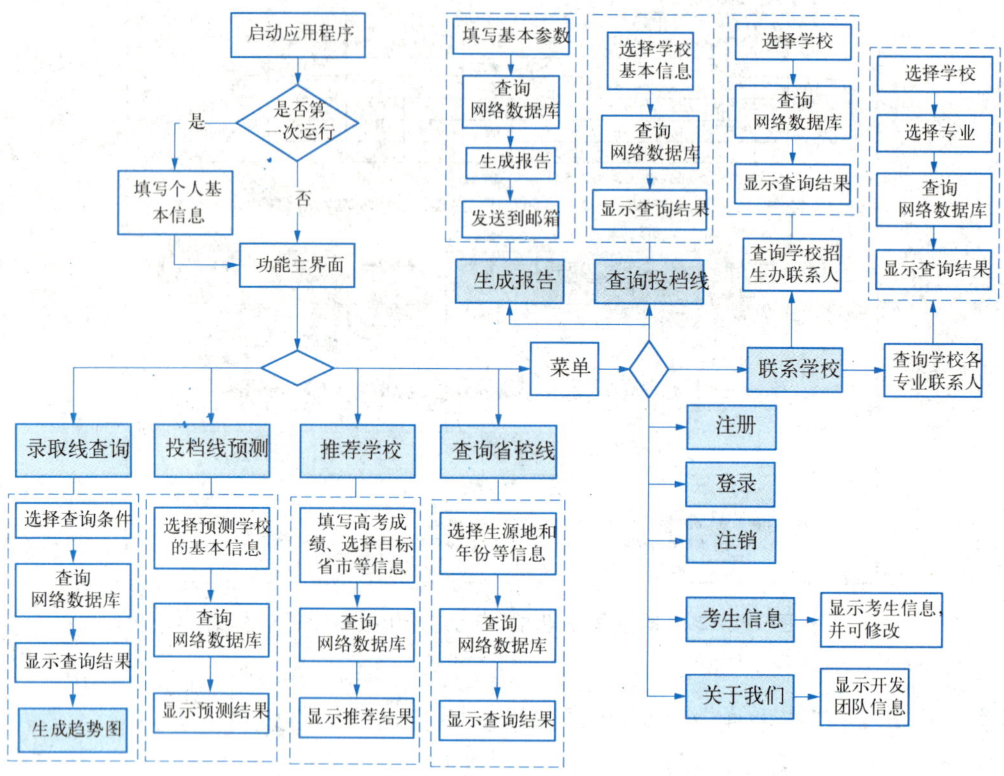

图 11－14 "豹考通"Android 客户端主要功能流程

11.3.3 "豹考通"系统数据库表设计

"豹考通"主要涉及 9 张表，其结构见表 11－1 至表 11－9。

表 11－1 生源地表(area)

字段名	属性名	字段类型	是否为空	策 略	primary key
ID	地区 Id	SMALLINT	Not null	auto_increment	Yes
Name	地区名	VARCHAR(3)	Not null	unique	

表 11－2 招生批次表(Batch)

字段名	属性名	字段类型	是否为空	策 略	primary key
ID	批次 Id	SMALLINT	notnull	auto_increment	Yes
Name	批次名	VARCHAR(2)	notnull	unique	

表 11-3 高考科类表(Category)

字段名	属性名	字段类型	是否为空	策 略	primary key
ID	科类 Id	SMALLINT	notnull	auto_increment	Yes
Name	科类名	VARCHAR(3)	notnull	unique	

表 11-4 学校表(school)

字段名	属性名	字段类型	是否为空	策 略	primary key
ID	学校 Id	INT	notnull	auto_increment	Yes
Name	学校名称	VARCHAR(50)	notnull	unique	
areaId	所在地区 Id	SMALLINT			外
EducationLevel	教育层次	SMALLINT	notnull		
Is985	是否 985	BIT	notnull		
Is211	是否 211	BIT	notnull		
IsMinistry	是否教育部直属	BIT	notnull		
Code	学校代码	INT			

表 11-5 学校录取分数线表(schoolrecruit)

字段名	属性名	字段类型	是否为空	策 略	primary key
ID	学校录取线 ID	INT	not null	auto_increment	Yes
SchoolID	学校 Id	INT	not null		外
YearTime	年份	SMALLINT	not null		
Highest	最高分	SMALLINT	not null		
Average	平均分	SMALLINT	not null		
Control	控制线	SMALLINT	not null		
categoryID	科类 Id	SMALLINT			外
Batched	批次 Id	SMALLINT			外
sourceAreaID	生源地 Id	SMALLINT			外

表 11-6 学校链接表(schoolurl)

字段名	属性名	字段类型	是否为空	策 略	primary key
ID	链接 ID	INT	not null	auto_increment	yes
URL	链接地址	VARCHAR(5)	not null		
IsSchool Recruit Complete	学校录入是否完成	BIT	not null		
IsSpecialty Recruit Complete	专业分数线录入是否完成	BIT	not null		

表 11－7　专业表(specialty)

字段名	属性名	字段类型	是否为空	策　略	primary key
ID	专业 Id	INT	notnull	auto_increment	yes
Name	专业名	VARCHAR(50)	not null		
Code	专业代码	VARCHAR(20)	unique		
IsBenKe	是否本科	BIT	not null		

表 11－8　专业录取线分数表(specialtyrecruit)

字段名	属性名	字段类型	是否为空	策　略	primary key
ID	专业分数线 Id	INT	not null	auto_increment	Yes
SpecialtyID	专业 Id	INT	not null		外
SchoolID	学校 Id	INT	not null		外
YearTime	年　份	SMALLINT	not null		
Highest	最　高	SMALLINT	not null		
Average	平　均	SMALLINT	not null		
Reliable	保　守	SMALLINT			
Risk	冒　险	SMALLINT			
Safe	稳　妥	SMALLINT			
categoryID	科类 Id	SMALLINT			外
Batched	批次 Id	SMALLINT			外
sourceAreaID	生源地 Id	SMALLINT			外

表 11－9　省控线表(Controlline)

字段名	属性名	字段类型	是否为空	策　略	primary key
ID	省控线 id	SMALLINT	not null	auto_increment	是
Line	省控线	SMALLINT	not null		
YearTime	时间	SMALLINT	not null		
categoryID	科类 ID	SMALLINT			外
Batched	批次 ID	SMALLINT			外
sourceAreaID	生源地 ID	SMALLINT			外

11.4　软件开发实践案例——“豹考通”部署

11.4.1　用到的系统软件清单

1. 服务器端软件。

（1）服务器管理系统：Windows server 2008；
（2）Web 服务器应用系统：Tomcat 6；
（3）数据库管理系统软件：MySQL 5；
（4）Java 运行环境：JDK 1.7。
2. 开发工具软件。
（1）服务器端开发工具：MyEclipse 8.6；
（2）数据库管理工具：MySQL-Front。

11.4.2　服务器部署

WEB 版“豹考通”的表现层利用 JSP 来实现，服务器代码是利用 Java 来管理数据存储的，因此，运行“豹考通”项目的服务器需要配置 Java 环境、Tomcat 和 MySQL 数据库。

1. Java 环境配置。Java JDK 官方下载地址：http：//www.oracle.com/technetwork/java/index.html。详细安装步骤此处略，安装目录可任意选取，建议路径中不包含中文和空格，如本书安装目录为 F：\server\Java\JDK1.7\。安装过程中会自动安装 Java JRE，修改 Java JRE 的安装目录为 F：\server\Java\JRE\。

Java 安装成功后，通常需要将 Java 的安装路径添加到 Path 环境变量中，Java 1.5 之后虽然能够识别 Java 命令，但建议对 Java 环境进行配置。配置方法请到课程群中下载。

2. Tomcat 环境配置。Tomcat 下载网站：http：//tomcat.apache.org/。下载 Tomcat 并安装到 F：\server\Tomcat6\，安装过程略。安装过程中需要注意以下两个方面：

（1）设置 Http 连接的端口号，默认为 8080，作为外网服务器，建议修改为 80 端口。

（2）Tomcat 用于部署 Java Web 应用，需要 Java JRE 的支持。Tomcat 安装过程中，需要在本机中查找 Java JRE 路径，建议选择 Java JRE 的安装目录 F：\server\Java\JRE\。

3. 部署 Java Web 应用。进入 Tomcat 安装目录，找到 webapps\ROOT 文件夹，打开并删除所有文件，然后将 MyEclipse 编译好的项目文件夹里面的内容，拷贝到 F：\server\Tomcat6\webapps\ROOT 目录下。

4. 绑定服务器域名地址。将域名跟项目绑定到服务器，找到 Tomcat 安装路径下的 conf 文件夹中的 server.xml。修改<Host name="所要绑定的域名" debug="0" appBase="webapps" unpackWARs="true" autoDeploy="true" xmlValidation="false" xmlNamespaceAware="false"></Host>。

启动 Tomcat 时，输入绑定的域名，只能看到 webapps\ROOT 路径下的资源。如果是拷贝到 webapps 目录下，访问项目时还需在域名后面加上项目名称才能访问，即域名还没跟项目绑定到一起。让项目和域名绑定到一起，只需要在</Host>前面加上<Context docBase="项目名" path="" reloadable="true">即可。配置示例如下：

<Host name="www. abc. com" debug="0" appBase="webapps" unpackWARs="true" autoDeploy="true" xmlValidation="false" xmlNamespaceAware="false">
<Context docBase="zhushou" path="" reloadable="true"/>
</Host>

注：docBase的值对应于InfoSearchServer的WebRoot的路径，path的值对应于一个虚拟路径，设置为空表示访问时不用输入项目名。

11.4.3 数据库构建和维护

1. 数据库构建。首先从MySQL的官网http://www.mysql.com/downloads/，下载MySQL安装文件，解压后双击Setup.exe文件→Next→(选择Custom)Next→(修改路径)Next→(选择Skip Sign-up)Next→Finish，进入MySQL数据库配置向导，配置过程中需要注意以下两个方面：

(1) 到达Please set the Windows Service步骤时，复选框全选，即将MySQL服务安装到系统和将MySQL的安装路径设置到系统环境变量的path。

(2) 到达Please select the defalut character set步骤时，选择最后一个单选按钮，将数据库的默认编码格式(character set)设置为UTF-8。

2. 数据的维护。服务器较难维护的是数据，主要体现在两方面：数据的安全和多个数据库同步。下面介绍如何远程通过MySQL-Front工具管理数据库以及开发端与服务器端数据库数据同步问题。

(1) 远程连接和管理数据库。利用MySQL-Front工具，创建连接File→open Session，Server地址栏输入localhost，输入设置的数据库用户名和密码，进入之后，单击User，在右视图中选中允许远程登录的用户，如图11-15所示的root@localhost，将localhost修改为%即可。

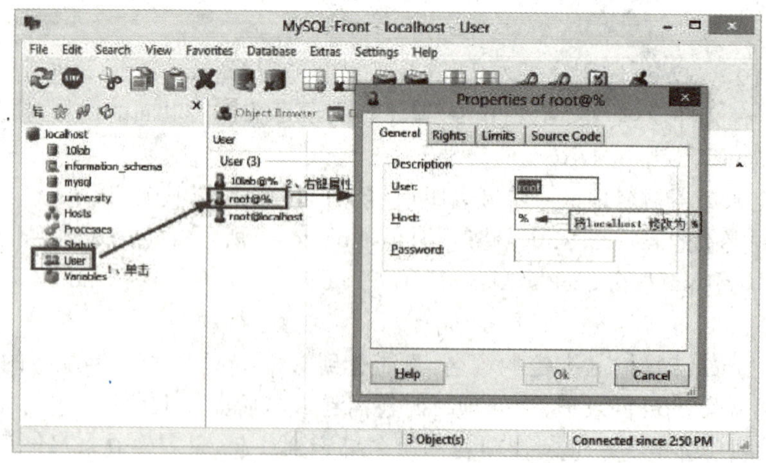

图11-15 修改远程连接数据库步骤

(2) 开发端与服务器端数据同步。首先单击 File→open Session→new，添加服务器端的账户，输入服务器地址和用户名以及密码，然后用本地账户登录到本地数据库，选择 Extras→Synchronize，选择左侧本地连接，打开数据库，选择需要同步的数据库或表的名称，然后再选择右侧服务器连接，打开需要上传数据的数据库或表的名称，然后单击 Forward 继续，根据自己的需要选择，一般把创建备份(Backup)的复选框去掉，如图 11-16 所示。

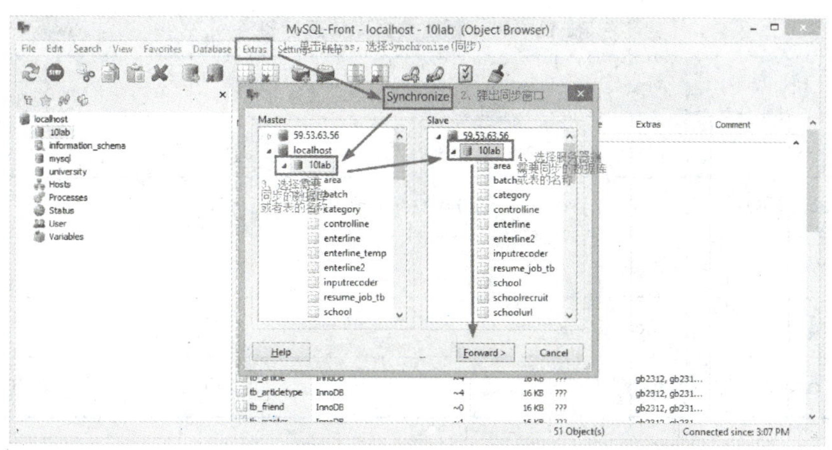

图 11-16　远程同步本地和服务器数据库步骤

11.4.4　服务端开发环境配置

1. 下载安装 MyEclipse 开发工具。从官网 http://www.myeclipseide.com/下载 MyEclipse，安装过程略。安装完成后，设置 MyEclipse 新建项目编码格式为 UTF-8，然后配置 Tomcat 6、Java 和 MySQL 数据库。

(1) 设置编码格式。在菜单栏的 Window→Preferences→General→Workspace→Text file encoding 将其改为 UFT-8，可以使得 MyEclipse 的新建项目的默认编码直接为 UTF-8。

(2) 配置 Tomcat 6。在菜单栏的 Window→Preference…，打开 Preference 对话框，找到菜单树中 MyEclipse→Application Servers→Tomcat6.x。选中 Tomcat 6 项，在对话框中，选中 Enable 单选按钮，然后点击 Tomcat Home Directory 输入框后的 Browse 按钮，选择 Tomcat 的安装根目录，这里是 F:\server\Tomcat6，其他的框会自动填充，点击 Apply 按钮。

(3) 配置 Java JDK。选中 Tomcat 6.x 中的 JDK 一项，这里要特别注意，默认的是 JRE 的运行环境，这里要设定成 JDK 的。否则，MyEclipse 无法正常部署 Web 应用，也无法正常运行 Tomcat 服务器。我们点击 Add 按钮，JRE Name 中写入 JDK1.7，然后在 Browse 选择框中选择 JDK 的根目录，这里是 D:\server\java\jdk1.7，其他的默认，点击 OK 按钮。在 Tomcat JDK Name 中选择刚才创建的 JDK1.7，点击 Apply 按钮。

最后确保 Tomcat 6. x 的 Launch 中选中了 Debug 模式。

(4) 连接 MySOL 数据库。在菜单栏的 Window→Show View→other，打开 other 对话框，找到 MyEclipse Database，打开 DB Browser，并在 DB Browser 新建一个数据库驱动，输入或选中如表 11 - 10 所示的信息并勾选 Save password 复选框，最后单击 Finish 完成配置。点击 preference 对话框的 OK 按钮完成开发环境的配置，就可以进行 Web 项目开发了。

表 11 - 10　新建数据库信息链接

Driver template	MySQL Connector/J
Driver name	Msql
Connection URL	jdbc：mysql：//localhost：3306/10lab
User name	Root
Password	123456
Driver JARs	Add JAR→查找到 mysql—connector—java—5. 1. 6—bin. jar 驱动架包

2. 服务端应用程序开发过程。限于篇幅，这里仅列出基本步骤，有关代码均省略，读者可从网络课程群下载。

(1) 创建“豹考通”Web 工程。打开 MyEclipse 开发界面，File→New→Projects…，打开新建项目对话框，选中 MyEclipse→New→Web Project，在 Web Project Details 的 Projects Name 中输入“zhushou”，其他采用默认值，然后，点击 Finish 按钮完成项目创建。

(2) 配置 Struts 2 和 Hibernate 框架。单击 MyEclipse→Project Capabilities→Add Struts Capabilities. . ，在弹出对话框中，选择 Struts 2. 1→选择“/ * ”→单击 Next，选择支持 Struts 2. 1 的架包，采用默认即可，单击 Finish，即成功添加了 Struts 2. 1 框架，也可以手动配置，在 src 下添加 struts. xml 配置文件，并在 web. xml 中配置 Struts 2 的过滤器。

Hibernate 框架配置过程一致，选择 Hibernate 时，请选择 Hibernate 3. 0，选择 Use JDBC Driver 时，选择配置好的 MySQL 数据库，其他采用默认配置即可，过程此处从略。在引入 Hibernate 环境完成之后会在项目的 src 目录下加入 Hibernate 的配置文件 hibernate. cfg. xml，如果需要手动配置 Hibernate，只需添加 hibernate. cfg. xml 文件和架包。

配置 Struts 和 Hibernate 框架时，可以利用 MyEclipse 自带的包，也可以手动添加所需要的包，拷贝到 WebRoot/WEB—INF/lib 目录下，基于 Struts 2 和 Hibernate 3. 0 的 Web 应用程序所需的最少类库如表 11 - 11 所示。

表 11 - 11 基于 Struts 2 和 Hibernate 3.0 的 Web 应用程序所需的最少类库

类 别	运行库名称	类 别	运行库名称
Struts 2	commons-logging—1.0.4.jar	Hibernate 3.0	hibernate3.jar
	freemarker—2.3.8.jar		antlr—2.7.5.jar
	ognl—2.6.11.jar		jta.jar
	struts2—core—2.0.11		asm.jar
	xwork—2.0.4.jar		cglib—2.1.jar
MySQL	mysql-connector — java — 3.1.12—bin.jar		dom4j—1.6.jar
			commons-collections—2.1.1.jar

注：上述 jar 包可以在官方发布包中找到。

(3) 新建 Hello 类。选中工程项目 zhushou 下的 src 文件夹，右键菜单 New→Class，在 Package 中输入包名 cn.lab.zhushou.test，Name 中输入 Hello，去掉 public static void main 选项，其他全部默认，点击 Finish 按钮完成类的创建。输入并导入类后，代码如下：

```
package cn.lab.zhushou.test;
import com.opensymphony.xwork2.ActionContext;

public class Hello {
  private String message ;
//省略了 message 的 get 和 set 方法，添加方法在编辑窗口右键菜单 Source—>Generate Getters
and Setters，然后在对话框中选择要生成 get 和 set 方法的属性确定就可以了
  public String bkt(){//会返回信息给 index.jsp 页面
      if(getMessage().length()<1){
          message = "Hello 豹考通_default";
      }
      message = "——>输入的信息如下："+message+";<br/>——>执行了 bkt()
      方法。";
      ActionContext.getContext().put("show_message", message);//将值返回前台
      return "index";
  }
}
```

(4) 创建 JSP 页面。在 WebTest 工程中，选中 WebRoot 文件夹，右键菜单 New→SP，File Name 修改为 index.jsp，其他默认，点击 Finish 完成创建。编辑完后 JSP 内容如下，注意将 jsp 页面的 pageEncoding 设置为 UTF—8 和引入<%@ taglib prefix="s" uri="/struts—tags"%>配置文件。

```
<%@ page language="java" import="java.util.*" pageEncoding="UTF—8"%>
<%@ taglib prefix="s" uri="/struts—tags"%>
```

```
<! DOCTYPE HTML PUBLIC "-//W3C//DTD HTML 4.01 Transitional//EN">
<html>
  <head>
    <title>My JSP 'index.jsp' starting page</title>
  </head>
  <body>
    <s:form action="Hello_bkt.action" method="post">
    input:<input type="text" name="message" />    <input type="
submit"/> <br>
    </s:form>
   ${show_message} <! -- 显示后台输出的提示内容 -->
  </body>
</html>
```

(5) 配置 struts.xml 文件，在</struts>前添加如下内容，对编写的 Hello 类进行映射。

```
<package name="lab" extends="struts-default">
    <action name="Hello_*" class="cn.lab.zhushou.test.Hello" method="{1}">
        <result name="index">/index.jsp</result>
    </action>
</package>
```

(6) 部署 Web 应用程序。选中 WebTest 工程的根目录，右键菜单 Run→MyEclipse Server Application，在打开的对话框中选择配置的 Tomcat 6，点击 OK 按钮，完成了项目的发布。在 Console 窗口中看到"INFO: Server startup in 5127 ms"表示 Tomcat 启动成功，打开一个 IE 浏览器窗口，输入 http://localhost/zhushou/，我们可以看到如图 11-17 所示界面的第一行，说明运行成功。输入"豹考通"。如果显示后面两行信息，表示从服务器获取到了信息。

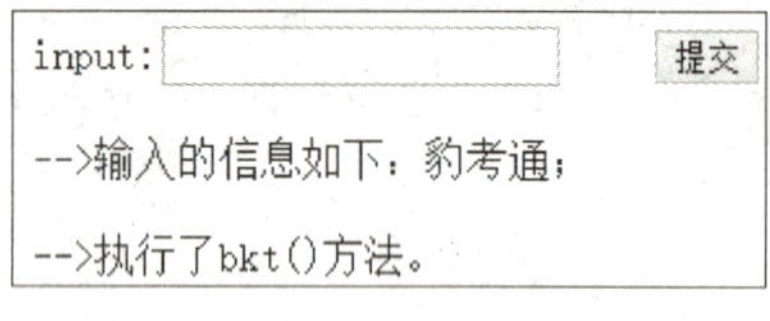

图 11-17 测试 Web 服务器是否正常工作

通过上面这个简单的案例，我们测试了 JSP、Java 和 Struts 环境是否能正常工作。

11.4.5 服务器与客户端交互数据接口设计

Android 和 iOS 等客户端与服务器端通信方式用的是 JSON，JSON 是一种在服务器端和客户端交换数据的轻量级数据格式，容易读写，机器容易生出和解析。"豹考通"服务器端采用 Struts+Hibernate 框架开发，因此在这里只介绍如何在 Struts 2 搭建项目中利用 JSON 使得不同平台从服务器获取数据。

服务器与客户端数据交互过程为：首先，在客户端向服务器端发送 http 请求，如：http://localhost:80/zhushou/getClientInfo.action? v=Android(localhost:80 服务

器地址，端口号为 80 可以省略，zhushou 为“豹考通”项目名称，getClientInfo. action 为 JsonAction 里面的 getClientInfo ()方法，“?”后面为传入参数)。然后，服务器端执行 http 请求对应的方法，并采用 inputStream 输出流，将数据返回给客户端。最后，在客户端接收到的字符串，解析为客户端显示的数据。

使用 JSON 的步骤如下(第 2 步中的代码可从课程群下载，此处略)：

(1) 向“豹考通”项目导入 JSON 所需要的包 gson—2. 2. 4. jar，直接将下载好的 jar 包拷贝到项目的 WebRoot/WEB—INF/lib 即可。

(2) 编写处理请求的 JsonAction 类，并创建 getClientInfo()方法，该方法返回值为“success”，利用 inputStream 将信息返回到客户端。

(3) 在 Struts. xml 配置文件中，增加如下代码。其中 name=" * "与 method= "{1}" 利用通配符一一对应，即 http 请求链接中的方法与 JsonAction 类的方法名一一对应。

```
<! —— 调用规则为：在项目名称后面输入具体的方法名 ——>
<action name=" * " class="lab. cn. zhushou. action. json. JsonAction" method= "{1}" >
<! ——结果返回类型为字符串的配置——>
<result type="stream" name="success">
    <param name="contentType">textml</param>
    <param name="inputName">inputStream</param>
</result>
</action>
```

(4) inputStream 内容将通过 Struts 输出到前台。调用的时候，只要执行下面的链接即可：http：//localhost/zhushou/getClientInfo. action? v=Android。

(5) 前台输出效果如图 11—18 所示，即为 Android 或者 iOS 终端获取到的结果。

图 11 - 18　测试 Android 或 iOS 终端获取到服务器返回的结果

11.5　软件开发实践案例——“豹考通”Android 客户端开发

11.5.1　Android 客户端开发环境搭建

Android 开发环境搭建的流程与主要步骤见图 11 - 19。Android 开发所需工具及其功能见表 11 - 12。

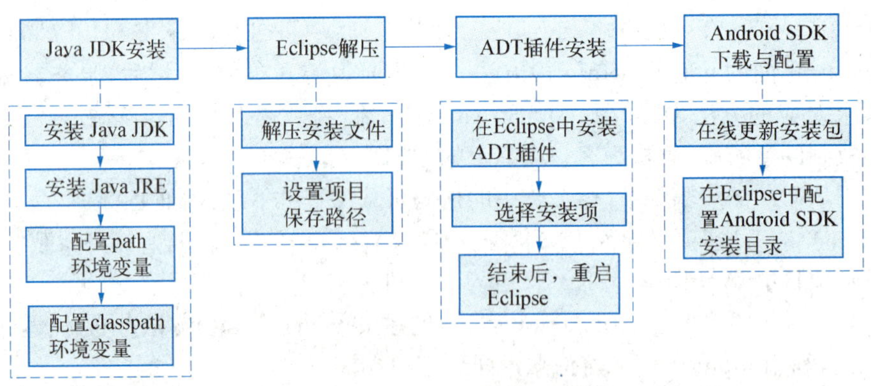

图 11－19　Android 开发环境搭建主要流程

表 11－12　Android 开发所需工具及其功能

工　具	功　能　角　色	下　载　地　址	是否必需
Java JDK	Java 开发包，包括开发 Java 程序的工具以及运行时环境	http://java. sun. com	必需
Eclipse	Eclipse 是一个免费、开源的集成开发工具，能够帮助开发人员完成很多繁琐的事情，使得开发更方便、快捷	http://www. eclipse. org	可选
Android SDK	Android 软件开发工具包，包含 Android 程序运行所需要的各种资源以及工具	http://developer. android. com/sdk/index. html	必需
ADT	Android 开发工具，是 Eclipse 上开发 Android 程序的插件，是连接 Eclipse 和 Android SDK 的纽带。使用它可以在熟悉的 Eclipse 中开发 Android 程序	https://dl-ssl. google. com/android/eclipse	可选

注意：上述开发工具中，Java JDK 和 Android SDK 是必需的，而 Eclipse 和 ADT 是可选的。Eclipse 是一个集成开发工具，能够帮助开发者完成很多繁琐的事情，而 ADT 是 Eclipse 中开发 Android 应用所需要的插件，使用它们可以提高开发者的开发速度和效率。实际上，完全可以通过记事本和命令行来开发和运行 Android 应用程序。上述工具当前最新版本 4.4，有一个三合一的安装包有 Java JDK 外其他三个软件，下载地址为：

图 11－20　Android 模拟器界面

http：//dl. google. com/android/adt/adt-bundle-windows-x86-20131030. zip（官方网站）

http：//pan. baidu. com/s/1pJArzAV（百度网盘）

安装步骤略。然后，运行创建的 AVD 4.4 模拟器，成功后界面如图 11－20 所示。

11.5.2　导入“豹考通”Android 项目——NewScore

“豹考通”Android 客户端程序源码如图 11 - 21 所示，主要包含三个项目：ActionBarSherlock_lib、NewScore、SlidingMenu_lib。

其中，ActionBarSherlock_lib 和 SlidingMenu_lib 项目为第三方开源项目，主要实现侧边栏功能，在 SlidingMenu_lib 项目中引用了 ActionBarSherlock_lib 项目，在 NewScore 项目中引用了 SlidingMenu_lib 项目。因此将项目导入 Eclipse 中时，应先导入 ActionBarSherlock_lib 项目，然后导入 SlidingMenu_lib 项目，并在 SlidingMenu_lib 项目中引用 ActionBarSherlock_lib 项目，最后导入 NewScore 项目，并在 NewScore 项目中引用 SlidingMenu_lib 项目。

ActionBarSherlock_lib
NewScore
SlidingMenu_lib

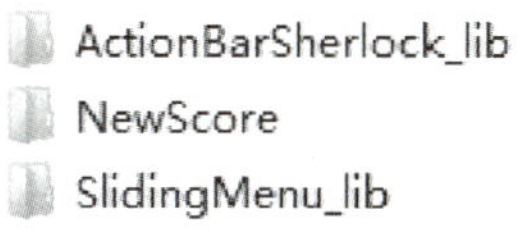

图 11 - 21　“豹考通”Android 客户端源码

在 SlidingMenu_lib 项目中引用 ActionBarSherlock_lib 项目的方法如下：首先选中 SlidingMenu_lib 项目，单击右键选择 Properties 弹出如图 11 - 22 所示对话框；选中左边的 Android，然后在右边单击 Add 按钮，会弹出当前工作区域中所有可引用的项目列表，然后选择 ActionBarSherlock_lib 项目即可。ActionBarSherlock_lib 和 SlidingMenu_lib 项目为第三方开源项目，我们只需要引用即可，不必分析具体如何实现。

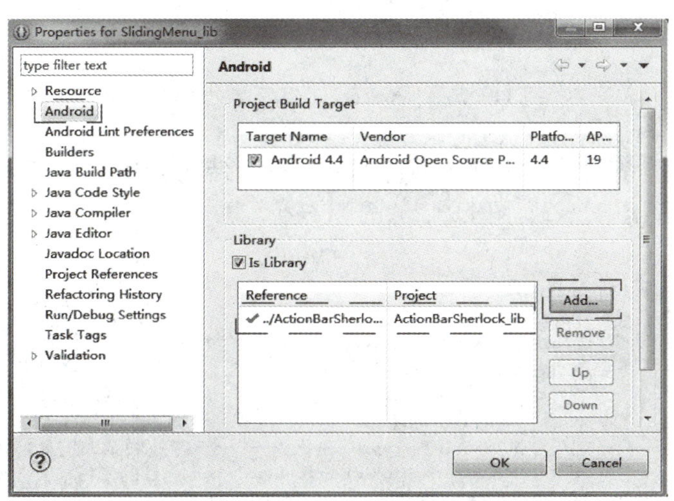

图 11 - 22　在 SlidingMenu_lib 项目中引用 ActionBarSherlock_lib 项目方法

“豹考通”各主要功能和业务逻辑实现包含在 NewScore 项目中，我们主要对该项目进行分析，该项目的程序文件结构以及各文件的功能说明如图 11 - 23 所示。

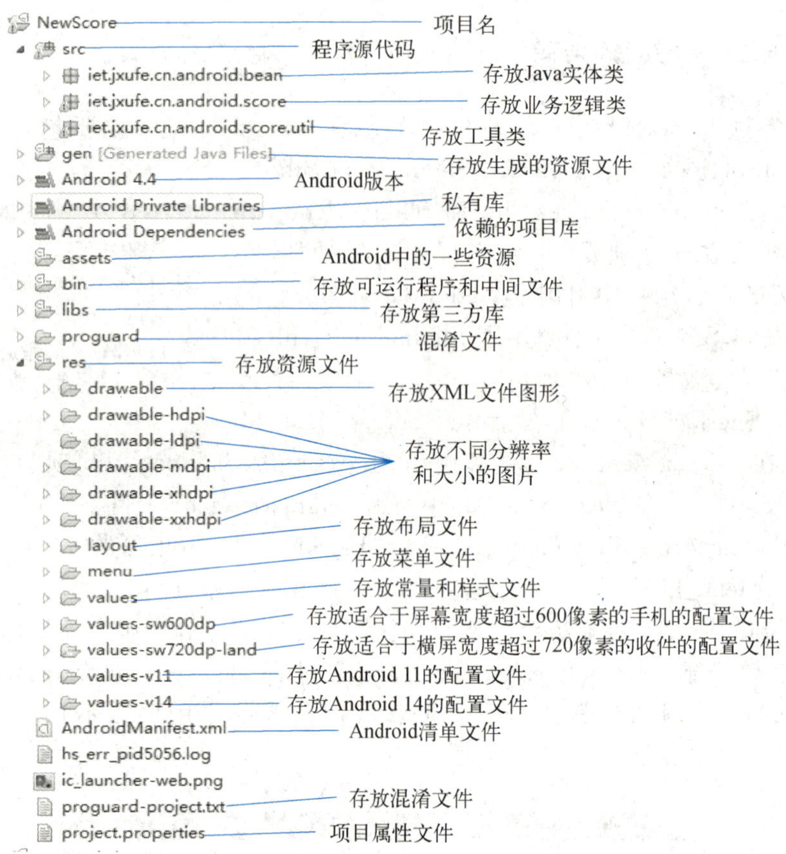

图 11－23　NewScore 项目程序文件结构图

11.5.3　“豹考通”Android 客户端程序包结构分析（图 11－24、图 11－25、图 11－26）

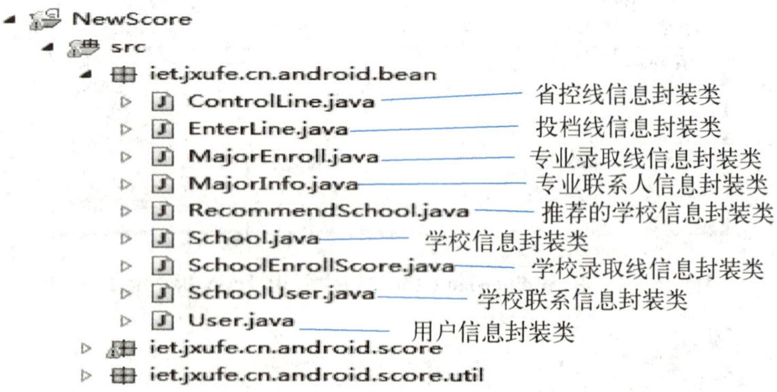

NewScore
src
iet.jxufe.cn.android.bean
ControlLine.java　省控线信息封装类
EnterLine.java　投档线信息封装类
MajorEnroll.java　专业录取线信息封装类
MajorInfo.java　专业联系人信息封装类
RecommendSchool.java　推荐的学校信息封装类
School.java　学校信息封装类
SchoolEnrollScore.java　学校录取线信息封装类
SchoolUser.java　学校联系信息封装类
User.java　用户信息封装类
iet.jxufe.cn.android.score
iet.jxufe.cn.android.score.util

图 11－24　iet. jxufe. cn. android. bean 包下各文件说明

图 11－25　iet. jxufe. cn. android. score 包下各文件说明

NewScore
src
iet.jxufe.cn.android.bean
iet.jxufe.cn.android.score
iet.jxufe.cn.android.score.util
AccessToServer.java 访问网络封装类
Constants.java 公用常量类
Global.java 全局变量类
MyDatabaseUtil.java 访问SQLite数据辅助类
Util.java 工具类，检查网络

图 11－26　iet. jxufe. cn. android. util 包下各文件说明

11.5.4　“豹考通”Android 客户端若干技术实现问题

通过 Android 客户端主要功能和流程分析可知，“豹考通”软件 Android 客户端所涉及的关键技术如下：

- 各功能界面设计和事件处理
- 功能间切换和页面跳转
- 读取和更新本地配置信息
- Android 客户端与服务器端交互(发送请求和获取结果)
- 网络服务器端返回结果解析(JSON 解析)
- 解析结果展示(自定义 Adapter)

■ 根据数据绘制趋势图(自定义控件)

上述各部分的详细代码与技术细节,此处从略,有兴趣的读者可以查看网络交流群或参考《移动商务软件设计案例教程》。下面只给出两个功能模块的部分代码。

11.5.5 “豹考通”功能模块实现举例

11.5.5.1 程序启动动画设计

“豹考通”程序启动时,有一个开门的动画效果,动画结束后会根据是否为第一次启动软件而跳转到不同的界面。其中,开门动画效果主要是位置移动动画,两张图片最开始是合在一起形成一个整体,然后分别向左和向右移动,从而达到缓缓打开的效果。运行效果如图 11-27 所示。

图 11-27 开门动画几个瞬间

详细代码如下:

程序清单:NewScore\src\iet\jxufe\cn\android\score\OpenDoorActivity. java

```
public class OpenDoorActivity extends Activity {//入口 Activity,开门效果
    private ImageView mLeft;//左半边图片
    private ImageView mRight;//右半边图片
    private boolean isFirst;//是否为第一次打开程序
    protected void onCreate(Bundle savedInstanceState) {
        super. onCreate(savedInstanceState);
        requestWindowFeature(Window. FEATURE_NO_TITLE);// 去除标题栏
        setContentView(R. layout. activity_door);
        mLeft = (ImageView) findViewById(R. id. imageLeft);
        mRight = (ImageView) findViewById(R. id. imageRight);
        Global. initPreferences=getSharedPreferences("setting", Context. MODE_PRIVATE);
        //读取配置参数
        isFirst=Global. initPreferences. getBoolean("isFirst", true);//是否为第一次
        AnimationSet anim = new AnimationSet(true);//动画集
        TranslateAnimation mytranslateanim = new TranslateAnimation(
                Animation. RELATIVE_TO_SELF, 0f, Animation. RELATIVE_TO_SELF,
                -1f, Animation. RELATIVE_TO_SELF, 0f,
                Animation. RELATIVE_TO_SELF, 0f);//位置动画,左移,Y 轴不变
```

```
        mytranslateanim.setDuration(3000);//动画时间
        anim.setStartOffset(800);
        anim.addAnimation(mytranslateanim);//将动画添加到动画集中
        anim.setFillAfter(true);
        mLeft.startAnimation(anim);//开始动画
        AnimationSet anim1 = new AnimationSet(true);
        TranslateAnimation mytranslateanim1 = new TranslateAnimation(
                Animation.RELATIVE_TO_SELF, 0f, Animation.RELATIVE_TO_SELF,
                +1f, Animation.RELATIVE_TO_SELF, 0f,
                Animation.RELATIVE_TO_SELF, 0f);//位置动画,右移,Y 轴不变
        mytranslateanim1.setDuration(2500);//动画时间
        anim1.addAnimation(mytranslateanim1);
        anim1.setStartOffset(800);
        anim1.setFillAfter(true);
        mRight.startAnimation(anim1);
        new Handler().postDelayed(new Runnable(){
            public void run(){
                if(isFirst){//如果第一次启动软件,跳转到设置基本信息的页面,
                    Intent intent=new Intent(OpenDoorActivity.this,SettingActivity.class);
                    startActivity(intent);
            }else{//否则读取用户信息,并跳转到功能主界面
                Global.areaId=Global.initPreferences.getInt("areaId", 12);//获取生源地 Id
                Global.targetArea=Global.initPreferences.getInt("targetArea", 12);//意向省市
                Global.levelId=Global.initPreferences.getInt("levelId", 1);//批次,默认为二本
                Global.typeID=Global.initPreferences.getInt("typeId",1);//类别,默认为理科
                Global.score=Global.initPreferences.getInt("score",0);//获取填写的高考成绩
                Global.rank=Global.initPreferences.getInt("rank", 0);//获取填写的高考排名
                Intent intent = new Intent (OpenDoorActivity.this,MainActivity.class);
                startActivity(intent);
            }
            OpenDoorActivity.this.finish();//结束当前页面
            }
        }, 3300);
    }
}
```

既可以查询学校的整体录取线信息，也可以查询学校各专业的录取线信息，并可以生成录取线趋势图，查询录取线信息时，需要指定查询的学校、批次(一本、二本、三本)、类别、年份、生源地等信息。主要界面如图 11－28、图 11－29 所示。

图 11－28　查询结果界面

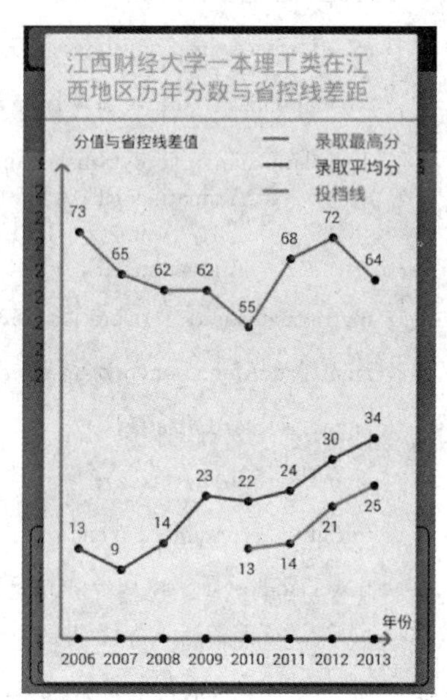

图 11－29　生成趋势图界面

自定义控件绘制趋势图的文件为 TrendView，在该控件中主要绘制的内容包括：X 轴和 Y 轴坐标、坐标上方的说明文字，绘制代表投档线、平均分和最高分趋势的折线图。详细代码如下。

程序清单：NewScore\src\iet\jxufe\cn\android\score\TrendView.java

```
public class TrendView extends View {// 趋势图
    private List<Integer> datas;// 绘图所需要的一组数据
    private List<Integer> highestDatas;//最高分对应的数据
    private List<Integer> enterLineDatas;//投档线对应的数据
    private int xSpace;// 两点 X 轴之间的间距
    private int x[];// 保存各个点的 x 坐标
    private int scale = 6;// 纵向 1 个单位的间距
    private int radius = 5;// 每个点的半径
    private Paint pointPaint, textPaint, linePaint1,linePaint2,linePaint3,xPaint, yPaint;// 坐标点画笔、文字画笔、线画笔、X 轴坐标线、Y 轴坐标线
    private float textHeight;// 文字高度
    private int ySpace = 5;// 文字与坐标点之间的垂直间隔
    private int arrawSpace = 8;// 箭头的间距
```

```
    private int mindData;//中间参考值
    private int centerHeight;//中间参考值对应的纵坐标
    public TrendView(Context context, List<Integer> datas) {//绘制一条折线
        super(context);
        this.datas = datas;
        init();
        x = new int[datas.size()];// 有多少个数据,就需要保存多少个横坐标
    }
    public TrendView(Context context, List<Integer> datas,List<Integer> highestDatas) {//绘制两条折线
        this(context,datas);
        this.highestDatas=highestDatas;
    }
    public TrendView(Context context, List<Integer> datas,List<Integer> highestDatas,List<Integer> enterLineDatas) {//绘制三条折线
        this(context,datas,highestDatas);
        this.enterLineDatas=enterLineDatas;
    }
    protected void onDraw(Canvas canvas) {
        super.onDraw(canvas);
        int width = this.getWidth();// 获取控件的宽度
        int height = this.getHeight();// 获取控件的高度
        xSpace = (width - 40) / datas.size();// 计算两个点之间的 X 轴间距,左右各留 20 像素
        for (int i = 0; i < x.length; i++) {// 初始化各个点的 X 轴坐标,起始点偏移 20 像素
        x[i] = 40 + i * xSpace;
        }
        mindData = (getMaxData() + getMinData()) / 2;// 获取最大值与最小值之间的中值
        System.out.println("中间参考值:"+mindData);//中间参考值
        centerHeight = height / 2+120;// 获取控件的 Y 轴中线,中线为中间数据,比该数据大的在上方,比该数据小的在下方
        // 绘制横坐标和纵坐标
        canvas.drawLine(20, height - 50, width - 30, height - 50, xPaint);// 绘制 X 轴
        canvas.drawLine(width - 30 - arrawSpace, height - 50 - arrawSpace,
        width - 30, height - 50, xPaint);// 绘制 X 轴箭头
        canvas.drawLine(width - 30 - arrawSpace, height - 50 + arrawSpace,
        width - 30, height - 50, xPaint);// 绘制 X 轴箭头
```

```
        canvas.drawLine(20, height - 50, 20, 50, yPaint);// 绘制 Y 轴
        canvas.drawLine(20 + arrawSpace, 50 + arrawSpace, 20, 50, yPaint);// 绘制 Y 轴箭头
        canvas.drawLine(20 - arrawSpace, 50 + arrawSpace, 20, 50, yPaint);// 绘制 Y 轴箭头
        canvas.drawText("分值与省控线差值", 20 + arrawSpace + 5, 30, textPaint);
        // Y 轴坐标提示文本
        canvas.drawText("年份", width - 40, height - 50 - arrawSpace - 5,
        textPaint);// X 轴坐标提示文本
        canvas.drawText("录取最高分", width-120, 30, linePaint2);
        canvas.drawText("录取平均分", width-120, 60, linePaint1);
        canvas.drawText("投档线", width-120, 90, linePaint3);
        canvas.drawLine(width-180, 20, width-150, 20, linePaint2);
        canvas.drawLine(width-180, 50, width-150, 50, linePaint1);
        canvas.drawLine(width-180, 80, width-150, 80, linePaint3);
        drawLine(datas, canvas,linePaint1,true);//绘制平均线
        if(highestDatas! =null){
        drawLine(highestDatas, canvas, linePaint2,true);
        }//绘制最高线
        if(enterLineDatas! =null){
            drawLine(enterLineDatas, canvas, linePaint3,false);
        }//绘制投档线
        for (int i = 0; i < datas.size(); i++) {// 绘制底部年份信息
            canvas.drawText((2014 - datas.size() + i) + "", x[i] - 20,
                    height - 20, textPaint);
            canvas.drawCircle(x[i], height - 50, radius, pointPaint);
        }
    }
    public void drawLine(List<Integer> datas, Canvas canvas,Paint linePaint,boolean isTextUp) {
        // 绘制折线
        for (int i = 0; i < datas.size(); i++) {// 依次获取每一个数据
            if(datas.get(i)! =-1){//如果对应的值不是-1,则绘制
            int data = datas.get(i);
            // 该数据相对于中间数据的偏移量,然后根据偏移量来计算它的位置,偏移 1 对应 scale 个像素,如果为负值表示在中线上方,如果为正值表示在中线下方
            float point = (-(data - mindData)) * scale;// 该点相对于中线的纵坐标
            canvas.drawCircle(x[i], centerHeight + point, radius, pointPaint);// 绘制坐标点
            if(isTextUp){
```

```
                    canvas.drawText(data + "", x[i] - 12, centerHeight + point
                        - textHeight / 2 - ySpace, textPaint);// 绘制该点对应的文字信息
                }else{
                    canvas.drawText(data + "", x[i] - 12, centerHeight + point
                        + textHeight+ySpace, textPaint);// 绘制该点对应的文字信息
                }

                if (i != (datas.size() - 1)&&datas.get(i+1) != -1) {
                    / 如果该点不是最后一个点,则需要绘制该点到下一个点的连线
                    int nextData = (Integer) datas.get(i + 1);// 获取下一个数据
                    float pointNext = (-(nextData - mindData)) * scale;
                    // 该数据相对于中值的偏移量
                    canvas.drawLine(x[i], centerHeight + point, x[i + 1],
                        centerHeight + pointNext, linePaint);
                }
            }
        }
    }
    public void init() {// 执行初始化操作
        pointPaint = new Paint();// 坐标点画笔的初始化
        pointPaint.setAntiAlias(true);
        pointPaint.setColor(Color.BLACK);// 黑色
        linePaint1 = new Paint();// 连接线画笔的初始化
        linePaint1.setColor(Color.BLUE);// 连接线的颜色为蓝色
        linePaint1.setAntiAlias(true);
        linePaint1.setTextSize(20);// 文字大小为 20
        linePaint1.setStrokeWidth(3);// 宽度为 3 像素
        linePaint1.setStyle(Style.FILL);// 填充
        linePaint2 = new Paint();
        linePaint2.setColor(Color.RED);// 连接线的颜色为红色
        linePaint2.setAntiAlias(true);
        linePaint2.setTextSize(20);// 文字大小为 20
        linePaint2.setStrokeWidth(3);// 宽度为 3 像素
        linePaint2.setStyle(Style.FILL);// 填充
        linePaint3 = new Paint();
        linePaint3.setColor(Color.MAGENTA);// 连接线的颜色为品红
```

```
        linePaint3. setAntiAlias(true);
        linePaint3. setTextSize(20);// 文字大小为 20
        linePaint3. setStrokeWidth(3);// 宽度为 3 像素
        linePaint3. setStyle(Style. FILL);// 填充
        textPaint = new Paint();//创建文本画笔,并执行相关初始赋值
        textPaint. setAntiAlias(true);
        textPaint. setColor(Color. BLACK);// 文本颜色为白色
        textPaint. setTextSize(18);// 文字大小为 14
        xPaint = new Paint();//创建 X 轴画笔,并执行相关初始赋值
        xPaint. setAntiAlias(true);
        xPaint. setStrokeWidth(3);
        xPaint. setColor(Color. RED);// 红色
        yPaint = new Paint();//创建 Y 轴画笔,并执行相关初始赋值
        yPaint. setAntiAlias(true);
        yPaint. setStrokeWidth(3);
        yPaint. setColor(Color. RED);// 绿色
        FontMetrics fontMetrics = textPaint. getFontMetrics();// 计算文字高度
        textHeight = fontMetrics. bottom - fontMetrics. top;// 文字底部坐标减去顶部坐标
    }
    public int getMaxData() {// 获取这组数据中最大的数据
        int max = datas. get(0);// 默认让第一个数据为最大数
        for (int i = 0; i < datas. size(); i++) {
            if (max < datas. get(i)) {// 如果有数据比最大数大,则将保留该数
            max = datas. get(i);
            }
        }
        return max;
    }
    public int getMinData() {// 获取这组数据中最小的数据
        int min = datas. get(0);// 默认让第一个数据为最小数
        for (int i = 0; i < datas. size(); i++) {
            if (min > datas. get(i)) {// 如果有数据比最大数大,则将保留该数
            min = datas. get(i);
            }
        }
```

```
        return min;
    }
    public List<Integer> getDatas() {
        return datas;
    }
    public void setDatas(List<Integer> datas) {
        this.datas = datas;
        x = new int[datas.size()];// 有多少个数据,就需要保存多少个横坐标
    }
}
```

本章小结

本章结合案例,介绍了 Android 移动商务应用开发与使用的全过程,重点学习开发一个基于 Android 的移动商务系统,体验 Android 移动商务应用的结构、系统安装与部署、软件设计与开发的全过程。通过学习,读者既可以熟悉操作一个商用移动商务软件的全过程,又能具备参与移动互联网条件下的创新创业项目团队,与移动商务团队沟通交流的能力。

读者可以结合本章实例,针对某一移动商务应用提出改进建议或提出新的移动商务应用建议,并考虑如何实现并向 Android 用户推广你的应用。

练习题

1. 以“就医 120”为例,说明智能手机下载安装 App 的全过程,并描述“找‘私人医生’”和“去医院预约看医生”的全过程。
2. 熟练使用“豹考通”,并提出对该 App 的改进建议。
3. 如何搭建移动商务服务器?
4. 如何搭建 Android 开发环境?
5. 如何导入一个 Android 项目?
6. 一个完整的移动商务开发项目一般包括哪些基本部分?
7. Android 应用程序的基本结构是怎样的?
8. Android 应用程序有哪些发布渠道?
9. 一个 Android 项目中,xml 文件常用于什么时候? 业务处理逻辑常用什么程序?

第 12 章　Windows Mobile 移动商务应用案例

学习要点

本章主要详细介绍了基于 Windows Mobile 的移动商务案例：移动查询学生成绩。通过本章的学习，不但可以掌握 Windows Mobile 开发环境的配置，而且可以编写简单的基于 Windows Mobile 的程序。

知识结构

- Windows Mobile 环境的配置
  - Windows Mobile 基本介绍
  - Microsoft Visual Studio 2008 安装过程
  - 必备数据库 SQL CE 安装过程
- 学生成绩查询案例
  - 学生成绩查询案例数据库的实现
  - 建立智能设备项目及添加数据库
  - 学生成绩查询案例的实现

12.1 简　介

Windows Mobile 是微软公司用于 Pocket PC 和 Smartphone 的软件开发平台。Windows Mobile 系统将熟悉的视窗桌面扩展到了手持设备中。使用 Windows Mobile 操作系统的设备主要有 Pocket PC 手机、PDA、随身音乐播放器等。Windows Mobile 操作系统有三种，分别是 Windows Mobile Standard、Windows Mobile Professional、Windows Mobile Classic。常用版本是 6.5。微软的 Windows Mobile 系统广泛用于智能手机和掌上电脑，生产 Windows Mobile 手机的最大厂商是多普达，其他还有东芝、惠普、Mio (神达)、华硕、索爱、三星、LG、Motorola、联想、斯达康、夏新等。

Windows Mobile 是基于 windowsCE 核心，而基于 Windows Mobile 操作系统的智能手机包括大量的应用软件：Today 类似 Symbian 系统的 Active Standby，用来显示个人信息管理系统资料，Internet Explorer 和 PC 版 Internet Explorer 相似，可以方便手机用户上网，Inbox 讯息中心类似于 Outlook E-mail 功能，Windows Media Player 和个人计算机中的 Windows Media Player 相似，方便用户使用媒体文件，MSN

Messenger/Windows Live 和个人计算机中的 MSN 相似，更为强大的 Office Mobile 可以方便手机用户进行 Word、Excel 处理，极大地方便了用户移动办公；ActiveSync 主要功能是与计算机连接并用于交换资料，从而方便手机用户获取更多的数据信息，但这也需要在个人计算机上安装相应的工具软件。

12.2 开发环境配置

12.2.1 安装 Microsoft Visual Studio 2008

利用 Visual Studio 2008 自带个人设备开发环境可以直接进行 Windows Mobile 开发，本章是利用 VS2008 自带个人设备开发环境进行阐述的，因而需要安装 VS2008。VS2008 可以直接从 Microsoft 公司网站上下载，请下载中文版，下载后，直接点击 VS2008 安装程序的执行文件，按照提示安装，详细步骤如下。

1. 下载的 VS2008 如果是镜像文件，需要用虚拟光驱打开，如果是压缩文件，则需要进行解压，因而在安装前需要先将文件解缩或者用虚拟光驱将文件打开，找到 setup. exe 文件，双击 setup. exe 文件便可以进行安装，安装过程中的第一个对话框如图 12－1 所示，读者只需要选择默认安装。

2. 随后安装程序先自动加载所需资源，然后再加载安装文件，在等待安装程序加载完成后就正式进入安装选择部分，这是需要用户自己决定的部分，这里用户只需要选

图 12－1 Visual Studio 2008 安装选择

择默认安装，单击下一步即可。当然，有经验的用户可以自己选择，安装界面如图12-2所示。

图 12-2　Visual Studio 2008 安装过程

3. 单击“下一步”，也就是下一步继续安装，然后在下一个界面选择同意协议并且输入安装密匙(一般安装密匙已经给出)。协议与安装密匙界面如图 12-3 所示。

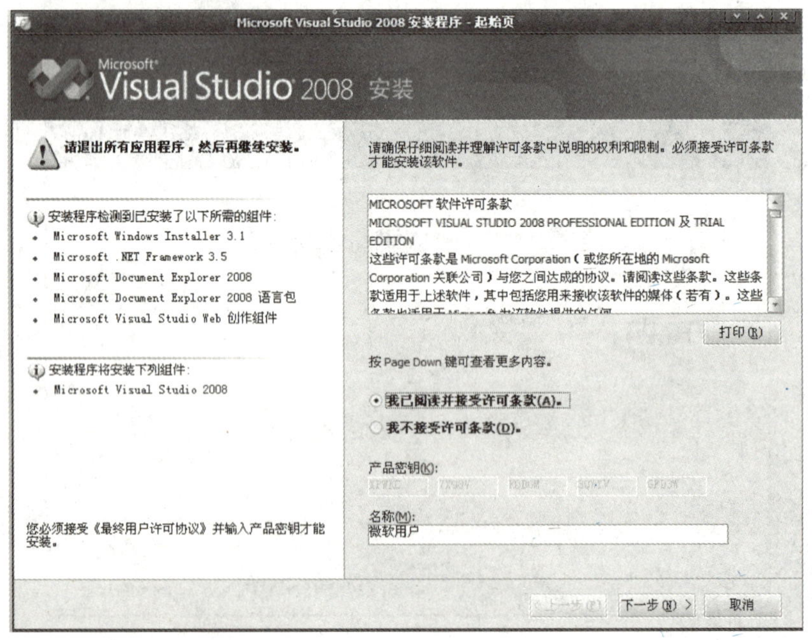

图 12-3　Visual Studio 2008 安装许可

4. 完成密钥填写后，进入安装方式选择，如图 12－4 所示。在这里我们选择默认安装方式，当然也可以选择全部安装方式和自定义的安装方式。选择默认安装后，即单击“下一步”按钮。

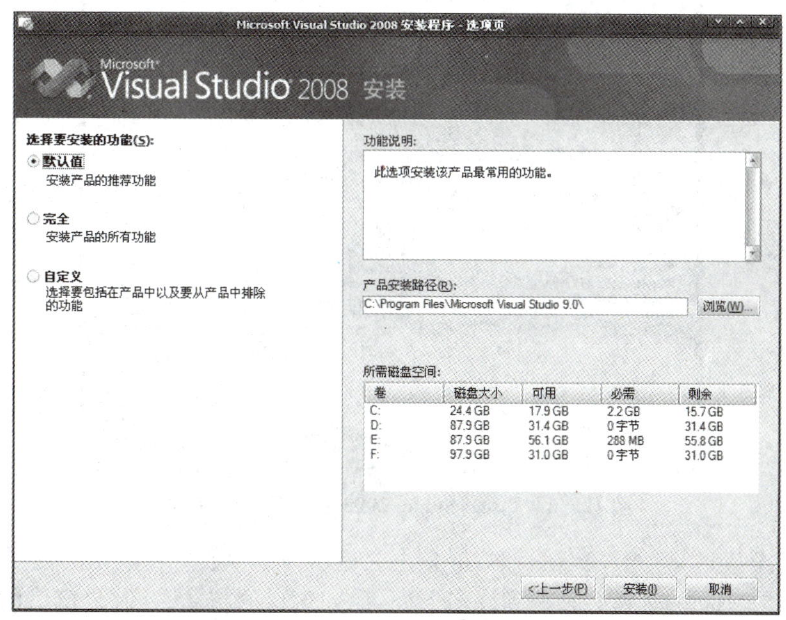

图 12－4　Visual Studio 2008 安装配置

5. 然后系统就处于安装过程中，这需要等待一段时间，安装完成后的对话框如图 12－5 所示。单击“完成”按钮表示安装完成并且在随后的对话框中选择退出就行了。

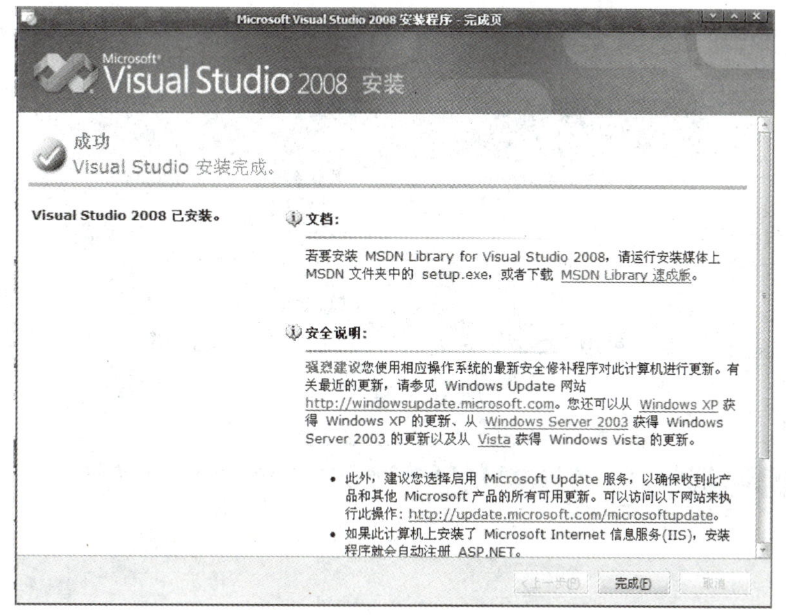

图 12－5　Visual Studio 2008 安装完成

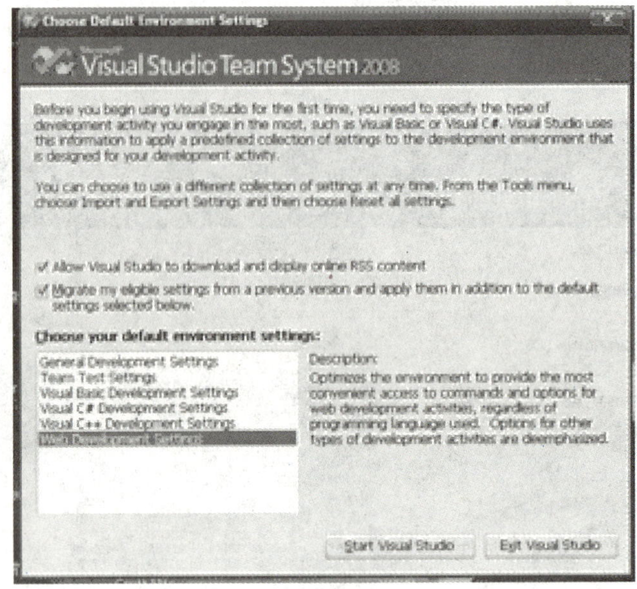

图 12－6　Visual Studio 2008 初次运行语言选择

6. 当安装完 VS 第一次运行时，屏幕上会显示一个参数列表，列出了这个开发环境的以前版本，不同的选择会影响到许多方面，比如窗口的布局、控制台窗口的运行方式等，在此处我们选择 Visual C# Development Setting，界面如图 12－6 所示，然后单击 Start Visual Studio 按钮。

程序第一次启动时如图 12－7 所示，它会立即显示一个启动页，此时表示可以使用 VS2008 进行项目的开发。

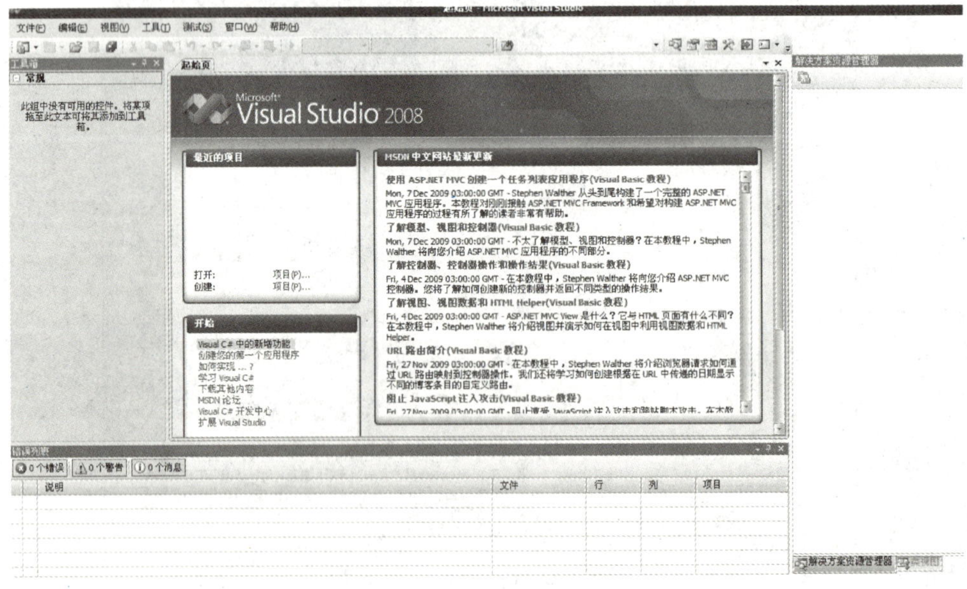

图 12－7　项目开发界面

12.2.2 安装必要的数据库

由于 windows mobile 不支持 SQL Server 数据库，需要安装 SQL CE(就是本书第 11 章 windows mobile 附件文件中的 EXE 文件)关于这个数据库的安装程序，如图 11-8 所示。

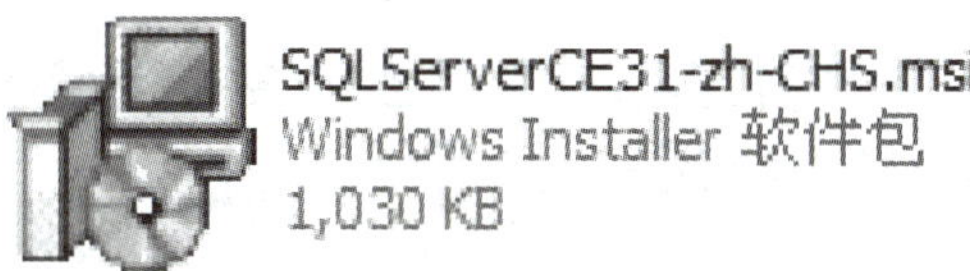

图 12-8 SQL CE 数据库

双击安装文件，便出现安装初始界面，如图 11-9 所示。此时读者可以采用默认安装，点击"下一步"按钮开始安装。

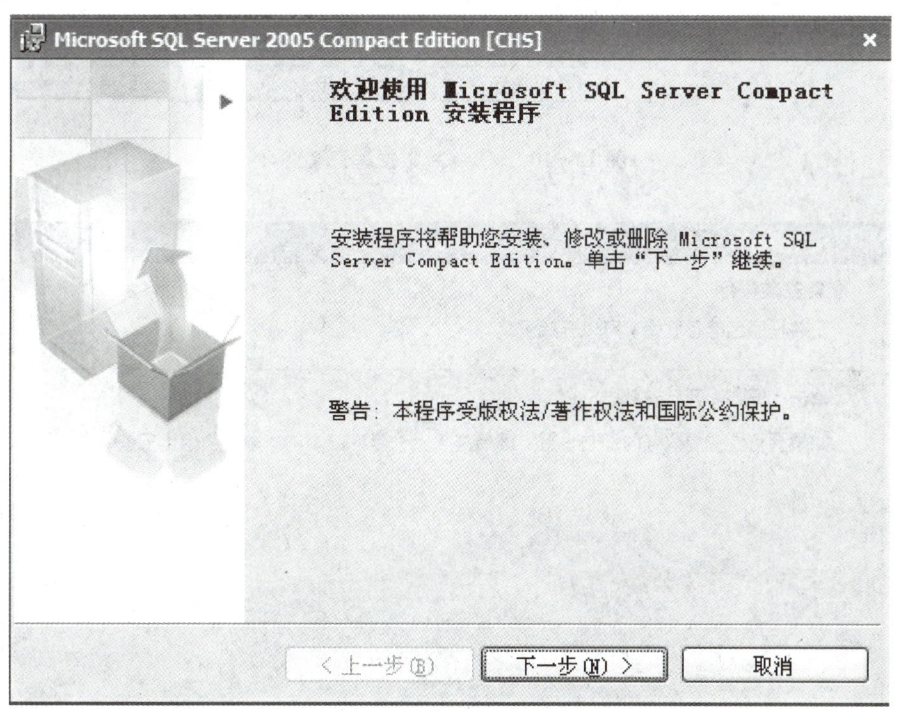

图 12-9 SQL CE 数据库安装

在安装过程中，会出现安装许可协议，如图 12-10 所示。单击选择同意，在此之后单击"下一步"按钮，继续进行安装过程。

由于安装路径是固定在 C 盘，不需要改变安装路径，点击安装即可，如图 12-11 所示，便可以完成安装。安装结束后，便得到如图 12-12 所示安装界面，点击完成后这次安装就成功了。

图 12-10　SQL CE 数据库安装许可

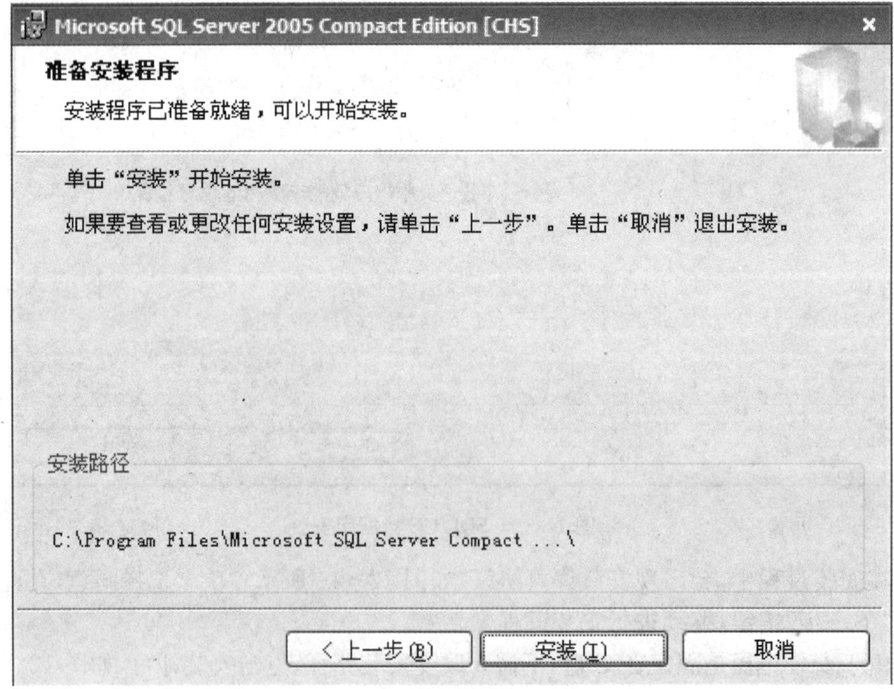

图 12-11　SQL CE 数据库安装路径

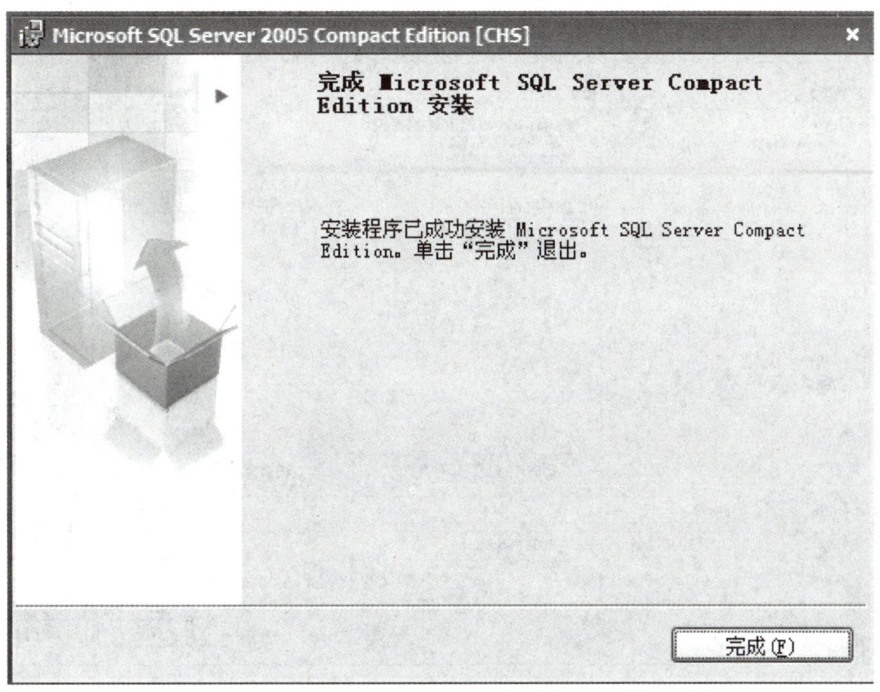

图 12－12 SQL CE 数据库安装完成

12.3 学生成绩查询案例

12.3.1 案例数据库实现

本案例采用数据库方式存储数据，首先需要在数据库服务器端建立数据库，并且需要设计系统使用的数据库表格，移动设备客户端访问服务器数据库，从而实现移动用户随时、随地的书籍查询功能。下面分别详细阐述数据库的建立和数据库表的建立过程。

12.3.1.1 建立数据库

为了方便读者建立项目，这里将数据库在项目开发过程中建立。下面将详细阐述在项目构建过程中的数据库建立过程。

1. 打开 VS2008 如图 11－7 所示，在 File 菜单中选择新建项目，然后选择 Visual C#语言中的智能设备，选取智能设备项目，如图 12－13 所示，项目名称可以采用默认的方式，然后再点击设备应用程序，操作如图 12－14 所示，此时需要选择使用的 Windows Mobile 系统，这里选取使用 Windows Mobile 5.0 Pocket PC SDK，然后进入案例开发过程。

2. 在新项里面添加数据库。

首先，用鼠标右键点击项目名称，然后在"添加"菜单里找到"新建项"菜单，如图 12－15 所示。

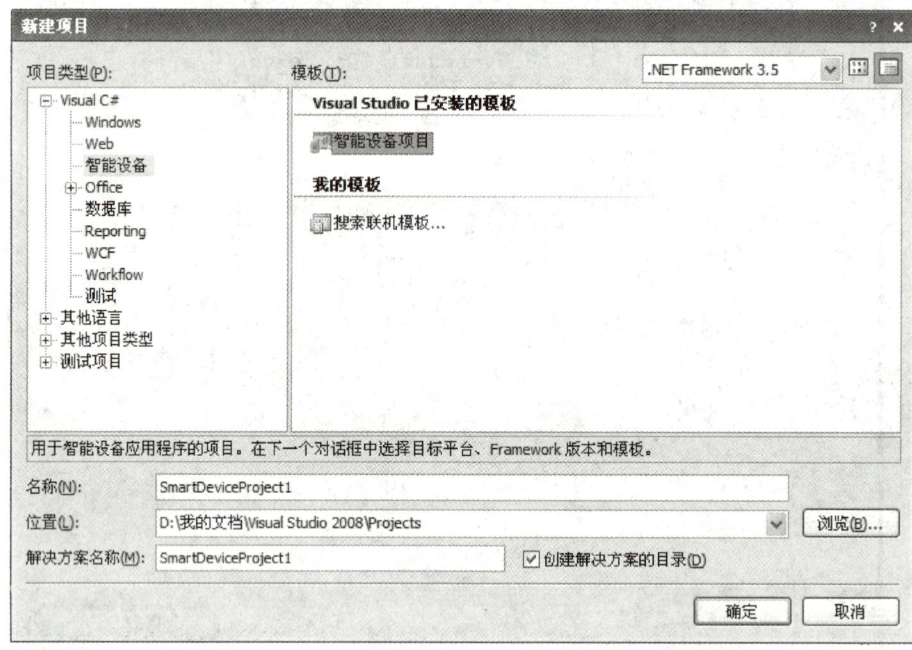

图 12－13　选取智能设备

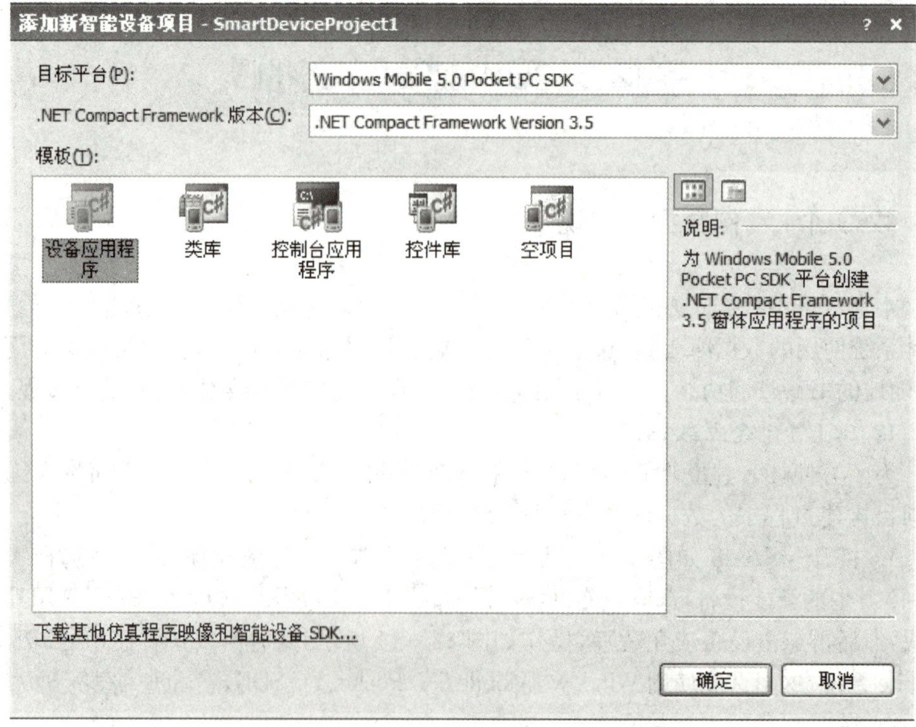

图 12－14　设备应用程序

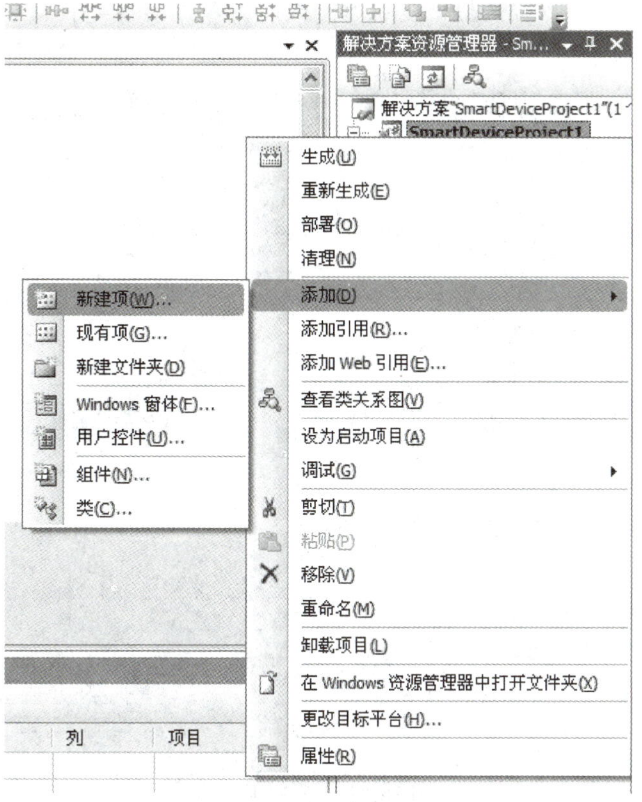

图 12－15　添加菜单

然后，选择"数据库文件"选项，在名称栏里修改数据库的名称，这里采用"AppDatabase1. sdf"，如图 12－16 所示。

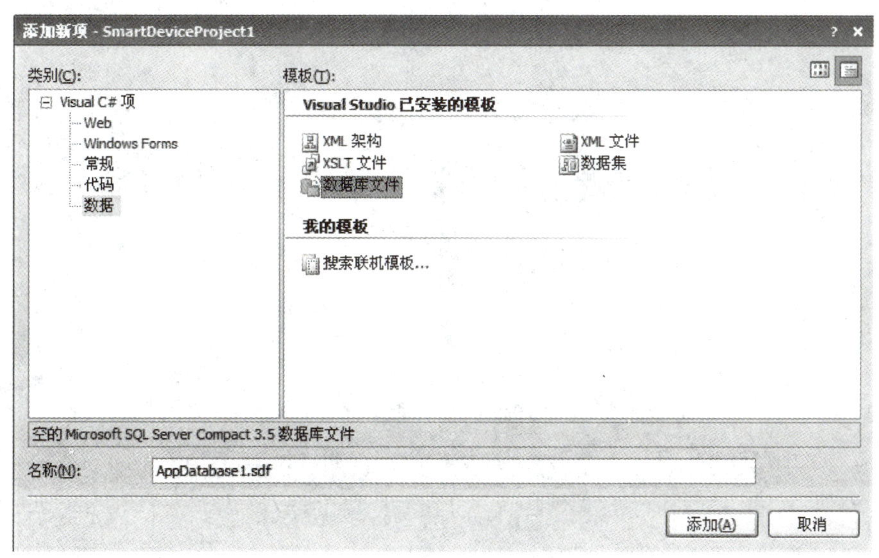

图 12－16　数据库文件

最后，在 DataSet 名称栏目中修改名字或者默认，如图 12－17 所示，然后点击完成即可成功添加数据库。

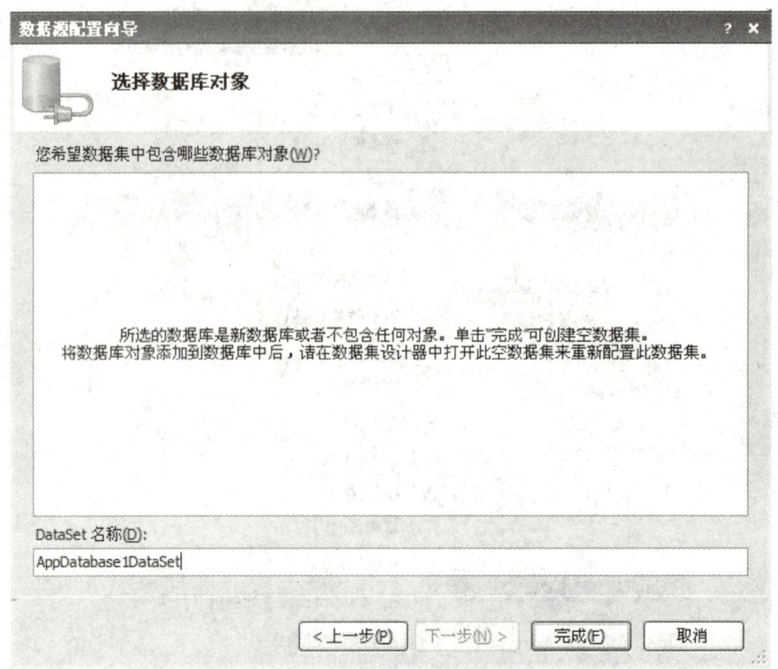

图 12－17　修改 DataSet

当添加成功之后，数据库的图标会出现在 VS2008 编程窗口的右边，点击这个图标，随后在窗口的左边会出现这个数据库的各文件，如图 12－18 所示，用户双击这个文件夹就可以设计自己需要的表，将在下一节阐述数据库表的添加。

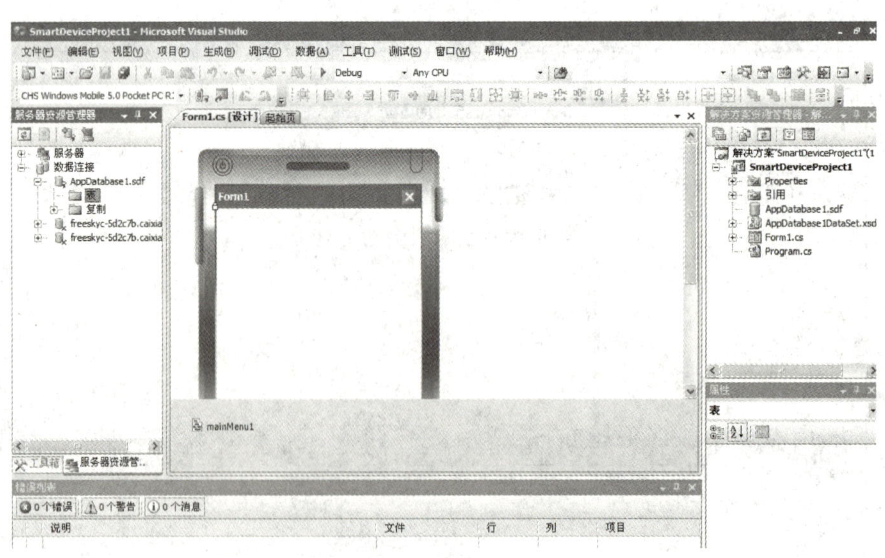

图 12－18　数据库各文件

12.3.1.2 数据库表设计

在本案例中，系统将使用三张数据库表，依次为 User、score1、score2，它们分别代表用户表、书、学生课程的成绩表。

现在以 User 表为例，详细解释一下数据库表的构建过程。如果在项目中没有出现服务器资源管理器，则在项目管理器中双击“AppDatabase. sdf”，然后会出现服务器资源管理器，在服务器资源管理器中的 AppDatabase. sdf 服务器下找到“表”，右击表，如图 12－19 所示，选择“创建表”菜单项。

服务器资源管理器
User
服务器
PC-201008081453
数据连接
AppDatabase1.sdf
创建表(C)
新建查询(Q)
刷新(F)
属性(R)

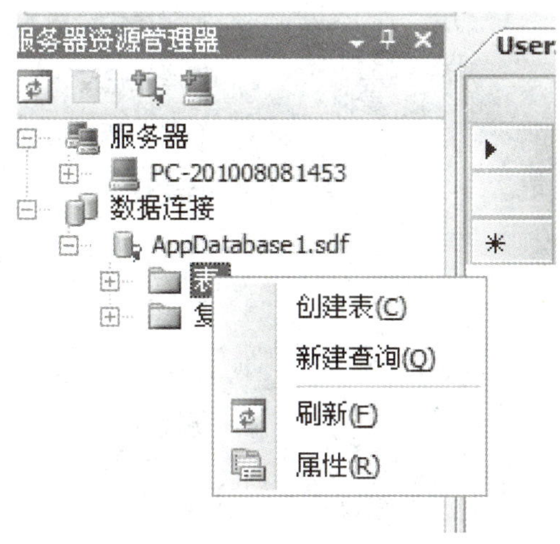

图 12－19　创建表

在数据库表创建窗口中，输入 User 作为表名，然后输入列名 name 和 password，name 的数据类型默认，password 的数据类型选择 int，如图 12－20 所示。

点击确定就设计好了 User 表，然后我们在服务器资源管理器中右击 User 表，如图 12－21 所示，选择显示表数据，就可以给建立的表添加数据。

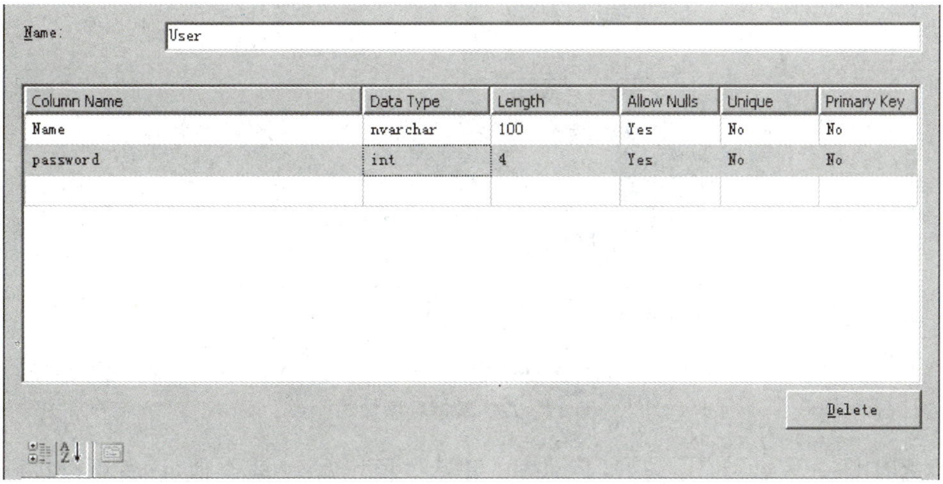

Name:
User
Column Name
Data Type
Length
Allow Nulls
Unique
Primary Key
Name nvarchar 100 Yes No No
password int 4 Yes No No
Delete

图 12－20　表创建过程

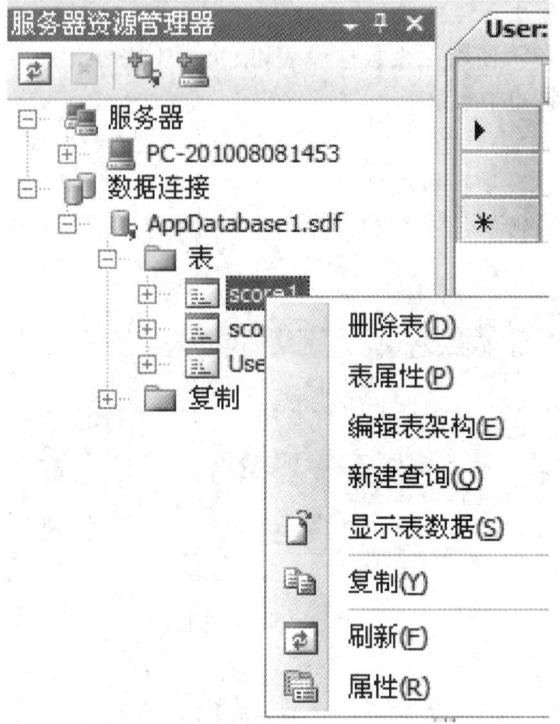

图 12－21　表选择

然后，在随后的页面里逐行输入相应的数据，最后在空白处单击右键选择执行SQL语句，具体如图12－22所示。

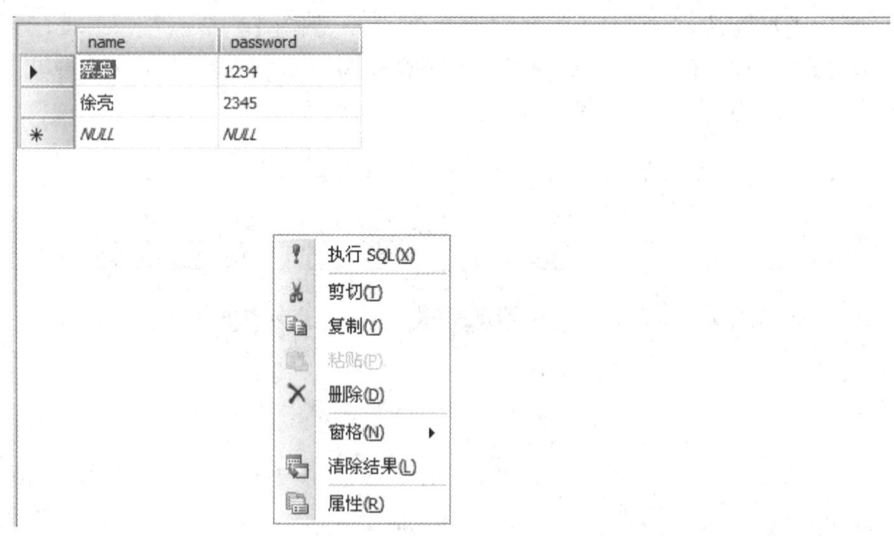

图 12－22　数据项添加

此时User表已经完全建好，其他表的建造过程与User表类似，读者可以自行尝试。User、score1、score2表的值分别如图12－23、图12－24、图12－25所示。

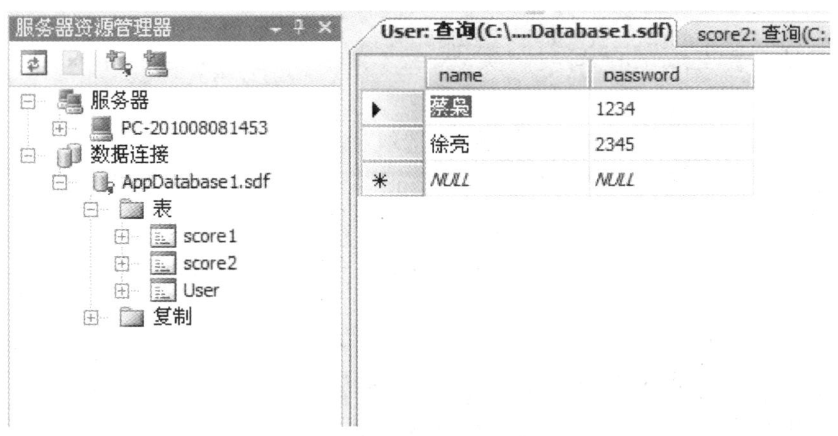

图 12－23　User 表

score1 表中记录的是各门课程以及各门课程的成绩，共包含四个字段：课程名、课程学分、课程成绩、所得学分。

图 12－24　score1 表

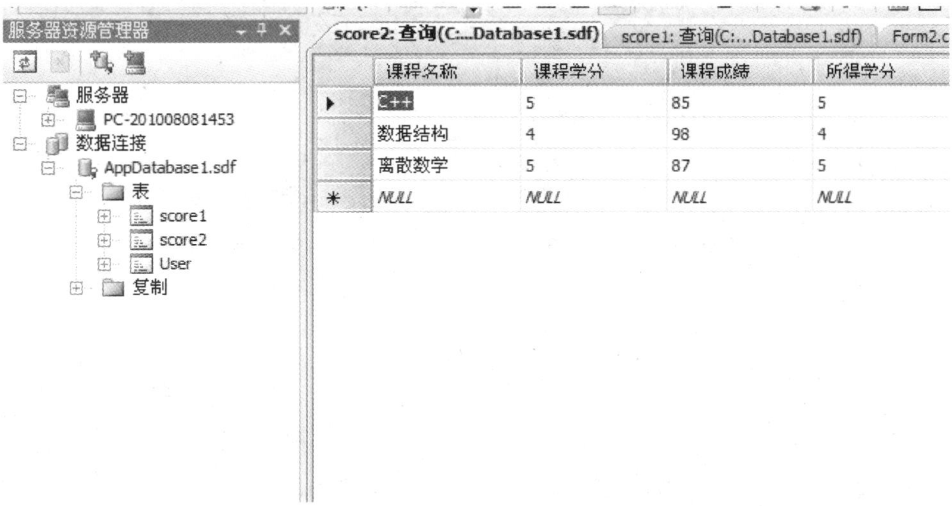

课程名称	课程学分	课程成绩	所得学分
C++	5	85	5
数据结构	4	98	4
离散数学	5	87	5
NULL	NULL	NULL	NULL

图 12－25　score2 表

12.3.2 学生成绩查询案例实现

这里首先将向读者介绍如何布置界面，选取和调用控件，完成学生成绩查询案例的界面设计。在上节中已经阐述了如何创建 window mobile 的学生成绩查询应用程序、数据库以及数据库表的设计，现在开始介绍界面的设计。在 VS2008 中，利用工具箱可以方便地进行界面设计，工具箱位于菜单→视图→工具箱，当然也有快捷方式，利用图 11－18 右上角的斧状图标也可以打开工具箱。

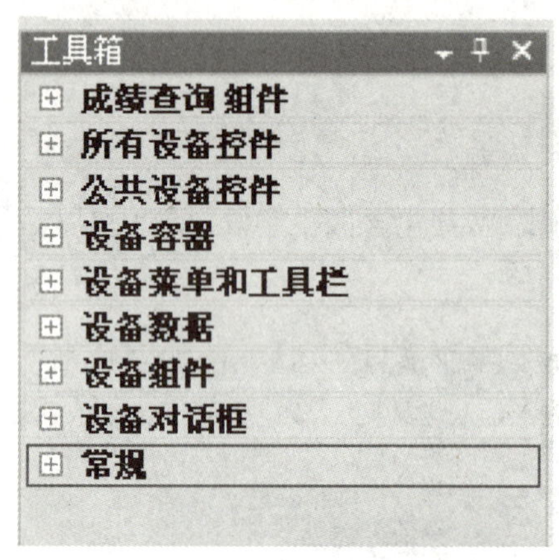

图 12－26 控件列表

本案例使用了 Lable、TextBox 以及 Button 控件，这些控件在工具箱中的常规空间里可以找到，如图 12－26 所示。

在图 12－26 中展开"所有设备控件"项，可以找到 Lable、TextBox 以及 Button 控件（控件排序按照字母的顺序）。当然，我们也可以按照图 12－26 的分项来快速选择所需的控件。将 Lable、TextBox 以及 Button 控件拖入设备 Form1 中，并且进行属性的修改，便可以得到案例需要的登录界面，如图 12－27 所示。后面将阐述控件属性修改过程。

在工具栏中选中 Lable（标签）控件，将其拖到手机窗体 Form1 中，拖到图 12－27"用户名"所在的位置上，然后右击 label1 控件，如图 12－28 所示，选择"属性"菜单项，便可以得到如图 12－29 所示的 label1 控件属性，

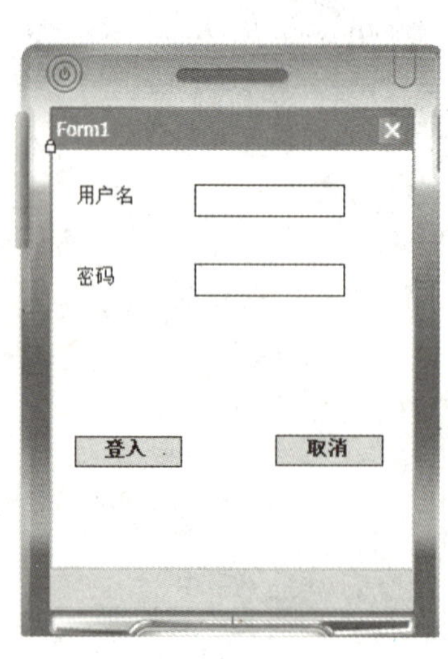

图 12－27 移动终端布局

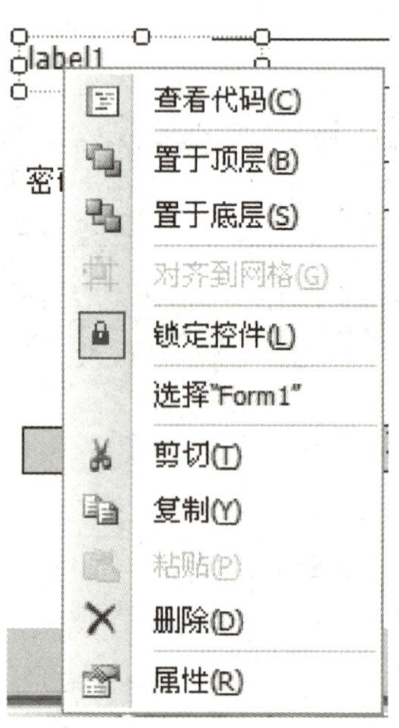

图 12－28 label 布局

此时读者可以修改 label1 控件属性中的“Text”项，将“label1”改为“用户名”，修改后的属性如图 12－29 所示，这样便完成了第一个标签的修改，然后拖入第二个 Label 控件到密码的位置，采用同样的办法，可以完成 Label 控件的布置。

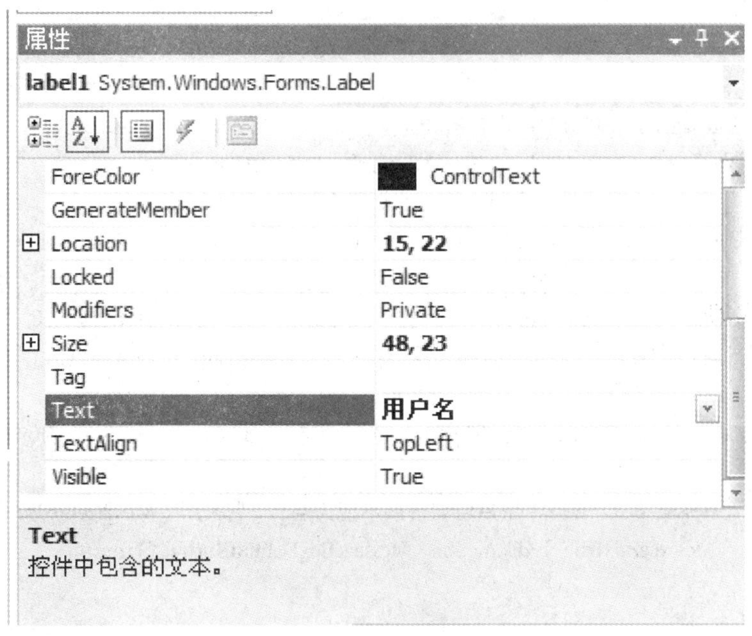

图 12－29　label 属性

设置完 Label 控件后，在工具箱中找到“TextBox”控件，分别在 Form1 中的“用户名”和“密码”后面拖放两个“TextBox”控件，如图 11－27 所示，然后修改它们的属性。修改方法和修改 Label 控件一样，对于用户名后的 TextBox 控件，将“textBox1”控件的 Name 属性改为 textBoxusername。将密码后面的“textBox2”控件的 Name 属性改成 textBoxpassword，并且把“PasswordChar”属性改为“＊”，这样可以保证用户在输入密码时不被看到，而是显示一些“＊”字符。

最后，设置 Button 控件。在工具箱中找到“Button”控件，先后拖放两个 Button 控件到 Form1 中，然后再修改属性。对第一个控件来说，把 Name 和 Text 分别改成登录；对第二个控件来说，把 Name 和 Text 分别改成取消。这样就完成了登录 Form1 的界面设计。

登录主要是保证有权限的用户可以查询成绩。在 Form1 中双击登录控件，便可以进入代码编写过程。在登录过程中，首先是完成数据库的连接，连接过程首先是需要获得数据库的连接字符串，然后是建立连接，并且打开数据库，数据连接关键代码如下所示：

```
System.Reflection.Assembly.GetExecutingAssembly().GetName().CodeBase) +
    "\\AppDatabase1.sdf"; //指定数据库的路径
string sConn1 = "Data Source=" + sData;    ////创建连接数据库语句
```

```
SqlCeConnection conn = new SqlCeConnection(sConn1); //实例化连接数据库
conn.Open();  //打开数据库
```

完成数据库的连接后，还需获取用户填写的用户名和密码，为了保证用户填写的正确性，这里对用户填写的内容进行检测，代码如下：

```
if (textBoxusername.Text.Trim() == "" && textBoxpassword.Text.Trim() != "")
    {
        MessageBox.Show("用户名不能为空!", "提示", MessageBoxButtons.OK,
        MessageBoxIcon.Exclamation, MessageBoxDefaultButton.Button1);
    }
else if (textBoxpassword.Text.Trim() == "" && textBoxusername.Text.Trim() != "")
    {
        MessageBox.Show("密码不能为空!", "提示", MessageBoxButtons.OK,
        MessageBoxIcon.Exclamation, MessageBoxDefaultButton.Button1);
     }
   else if (textBoxusername.Text.Trim() == "" && textBoxpassword.Text.Trim() == "")
     {
        MessageBox.Show("用户名和密码不能为空!", "提示", MessageBoxButtons.OK,
        MessageBoxIcon.Exclamation, MessageBoxDefaultButton.Button1);
     }
```

然后是将数据库保存的用户名和密码与用户输入的值进行比对，比对之前从数据库中读取 User 信息，然后逐个循环，直到找到为止，代码如下：

```
//写一个指令语句，从 user 表中选择 name, password
   string str = "select name, password from [User]";
   SqlCeCommand thisCommand = conn.CreateCommand(); //创建一个新的数据库的命令
   thisCommand.CommandText = str;  //将写好的指令语句赋给刚新建的数据库命令
       //创建一个 SqlCeDataReader 的对象
       SqlCeDataReader thisReader = thisCommand.ExecuteReader();
       System.Data.SqlServerCe.SqlCeDataAdapter dq = new SqlCeDataAdapter
         ("select *  from  [User] ", conn);
     //dq 这是一个适配器里面包含的是对数据库操作的指令语句，即选择文学类书籍表。
         DataSet dw = new DataSet();//建立一个 DataSet 类型的 dw
        DataTable dp = dw.Tables.Add("temp");//往 dw 中添加 temp 表
        dq.Fill(dw, "temp");      //填充表 temp，将从数据库读取数据填充到 temp 中去。
         int num = dw.Tables["temp"].Rows.Count;//将 temp 表中的行数赋值给 num，
//因为 temp 表是 user 表的复制表，所以 num 代表的就是 User 表中的行数，即用户名的个数
               //定义字符串数组 arrname 用来存储 name，数组大小与用户名个数一致
     string[] arrname = new string[num];
       //定义字符串数组 arrpassword 用来存储 password，数组大小与用户名个数一致
      string[] arrpassword = new string[num];
```

```
int i = 0;
while (thisReader.Read() && ! judge)    //按行读取 user 表中的数据
  {
  //将 user 中读取的 name 存储到 arrname 数组中
  arrname[i] = thisReader["name"].ToString();
    //将 user 中读取的 password 存储到 arrpassword 数组中
    arrpassword[i] = thisReader["password"].ToString();
    i++;
    }
```

如果用户存在,则表示登录成功,进入成绩查询界面,用户可以进行相应的操作,下面给出了登录实现的全部源代码:

```
bool judge = false;
string sData = System.IO.Path.GetDirectoryName(
    System.Reflection.Assembly.GetExecutingAssembly().GetName().CodeBase) +
        "\\AppDatabase1.sdf"; //指定数据库的路径
string sConn1 = "Data Source=" + sData;   ////创建连接数据库语句
        SqlCeConnection conn = new SqlCeConnection(sConn1); //实例化连接数据库
        conn.Open();   //打开数据库
          if (textBoxusername.Text.Trim() == "" && textBoxpassword.Text.Trim() !
= "")
          {
          MessageBox.Show("用户名不能为空!", "提示", MessageBoxButtons.OK,
            MessageBoxIcon.Exclamation, MessageBoxDefaultButton.Button1);
          }
          else if (textBoxpassword.Text.Trim() == "" && textBoxusername.Text.Trim() !
= "")
            {
            MessageBox.Show("密码不能为空!", "提示", MessageBoxButtons.OK,
            MessageBoxIcon.Exclamation, MessageBoxDefaultButton.Button1);
              }
          else if (textBoxusername.Text.Trim() == "" && textBoxpassword.Text.Trim()
== "")
            {
              MessageBox.Show("用户名和密码不能为空!", "提示", MessageBoxButtons.OK,
              MessageBoxIcon.Exclamation, MessageBoxDefaultButton.Button1);
              }
            else {
                //写一个指令语句,从 user 表中选择 name,password
                string str = "select name,password from [User]";
      SqlCeCommand thisCommand = conn.CreateCommand(); //创建一个新的数据库的命令
        thisCommand.CommandText = str;   //将写好的指令语句赋给刚新建的数据库命令
```

```
//创建一个 SqlCeDataReader 的对象
SqlCeDataReader thisReader = thisCommand.ExecuteReader();
System.Data.SqlServerCe.SqlCeDataAdapter dq = new SqlCeDataAdapter
    ("select *  from  [User] ", conn);
//dq 这是一个适配器里面包含的是对数据库操作的指令语句，即选择文学类书籍表。
DataSet dw = new DataSet();//建立一个 DataSet 类型的 dw
DataTable dp = dw.Tables.Add("temp");//往 dw 中添加 temp 表
dq.Fill(dw, "temp");      //填充表 temp，将从数据库读取数据填充到 temp 中去。
int num = dw.Tables["temp"].Rows.Count;//将 temp 表中的行数赋值给 num，因
为//temp 表是 user 表的复制表，所以 num 代表的就是 User 表中的行数，即用户名的个数
        //定义字符串数组 arrname 用来存储 name，数组大小与用户名个数一致
        string[] arrname = new string[num];
    //定义字符串数组 arrpassword 用来存储 password，数组大小与用户名个数一致
        string[] arrpassword = new string[num];
        int i = 0;
        while (thisReader.Read() && ! judge) {    //按行读取 user 表中的数据
            //将 user 中读取的 name 存储到 arrname 数组中
            arrname[i] = thisReader["name"].ToString();
            //将 user 中读取的 password 存储到 arrpassword 数组中
            arrpassword[i] = thisReader["password"].ToString();
            i++;
        }
//依次读取 arrname 和 arrpassword 中的数据，如果输入的用户名和密码是 user 表中存在
            的那么就可以登入系统使用系统
        for (int x = 0; x < i; x++){
            if ((textBoxusername.Text.Trim() == arrname[x]) &&
            (textBoxpassword.Text.Trim() == arrpassword[x])) {
                Form2 mf = new Form2();
                mf.Show();
                judge = true;
                if (judge) {
                    a = 1;
                }}}
    if (a ! = 1)  //如果 a 不等于 1 说明输入的用户名和密码不在 user 表中，显示登入
失败
        {
            MessageBox.Show("登入失败!!!", "提示", MessageBoxButtons.OK,
                MessageBoxIcon.Exclamation,
MessageBoxDefaultButton.Button1);
        } }
    conn.Close();//关闭数据库
```

对于“退出”控件来说，点击之后便退出系统，返回到系统主界面，因而对于“退出”Button 来说，其源代码如下：

```
Application. Exit();//退出系统
```

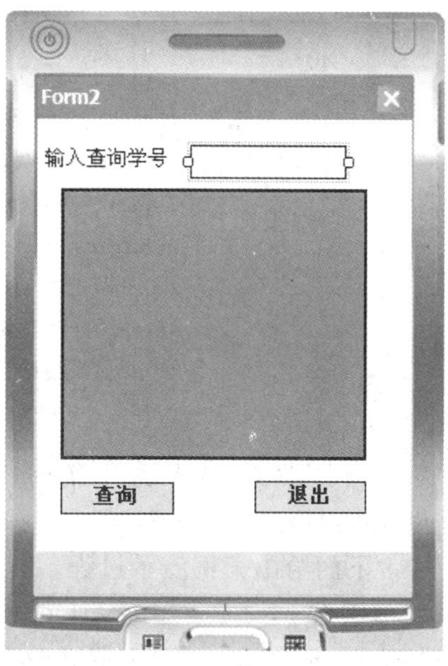

图 12-30 成绩查询界面

完成登录界面的工作后，下面对成绩查询界面进行设计。首先在菜单“项目”里找到“新增 Windows Form”，双击即可，这样便得到第二个 Form2 界面，出现 Form2 后，从工具箱里拖入控件到 Form2 中，实现效果如图 12-30 所示，具体界面设计过程下面将详细阐述。

打开工具箱，首先从工具箱中拖入一个 Label 控件到 Form2 中，将 Label 控件的“Text”属性改为“输入查询学号”，然后从工具箱中拖入一个“TextBox”控件到 Form2 中，这里不修改其属性值。下一步，从工具箱中将 DataGrid 控件拖入 Form2 中，不改变其属性，拖放位置为图 12-30 所示的中间部分。随后从工具箱中拖入两个 Button 控件，Button 控件属性设置与 Form1 中的两个控件一样。这样，Form2 界面设置完成。

设计 Form2 的界面后，双击“查询”Button 控件，便进入查询功能代码设计。对于成绩查询来说，首先是连接数据库，然后将数据表中的成绩放入数据集中，最后是将数据集中的数据和 DataGrid 控件相关联。具体代码如下：

```
string sData = System. IO. Path. GetDirectoryName(
System. Reflection. Assembly. GetExecutingAssembly ( ). GetName ( ). CodeBase ) + " \\
AppDatabase1. sdf"; //指定数据库所在的路径
        SqlCeConnection conn1 = null;  //声明一个空的数据库连接 conn1
            if (textBox1. Text == "01")   //如果输入的学号是 01
            {
                conn1 = new SqlCeConnection("Data Source=" + sData);//实例化 conn1
                conn1. Open();//打开数据库
                System. Data. SqlServerCe. SqlCeDataAdapter
                 da = new SqlCeDataAdapter("select *  from  score1 ", conn1);
        //da 这是一个适配器里面包含的是对数据库操作的指令，选择文学类书籍表。
                DataSet ds = new DataSet();//建立一个 dataset
                DataTable dy = ds. Tables. Add("score1");//往 dataset 中添加 score1 表
            da. Fill(ds, "score1");//将从数据库读取的 score1 表中的数据填充到 ds 中去。
          //将表 dy 作为 datagridview 中数据来源，显示到窗口的 datagridview 控件上
              this. dataGrid1. DataSource = dy. DefaultView;
                conn1. Close();
```

```
    }
    if (textBox1.Text == "02")
    {
        conn1 = new SqlCeConnection("Data Source=" + sData);
        conn1.Open();
        System.Data.SqlServerCe.SqlCeDataAdapter
        da = new SqlCeDataAdapter("select * from   score2 ", conn1);
        DataSet ds = new DataSet();
        DataTable dy = ds.Tables.Add("score2");
        da.Fill(ds, "score2");
        this.dataGrid1.DataSource = dy.DefaultView;
        conn1.Close();
    }
```

对于退出控件来说，只需要使用 Application.Exit()函数便可以退出系统，所以这里就不再阐述。

下面给出案例演示过程。首先在项目菜单里选择“Debug”菜单项，然后选择“启动不需要调试”菜单项，便可运行系统。此时需要选择模拟器，读者可以选择“Windows Mobile 5.0 Pocket PC R2 Emulator”模拟器，此时需要等待系统部署，然后得到图 12－31 所示的结果，此时可以输入用户名和密码，它们分别是：“徐亮”、“2345”，点击登录按钮，便可以进入查询功能界面，输入学号“01”，便得到如图 12－32 所示的结果。

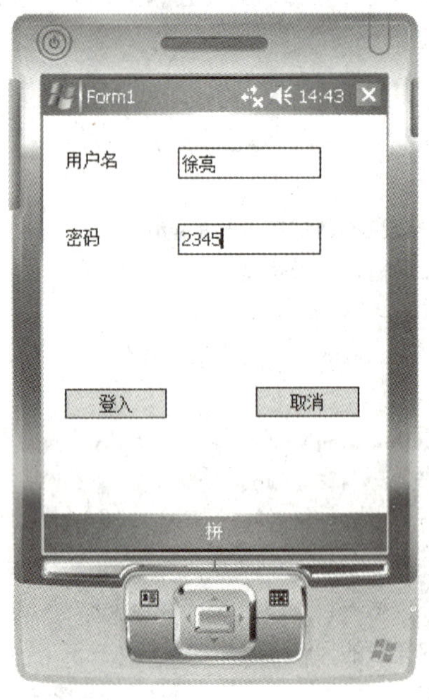

图 12－31　成绩查询

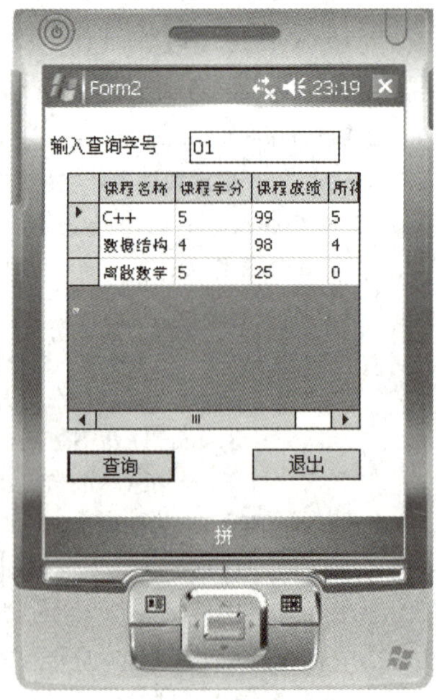

图 12－32　成绩查询结果

练 习 题

1. Windows Mobile、Smart Phone、Pocket PC、Windows CE. NET 之间的关系如何?

2. 简述 Windows Mobile 开发环境的配置步骤。

3. 如何使"密码"输入框在用户输入时显示为"*"字符?

4. 描述 Microsoft Visual Studio 2008 中与数据库建立连接的步骤。

第 13 章　J2ME 移动商务应用案例

学习要点

J2ME(Java Platform, Micro Edition)是为移动电话、PDA 等嵌入式消费电子设备提供的 Java 语言开发平台,包括虚拟机和一系列标准化的 Java API。J2ME 和 J2SE、J2EE 并称 Java2 技术,根据 Sun 公司的定义:J2ME 是一种高度优化的 Java 运行环境,主要针对消费类电子设备,例如蜂窝电话和可视电话、数字机顶盒、汽车导航系统等。目前,J2ME 在移动手机上开发已成为一种潮流。本章首先阐述了 J2ME 开发环境,并且给出了高校成绩查询案例,这样不但可以让读者掌握 J2ME 开发环境,而且可以构建出简单的 J2ME 案例。

知识结构

- J2ME 开发环境配置
  - J2ME 环境安装步骤
  - MySQL 数据安装步骤
- 高校学生成绩查询案例
  - 高校学生成绩查询手机客户端开发过程
  - 高校学生成绩查询学生信息表创建过程
  - 高校学生成绩查询服务端实现过程
  - 成绩查询案例运行演示

13.1　开发环境配置

13.1.1　J2ME 环境安装

在 netbeans 中文网(http://netbeans.org/downloads/index.html)下载 IDE,下载具有红色标记的文件,如图 13－1 所示。

下载完成后,双击下载完成的 netbeans-6.9.1-ml-windows 安装文件,如图13－2所示,便可进行 netbeans 安装。

在安装过程中,会出现安装界面,只需采用默认安装,直到完成安装。安装完成后会在桌面上生成快捷方式,如图 13－3 所示。

双击图 13－3 所示快捷键,便可进入系统开发环境,第一次进入项目中没有文件,如图 13－4 所示。

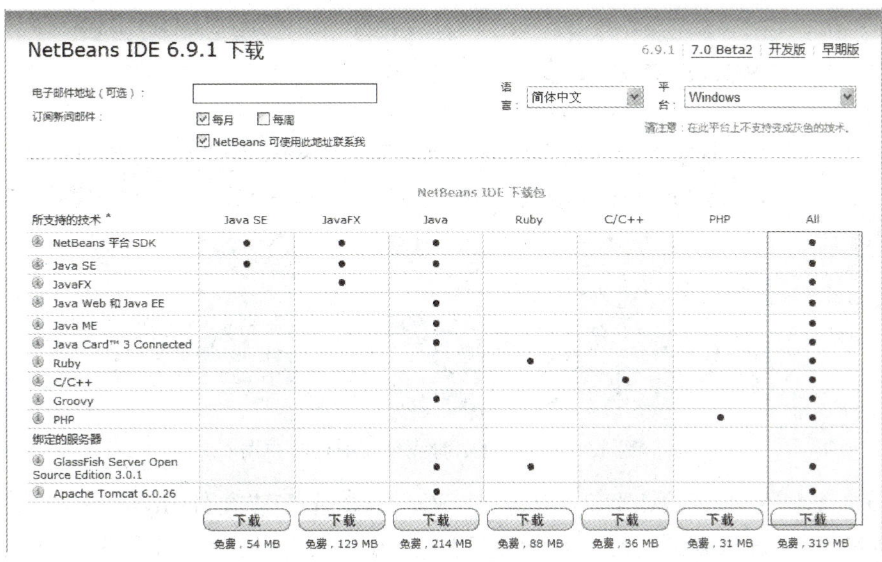

图 13－1 netbeans 下载

图 13－2 netbeans 安装选择

图 13－3 netbeans 快捷键

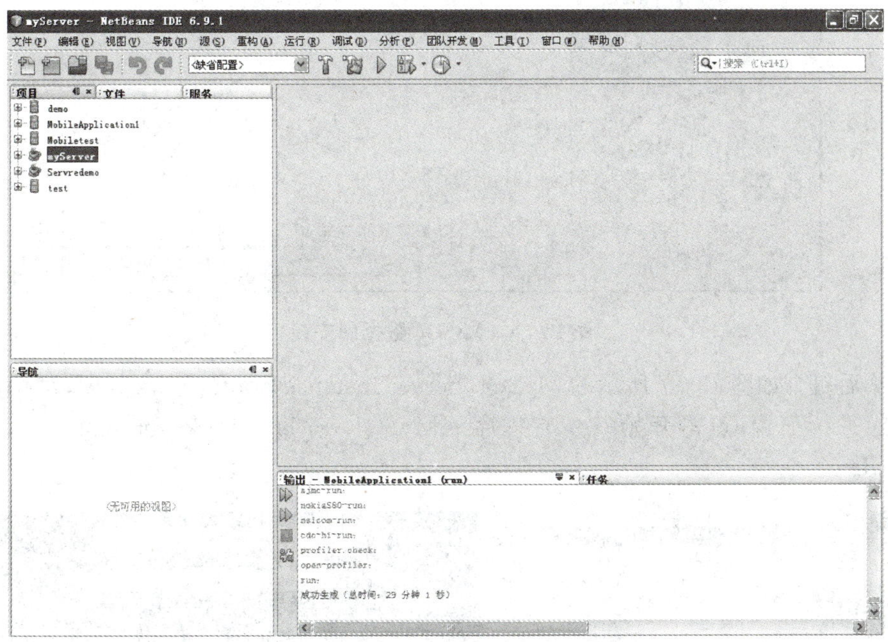

图 13－4 netbeans 开发环境

13.1.2 MySQL 数据安装

在 J2ME 移动商务应用案例附件中可以找到 MySQL 安装文件，其中安装文件由两部分组成：一个是 MySQL 数据库安装文件，另一个是 MySQL 数据库图形化客户端，如图 12－5 所示。

图 13－5 MySQL 数据库图形化客户端

首先安装 MySQL 数据库。双击 MySQL 数据库安装文件 mysql-essential-5.1.46-win32，便可进入数据安装界面，如图 13－6 所示，在安装过程中采用默认安装。

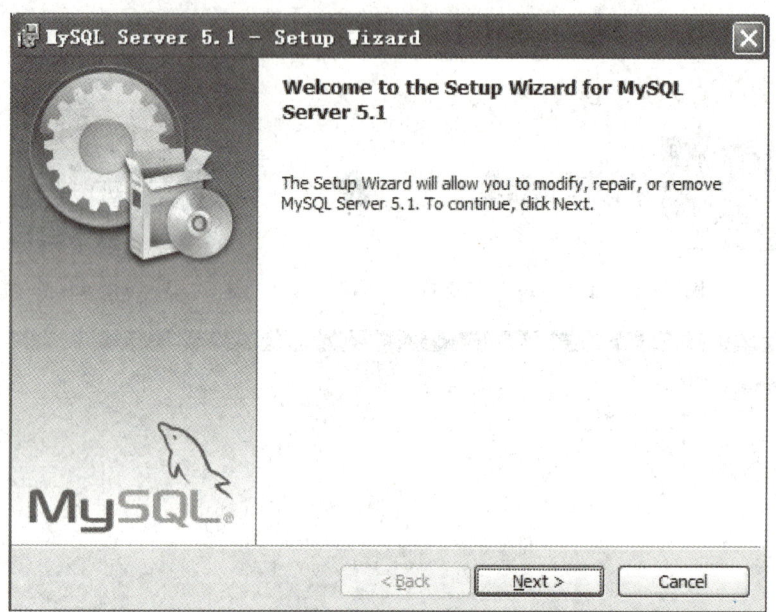

图 13－6 MySQL 数据库安装

然后打开如图 13－7 所示的 MySQL Server Instance Config Wizard 项，对 MySQL 数据库进行配置，点击开始→所有程序→MySQL→MySQL Server Instance Config Wizard。

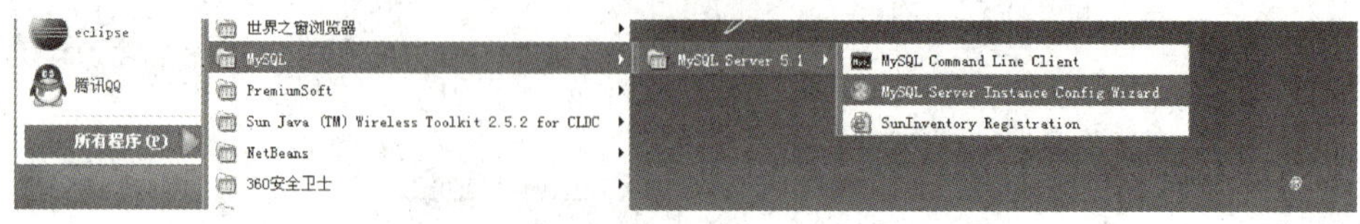

图 13－7 MySQL 数据库配置

一直按默认配置安装，直到如图 13－8 所示安装界面，选择配置 MySQL 数据库的端口，这里采用默认端口 3306。

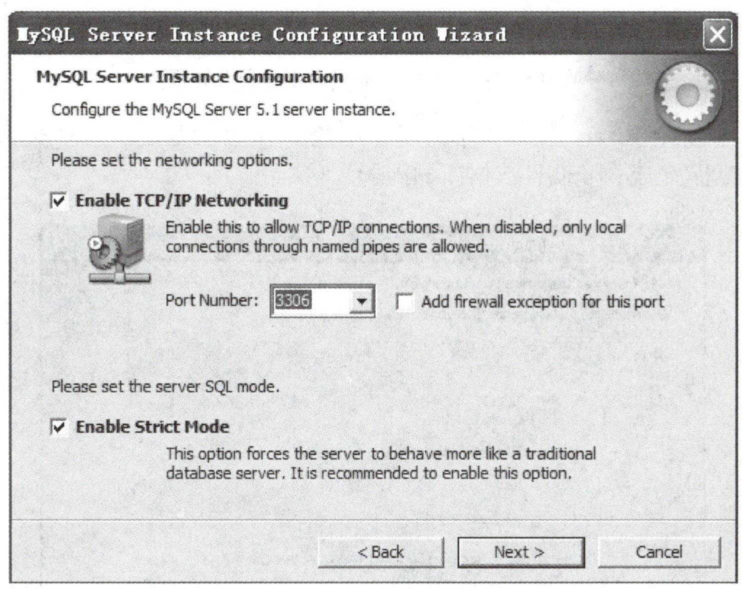

图 13－8　MySQL 数据库的端口配置

下一步是配置 MySQL 数据库编码方式，这里采用 gb2312 编码方式，这样就可以使用所有汉字，并且加上了繁体中文和一些特殊字符，如图 13－9 所示。

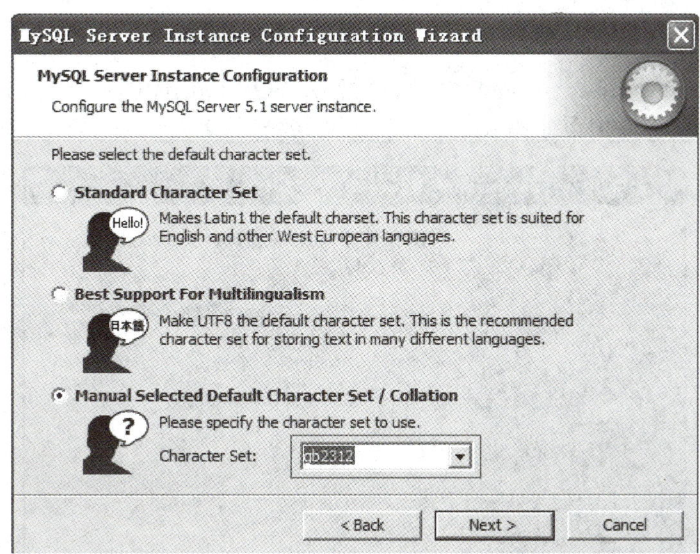

图 13－9　MySQL 数据库编码方式配置

在图 13－10 中点击下一步，进入 MySQL 数据库密码配置界面，这里设置密码为 1234，确认密码也为 1234，为了保证数据库密码和程序中连接数据库的密码一致，如果不是 1234，运行结果会出现连接失败。

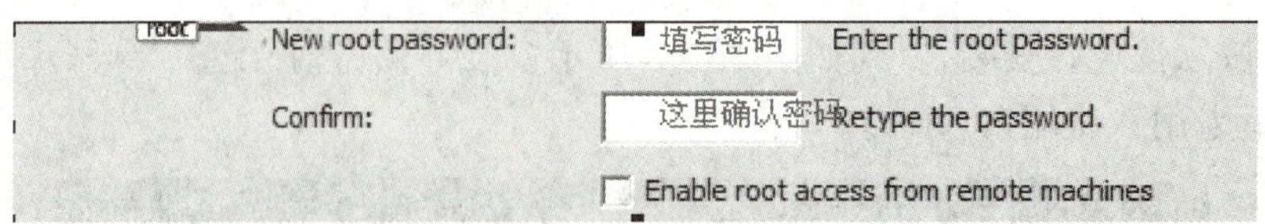

图 13 - 10 MySQL 数据库密码配置界面

然后进入安装的下一步，出现如图 13 - 11 所示界面，点击 Excute 提交，完成后点击“Finish”按钮，完成 MySQL 数据库的配置。

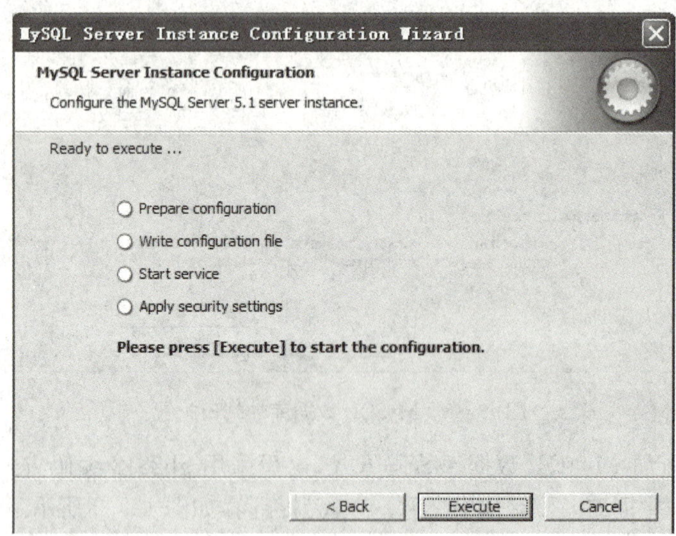

图 13 - 11 MySQL 数据库准备运行界面

双击 navicat8_mysql_cs 安装文件，进行 MySQL 数据库图形化客户端安装，图形化客户端主要是方便用户使用 MySQL 数据库，安装首界面如图 13 - 12 所示。

图 13 - 12 MySQL 数据库图形化客户端安装

全部采用默认安装，直到完成，在桌面会生成 Navicat for MySQL 数据库的快捷方式，表示安装成功，如图 13－13 所示。

图 13－13 MySQL 数据库图形化客户端快捷键

13.2 高校学生成绩查询案例

对于高校学生来说，利用此客户端，可以随时随地查询自己的成绩，从而更加方便学生用户，提高管理效率。本客户端只是实现简易的功能：学生通过本客户端输入学号，向服务器发送请求，服务器根据客户端的请求，把处理结果传输给手机客户端。下面将分别阐述手机客户端程序和服务器端的开发过程。

13.2.1 高校学生成绩查询手机客户端

对于手机客户来说，其主要功能是用户填写查询的内容，然后提交给服务器处理，最后得到查询结果。下面将详细阐述客户端的开发过程。

首先在桌面上双击 netbeans 快捷方式，进入项目工程，选择菜单“文件”中的“新建项目”菜单项，可以新建项目，在类别中选择 Java ME 项目，如图 13－14 所示，然后在项目一栏中选择 Mobile 应用程序，点击下一步，结果如图 13－15 所示。

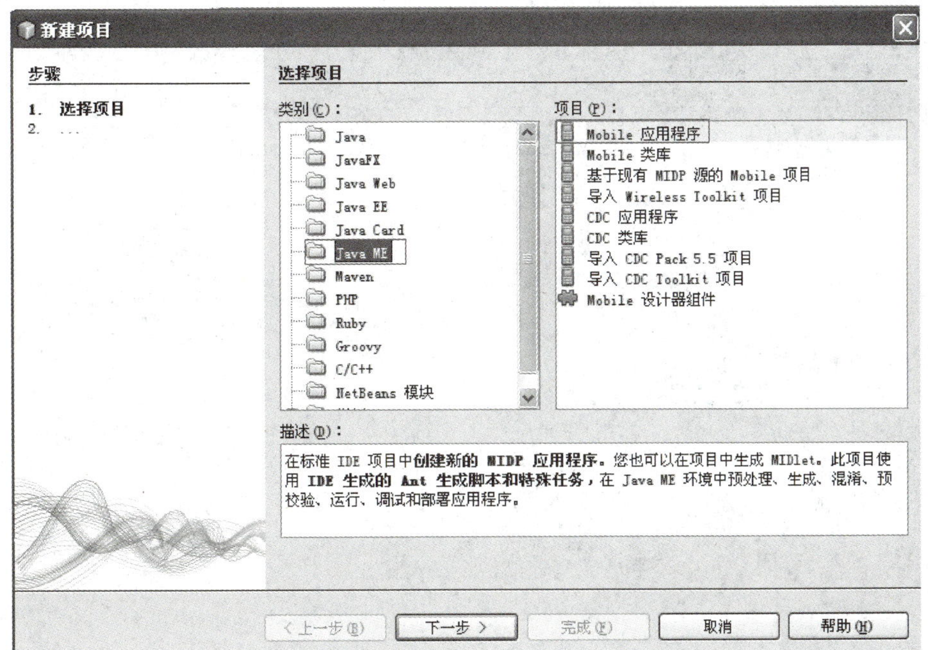

图 13－14 Mobile 应用程序

在图 13－15 中，修改项目名称为“MID”，其他采用默认，点击完成，结果如图 13－16 所示。这样不但可以保证系统运行时启动这个项目为主项目，而且创建的项目中包含了一个简单 Hello MIDlet 项。在建立的项目中，点击编辑窗口中的“源”可以查看源代码，结果如图 13－17 所示。

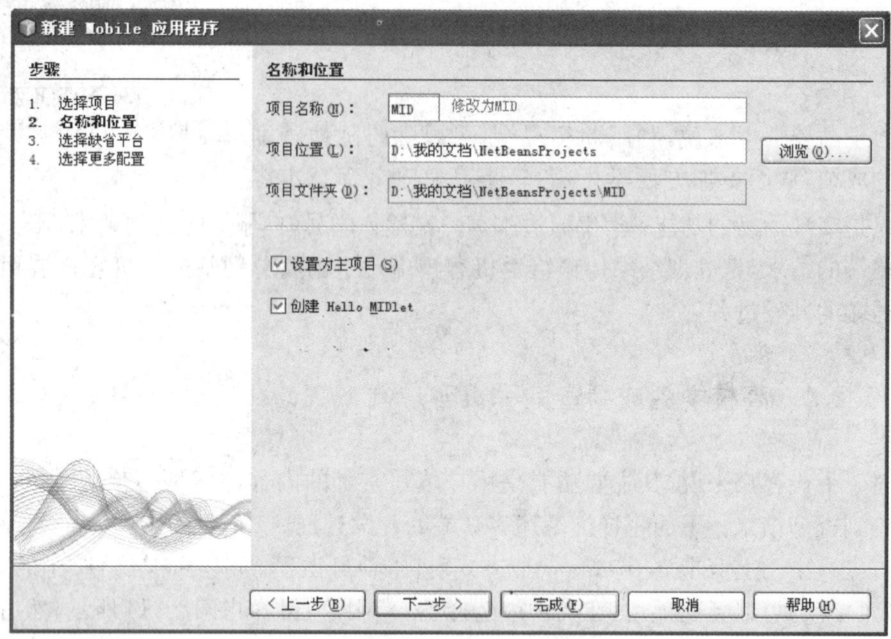

图 13－15　MID 配置

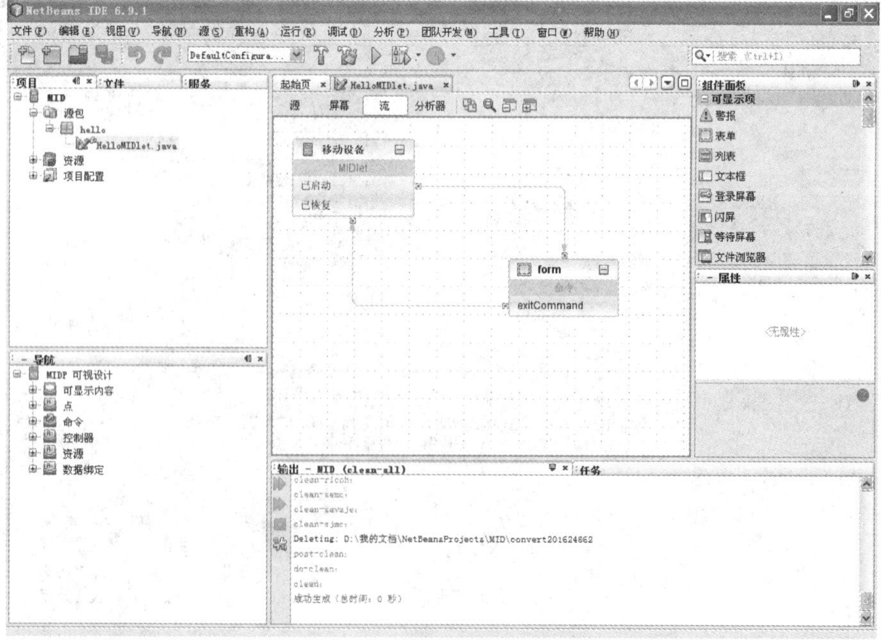

图 13－16　MID 配置结果

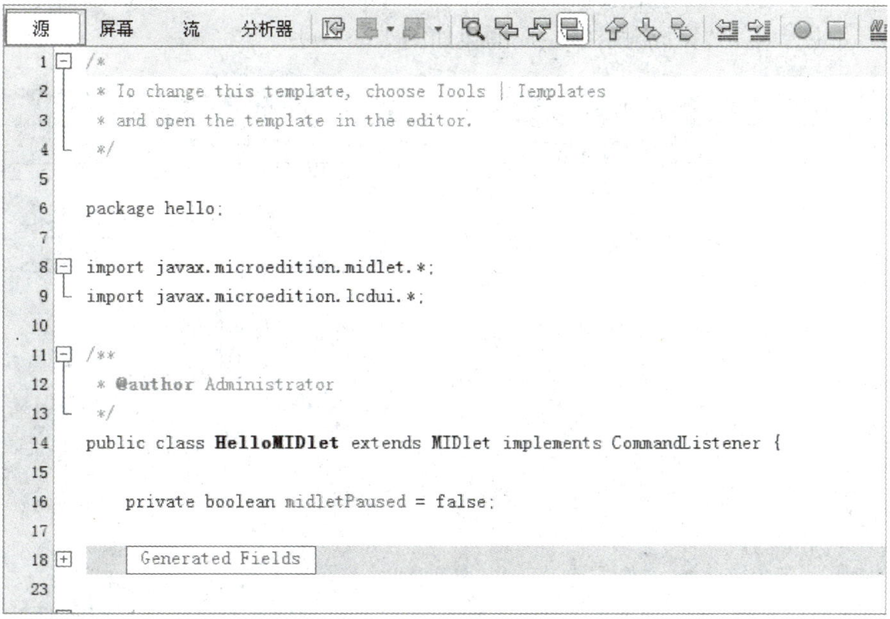

源
屏幕
流
分析器
/*
* To change this template, choose Tools | Templates
* and open the template in the editor.
*/
package hello;
import javax.microedition.midlet.*;
import javax.microedition.lcdui.*;
/**
* @author Administrator
*/
public class HelloMIDlet extends MIDlet implements CommandListener {
private boolean midletPaused = false;
Generated Fields

图 13-17　查看源代码

以上是工程自带的源代码，要编写自己的代码，可以建立一个 Java 包，点击源包→右键→新建→Java 包，结果如图 13-18 所示。

MID - NetBeans IDE 6.9.1
文件(F)　编辑(E)　视图(V)　导航(N)　源(S)　重构(A)　运行(R)　调试(D)　分析(P)　团队开发(M)　工具(T)　窗口(W)　帮助(H)
新建
查找(F)...
粘贴(P)　Ctrl+V
本地历史记录
工具
Java 类...
MIDlet...
Java 包...
Visual MIDlet...
游戏生成器...
AGUI Xlet 窗体...
个人配置文件 Xlet 窗体...
Xlet...
JPanel 窗体...
Ricoh Xlet...
Java 接口...
Web 应用程序的 Java ME 客户端...
Java ME Web 服务客户端...
其他...
组件面板
可显示项
警报
表单
列表
文本框
登录屏幕
闪屏
等待屏幕
文件浏览器
form
exitCommand
源包 - 属性
名称
源包
源根目录
排序
排序模式
按名称(包...
源包 - 导航
<无可用的视图>
输出 - MID (clean-all)
任务
Deleting: D:\我的文档\NetBeansProjects\MID\convert201624862
post-clean:
do-clean:
clean:
成功生成（总时间：0 秒）

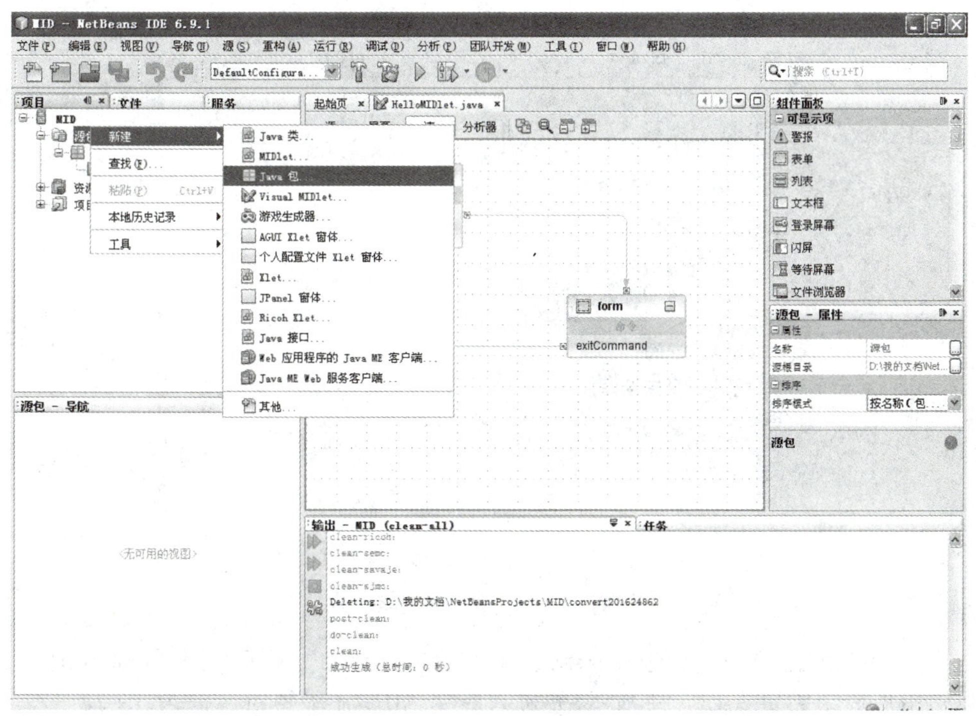

图 13-18　编写自己的代码

然后弹出一个新建包的过程，如图 13－19 所示，可以对包名进行修改，这里修改为“mypackage”。点击“完成”按钮，生成的包如图 13－20 所示。

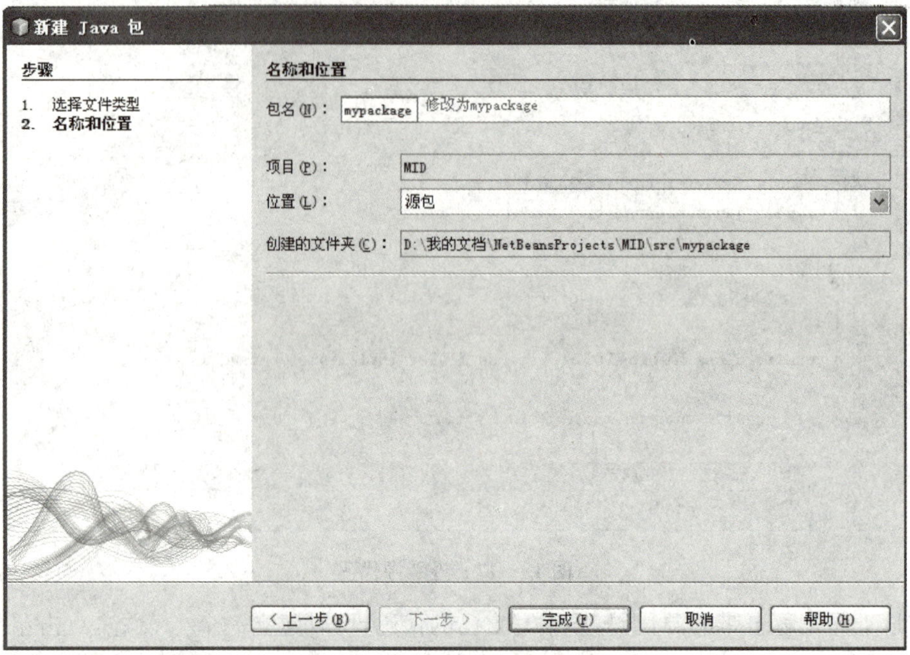

图 13－19　包新建

图 13－20　包新建结果

下一步是建立 MIDlet，选中刚新建的包“mypackge”，然后点击鼠标右键→新建→MIDlet，结果如图 13－21 所示，便进入新建 MIDlet 配置对话框，如图 13－22 所示。此时修改新建 MIDlet 名称为 myMID。

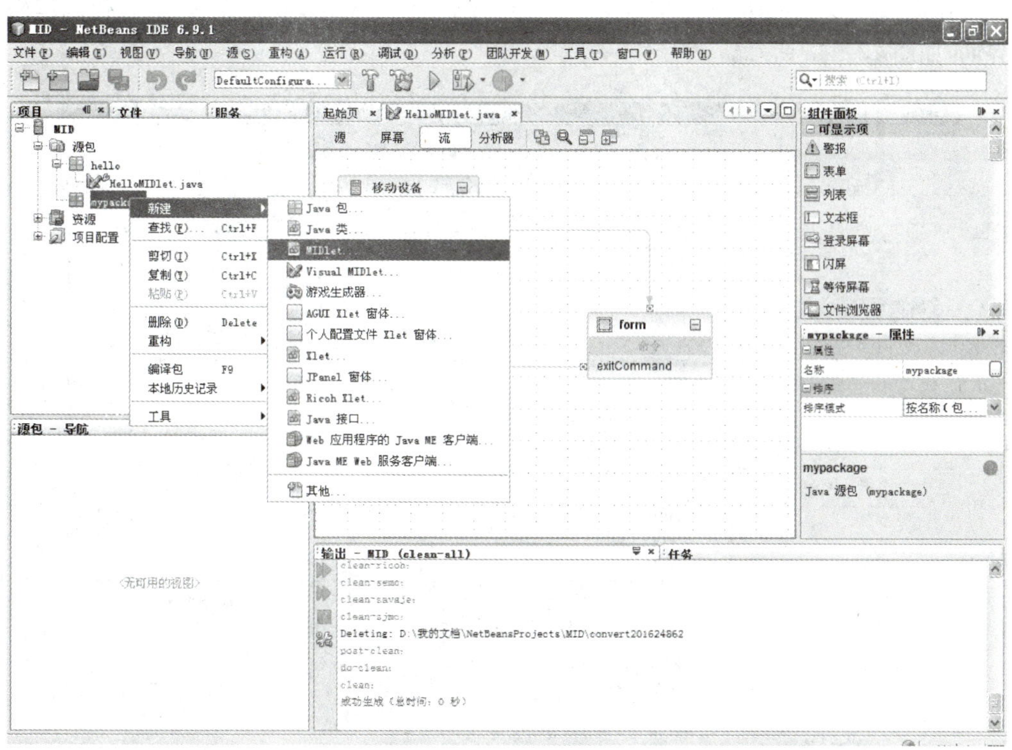

图 13－21　建立 MIDlet

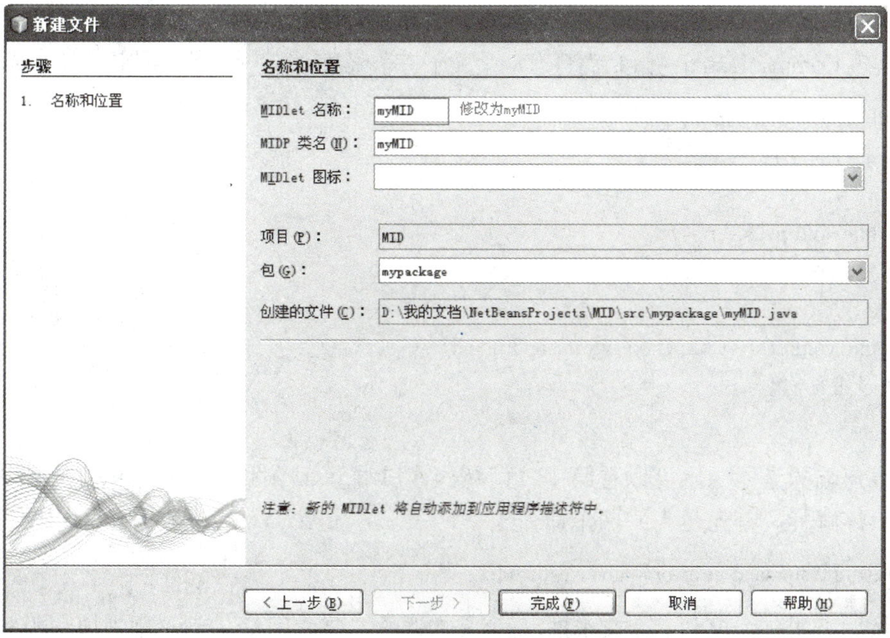

新建文件

步骤

1. 名称和位置

名称和位置

MIDlet 名称： myMID　修改为myMID

MIDP 类名(M)： myMID

MIDlet 图标：

项目(P)： MID

包(G)： mypackage

创建的文件(C)： D:\我的文档\NetBeansProjects\MID\src\mypackage\myMID.java

注意：新的 MIDlet 将自动添加到应用程序描述符中。

<上一步(B)　下一步>　完成(F)　取消　帮助(H)

图 13－22　建立 MIDlet 配置

在图 13－22 中修改 MIDP 类名称，这里修改为 myMID，点击完成，进入代码编辑界面，如图 13－23 所示。

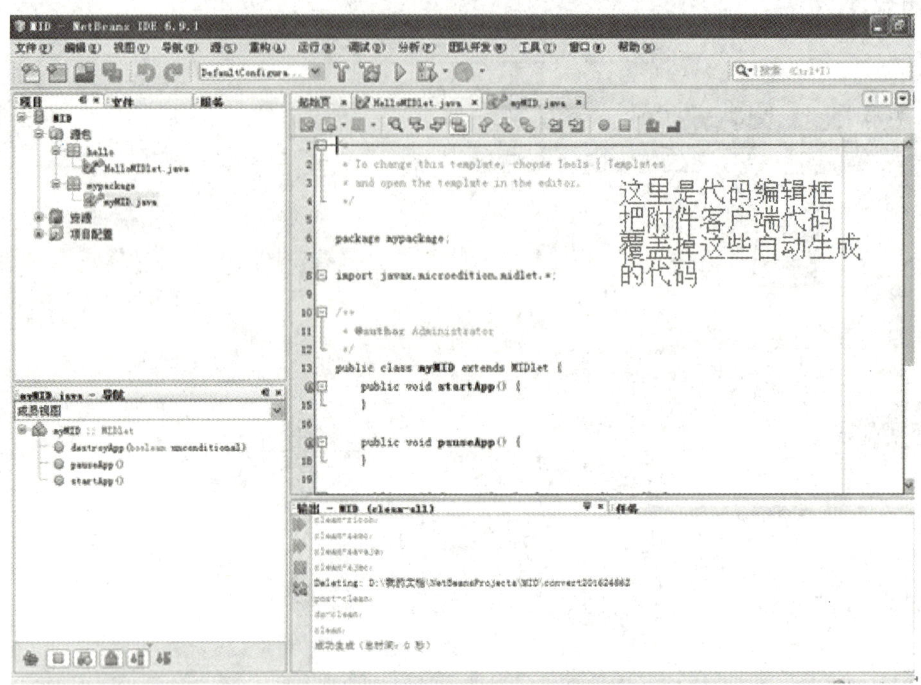

图 13－23　代码编辑界面

通过自动生成的代码可以看出，编写类的时候要继承 MIDlet 类。为了能够控制界面，就要实现 CommanListene 接口，而且自动生成了三个函数，这三个函数的代码如下所示：

```
public void startApp() {
用来启动任务
        }
public void pauseApp() {
停止任务
    }
public void destroyApp(boolean unconditional) {
销毁任务
}
```

客户端的具体源码可以看第 13 章源码（客户端.txt）附件，下面给出客户端程序功能的具体解释。首先是声明两个命令菜单：一个是“退出”，一个是“发送”，代码如下：

```
private Command exitCommand, testCmd;
```

然后声明一个窗和三个文本框，三个文本框的主要作用是：tfSvr 用来填写服务器地址，tfRecv 用来接收服务器端发送过来的信息，tfSend 用来填写发送的信息。然后声明一个滚动显示的 Ticker，在查询的时候显示正在查询，查询完成后消失，代码如下所示：

```
private Form form; //声明显示的窗体
private TextField tfSvr,tfRecv,tfSend; //声明文本框,用来输入输出数据
private Ticker tker;
```

下面是客户端的一个构造函数,当客户端运行时,首先调用构造函数,用来初始化客户端的窗体。

```
public SocketTest(){
//定义窗体
form = new Form("查找学生信息");//带一个参数的构造函数(参数为窗体的名字)
//定义输入框,用来得到服务器的地址和端口号
tfSvr = new TextField("server","socket://127.0.0.1:3000",120,TextField.URL);//URL
学号输入框
tfSend =new TextField("输入学号:","",120,TextField.ANY);
用来接受服务器发回的成绩信息
tfRecv = new TextField("成绩:","",120,TextField.ANY);
tfRecv.setPreferredSize(20, 20);
tker = new Ticker("..... 正在查询.....");//移动标题
/* 为窗体添加组件 */
        form.append(tfSvr);
        form.append(tfSend);
        form.append(tfRecv);
        exitCommand = new Command("Exit",Command.EXIT,1);//创建并添加菜单
        testCmd = new Command("发送",Command.SCREEN,1);
        form.addCommand(exitCommand);
        form.addCommand(testCmd);
        form.setCommandListener(this);//添加监听
    }
protected void startApp() throws MIDletStateChangeException {
        Display.getDisplay(this).setCurrent(form); //显示当前窗体
}
```

找到第 13 章源码(客户端.txt)附件,用源代码覆盖图 13-3 中编辑框的所有内容,如果没有出现如图 13-24 所示问题,说明客户端建立成功。

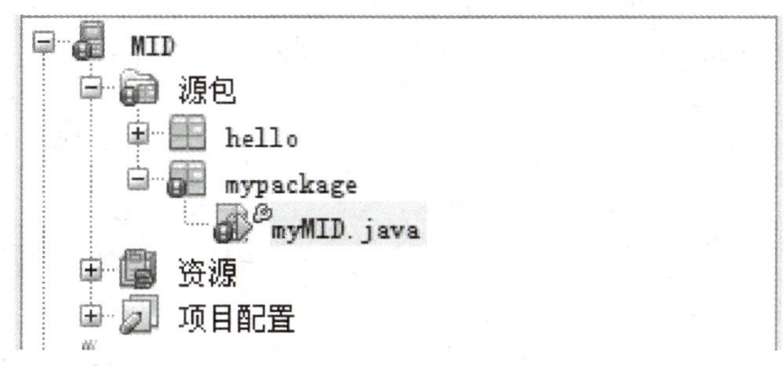

图 13-24 错误提示

13.2.2 高校学生成绩查询学生信息表

为了更好地利用数据库客户端来管理数据库，首先双击 Navicat for MySQL 桌面快捷方式，进入数据库管理客户端。进入客户端后，要建立和 MySQL 数据库的连接，建立数据库连接可以利用客户端的连接命令，这里使用工具栏中的“连接”菜单，如图 13－25 所示。点击“连接”工具栏菜单命令，结果如图 13－26 所示，此时弹出一个对话框，需要用户填写连接数据库的字符串信息，如图 13－27 所示。

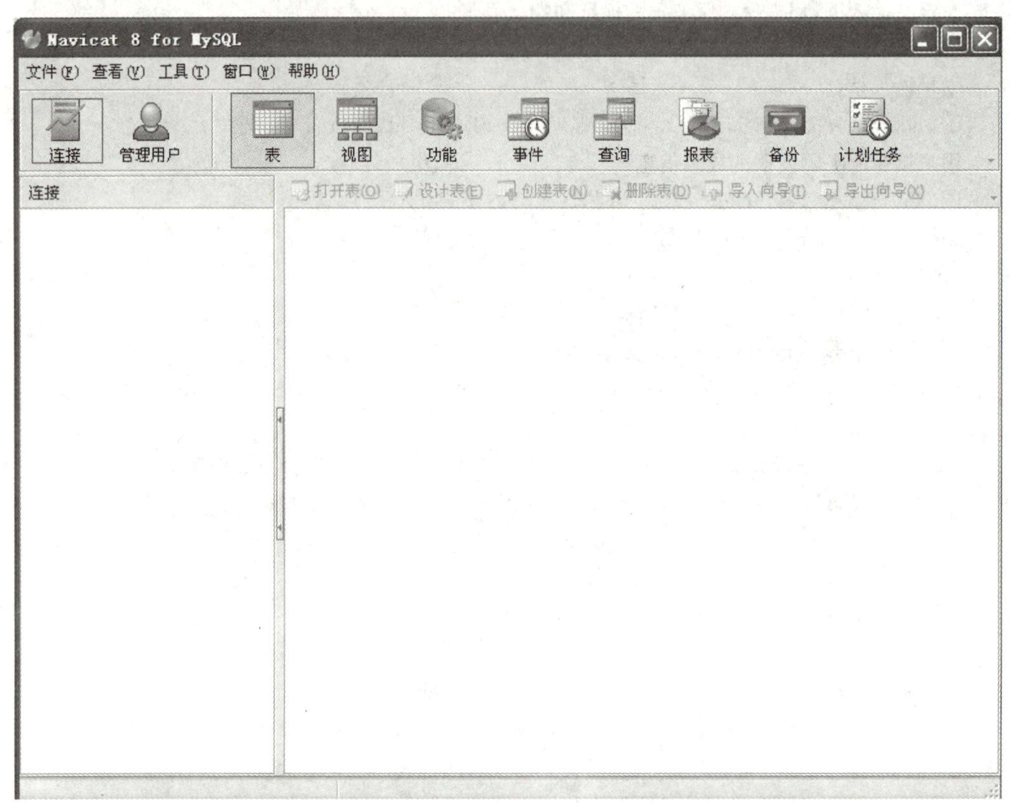

图 13－25　MySQL 数据库连接

在图 13－27 中，需要填写 mysql 数据库连接字符串、主机名、用户名、密码。如果是本机，则主机名使用 localhost，否则可以填写远程计算机的 IP 地址；用户名为“root”，密码是配置数据库使用的密码“1234”。

填完后，点击“连接测试”按钮，如果测试成功，表示数据库配置成功，如图 12－28 所示。

完成连接测试后，在图 13－27 中点击确定，便可以连接上 MySQL 数据库，出现如图 13－29 所示界面。

在图 13－29 中，双击 localhost_3306，此时可以看到 mysql、test 数据库，如图 13－30 所示。

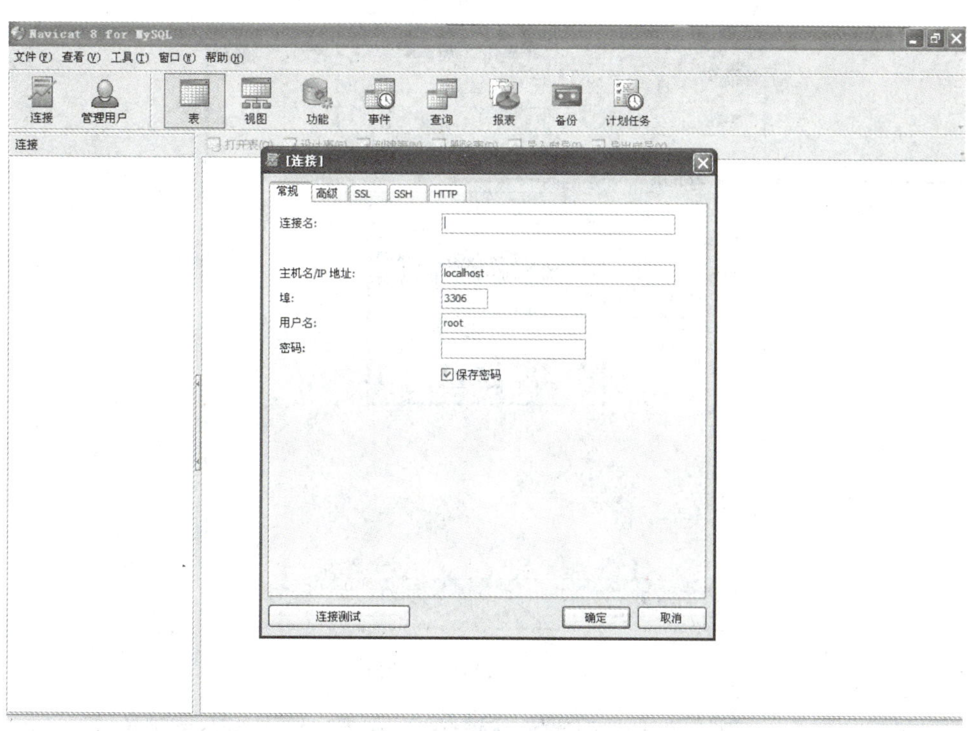

图 13－26　连接配置界面

图 13－27　连接配置

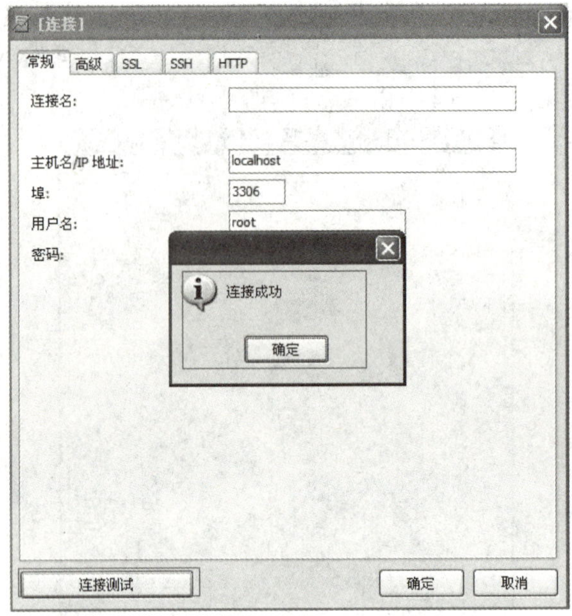

图 13－28　连接测试成功

图 13－29　连接成功结果

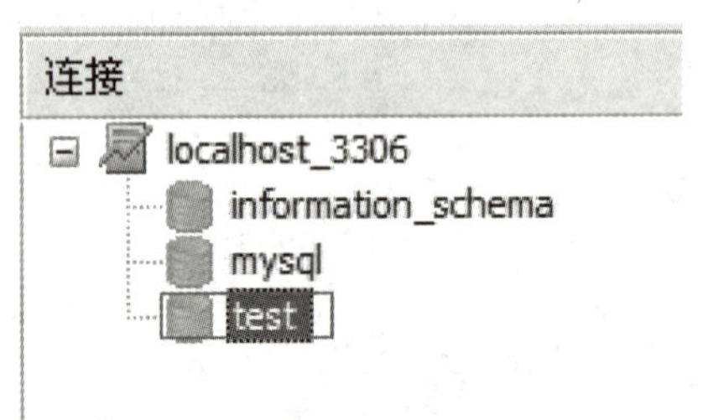

图 13－30　查看数据

本案例不创建新的数据库，使用 test 数据库来测试本案例。双击 test 数据库，然后点击右键→创建表，就可以开始创建新的表，结果如图 13－31 所示，此时可以设计数据表名及字段名。

设计字段时，由于本案例只需一张表，只要实现通过学生的学号得到学生的成绩，所以只用了一张简单的表来演示，字段和数据如图 13－32 所示，数据表名为“student”。

设计完表后，双击 test 数据库，便可以看到 student 表，用鼠标选中 student 表，用鼠标右键选择查看表命令，则可以往 student 表里输入数据，这里输入三个数据，结果如图 13－33 所示。

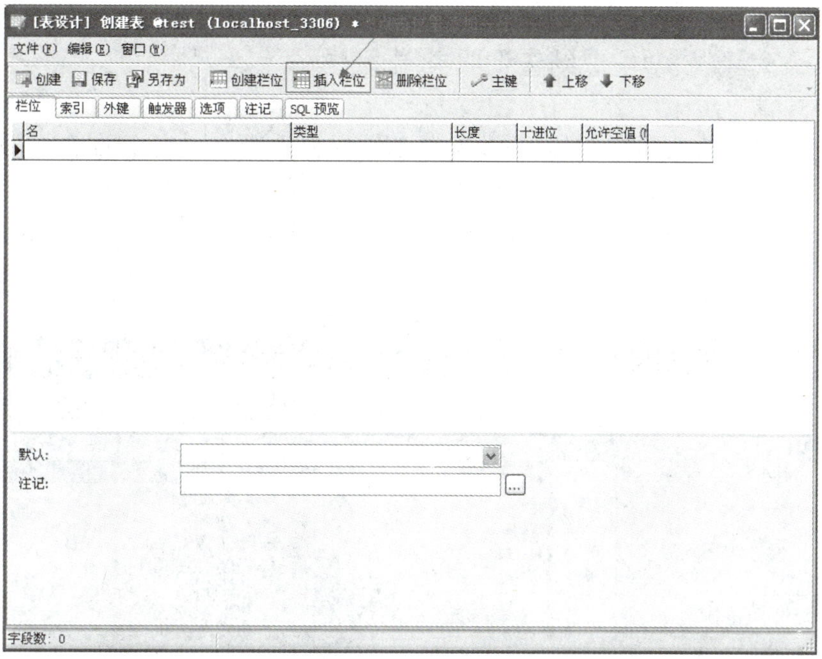

图 13－31　表创建

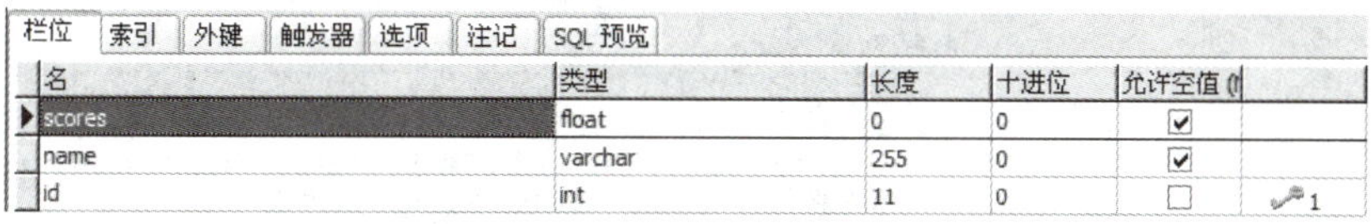

图 13－32　student 表

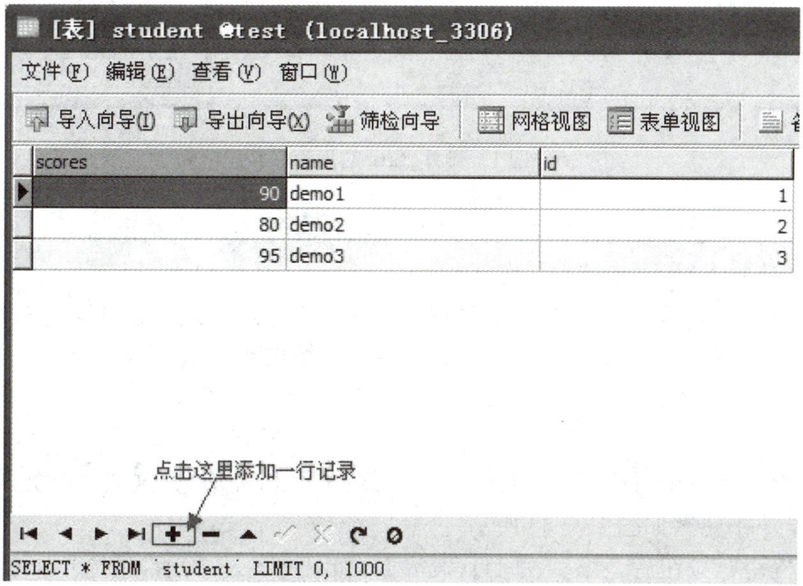

图 13－33　记录添加

13.2.3　高校学生成绩查询服务端

服务端主要处理客户端的请求，本服务端根据手机客户发送的学生学号，查询 MySQL 数据库中的 student 表，得到该学号学生的成绩，然后把服务端处理得到的结果发送到手机客户端。新建 Java 应用程序，文件→新建→Java→Java 应用程序，结果如图 13 - 34 所示。

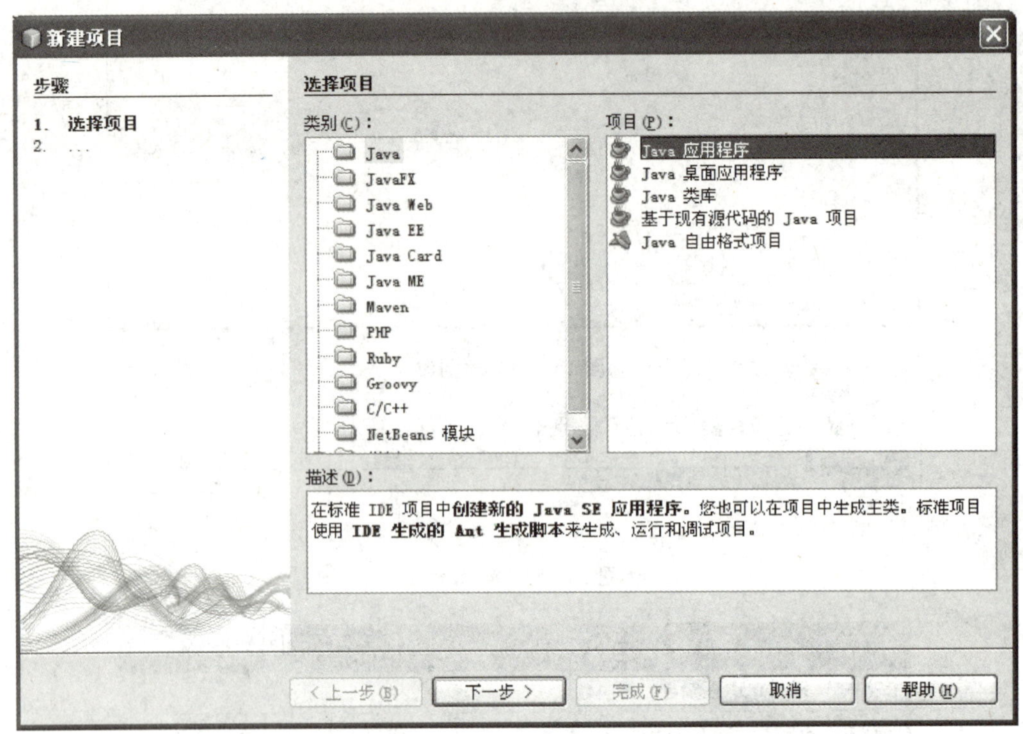

图 13 - 34　Java 应用程序

和客户端新建项目过程类似，这里将修改项目名为 Server，结果如图 13 - 35 所示，并且将“创建主类”标为未选中状态。

然后需要新建 Java 类，首先需要新建包，新建过程为：点击包源→右键→新建 Java 包，填好包的名字，这里的包名是 mypackage，结果如图 13 - 36 所示。

新建包 mypackage 后，然后是新建类，新建过程为：点击 mypackage→新建→Java 类，如图 13 - 37 所示。

然后会弹出一个对话框，此对话框用来修改类的相关信息，这里修改类的名称，将其改为“myServer”，如图 13 - 38 所示。

点击“完成”按钮后，便进入项目代码界面，如图 13 - 39 所示，此时可以编写服务器代码。

新建 Java 应用程序
步骤
1. 选择项目
2. 名称和位置
名称和位置
项目名称 (N)：
Server
项目位置 (L)：
D:\我的文档\NetBeansProjects
浏览 (O)...
项目文件夹 (D)：
D:\我的文档\NetBeansProjects\Server
使用专用文件夹存储库 (U)
库文件夹 (I)：
浏览 (R)...
不同的用户和项目可以共享相同的编译库（有关详细信息，请参见“帮助”）。
创建主类 (C)
server.Main
设置为主项目 (M)
< 上一步 (B)
下一步 >
完成 (F)
取消
帮助 (H)

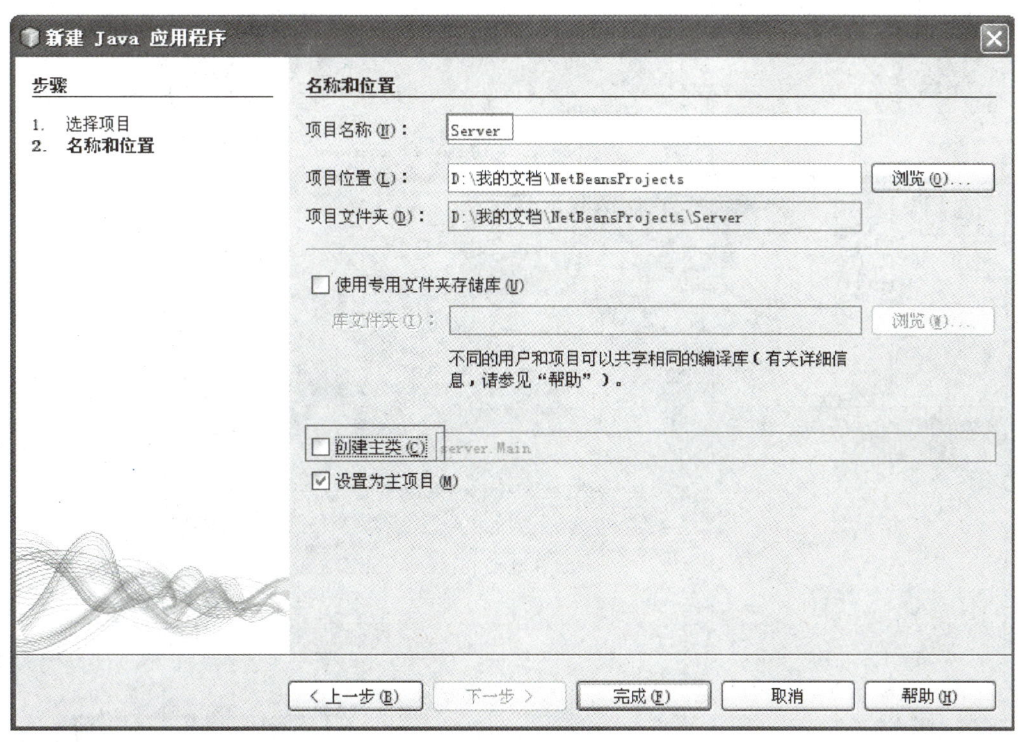

图 13－35　项目配置

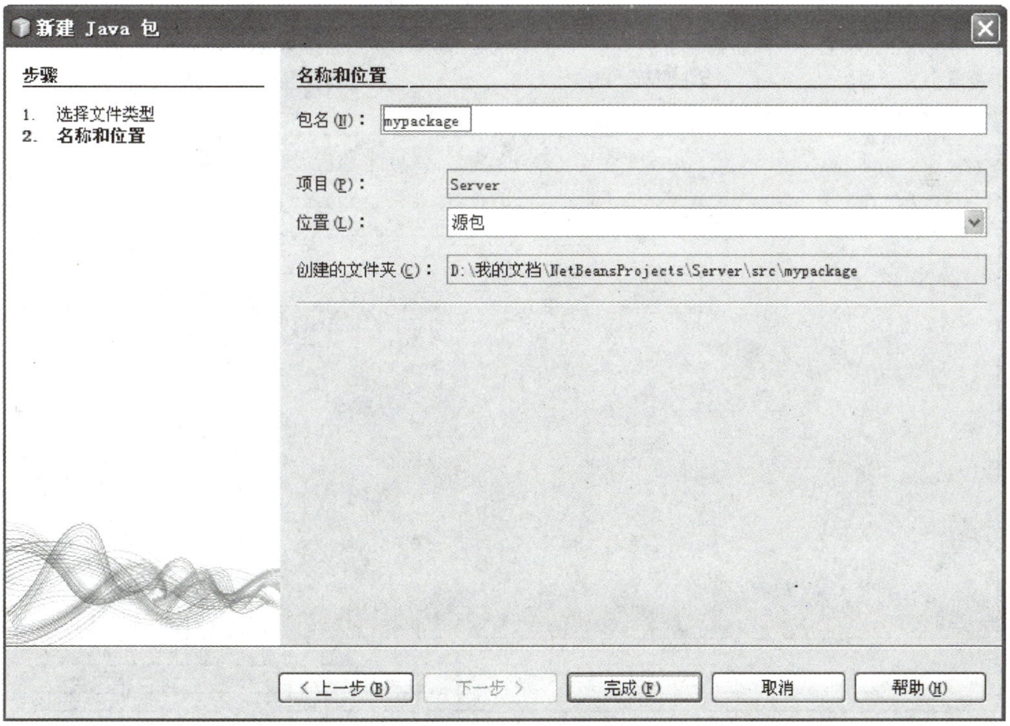

新建 Java 包
步骤
1. 选择文件类型
2. 名称和位置
名称和位置
包名 (N)：
mypackage
项目 (P)：
Server
位置 (L)：
源包
创建的文件夹 (C)：
D:\我的文档\NetBeansProjects\Server\src\mypackage
< 上一步 (B)
下一步 >
完成 (F)
取消
帮助 (H)

图 13－36　新建 Java 包

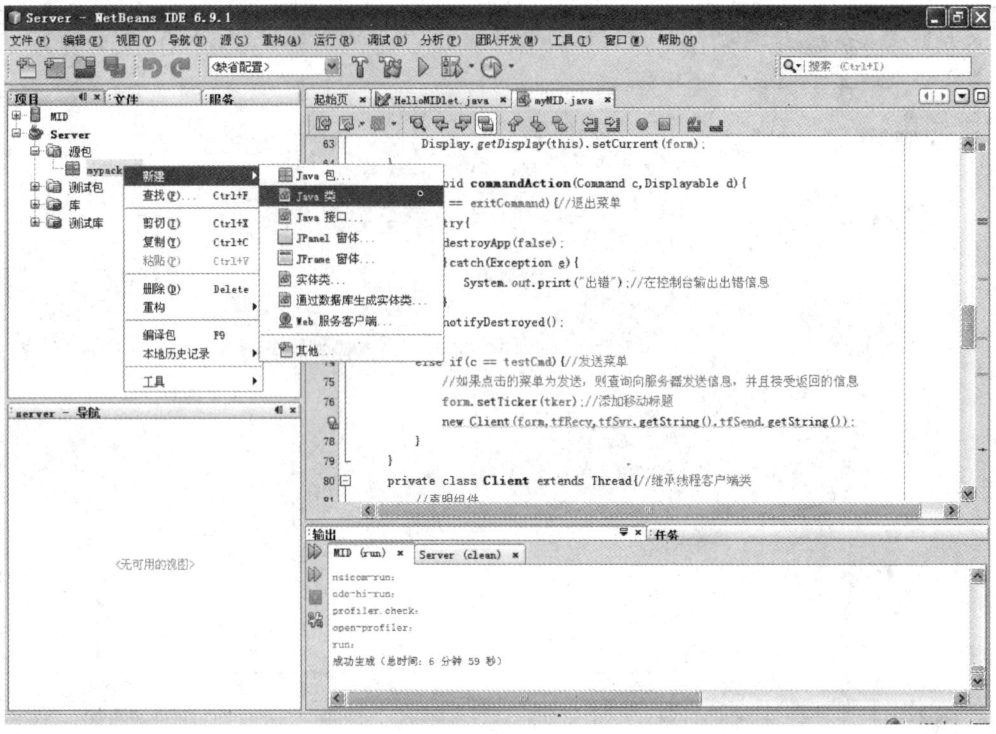

图 13 - 37 新建 Java 类

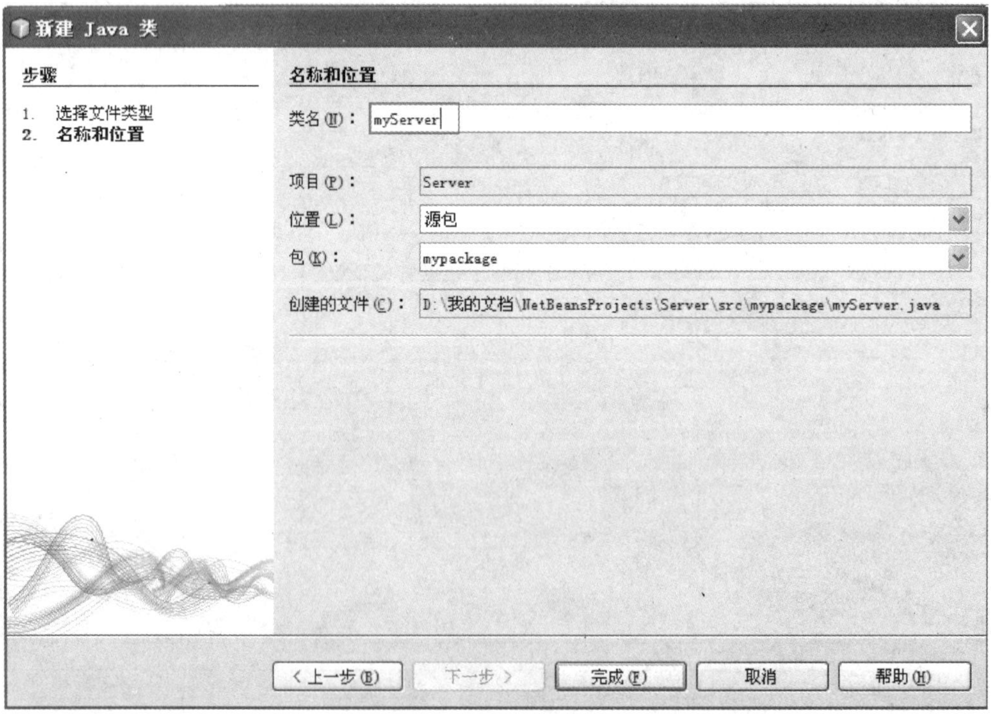

新建 Java 类

步骤

1. 选择文件类型
2. **名称和位置**

名称和位置

类名(N)： myServer

项目(P)： Server

位置(L)： 源包

包(K)： mypackage

创建的文件(C)： D:\我的文档\NetBeansProjects\Server\src\mypackage\myServer.java

< 上一步(B)　下一步 >　完成(F)　取消　帮助(H)

图 13 - 38 myServer 配置

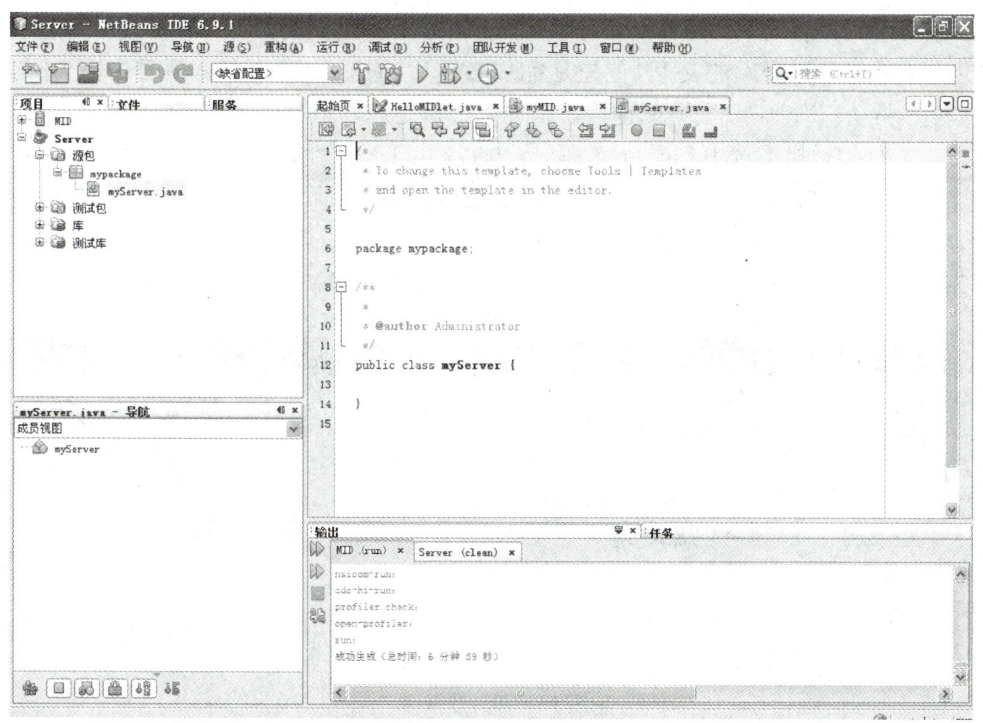

图 13－39 myServer 代码编辑器

对于服务器来说，其主要是连接客户端，并且侦听是否有客户端连接到服务，连接到服务后，便进行数据处理，将处理结果发回给客户端。下面给出关键代码的解释。首先需要建立一个 Socket，用来侦听客户端，如下所示：

```
dateServer = new ServerSocket(3000);
```

dataSer 是 ServerSocket 的一个实例，监听端口号为 3000，客户端的端口号设置必须要和这个端口号一致，才能得到正确的查询结果。然后写一个永循环，让 Sock 一直处于侦听状态，一旦建立连接，就生成一个 Client 对象 c，用来接收客户端数据以及在此后向客户端发送数据。

```
public void run(){//重写 run 函数
        while(true){//死循环  实现一直监听
            try{
                System.out.println("等待.....");
                Socket client = dateServer.accept();
                System.out.println("建立连接"+client.getInetAddress());
                Connect c = new Connect (client);
            }catch(Exception e){
            }
        }
    }
```

除了建立服务器外，还需要处理数据，处理数据过程中需要跟 Mysql 进行数据的交互，为了实现数据库的交互，首先是完成数据库的连接，因而在本项目中需要导入 MySQL 驱动。MySQL 数据库连接驱动导入过程为：

在工程编辑栏中选中 Server 工程，点击右键，打开属性，在类别中选择“库”，然后点击“添加 jar 文件按钮”，便弹出一个对话框，将 mysql 驱动目录中的驱动文件选中(mysql-connector-java-5. 0-nightly-20071116-bin)，然后点击打开，便完成了 MySQL 数据库连接驱动的添加，添加过程如图 13－40—图 13－42 所示。

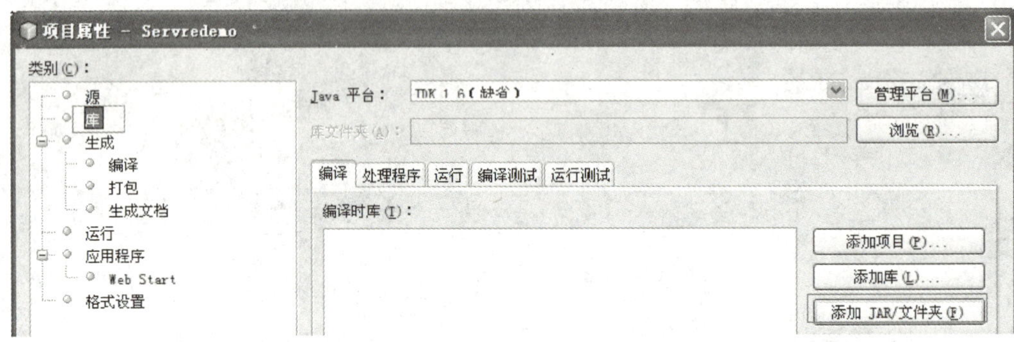

图 13－40　选择库

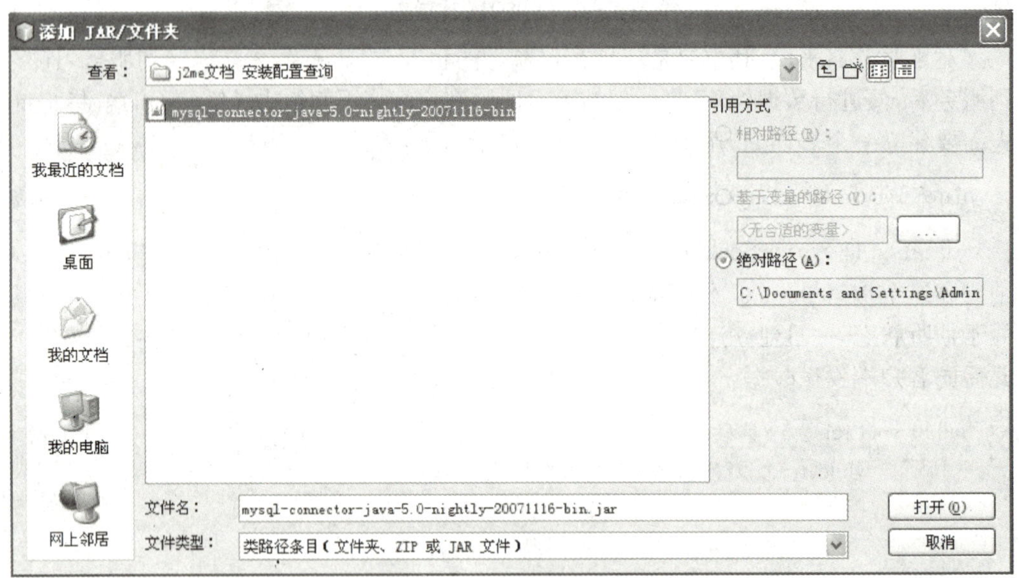

图 13－41　驱动文件选择

在工程栏中“Server”项目中展开库文件，如果出现如图 13－42 所示文件，说明导入成功。

对于服务器端来说，发送和接收数据需要建立相应的数据流，装载数据库驱动后，便可以进行数据的处理，如下页代码所示。

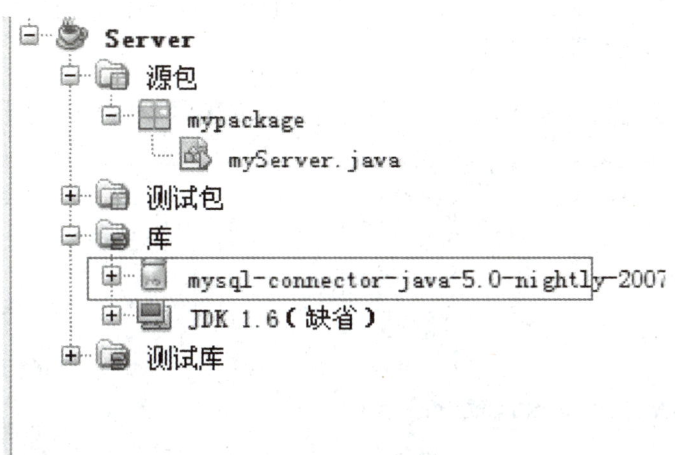

图 13－42　Server 项目中展开库文件

```
private DataOutputStream writer;//往客户端发送数据流
private DataInputStream reader;//得到客户端的数据流
/*以下代码为连接数据库的代码*/
Class.forName(driver);
Connection con = DriverManager.getConnection(url, user, password);
ps = con.prepareStatement("select name from stu where num='"+str+"'");
                    rs = ps.executeQuery();
writer.writeUTF(result);//以 UTF-8 的字符编码格式向客户端发回处理后得到的结果
```

读者只需要用服务器源代码覆盖上面建立的 myServer 类，就完成了服务器端的构建过程。

13.2.4　成绩查询案例运行演示

这里给出整个项目的运行过程。确定把手机客户端和服务器源码复制到客户端编辑器和服务器端的 myServer 类后，首先是运行服务器，运行过程为：展开 Server 工程文件，得到如图 13－43 所示文件结构。

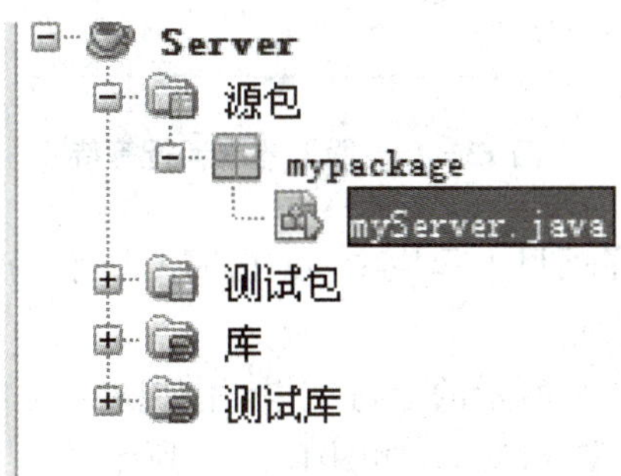

图 13－43　运行服务器

用鼠标选中 mySever. java 文件，然后点击鼠标右键，选择“运行”命令，服务器端开始运行，如图 13-44 所示。

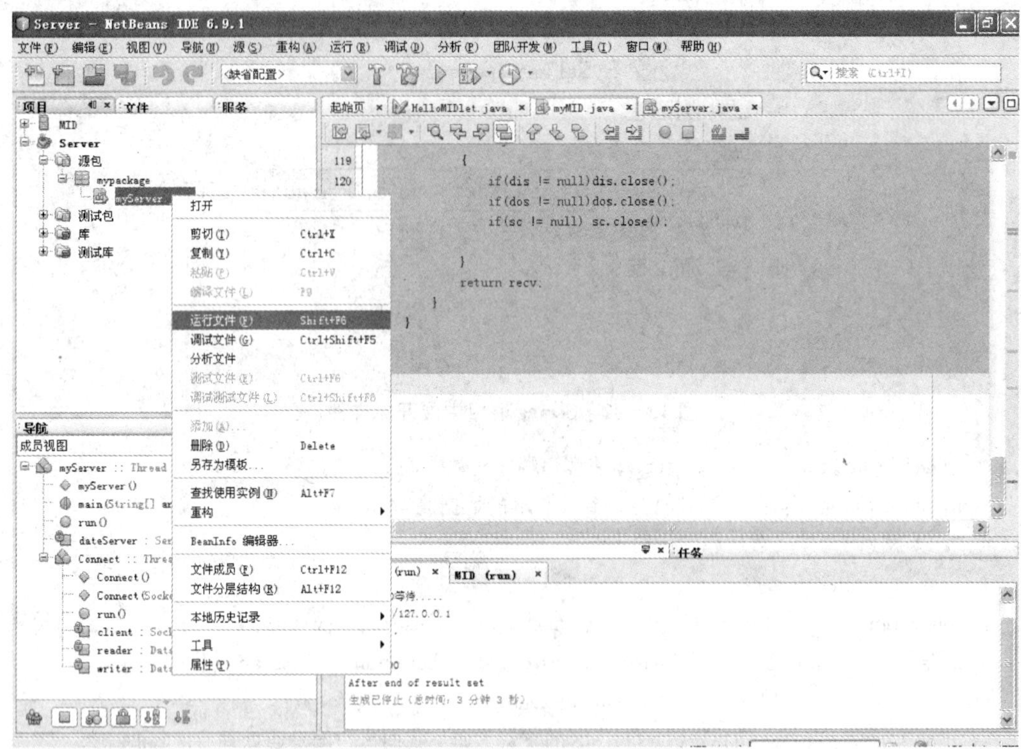

图 13-44　服务器端开始运行

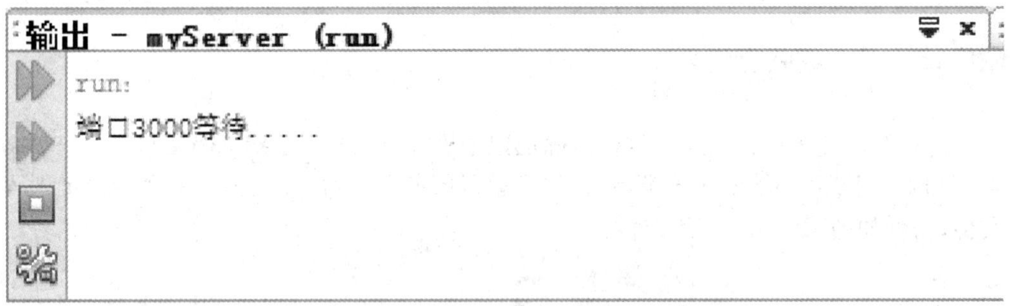

图 13-45　服务器端运行等待

接下来运行客户端，在项目工程栏中，点击 MID 工程，点击鼠标右键，选择“运行”命令，如图 13-46 所示。

然后会出现如图 13-47 所示的运行结果，用如图 13-48 所示的手机上下左右方向键选择需要运行的客户端 myMID，如图 13-49 所示。

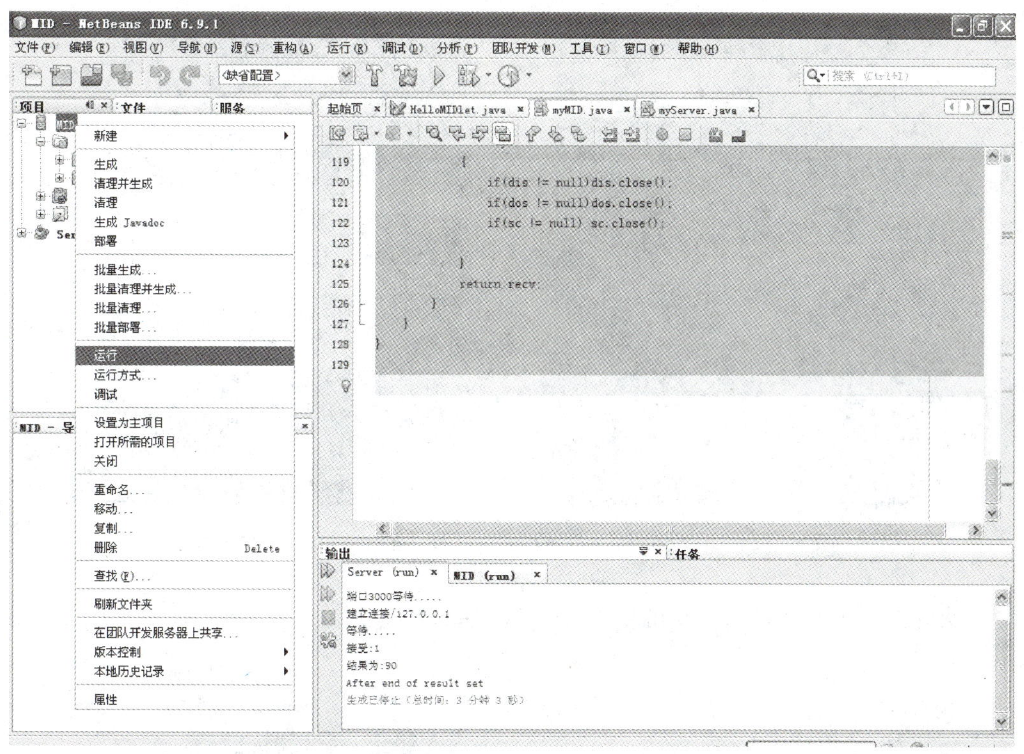

图 13－46　运行客户端

图 13－47　初始结果

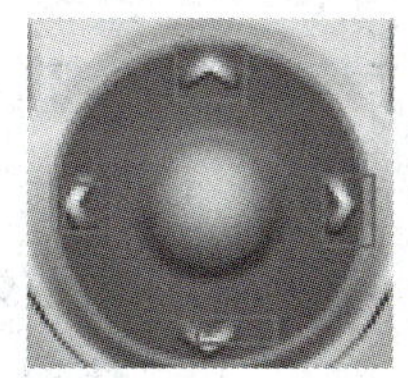

图 13－48　按键

通过手机下键选择 myMID，然后点击图 13－48 中间键，运行客户端，如图 13－50 所示，确定进入成绩查询界面，然后输入需要查询的条件。通过手机键盘把焦点移到输入学号一行，用键盘输入学号 1，如图 13－51 所示。

图 13-49　myMId

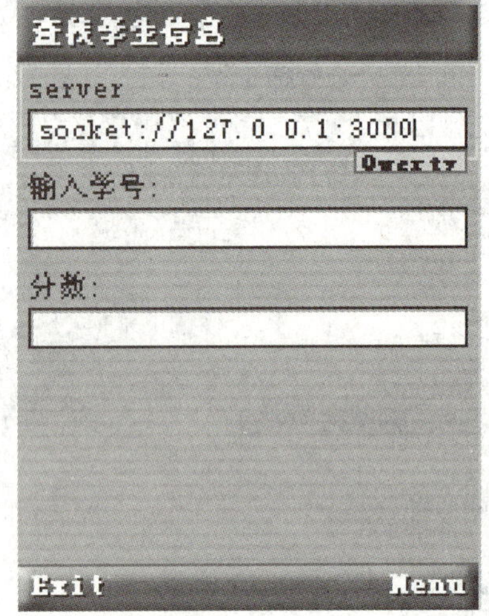

图 13-50　运行客户端

然后点击手机键盘右上角的按键，出现两个选项，如图 13-52 所示。

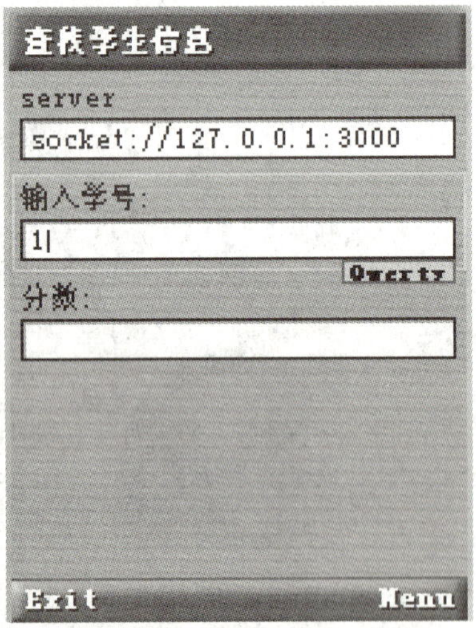

图 13-51　输入查询调价

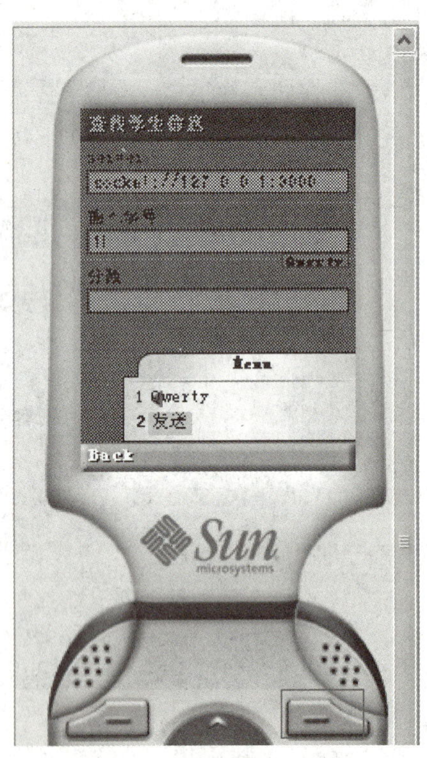

图 13-52　选择选项

然后用手机上下键移到发送，然后点击图 13-48 中的中间按键，显示结果如图 13-53所示。

如果返回该学生的成绩，说明获得查询结果，查询成功。如果输入的学号不存在，则会得到如图 13－54 所示的结果。如果数据库连接出错，会出现如图 13－55 所示结果。

图 13－53　查询结果

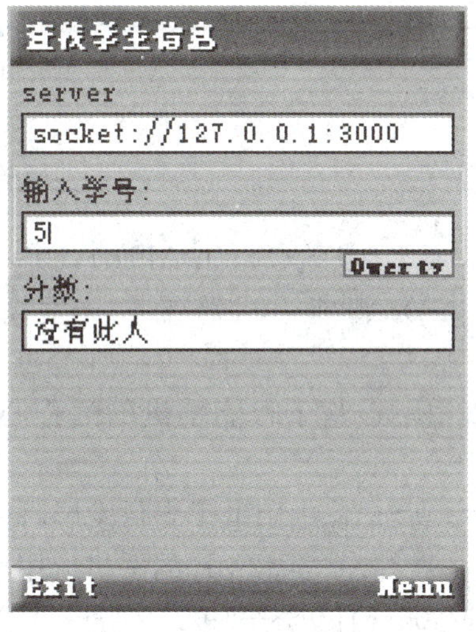

图 13－54　查询没有结果

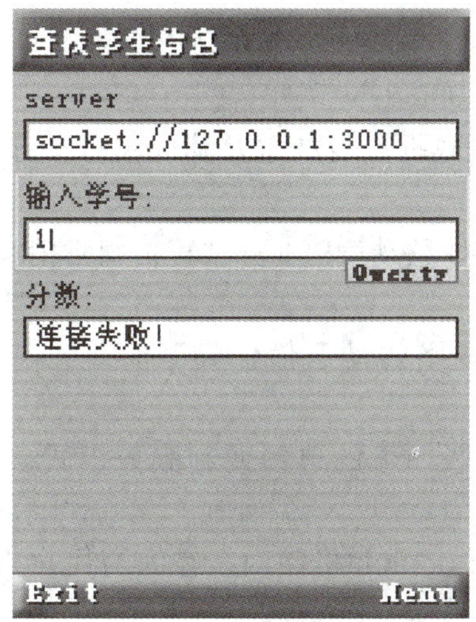

图 13－55　数据库连接出错

练　习　题

1. 如何搭建 J2ME 开发平台？
2. J2ME 应用程序如何发布？
3. J2ME 开发中常用的可视化控件有哪些？
4. J2ME 的列表控件格式有哪几种？

参 考 文 献

[1]〔美〕艾伦(Sarah Allen),〔美〕格劳贝拉(Vidal Graupera),〔美〕伦卓甘(Lee Lundrigan). 智能手机跨平台开发高级教程[M]. 崔康译. 北京:清华大学出版社,2011.

[2] 操端. 基于智能手机的远程心电显示系统的设计与研究[D]. 成都:西华大学,2010.

[3] 曹红辉. 中国电子支付发展研究[M]. 北京:经济管理出版社,2008.

[4] 曹炜. 基于J2ME的手机应用开发研究[J]. 武汉理工大学学报(信息与管理工程版),2005(5):188—192.

[5] 陈桔. 手机阅读的冰与火——对手机阅读未来成长性的研究[J]. 新闻实践,2011(10):69—71.

[6] 陈彦华. 基于Windows2000/NT的木马启动与反跟踪技术[D]. 郑州:中国人民解放军信息工程大学,2003.

[7] 陈颖. 浅谈计算机数据恢复技术及其应用[J]. 恩施职业技术学院学报(综合版),2003,15(3):73—75.

[8] 陈志竞,梁伯瀚. 3G移动增值业务全程精确营销实践[J]. 电信科学,2010(9):56—59.

[9] 崔超. 云计算平台下的动态信任模型的研究[D]. 哈尔滨:哈尔滨工程大学,2011.

[10] 邓洪斌. 移动互联网下的连锁便利服务模式研究[D]. 南昌:江西财经大学,2011.

[11] 董昱,马鑫. 基于netlink机制内核空间与用户空间通信的分析[J]. 测控技术,2007(9):100—113.

[12] 段琳. 深入剖析Android Activity[J]. 中国新技术新产品,2011(16):85—96.

[13] 范盛荣. Windows Mobile应用程序开发实践:Windows移动开发指南[M]. 北京:科学出版社,2006.

[14] 范云龙. Android电话子系统的研究与实现[D]. 武汉:武汉理工大学,2011.

[15] 冯迪,罗元兵. 基于J2ME平台的手机游戏设计与实现[D]. 成都:电子科技大学,2007.

[16]〔美〕冯煜(Yu Feng),〔美〕朱军(Jun Zhu). J2ME程序设计[M]. 林琪,张伶译. 北京:中国电力出版社,2003.

[17] 符意德. 基于云计算的移动式数据终端设计研究[D]. 南京:南京理工大学,2010.

[18] 傅曦,齐宇,徐骏编著. Windows Mobile 手机应用开发[M]. 北京:人民邮电出版社,2005.

[19] 高静. 应用于3G网络平台的企业移动办公系统的设计[D]. 西安:西安科技大学,2006.

[20] 盖之花,施连敏. 基于GSM短信息服务的电量提醒系统的实现[J]. 计算机与数字工程,2011(11):178—180.

[21] 龚广,李舟军等. Windows 内核级 Rootkits 隐藏技术的研究[J]. 计算机科学,2010(4):138—140.

[22] 古益杰. 智能手机蓝牙漏洞挖掘与分析[D]. 北京:北京邮电大学,2010.

[23] 郭绍青,黄建军,袁庆飞. 国外移动学习应用发展综述[J]. 电化教育研究,2011(5):105—109.

[24] 郭志凌. 电信运营商移动互联网业务创新营销模式[J]. 电信科学,2011(8):11—15.

[25] 何德华,鲁耀武. 移动营销:基于短信息服务的消费者接受实证研究[J]. 商业研究,2009,38(4):127—131.

[26] 何军红. 移动营销成功的影响因素文献综述及研究假设[J]. 中国经贸导刊,2010(17):81—82.

[27] 和灵智,郭世平. 手机软件平台架构解析[M]. 北京:电子工业出版社,2009.

[28] 胡晋,李代明,郭强. 移动电子商务环境下的物流管理[J]. 包装工程,2009,30(11): 104—106.

[29] 胡春雨. 多媒体短信的研究与实现[D]. 成都:电子科技大学,2004.

[30] 黄聪明. Java 移动通信程序设计(J2ME MIDP)[M]. 北京:清华大学出版社,2002.

[31] 黄德群,腾艳杨,汪向征. 欧洲技术促进学习研究新进展[J]. 开放教育研究,2011(2):28—38.

[32] 黄俊. Windows Mobile 技术在移动销售终端中的应用及研究[D]. 上海:同济大学,2008.

[33] 黄荣怀,Jyri Salomaa. 移动学习——理论、现状、趋势. 北京:科学出版社,2008.

[34] 姜楠,王健. 移动网络安全技术与应用[M]. 北京:电子工业出版社,2004.

[35] 焦祝军,张威. J2ME 无线通信技术应用开发[M]. 北京:北京希望电子出版社,2002.

[36] 孔德轩. 移动售后服务信息系统设计[J]. 科技信息,2009(11):64—65.

[37] 孔明放. J2ME 程序设计教程:J2ME 应用开发程序员认证[M]. 北京:科学出版社,2005.

[38] 郎锐,孙方. J2ME 手机程序 ECLIPSE 开发基础[M]. 北京:机械工业出版社,

2006.

[39] 雷剑. 基于 J2ME 的手机游戏开发关键技术的研究与实现[D]. 南昌：江西师范大学，2007.

[40] 李道远，袁春风. 多媒体短信业务规范的研究和实现[J]. 计算机工程，2003，29(19)：180—181.

[41] 李方伟，吴礼珍等. 移动通信系统认证协议与密码技术[M]. 北京：人民邮电出版社，2007.

[42] 李凤. 移动办公系统技术综述[J]. 油气田地面工程，2011，30(12)：72—73.

[43] 李克然. 基于云计算的电子商务数据管理模式研究[D]. 西安：西安电子科技大学，2011.

[44] 李培维. 基于云计算的信息服务研究[D]. 湘潭：湘潭大学，2011.

[45] 李世超. 移动办公系统实现框架综述[J]. 油气田地面工程，2010，29(4)：87—88.

[46] 李舒愫，顾凤佳，顾小清. U-learning 国际现状调查与分析[J]. 开放教育研究，2009(2)：98—104.

[47] 李铁，冯志勇. 面向供应链管理的移动代理体系结构[J]. 计算机应用，2003，23(6)：69—74.

[48] 李晓红，冯志勇，孙济洲. 基于移动 Agent 建立企业动态供应链[J]. 天津大学学报，2003，36(2)：230—233.

[49] 李研，刘晶晶，蒋亮. J2ME 技术开发与应用[M]. 北京：机械工业出版社，2006.

[50] 李玉敏，齐源. 移动供应链管理初探[J]. 商业经济，2007(27)：18—19.

[51] 李振鹏，龚剑. J2ME 手机游戏开发技术详解[M]. 北京：清华大学出版社，2006.

[52] 李铮. 多媒体云计算平台关键技术研究[D]. 合肥：中国科学技术大学，2011.

[53] 梁升荣. Windows Rootkit 检测机制的研究与实现[D]. 成都：电子科技大学，2009.

[54] 廖卫红. 移动电子商务互动营销模式应用研究[J]. 中国流通经济，2012(1)：85—89.

[55] 刘必刚. Android 通信模块的设计与优化[D]. 武汉：武汉理工大学，2010.

[56] 刘斌，丁璇，庞晖等. J2ME 手机开发入门[M]. 北京：人民邮电出版社，2006.

[57] 刘军，廖建新. 一种通用移动支付模型及其协议的研究[J]. 高技术通讯，2006(6)：560—565.

[58] 刘挺，华皓等. 电信运营商的移动支付产品商业模式探讨[J]. 电信科学，2010，26(9)：6—11.

[59] 刘彦博，胡砚，马骐. Windows Mobile 平台应用与开发[M]. 北京：人民邮电出版社，2006.

[60] 龙跃. 移动通信技术在物流管理中的应用[J]. 现代物流，2005，27(21)：

27—30.

[61] 龙跃. 移动电子商务营销模式探索与创新[J]. 江苏商论,2006(6):62—63.

[62] 卢军,岳希,周辉. J2ME 移动软件程序设计[M]. 北京:中国水利水电出版社,2010.

[63] 卢立蕾,文伟平. Windows 环境木马进程隐藏技术研究[J]. 信息网络安全,2009(5):35—37,46.

[64] 鲁耀斌. 移动商务的应用模式与采纳研究[M]. 北京:科学出版社,2008.

[65] 罗成. 基于 Windows 消息机制的 HTTP 隐蔽通道的设计与实现[D]. 上海:上海交通大学,2008.

[66] 罗军舟,金嘉晖,宋爱波,东方. 云计算:体系架构与关键技术[J]. 通信学报,2011,32(7):3—20.

[67] 麻信洛,李晓中等. 无线局域网构建及应用[M]. 北京:国防工业出版社,2009.

[68] 〔美〕迈克尔・波特(Michael E. Porter). 竞争优势[M]. 陈小悦译. 北京:华夏出版社,2003.

[69] 茆意宏. 论手机移动阅读[J]. 大学图书馆学报,2010(6):5—11.

[70] 魅媒调研中心. 2008—2009 年中国手机游戏市场研究报告[R]. 中国无线互联行业月报,2010.

[71] 摩根士丹利集团. 移动互联网发展研究(2009)[EB\OL]. http://www.morganstanley.com/institutional/techresearch/mobile_internet_report122009.html,2009-12-15.

[72] 〔美〕莫尼逊(Monison,M.). J2ME 手机游戏编程入门[M]. 李强译. 北京:人民邮电出版社,2005.

[73] 欧阳泉,许向阳. J2ME 平台结构及开发应用[J]. 计算机与数字工程,2006(2):180—185.

[74] 潘士强. 基于 ARM 平台的 android 智能手机操作系统的研究与应用开发[D]. 昆明:昆明理工大学,2011.

[75] 〔美〕普赖斯(Ron Price). 无线网络原理与应用[M]. 冉晓旻,王彬,王锋译. 北京:清华大学出版社,2006.

[76] 秦成德,王汝林等. 移动电子商务[M]. 北京:人民邮电出版社,2009.

[77] 秦学韬. 基于 Windows Mobile 平台的智能手机驱动程序设计与实现[D]. 长春:吉林大学,2006.

[78] 任海峰,赵君. 移动学习国内外研究现状分析[J]. 成人教育,2010(1):95—96.

[79] 舒凯. 移动电子商务的信息安全研究[J]. 移动通信,2004(9):82—85.

[80] 孙念,张哲. Windows Mobile 电源管理分析与实现[J]. 现代电子技术,2009(22):150—153.

[81] 孙晓宇. Android 手机界面管理系统的设计与实现[D]. 北京:北京邮电大

学,2009.

[82] 孙雪梅.多媒体短信业务基本原理及其发展[J].山东通信技术,2003,23(1):26—29.

[83] 唐明董,张俊波,刘建勋.基于GSM模块的短信平台服务器设计与实现[J].微计算机应用,2007(2):89—92.

[84] 田华,魏安全等.无线通信系统与技术[M].北京:人民邮电出版社,2011.

[85] 汪树东,柯卫,董亚楠.移动支付平台建设实践与探索[J].电信科学,2010,26(9):26—30.

[86] 王斌.电子商务安全与支付技术[M].北京:中国人民大学出版社,2006.

[87] 王洪莹.移动商务身份认证系统的研究与设计[D].北京:北京交通大学,2007.

[88] 王佳隽,钟亦平等.云计算技术发展分析及其应用探讨[J].计算机工程与设计,2010,31(20):404—409.

[89] 王丽芳,蒋泽军等.电子商务安全[M].北京:电子工业出版社,2010.

[90] 王明哲.中国移动的服务营销组合[J].商场现代化,2007,500(4):114—115.

[91] 王汝林,姚歆,杨立平.移动商务理论与实务[M].北京:清华大学出版社,2007.

[92] 王益维.基于Struts2的门户网站自动生成系统的设计和实现[D].武汉:华中师范大学,2009.

[93] 王羽莹.基于多平台的汉语移动学习智能手机软件的研究与开发[D].北京:北京邮电大学,2011.

[94]〔美〕魏格利(Andy Wigley),〔美〕莫思(Daniel Moth),〔美〕福特(Peter Foot).Microsoft Mobile移动应用开发宝典[M].张大威译.北京:清华大学出版社,2008.

[95] 魏红,游思琴.移动通信技术与系统应用[M].北京:人民邮电出版社,2010.

[96] 吴卫华."云计算"环境下电子商务发展模式研究[J].情报杂志,2011,30(5):147—151.

[97] 吴小君,刘小霞.移动阅读时代数字出版商业模式探析[J].中国出版,2011(16):52—54.

[98] 吴志恩,胡劲松.Windows Mobile中注册表保护的实现[J].计算机工程,2010(1):142—145.

[99] 奚君武.移动计算——打造现代物流新优势[J].中国物流与采购,2005(1):70—71.

[100] 肖君,朱晓晓等.面向终身教育的U-Learning技术环境的构建及应用[J].开放教育研究,2012(6):89—93.

[101] 解婷,田轲.浅析公交移动电视的现状及策略[J].今传媒,2012(6):59—70.

[102] 徐鹏.浅谈售后服务领域的移动信息化应用[J].广东科技,2011(12):64—65.

[103] 徐顺山,孙学刚等. 移动搜索业务模式与技术实现分析[J]. 邮电设计技术,2008(11):23—26.

[104] 杨丰盛. Android应用开发揭秘[M]. 北京:机械工业出版社,2009.

[105] 杨坚争. 移动电子商务营销策略[J]. 商业经济与管理,2004,148(2):4—7.

[106] 杨小毛. 基于J2ME手机软件的研究及开发[J]. 中国科技信息,2005(14):195—200.

[107] 杨晓明,李小聪等. 高校短信息服务平台的研究与设计[J]. 中国教育信息化,2010(23):51—54

[108] 杨益,郭庆平. Linux虚拟文件系统实现技术剖析[J]. 交通与计算机,2001(S1):130—135.

[109] 叶锡军,吴国新. 一次性口令认证技术的分析与改进[J]. 计算机工程,2002,26(9):27—29.

[110] 叶欣. 公交移动电视传媒发展探索——以杭州地区为例[J]. 新闻界,2010(5):113—114.

[111] 〔美〕袁(Michael Juntao Yuan). J2ME移动应用程序开发[M]. 梁超,王延华译. 北京:清华大学出版社,2004.

[112] 袁雨飞,王有为等. 移动商务[M]. 北京:清华大学出版社,2006.

[113] 岳云康. 我国电子商务环境下的移动支付问题研究[J]. 中国流通经济,2008,22(1):40—43.

[114] 翟明明. 移动定位服务的现状与发展趋势[J]. 信息通信技术,2009(2):27—31.

[115] 张朝平,王金栋. 移动Agent环境下物流信息系统模型的研究[J]. 计算机工程与应用,2010(5):193—196.

[116] 张逢喆. 公共云计算环境下用户数据的隐私性与安全性保护[D]. 上海:复旦大学,2010.

[117] 张利国,代闻,龚海平. Android移动开发案例详解[M]. 北京:人民邮电出版社,2010.

[118] 张利国,龚海平,王植萌. Android移动开发入门与进阶[M]. 北京:人民邮电出版社,2009.

[119] 张润彤,朱晓敏. 移动商务概论[M]. 北京:北京大学出版社,2008.

[120] 张鹏. J2ME手机游戏开发教程[M]. 北京:京华出版社,2010.

[121] 张亚飞. Android、iPhone、Windows Phone手机网页及网站设计最佳实践与设计精粹[M]. 北京:清华大学出版社,2011.

[122] 张艳. 信息系统灾难备份和恢复技术的研究及实现[D]. 成都:四川大学,2006.

[123] 张玉艳,于翠波. 移动通信[M]. 北京:人民邮电出版社,2010.

[124] 赵波. 安全移动办公解决方案简析[J]. 电信科学,2010(20):167—174.

[125] 赵静. 电子商务原理与应用[M]. 北京:北京大学出版社,2010.

[126] 赵军辉. 射频识别技术与应用[M]. 北京:机械工业出版社,2008.

[127] 郑广思. 移动电子商务安全性研究[D]. 阜新:辽宁工程技术大学,2008.

[128] 郑会颂. 移动商务价值链的生成[J]. 南京邮电大学学报(社会科学版),2002,4(3):47—50.

[129] 中国移动通信联合会新媒体产业工作委员会. 中国移动游戏产业报告(2011—2012 年度)[R]. 2012.

[130] 钟明林. 基于 Android 智能手机平台方案[D]. 济南:山东大学,2010.

[131] 周莉,柯健,顾小晶. Netlink 套接字在 Linux 系统通信中的应用研究[J]. 计算机与现代化,2007(3):120—125.

[132] 周燕,杨彬等. 基于以太网的 GSM 手机模块在短信息服务中的实际应用[J]. 邵阳学院学报,2005,2(3):49—51.

[133] 周一可. 云计算下 MapReduce 编程模型可用性的研究与优化[D]. 上海:上海交通大学,2011.

[134] 朱国斌. 基于 Android 系统的 Camera 模块设计和实现[D]. 西安:西安电子科技大学,2011.

[135] 朱振荣. 移动电子商务安全关键技术研究[D]. 北京:北京邮电大学,2008.

[136] Chen, Yuh-Shyan, Tai-Chien Kao, Gwo-Jong Yu, Jang-Ping Sheu. A Mobile Butterfly-Watching Learning System for Supporting Independent Learning [A]. Proceedings of the 2nd IEEE International Workshop on Wireless and Mobile Technologies in Education (WMTE2004), 2002: 11 - 18.

[137] Georgieva, E. A Comparison Analysis of Mobile Learning System [A]. The Proceedings of International Conference on Computer Systems and Technologies, 2006: 171 - 176.

[138] Horvitz, E., P. Koch, M. Subramani. Mobile Opportunistic Planning: Methods and Models[J]. Lecture Notes in Computer Science, 2007: 228 - 237.

[139] Hu, Jinzhu, Yi Zhang. A Model of Building Networked SMS Platform Services Based on Mobile Technology [A]. Wincom 2008 IEEE.

[140] Jones, A., K. Issroff, E. Scanlon, G. Clough, P. McAndrew. Using Mobile Devices for Learning in Informal Settings: Is It Motivating? [A]. IADIS International Conference on Mobile Learning. Dublin, 2005.

[141] Kamar, Ece, Eric Horvitz, Chris Meek. Mobile Opportunistic Commerce: Mechanisms, Architecture, and Application[A]. Proceedings of the 7th International Joint Conference on Autonomous Agents and Multiagent Systems (AAMAS '08), 2008, Vol. 2, 1087 - 1094.

[142] Kungpisdan, S. A Secure Account-based Mobile Payment Protocol[C]. Information Technology Coding and Computing, ITCC 2004, Vol. 135 - 139.

[143] Ondrus, J. An Assessment of NFC for Future Mobile Payment Systems[C]. Management of Mobile Business, ICMB 2007.

[144] Rulke,E. , A. Lyer, G. Chiasson. The Ecology of Mobile Commerce [M]. HarperCollins, 2002.

[145] Shabtai, A. Malware Detection on Mobile Devices [A]. Proceeding of the 11th International Conference on Mobile Data Management, 2010.

[146] Son,Ki-Cheol, Jong-Yeol Lee. The Method of Android Application Speed Up by Using NDK[A]. Proceedings of the 2011 3rd International Conference on Awareness Science and Technology (iCAST), 2011.

[147] Tsai, Hsueh, Shelley Shwu-Ching Young, Chia-Hang Liang. Exploring the Course Development Model for the Mobile Learning Context: A Preliminary Study [A]. Proceedings of the Fifth IEEE International Conference on Advanced Learning Technologies, ICALT 2005.

[148] Yankee Group. Smarter Phone: An Analysis of BREW, J2ME and Wireless Application[R]. Market Research, 2001.

图书在版编目(CIP)数据

移动电子商务/钟元生主编. —上海：复旦大学出版社，2012.12(2019.8 重印)
信毅教材大系
ISBN 978-7-309-09358-2

Ⅰ. 移… Ⅱ. 钟… Ⅲ. 电子商务-高等学校-教材 Ⅳ. F713.36

中国版本图书馆 CIP 数据核字(2012)第 274357 号

移动电子商务
钟元生 主编
责任编辑/岑品杰

复旦大学出版社有限公司出版发行
上海市国权路 579 号 邮编：200433
网址：fupnet@fudanpress.com http://www.fudanpress.com
门市零售：86-21-65642857 团体订购：86-21-65118853
外埠邮购：86-21-65109143 出版部电话：86-21-65642845
上海春秋印刷厂

开本 787×1092 1/16 印张 19.25 字数 411 千
2019 年 8 月第 1 版第 6 次印刷
印数 17 001—18 100

ISBN 978-7-309-09358-2/F · 1891
定价：39.00 元